예제로 배우는

R 데이터 분석 입문

강현철 · 한상태 · 연규필 · 김 혁 · 김성용 지음

자유아카데미

머리말

디지털 시대라고 불리는 새로운 시대를 살아가는 우리들의 생활 속에서 통계라고 하는 용어는 이제는 더 이상 낯선 용어가 아니다. 신문지상에서 늘 접할 수 있는 각종 통계 결과 및 그래프들(주가의 변화, 시청률조사 결과 등), TV 뉴스에서 자주 접하는 각종 통계 관련 보도들(흡연사망률, 교통사고 사망률, 선거여론조사 등), 각 기업에서 생산되는 제품들에 대한 소비자 만족도 조사 결과와 품질측정 결과 등 이루 말할 수 없이 많은 통계정보 속에서 우리는 살아가고 있다.

또한 디지털 경제의 확산으로 우리 주변에는 규모를 가늠할 수 없을 정도로 많은 정보와 데이터가 생산되는 빅데이터(big data) 환경이 도래하고 있다. PC와 인터넷, 모바일 기기의 이용이 생활화되면서 사람들이 도처에 남긴 발자국(데이터)은 기하급수적으로 증가하고 있다. 따라서 지금은 통계학 전공자뿐만 아니라 비전공자들도 통계학에 대한 기본 소양을 쌓는 것이 매우 중요하게 되었다.

최근 여러 분야에서 큰 관심을 받고 있는 R은 복잡한 데이터를 쉽게 처리할 수 있도록 개발된 통계분석용 소프트웨어이다. SAS, SPSS, Statistica, Minitab, S-plus 등 수 많은 소프트웨어들이 개발되어 있지만, R은 무료로 다운로드 받아 사용할 수 있고 단순한 기술통계의 계산으로부터 복잡한 통계분석에 이르기까지 편리하게 처리할 수 있다는 장점 때문에, 최근 통계학뿐만 아니라 자연과학, 전산학, 공학, 사회학 분야의 많은 연구자들이 널리 사용하고 있다.

이 책은 R을 이용하여 통계적 데이터 분석을 수행하고자 하는 다양한 분야의 독자들을 위한 입문서이다. 특히 통계분석의 기본 이론을 빠트리지 않고 서술하려고 노력하였으며, 실제적인 예제들에 대한 R의 처리 과정을 쉽고 간단하게 설명하고 있다. 또한 다양한 형태의 문제를 해결하기 위해서 필요한 몇 가지 고급기법들도 다루고 있기 때문에, R을 이용해 본 경험이 있는 독자들에게도 잘 몰랐던 부분을 새롭게 배우거나 쉽게 참조할 수 있는 참고서로써 유용하게 사용될 수 있을 것이다.

실제 데이터 분석은 일반적으로 특정 데이터 처리 및 분석기법의 일부만을 이용하여 수행되는 경우가 많으므로, 먼저 이 책의 범위 내에서 필요한 기본개념 및 구조를 이해한 후 실제 작업의 필요에 따라 점차 기법 이용의 범위를 확충시켜 나가는 것이 바람직하다. 따라서 통계적 이론이나 R 사용법에 초보적인 독자들은 먼저 각 장의 예제들을 중심으로 해당 분석기법의 상황 및 처리과정을 개괄적으로 이해한 후, 이에 필요한 통계적 이론을 충분히 숙지하는 것이 좋을 것으로 생각된다.

이 책은 총 10개의 장으로 구성되어 있다. 1장에서는 R의 기본적인 사용법을 간단히 설명하였고, 2장에서는 데이터의 탐색적 단계로서 실제 데이터에 대한 정리 · 요약 및 그래프적 표현 등에 관한 내용을 자세히 서술하였다. 3장과 4장에서는 통계적 추론에 기본이 되는 확률의 기본개념, 중요한 확률분포 및 표본분포, 통계적 추론의 핵심인 추정과 검정의 문제를 소개하고, 이와 관련된 내용을 실습을 통해 직접 확인해 볼 수 있도록 구성하였다. 5장부터 10장까지는 실제 데이터 분석에서 활용도가 높은 t-검정, 범주형 자료분석, 상관분석, 회귀분석, 분산분석, 비모수적 분석 등의 기본적 내용을 실제 사례를 이용하여 현실감 있게 다루고 있다.

이 책을 보다 재미 있게 학습하기 위해서는 각 장에 나와 있는 실제 사례의 분석과정을 반드시 따라해 보면서 자신감을 갖는 것이 중요하다. 그러면 각 분야에서 자주 접할 수 있는 데이터들에 대해서는 제법 우수한 통계분석 실무능력을 가지게 될 것이다. 독자들의 학습을 위해 본문과 연습문제에서 사용된 데이터들을 출판사의 홈페이지를 통해서 제공하고 있으며(http://www.freeaca.com), 이 책을 가지고 강의하시는 분들을 위해 별도로 강의자료를 제공하고 있다(출판사에 문의 바람).

이 책이 R을 이용하여 실제 데이터를 분석하고자 하는 다양한 분야의 연구자들에게 유용하게 사용되기를 바란다.

2017년 2월, 저자들

차 례

제 1 장
R 기본 사용법

R은 복잡한 데이터를 쉽게 처리할 수 있도록 개발된 통계분석용 소프트웨어이다. SAS, SPSS, Statistica, Minitab, S-plus 등 수 많은 소프트웨어들이 개발되어 있지만, R은 무료로 다운로드 받아 사용할 수 있고 단순한 기술통계의 계산으로부터 복잡한 통계분석에 이르기까지 편리하게 처리할 수 있다는 장점 때문에, 최근 통계학 뿐만 아니라 자연과학, 전산학, 공학, 사회학 분야의 많은 연구자들이 널리 사용하고 있다. 먼저 이 장에서는 R의 설치 방법과 기본적인 사용법에 대해서 간단히 다룬다.[1]

1.1 R의 설치와 실행

R은 base 시스템과 패키지(package)로 구분되며, R의 설치는 base 시스템의 설치를 의미한다. R의 설치 프로그램은 CRAN(The Comprehensive R Archive Network; http://cran.r-project.org) 사이트에서 내려받을 수 있으며, CRAN 사이트에 설명된 방법에 따라서 base 시스템의 설치 프로그램을 내려받아 설치하면 된다.[2]

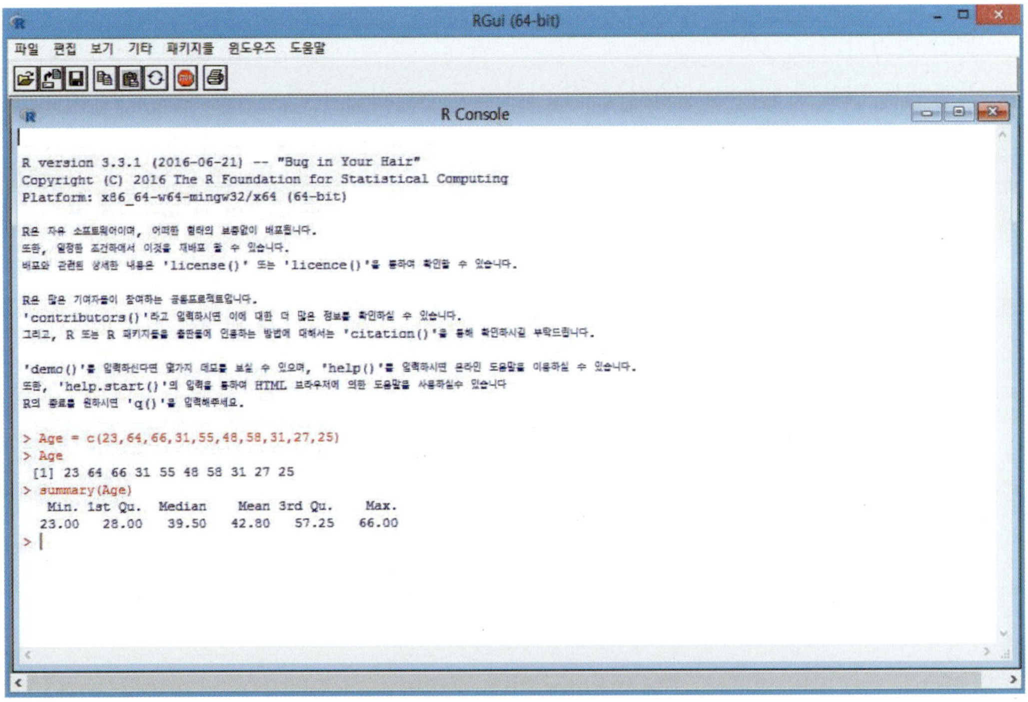

〈그림 1.1〉 R 콘솔(Console) 윈도우에서의 명령문 실행

[1] 이 책에서는 독자들이 사용하는 컴퓨터의 운영체제가 Windows라고 가정한다.

[2] 이 책에서는 'R 3.3.1 for Windows'를 사용하고 있다. 더 최신 버전을 사용하는 경우에는 이 책의 내용과 약간 다를 수 있다.

1.1.1 R 콘솔 윈도우

R을 설치하고 실행 프로그램(예컨대, R x64 3.3.1)을 구동하면 ⟨그림 1.1⟩과 같은 초기 화면이 나타난다. R이 시작되면 R 콘솔(Console) 윈도우가 열리고 > 기호가 나타나는데 이것이 R의 프롬프트(prompt)이다.[3] 프롬프트 > 기호 다음에 명령문을 입력하고 Enter 키를 누르면 명령문이 실행되고 그 결과가 바로 다음 줄에 출력된다. R 콘솔 윈도우의 사용법을 읽히기 위해 다음과 같은 간단한 예를 수행하여 보자.

⟨예 1.1⟩ R 콘솔(Console) 윈도우에서 명령문 실행하기

① 프롬프트 다음에 Age = c(23,64,66,31,55,48,58,31,27,25)를 입력하고 Enter 키를 누른다. 이 명령문은 Age라는 **객체**(object)에 일련의 자료값들을 넣기 위한 것이다. R에는 여러 가지 유형의 객체가 존재하는데, 이와 같이 일련의 자료값들로 구성된 객체를 **벡터**(vector)라고 한다. 또한 c()는 벡터에 자료값들을 넣기 위한 **함수**(function)이다. 이 경우에는 객체가 생성될뿐 어떤 실행결과가 나타나지는 않는다.

② 프롬프트 다음에 Age를 입력하고 Enter 키를 누른다. 이는 객체 Age의 내용을 보기 위한 것이다.

③ 프롬프트 다음에 summary(Age)를 입력하고 Enter 키를 누른다. 여기에서 summary() 함수는 벡터의 자료값들에 대하여 요약 통계량들을 출력하는 기능을 가지고 있다.

R 콘솔 윈도우에서 명령문을 실행할 때 우선 알아두어야 할 몇 가지 유용한 사항은 다음과 같다.

- R에서는 객체, 함수, 패키지 등의 이름에서 영문자의 대문자와 소문자를 서로 다른 문자로 인식한다.
- 키보드의 위, 아래 화살표를 이용하여 이미 실행된 명령문을 순서대로 프롬프트에 호출할 수 있다.
- Esc 키를 누르면 현재 프롬프트에 입력되어 있는 내용이 무시되고 새로운 프롬프트가 나타난다.
- 명령문이 완성되지 않은 상태에서 Enter 키를 누르면 프롬프트가 > 기호에서 + 기호로 바뀐다. 이때 + 기호를 연결 프롬프트라고 하는데 명령문이 완성될 때까지 계속해서 나타난다.

[3] 프롬프트(prompt): 시스템이 다음 명령이나 메시지 또는 사용자의 행동을 받아들일 준비가 되었음을 사용자에게 알려 주는 메시지(기호).

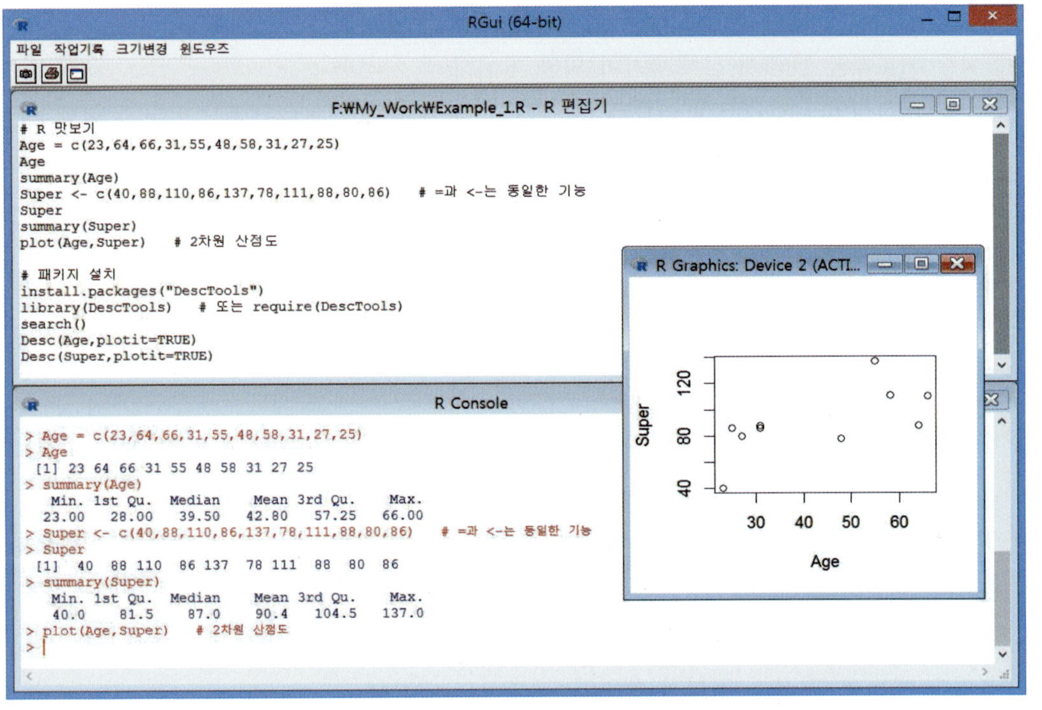

〈그림 1.2〉 R 편집기 윈도우의 사용

1.1.2 R 편집기 윈도우

앞에서 살펴본 바와 같이 R 콘솔 윈도우에서의 작업은 명령문을 하나씩 입력하고 실행함으로써 수행된다. 그런데 이와 같은 형식의 작업은 상당히 번거로울 뿐만 아니라 오류를 범할 가능성도 많다. 또한 이미 작성되어 있는 명령문이 있을 경우 이를 수정하여 사용하면 매우 편리할 것이다.

R 명령문들만을 모아서 저장해 놓은 것을 스크립트(script)라고 하는데, R 편집기는 스크립트를 편집하고 명령문을 실행시키기 위해서 유용하게 사용될 수 있다. R 편집기 윈도우의 사용법을 읽히기 위해 다음과 같은 간단한 예를 수행하여 보자.

〈예 1.2〉 R 편집기 윈도우 사용하기

① R 편집기 윈도우의 풀다운 메뉴에서 '파일 > 스크립트 열기' 메뉴를 선택한다.[4]

② 기존의 스크립트 파일이 저장되어 있는 경로와 파일 이름을 선택하여 스크립트를 불러온다. 이 예제를 위해 준비된 스크립트는 Example1.R 파일에 저장되어 있다(R 스크립트 파일의 기본적인 확장자는 *.R이다).

[4] 새로운 R 편집기 화면을 열고자 한다면 '파일 > 새 스크립트' 메뉴를 선택하면 된다.

③ 스크립트의 첫 행에 마우스 커서를 위치하고 Ctrl+R 키를 누른다. 이는 해당 행을 R 콘솔 윈도우로 보내서 실행시키기 위한 것이다.

④ 이와 유사한 방식으로 스크립트에 있는 첫 몇 개의 행을 실행시키면서 R 콘솔 윈도우의 내용을 살펴보기 바란다(그림 1.2 참조).

R 편집기 윈도우에서 명령문을 실행시키면 R 콘솔 윈도우에 해당 명령문들의 실행 과정이 나타나게 된다. R 편집기 윈도우에서 작성되어 있는 명령문을 실행하기 위해서는 다음과 같은 방법들을 사용할 수 있다.

- 한 줄씩 실행할 경우: 마우스 커서를 해당되는 줄에 놓고 Ctrl+R 키를 누른다(또는 풀다운 메뉴의 '편집 > 줄 또는 선택영역 실행' 메뉴를 선택한다.
- 여러 줄의 명령문들을 한꺼번에 실행할 경우: 마우스로 해당 영역을 블록으로 설정하고 Ctrl+R 키를 누른다.
- 모든 명령문들을 한꺼번에 실행할 경우: R 편집기 윈도우가 활성화 되어 있는 상태에서 풀다운 메뉴의 '편집 > 전부 실행하기' 메뉴를 선택한다.

R 스크립트에서 # 기호 이후의 명령문은 실행되지 않는다. 따라서 명령문에 대하여 부가적인 설명을 붙여두고자 할 경우 # 기호를 이용하면 유용하다. 또한 작성된 스크립트를 저장하기 위해서는 풀다운 메뉴의 '파일 > 저장하기' 또는 '파일 > 다른 이름으로 저장' 메뉴를 이용하면 된다.

1.2 RStudio의 사용

RStudio는 R 스크립트의 편집과 실행 및 출력 등을 하나의 통합된 개발 환경에서 지원하는 편리한 소프트웨어이다. RStudio를 사용하기 위해서는 RStudio의 홈페이지 (http://www.rstudio.com)에서 자신의 컴퓨터 운영체제와 시스템에 맞는 RStudio Desktop을 선택하여 설치하면 된다.

〈참조〉 RStudio 주요 윈도우의 기능

- Console: 앞에서 설명한 R 콘솔 윈도우와 동일한 기능을 가지고 있다.
- Script: 풀다운 메뉴의 File, Edit, Code 메뉴 등을 이용하여 스크립트 파일을 불러오고 편집 및 실행할 수 있다. 기존의 스크립트를 불러올 때는 풀다운 메뉴의 'File > Open FIle' 메뉴를 이용하면 된다. 명령문을 실행할 때는 Ctrl+R 키 또는 Ctrl+Enter 키를 누르면 된다(또는 Run 아이콘을 클릭하면 된다).

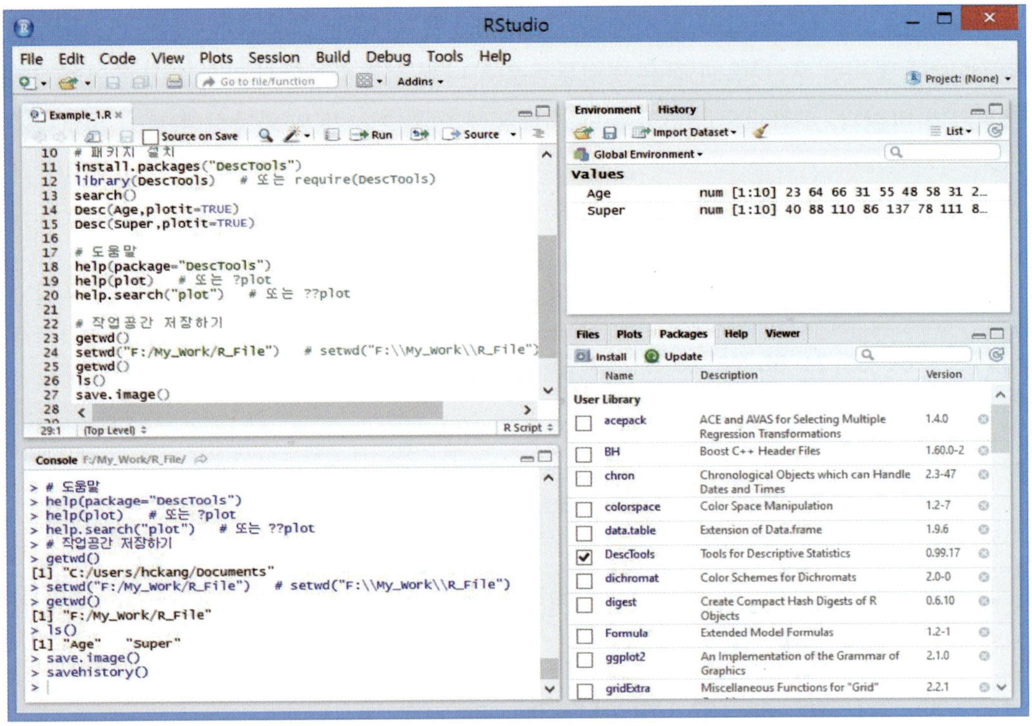

〈그림 1.3〉 RStudio의 구성 요소

- Environment: 작업공간에 보관되어 있는 객체들을 탐색할 수 있다. Session 메뉴를 이용하여 작업 디렉토리의 변경, 작업공간의 저장 및 불러오기 등을 수행할 수 있다.
- Histrory: 실행시킨 명령문들을 살펴볼 수 있다. 명령문을 스크립트나 콘솔 윈도우로 복사할 수 있다.
- Files: 작업 디렉토리(work directory)의 내용을 탐색할 수 있다.
- Plots: 출력된 그래프들이 순서대로 보관되어 있다.
- Packages: 패키지들의 목록과 상태를 탐색할 수 있다. Tools 메뉴를 이용하여 패키지의 설치 등을 수행할 수 있다.
- Help: 도움말이 출력되는 윈도우이다.
- Viewer: 여러 유형의 컨텐츠들을 살펴볼 수 있다.

〈그림 1.3〉에서 볼 수 있는 바와 같이, RStudio는 스크립트 편집기와 콘솔을 포함하여 다양한 기능의 윈도우들로 구성되어 있다(이러한 내용들에 대하여는 앞으로 자세히 살펴보게 될 것이다).

독자들은 ⟨예 1.2⟩에서와 유사하게 Example1.R 파일에 저장되어 있는 스크립트를 RStudio에 불러온 후, 다음과 같은 명령문들을 하나씩 실행시키면서 각 윈도우들의 내용을 살펴보기 바란다. 또한 RStudio의 풀다운 메뉴에 있는 기능들을 파악하여 보기 바란다.

⟨예 1.3⟩ 간단한 R 스크립트의 실행과 출력결과

```
> Age = c(23,64,66,31,55,48,58,31,27,25)    # 벡터 생성
> Age   # 객체의 내용 출력
#-----------------------------------------------------------------------
 [1] 23 64 66 31 55 48 58 31 27 25
#-----------------------------------------------------------------------
> summary(Age)   # 객체에 대한 요약
#-----------------------------------------------------------------------
   Min. 1st Qu.  Median    Mean 3rd Qu.    Max.
  23.00   28.00   39.50   42.80   57.25   66.00
#-----------------------------------------------------------------------
> Super <- c(40,88,110,86,137,78,111,88,80,86)    # =과 <-는 동일한 기능
> Super   # 객체의 내용 출력
#-----------------------------------------------------------------------
 [1]  40  88 110  86 137  78 111  88  80  86
#-----------------------------------------------------------------------
> summary(Super)   # 객체에 대한 요약
#-----------------------------------------------------------------------
   Min. 1st Qu.  Median    Mean 3rd Qu.    Max.
   40.0    81.5    87.0    90.4   104.5   137.0
#-----------------------------------------------------------------------
> plot(Age,Super)   # 2차원 산점도 작성
```

⟨예 1.3⟩의 내용은 실행된 R 명령문들과 출력결과를 함께 제시한 것이다. 여기에서 프롬프트 > 기호와 함께 있는 부분이 R 명령문들이고, 중간의 구분선들은 명령문과 출력결과를 구분하기 위하여 이 책에서 편의상 삽입한 것이다.

1.3 패키지 (Package)

패키지(package)는 특정한 함수, 데이터, 컴파일된 코드 등을 모아 놓은 것이다. R의 가장 큰 장점은 수많은 사용자들이 제공하는 다양한 기능의 패키지들을 사용할 수 있다는 것이다.[5] R의 base 시스템을 설치할 때 base, graphics, stats 등 몇몇 패키지들은 자동으로 설치되고, 특별한 설정 없이 바로 사용 가능하다. 그러나 많은 패키지들은 필요에

[5]2017년 1월 현재 9,000개 이상의 페키지가 CRAN 사이트에 등록되어 있다.

따라 개별적으로 설치하고 R 세션으로 불러들여야 한다. 여기에서는 탐색적 자료분석에 유용한 DescTools 패키지를 설치하여 보자(이 패키지에 대하여는 2.3.5절 등에서 자세히 설명한다).

〈예 1.4〉 패키지 설치와 함수의 사용

```
> install.packages("DescTools")
#-------------------------------------------------------------------
package 'DescTools' successfully unpacked and MD5 sums checked
The downloaded binary packages are in
C:\Users\Kang\AppData\Local\Temp\RtmpUHcBnp\downloaded_packages
#-------------------------------------------------------------------
> library(DescTools)   # 또는 require(DescTools)
#-------------------------------------------------------------------
Warning message:
패키지 'DescTools'는 R 버전 3.3.2에서 작성되었습니다
#-------------------------------------------------------------------
> search()
#-------------------------------------------------------------------
 [1] ".GlobalEnv"        "package:DescTools" "tools:rstudio"     ...
 [6] "package:grDevices" "package:utils"     "package:datasets"  ...
[11] "package:base"
#-------------------------------------------------------------------
> Desc(Age,plotit=TRUE)
> Desc(Super,plotit=TRUE)
--------------------------------------------------------------------
```

- install.packages("pkgs"): 패키지를 설치한다(여기에서 pkgs는 패키지의 이름이다).
- library(pkgs) 또는 require(pkgs): 패키지를 현재의 R 세션에서 사용할 수 있도록 작업공간으로 불러온다. 해당 패키지가 설치되어 있지 않으면 Error 메시지가 나타난다.
- search(): 현재의 R 세션에서 사용할 수 있는 패키지들의 목록을 출력한다.

한편, 〈예 1.4〉에서 사용된 Desc() 함수는 DescTools 패키지에 들어 있는 것으로서, 다양한 기술통계량들과 그래프를 출력하는 함수이다(2.3.5절 참조). 독자들은 RStudio의 Console 윈도우와 Plots 윈도우를 통해 그 결과들을 살펴보기 바란다.

추가적으로 패키지 관리와 관련된 유용한 함수들 중 두 가지만 간단히 설명하면 다음과 같다.

- installed.packages("pkgs"): 설치되어 있는 패키지의 버전 등 대략적인 정보를 출력한다.
- update.packages("pkgs"): 설치되어 있는 패키지를 최신 버전으로 업데이트 한다.

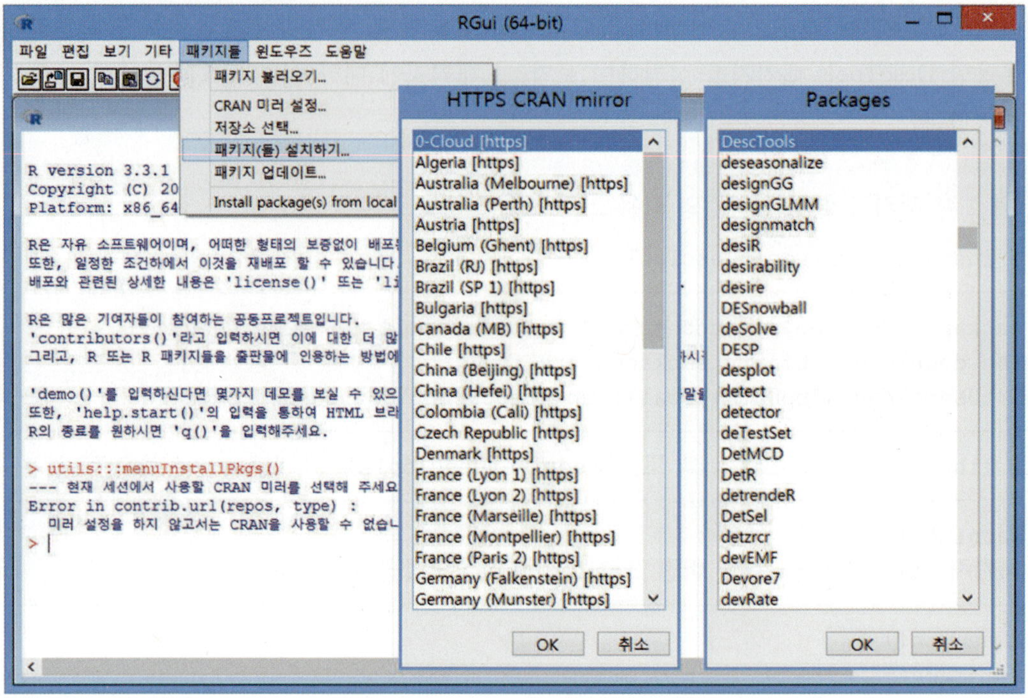

〈그림 1.4〉 RGui에서의 패키지 설치

〈참조〉 RGui에서의 패키지 설치

RStudio를 사용하지 않고 RGui만을 사용하는 경우 패키지를 설치하는 방법은 다음과 같다. RGui에서도 앞에서 설명한 패키지 설치 및 관리 함수들을 모두 사용할 수 있다.

① RGui의 풀다운 메뉴에서 '패키지들 > 패키지(들) 설치하기' 메뉴를 선택한다(그림 1.4 참조). 또는 R 편집기 윈도우에서 install.packages(" ") 함수를 실행시킨다.

② CRAN 미러 사이트(mirror site)의 목록에서 하나(예컨대, Korea)를 선택한다.[6]

③ 패키지 목록에서 설치하고자 하는 패키지(예컨대, DescTools)를 선택한다.

다양한 패키지를 사용할 수 있다는 것이 큰 장점이기는 하지만, 사용자가 모든 패키지와 함수들을 파악하고 있는다는 것은 현실적으로 불가능하다.[7] 따라서 다음과 같은 함수들을 이용하여 각 패키지와 함수에 대한 도움말을 이용하면 매우 편리하다. 단, IE(익스플로러)를 이용할 수 있도록 인터넷에 연결되어 있어야 한다.

[6] 미러 사이트(mirror site): 다른 사이트의 정보를 그대로 복사하여 관리하는 사이트.

[7] 많은 패키지들은 개별 사용자가 각자 개발하여 공개한 것이기 때문에, 간혹 오류나 문제가 있는 패키지가 있을 수 있다는 점을 주의해야 한다.

⟨참조⟩ 도움말과 관련된 함수

- help(package="pkgs"): 패키지와 그 안에 포함되어 있는 함수 및 데이터 등에 대한 도움말을 출력한다.
- help(topic) 또는 ?topic: 현재의 R 세션에 불러져 있는 패키지 내의 함수 등에 대한 도움말을 출력한다. 여기에서 topic은 함수 또는 패키지의 이름이다.
- help.search("topic") 또는 ??topic: 여러 다른 패키지에서 topic에 해당하는 문자열이 포함되어 있는 함수들의 목록과 도움말을 출력한다.

⟨예 1.5⟩ 도움말 얻기

```
> help(package="DescTools")
> ?plot      # 또는 help(plot)
> ??plot     # 또는 help.search("plot")
```

독자들은 ⟨예 1.5⟩의 명령문들을 실행하면서 RStudio의 Help 윈도우에 나타나는 내용들을 살펴보기 바란다.

1.4 작업공간 (Workspace)

R의 실행 과정에서 생성되는 객체 및 명령문 등은 **작업공간**이라고 불리는 공간에 보관되어 사용자의 호출에 대기하게 되는데, 작업공간은 현재 설정되어 있는 **작업 디렉토리**(work directory)에 임시로 생성되어 있다. 만약 사용자가 특별한 조작 없이 R을 종료하면, 작업공간에 임시로 보관되어 있던 내용은 메모리에서 모두 삭제된다. 따라서 다음 번의 작업에서 기존의 객체 및 명령문들을 다시 생성하지 않고 사용하기 위해서는 현재의 작업공간을 저장해 두었다가 다시 불러와야 한다.

⟨예 1.6⟩ 작업 디렉토리의 변경과 작업공간의 저장

```
> getwd()
#-----------------------------------------------------------------------
[1] "C:/Users/hckang/Documents"
#-----------------------------------------------------------------------
> setwd(" L:/My_Work/R_File")    # setwd("L:\\My_Work\\R_File")
> getwd()
#-----------------------------------------------------------------------
[1] "L:/My_Work/R_File"
#-----------------------------------------------------------------------
```

```
> ls()
#-------------------------------------------------------------------------
[1] "Age"    "Super"
# ------------------------------------------------------------------------
> save.image()
> savehistory()
> q()    # R 세션의 종료
--------------------------------------------------------------------------
```

- getwd(): 현재 설정되어 있는 작업 디렉토리를 출력한다. Windows의 경우 일반적으로 기본 작업 디렉토리는 'C:/Users/사용자 이름/Documents'이다.
- setwd("dir"): 작업 디렉트리를 dir에 지정된 디렉토리로 변경한다. 경로 표시에서 '\'가 아닌 '/' 기호를 이용하는 것에 주의하여라. 또는 "L:\\My_Work\\R_File"과 같이 지정할 수도 있다.
- ls(): 작업공간에 대기하고 있는 객체들의 목록을 출력한다.
- save.image("file"): 작업공간의 내용들을 file에 지정되어 있는 파일 이름으로 저장한다. 예를 들어, save.image("F:/My_Work/R_File/Example1.RData"). 인수 file을 지정하지 않으면 현재 설정되어 있는 작업 디렉토리에 .RData라는 파일로 저장된다.
- savehistory("file"): 실행시킨 명령문들을 file에 지정되어 있는 파일 이름으로 저장한다. 예를 들어, savehistory("F:/My_Work/R_File/Example1.Rhistory"). 인수 file을 지정하지 않으면 현재 설정되어 있는 작업 디렉토리에 .Rhistory라는 파일로 저장된다.

R을 종료하는 경우에도 일반적으로 현재의 작업공간 이미지를 저장할 것인지를 묻게 되는데, 이때 '예'를 클릭하면 현재의 작업 디렉토리에 작업공간은 .RData라는 파일로 저장되고, 실행한 명령문들은 .Rhistory라는 파일로 저장된다.

한편, 외부 파일로 저장되어 있는 작업공간의 내용을 현재의 작업공간에 블러오고자 할 경우에는 load("F:/My_Work/R_File/.RData")와 같이 load() 함수를 사용하면 된다.

앞에서 살펴보았던 작업 디렉토리의 변경, 작업공간의 저장 및 불러오기 등은 RStudio 또는 RGui의 풀다운 메뉴를 이용해서도 실행할 수 있다. RStudio의 경우, 풀다운 메뉴의 Session 메뉴를 통해 작업 디렉토리 및 작업공간의 관리와 관련된 사항을 지정할 수 있다.

1.5 데이터 프레임 (Data Frame)

대부분의 데이터 분석 소프트웨어에서와 마찬가지로 R을 이용하여 분석을 수행하기 위해서 가장 먼저 수행해야 할 일은 가지고 있는 자료를 데이터 프레임(데이터셋)으로

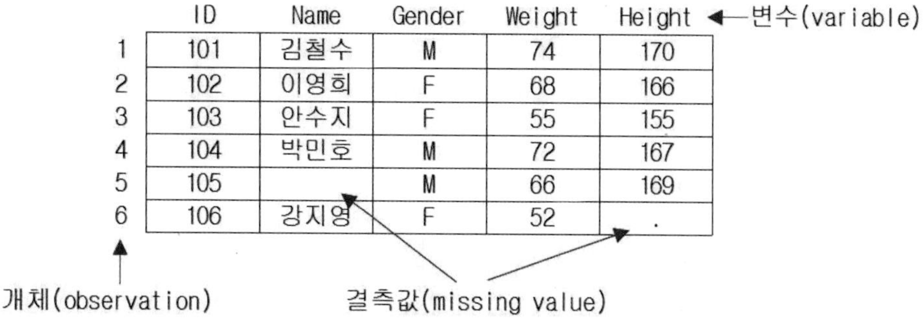

〈그림 1.5〉 데이터 프레임의 구조

만드는 것이다. 이 절에서는 몇 가지 방식으로 데이터 프레임을 생성하고 관리하는 것에 대하여 간단히 설명한다.

〈그림 1.5〉에서 볼 수 있는 바와 같이 데이터 프레임(data frame)은 변수와 개체(또는 관측치)라는 두 개의 차원에 의해서 직사각형으로 배열된 자료값들의 집합이다.

- 변수(variable): 데이터 프레임의 한 열(column)로서 구체적인 속성을 나타내는 자료값들의 집합을 나타낸다. 예를 들어, 〈그림 1.5〉에서 Height라는 변수는 각 개체들의 키를 나타내는 자료값들로 이루어져 있다. 이와 같은 변수들은 문자, 숫자, 특수문자 및 기호 등으로 이루어진 문자형(character type) 변수와 숫자만으로 이루어진 숫자형(numeric type) 변수로 분류된다. 예를 들어, 〈그림 1.5〉에서 변수 Name은 문자형이고 변수 Weight는 숫자형이다.
- 개체(observation): 데이터 프레임의 한 행(row)으로서 동일한 관찰단위에 대한 모든 변수들의 자료값들의 집합을 나타낸다. 예를 들어, 〈그림 1.5〉의 데이터 프레임은 6개의 개체를 포함하고 있는데, 각 개체는 한 사람에 대한 ID, Name, Gender, Weight, Height 등에 대한 자료값을 가지고 있다.

〈참조〉 변수 이름에 대한 규칙

- 변수 이름은 문자로 시작해야 한다. 나머지 부분은 문자, 숫자, 마침표(.), 밑줄(_) 등을 사용할 수 있다. 또한 공백과 특수문자(예: !, ?, ? * 등)를 사용하지 않아야 한다.
- 데이터 프레임 내에서 각 변수의 이름은 중복되지 않고 유일해야 한다.
- 변수 이름은 대소문자를 구분한다. 즉, NEWVAR, NewVar, newvar 등은 서로 다른 변수로 간주된다.

1.5.1 벡터로부터 데이터 프레임 생성하기

다음 ⟨예 1.7⟩은 data.frame() 함수를 이용하여 데이터 프레임을 생성하는 예이다. 즉, 데이터 프레임은 벡터(vector) 객체들을 가로로 결합하여 구성된 일종의 객체로 간주할 수 있다.

⟨예 1.7⟩ 벡터로부터 데이터 프레임 생성하기

```
> ID = c(101,102,103,104,105,106,107,108,109,110)
> AgeGroup = c(1,2,4,4,4,5,3,5,5,2)
> Gender = c("M","M","F","M","M",NA,"M","F","M","F")
> Item1 = c(1,3,3,3,1,2,1,1,1,2)
> Item2 = c(1,3,3,3,1,NA,1,1,1,3)
> Item3 = c(1,3,1,2,1,NA,1,1,3,2)
> Company = data.frame(ID,AgeGroup,Gender,Item1,Item2,Item3)
> Company
# ----------------------------------------------------------------------
    ID AgeGroup Gender Item1 Item2 Item3
1  101        1      M     1     1     1
2  102        2      M     3     3     3
3  103        4      F     3     3     1
4  104        4      M     3     3     2
5  105        4      M     1     1     1
6  106        5   <NA>     2    NA    NA
7  107        3      M     1     1     1
8  108        5      F     1     1     1
9  109        5      M     1     1     3
10 110        2      F     2     3     2
```

벡터에 자료값을 입력할 때는 일반적으로 c() 함수를 사용한다.[8] 이때 문자형 변수의 자료값에는 "string"과 같이 앞뒤에 인용부호를 입력해 주어야 하며, 결측값은 숫자형과 문자형 모두 인용부호 없이 NA(not available) 기호로 입력해야 한다.

1.5.2 데이터 프레임 살펴보기

생성된 데이터 프레임의 내용을 출력하여 살펴보고자 할 경우, 위의 ⟨예 1.7⟩에서와 같이 데이터 프레임의 이름을 입력하고 실행시키면 된다. 또한 다음 ⟨예 1.8⟩에서와 같이 head(), tail() 함수를 사용하여 처음 n개 또는 마지막 n개의 개체만을 살펴볼 수도 있다. 이들 함수는 데이터 프레임의 크기가 매우 클 때 유용하다.

[8]하나의 벡터에는 문자와 숫자가 혼용될 수 없다. 따라서 문자형 벡터에서는 숫자도 문자로 간주된다.

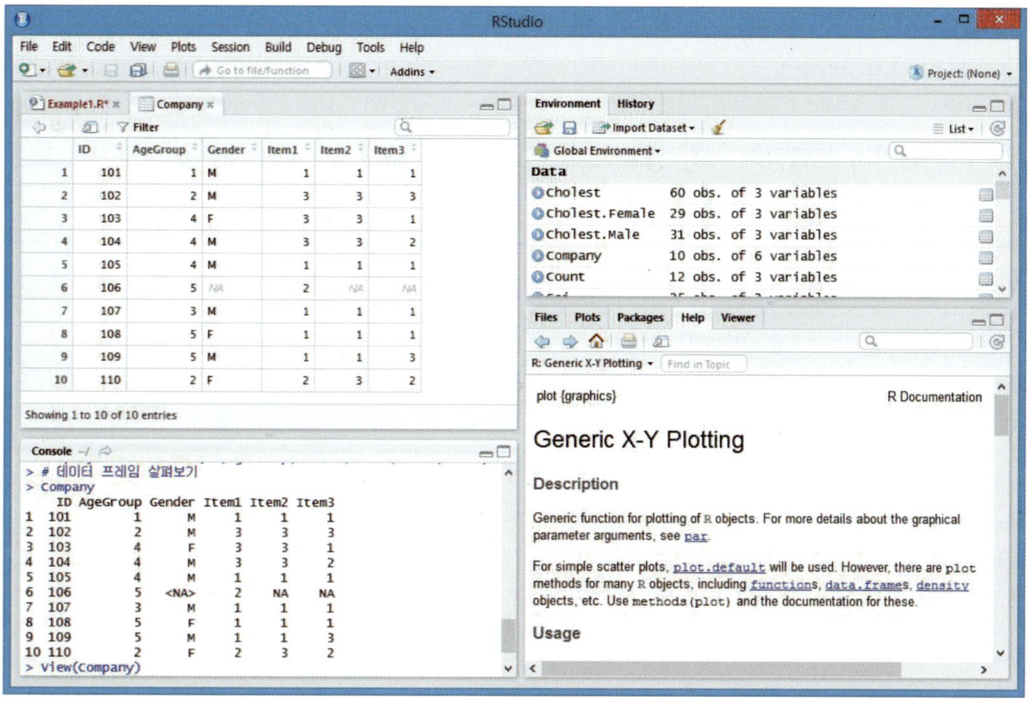

〈그림 1.6〉 RStudio에서 데이터 프레임 보기

〈예 1.8〉 데이터 프레임의 일부만 출력하기

```
> head(Company, n=3)
# -------------------------------------------------------------------
   ID AgeGroup Gender Item1 Item2 Item3 Item_Mean
1 101        1      M     1     1     1  1.000000
2 102        2      M     3     3     3  3.000000
3 103        4      F     3     3     1  2.333333
# -------------------------------------------------------------------
> tail(Company, n=3)
# -------------------------------------------------------------------
    ID AgeGroup Gender Item1 Item2 Item3
8  108        5      F     1     1     1
9  109        5      M     1     1     3
10 110        2      F     2     3     2
```

한편, RStudio의 Environment 윈도우에서 데이터 프레임의 이름을 클릭하면 〈그림 1.6〉에서와 같이 해당 데이터 프레임의 내용을 살펴볼 수 있다. 또는 View(Company)와 같이 View() 함수를 사용해도 된다.

다음 ⟨예 1.9⟩는 데이터 프레임에 대한 정보를 얻기 위해서 유용하게 사용될 수 있는 함수들의 사용 예이다.

⟨예 1.9⟩ 데이터 프레임에 대한 정보

```
> class(Company)   # 객체의 유형
#-------------------------------------------------------------------
[1] "data.frame"
#-------------------------------------------------------------------
> dim(Company)   # 객체의 차원
#-------------------------------------------------------------------
[1] 10  6
#-------------------------------------------------------------------
> names(Company)   # 변수들의 목록
#-------------------------------------------------------------------
[1] "ID"   "AgeGroup"   "Gender"   "Item1"   "Item2"   "Item3"
#-------------------------------------------------------------------
> str(Company)   # 데이터 프레임의 구조
#-------------------------------------------------------------------
'data.frame': 10 obs. of  6 variables:
 $ ID      : num  101 102 103 104 105 106 107 108 109 110
 $ AgeGroup: num  1 2 4 4 4 5 3 5 5 2
 $ Gender  : Factor w/ 2 levels "F","M": 2 2 1 2 2 NA 2 1 2 1
 $ Item1   : num  1 3 3 3 1 2 1 1 1 2
 $ Item2   : num  1 3 3 3 1 NA 1 1 1 3
 $ Item3   : num  1 3 1 2 1 NA 1 1 3 2
#-------------------------------------------------------------------
> ls()   # 작업공간에 대기하고 있는 객체들의 목록
#-------------------------------------------------------------------
[1] "Age"      "AgeGroup" "Company"  "Gender"   "ID"
[6] "Item1"    "Item2"    "Item3"    "Super"
#-------------------------------------------------------------------
> rm(Age,Super)   # 작업공간에서 객체 제거하기
> ls()
#-------------------------------------------------------------------
[1] "AgeGroup" "Company"  "Gender"   "ID"       "Item1"
[6] "Item2"    "Item3"
```

1.5.3 외부 텍스트 파일로부터 데이터 프레임 생성하기

R에서 벡터에 데이터를 직접 입력하여 데이터 프레임을 입력하는 것은 흔한 상황이 아니다. 일반적으로는 외부에 있는 데이터를 가져와서 데이터 프레임을 생성하게 되는데, 여기에서는 외부 데이터의 형태에 따라 몇 가지 방법을 사용하여 그 과정을 설명한다.

〈표 1.1〉 Company.csv(xlsx) 파일의 내용

ID	AgeGroup	Gender	Item1	Item2	Item3
101	1	M	1	1	1
102	2	M	3	3	3
103	4	F	3	3	1
104	4	M	3	3	2
105	4	M	1	1	1
106	5		2		
107	3	M	1	1	1
108	5	F	1	1	1
109	5	M	1	1	3
110	2	F	2	3	2

가장 일반적인 외부 데이터의 형태는 텍스트(text) 파일인데, 통상 공백 또는 콤마(,)와 같은 것으로 자료값들이 구분되어 있다. 예를 들어 〈표 1.1〉과 같은 데이터의 자료값들이 콤마로 구분되어 있다고 하자. 이와 같은 자료를 csv(comma-separated values) 형식의 파일이라고 하는데, 대부분의 소프트웨어에서 특별한 조작 없이 호환이 가능하다.

〈예 1.10〉 외부 텍스트 파일로부터 데이터 프레임 생성하기

```
> Company = read.table("L:/My_Work/Data/Company.csv",
+                      header=TRUE,sep=",")
> Company = read.csv("L:/My_Work/Data/Company.csv",header=TRUE)
#--------------------------------------------------------------------
> write.table(Company,"L:/My_Work/Data/Company_A.txt",
+             sep=",",quote=FALSE)
> write.csv(Company,"L:/My_Work/Data/Company_A.csv")
```

텍스트 파일로부터 데이터 프레임을 생성하기 위해서는 read.table() 또는 read.csv() 함수를 사용하면 된다.[9] read.table() 함수는 sep 인수에 의해 구분자(seperator)를 지정할 수 있으며, read.csv() 함수는 구분자가 콤마(,)로 되어 있는 텍스트 파일을 읽어들이는 함수이다. 이때 header 인수는 텍스트 파일의 첫 줄에 변수 이름이 입력되어 있는지의 여부를 지정하는 것이다(기본값: header=FALSE).[10]

[9] 외부 파일의 경로 표시에서 '\'가 아닌 '/' 기호를 이용하는 것에 주의하여라. 또는 "L:\\My_Work\\Data\\Company.csv"와 같이 지정할 수도 있다.

[10] R에서 논리형 인수를 지정할 때 TRUE 또는 FALSE는 T 또는 F와 같이 축약하여 쓸 수 있다.

이와는 반대로, 데이터 프레임을 외부 텍스트 파일로 저장하기 위해서는 write.table() 또는 write.csv() 함수를 사용하면 된다. write.table() 함수를 사용하는 경우 sep 인수는 자료값들 사이에 넣고자 하는 구분자를 지정하는 것이며, quote 인수는 자료값들을 인용부호로 둘러쌀 것인지의 여부를 지정하는 것이다(기본값: quote=TRUE).

1.5.4 Excel 파일로부터 데이터 프레임 생성하기

Excel 파일로부터 데이터 프레임을 생성하기 위해서는 xlsx 패키지의 read.xlsx() 함수를 사용하면 된다.[11] 이때 sheetIndex 또는 sheetName 인수를 이용하여 시트의 번호 또는 이름을 지정해야 한다. 그리고 header 인수는 첫 줄에 변수 이름이 입력되어 있는지의 여부를 지정하는 것이다(기본값: header=TRUE).

⟨예 1.11⟩ Excel 파일로부터 데이터 프레임 생성하기

```
> install.packages("xlsx")
> library(xlsx)
> Company = read.xlsx("L:/My_Work/Data/Company.xlsx",
+                     sheetIndex=1,header=TRUE)
> Company = read.xlsx("L:/My_Work/Data/Company.xlsx",
+                     sheetName="Company",header=TRUE)
#-----------------------------------------------------------------------
> write.xlsx(Company,"L:/My_Work/Data/Company_A.xlsx",
+            col.names=TRUE,row.names=FALSE)
```

데이터 프레임을 Excel 파일로 저장하기 위해서는 write.xlsx() 함수를 사용하면 된다. 이때 col.names 인수는 변수 이름을 내보낼 것인지의 여부를 지정하는 것이며(기본값: col.names=TRUE), row.names 인수는 행 번호를 내보낼 것인지의 여부를 지정하는 것이다(기본값: row.names=TRUE)

1.5.5 데이터 프레임에 함수 적용하기

여기에서는 데이터 프레임에 함수를 적용하는 과정을 간단히 설명한다. 예를 들어, 데이터 프레임의 변수들에 대하여 간단한 요약 결과를 얻기 위해서 summary() 함수를 사용할 수 있다. summary() 함수는 숫자형 변수에 대하여는 평균 등 몇 가지 수치값을, 문자형 변수에 대하여는 빈도를 출력한다(2.3절 참조).

[11] xlsx 패키지를 설치하기 위해서는 자신의 컴퓨터 시스템(예컨대, Windows 64bit)에 맞는 Java 프로그램이 설치되어 있어야 한다(참조: www.java.com).

〈예 1.12〉 데이터 프레임에 함수 적용하기

```
> summary(Company)
#------------------------------------------------------------------------
       ID            AgeGroup       Gender     Item1           Item2        ...
 Min.    :101.0   Min.    :1.00     :1    Min.    :1.00   Min.    :1.000  ...
 1st Qu.:103.2   1st Qu.:2.25    F:3    1st Qu.:1.00   1st Qu.:1.000  ...
 Median :105.5   Median :4.00    M:6    Median :1.50   Median :1.000  ...
 Mean    :105.5   Mean    :3.50           Mean    :1.80   Mean    :1.889  ...
 3rd Qu.:107.8   3rd Qu.:4.75           3rd Qu.:2.75   3rd Qu.:3.000  ...
 Max.    :110.0   Max.    :5.00           Max.    :3.00   Max.    :3.000  ...
                                                          NA's    :1      ...
```

〈예 1.12〉에서 볼 수 있듯이 summary() 함수는 데이터 프레임의 모든 변수들에 대한 결과를 출력한다. 따라서 ID와 같이 분석이 필요 없는 변수들에 대해서도 결과가 출력된다.

〈예 1.13〉 변수를 벡터 객체로 호출하기

```
> summary(Company$Gender)
#------------------------------------------------------------------------
  F M
1 3 6
#------------------------------------------------------------------------
> summary(Company$Item1)
-------------------------------------------------------------------------
   Min. 1st Qu.  Median    Mean 3rd Qu.    Max.
   1.00    1.00    1.50    1.80    2.75    3.00
```

이러한 문제를 해결하는 한 가지 방법은 개별 변수를 벡터 객체로 호출하여 사용하는 것이다. 이때 〈예 1.13〉에서와 같이 $ 기호를 사용하면 되는데, 예를 들어, Company$Gender는 데이터 프레임 Company에 있는 변수 Gender를 의미한다.

〈예 1.14〉 데이터 프레임의 일부 변수만 호출하기

```
> summary(Company[c("AgeGroup","Gender","Item1","Item2","Item3")])
#------------------------------------------------------------------------
    AgeGroup       Gender      Item1           Item2            Item3
 Min.    :1.00     :1    Min.    :1.00   Min.    :1.000   Min.    :1.000
 1st Qu.:2.25    F:3    1st Qu.:1.00   1st Qu.:1.000   1st Qu.:1.000
 Median :4.00    M:6    Median :1.50   Median :1.000   Median :1.000
 Mean    :3.50           Mean    :1.80   Mean    :1.889   Mean    :1.667
```

```
 3rd Qu.:4.75           3rd Qu.:2.75   3rd Qu.:3.000   3rd Qu.:2.000
 Max.   :5.00           Max.   :3.00   Max.   :3.000   Max.   :3.000
                                       NA's   :1       NA's   :1
```

또 다른 방법은 대괄호와 c() 함수를 이용하여 필요한 변수들만 적용하는 것이다. 예를 들어, ⟨예 1.14⟩에서는 이러한 방법을 이용하여 5개의 변수만 지정하였다. 이때 각 변수의 이름에는 이중인용부호를 앞뒤에 붙여야 한다.

1.5.6 숫자형 변수를 요인 변수로 변경하기

위의 예에서 변수 AgeGroup의 값이 1='10대', 2='20대', 3='30대', 4='40대', 5='50대 이상'을 나타낸다고 하자. 그런데 ⟨예 1.14⟩에서는 변수 AgeGroup이 숫자형으로 취급되었음을 볼 수 있다.

숫자로 입력된 변수를 문자처럼 취급하기 위해서는 다음 ⟨예 1.15⟩에서와 같이 factor() 함수를 사용하면 된다.

⟨예 1.15⟩ 숫자형 변수를 요인 변수로 변경하기

```
> is.factor(Company$AgeGroup)    # 요인 변수인지의 여부
#-----------------------------------------------------------------------
[1] FALSE
#-----------------------------------------------------------------------
> Company$AgeGroup=factor(Company$AgeGroup)    # as.factor()
> is.factor(Company$AgeGroup)
#-----------------------------------------------------------------------
[1] TRUE
#-----------------------------------------------------------------------
> levels(Company$AgeGroup)    # 요인 변수의 수준
#-----------------------------------------------------------------------
[1] "1" "2" "3" "4" "5"
#-----------------------------------------------------------------------
> summary(Company[c("AgeGroup","Gender","Item1","Item2","Item3")])
#-----------------------------------------------------------------------
 AgeGroup Gender     Item1           Item2            Item3
 1:1        :1   Min.   :1.00   Min.   :1.000   Min.   :1.000
 2:2       F:3   1st Qu.:1.00   1st Qu.:1.000   1st Qu.:1.000
 3:1       M:6   Median :1.50   Median :1.000   Median :1.000
 4:3             Mean   :1.80   Mean   :1.889   Mean   :1.667
 5:3             3rd Qu.:2.75   3rd Qu.:3.000   3rd Qu.:2.000
                 Max.   :3.00   Max.   :3.000   Max.   :3.000
                                NA's   :1       NA's   :1
```

```
#----------------------------------------------------------------------
> Company$AgeGroup=as.numeric(Company$AgeGroup)
> is.factor(Company$AgeGroup)
#----------------------------------------------------------------------
[1] FALSE
#----------------------------------------------------------------------
> is.numeric(Company$AgeGroup)
#----------------------------------------------------------------------
[1] TRUE
```

⟨예 1.15⟩에서는 factor() 함수를 사용하여 데이터 프레임 Company의 변수 AgeGroup을 요인(factor) 변수로 변경하였다. 또한 is.factor() 함수는 어떤 벡터가 요인 변수인지의 여부를 출력하며, levels() 함수는 요인 변수의 수준을 출력한다. 위의 결과에서 변수 AgeGroup과 Gender에 대하여는 각 수준별 빈도가 출력되어 있음을 볼 수 있다.

요인 변수를 다시 숫자형 변수로 바꾸고자 할 때는 위의 예에서와 같이 as.numeric() 함수를 사용하면 된다. 또한 is.factor() 함수와는 반대로 is.numeric() 함수는 어떤 벡터가 숫자형 변수인지의 여부를 출력한다.

1.5.7 분석 결과를 객체로 저장하기

데이터 프레임에 함수를 적용하여 얻은 결과를 객체로 저장해 두었다가 다음 분석을 위해 유용하게 사용할 수 있다.

⟨예 1.16⟩ 분석 결과를 객체로 저장하기

```
> Company.summary = summary(Company[c("AgeGroup","Gender","Item1")])
> class(Company.summary)
#----------------------------------------------------------------------
[1] "table"
#----------------------------------------------------------------------
> Company.summary
#----------------------------------------------------------------------
    AgeGroup      Gender       Item1
 Min.   :1.00   F   :3   Min.   :1.00
 1st Qu.:2.25   M   :6   1st Qu.:1.00
 Median :4.00   NA's:1   Median :1.50
 Mean   :3.50            Mean   :1.80
 3rd Qu.:4.75            3rd Qu.:2.75
 Max.   :5.00            Max.   :3.00
```

예를 들어, ⟨예 1.16⟩에서는 summary() 함수의 결과를 Company.summary라는 객체에 저장하였다. 또한 class() 함수를 사용하여 summary() 함수의 결과가 테이블(table) 객체로 저장되었음을 확인할 수 있다.

이와 같이 대부분의 함수들은 그 결과를 벡터, 데이터 프레임, 테이블 등 일정한 형식의 객체로 내보낸다. 이 예에서 첫 번째 명령문을 실행하면 콘솔 윈도우에는 어떤 결과도 출력되지 않는데, 이는 결과를 단지 객체에 저장만 하기 때문이다. 세 번째 명령문에서와 같이 객체 이름 Company.summary를 실행함으로써 객체의 내용을 출력할 수 있다.

⟨참조⟩ R에서 사용되는 주요 객체(Object)

- 벡터(Vector): 1차원으로 배열된 데이터 구조이며 숫자형, 문자형, 논리형 벡터가 있다. 벡터를 생성하기 위해 주로 c() 함수가 사용된다. 하나의 벡터에 입력되는 자료값들은 모두 동일한 유형이어야 한다.
- 요인(Factor): 범주형 데이터를 다루기 위한 것으로, 요인이 가질 수 있는 값들을 수준(level)이라고 한다. 즉, 요인은 수준으로 이루어진 벡터라고 할 수 있다.
- 행렬(Matrix): 2차원으로 배열된 데이터 구조이며, 자료값들은 모두 동일한 유형(숫자형, 문자형, 논리형)이어야 한다.
- 배열(Array): 2차원 이상의 다차원 구조를 가질 수 있으며, 행렬과 마찬가지로 자료값들은 모두 동일한 유형이어야 한다.
- 데이터 프레임(Data Frame): 행렬과 유사하게 2차원의 데이터 구조를 가지고 있으며, 벡터들을 구성요소로 가지는 객체라고 할 수 있다. 행렬과는 달리 벡터 단위로 자료값들의 유형이 다를 수 있다. 데이터 프레임에 들어 있는 벡터를 독립적으로 사용할 수 있는데, 예를 들어 Company$Item1은 데이터 프레임 Company에 있는 벡터(변수) Item1을 호출하는 것이다.
- 리스트(List): 가장 포괄적인 형태의 데이터 구조로서 서로 다른 유형의 객체들을 구성요소로 가지는 객체이다. 즉 리스트 객체 안에는 벡터, 행렬, 데이터 프레임 등이 구성요소로 포함될 수 있다. 리스트에 들어 있는 객체를 독립적으로 사용할 수 있는데, 예를 들어 main$sub는 리스트 객체 main에 있는 sub 객체를 호출하는 것이다.

1.6 데이터 프레임의 가공

데이터 프레임을 함수에 적용하여 통계분석을 수행하다 보면 데이터 프레임의 내용을 약간 수정해야 하는 경우가 종종 있게 된다. 이 절에서는 데이터 프레임의 일부를 선택하여

〈예 1.20〉 새로운 변수의 생성

```
> Item_sum = Company$Item1+Company$Item2+Company$Item3
> Item_mean = (Company$Item1+Company$Item2+Company$Item3)/3
> Company$Item_sum = Company$Item1+Company$Item2+Company$Item3
> Company$Item_mean = (Company$Item1+Company$Item2+Company$Item3)/3
```

새로운 변수를 생성할 때 주의해야 할 점중 하나는, 생성되는 변수를 기존의 데이터 프레임에 추가하기 위해서는 Company$Item_sum과 같이 변수 이름에 데이터 프레임을 함께 지정해 주어야 한다는 것이다. 즉, 〈예 1.20〉에서 첫 두 개의 명령문은 별개의 벡터 객체 Item_sum과 Item_mean을 생성하게 된다.

〈예 1.21〉 attach() 함수

```
> attach(Company)
> Company$Item_sum = Item1+Item2+Item3
> Company$Item_mean = (Item1+Item2+Item3)/3
> detach(Company)
```

하나의 데이터 프레임에 내에 있는 여러 변수들에 대하여 함수를 적용하거나 연산을 할 경우, attach() 함수를 이용하면 기존의 변수 이름에는 데이터 프레임을 생략할 수 있기 때문에 편리하다. 예를 들어, 〈예 1.20〉에서는 각 변수마다 데이터 프레임의 이름을 일일이 지정하였지만, 〈예 1.21〉에서와 같이 attach() 함수를 이용하여 데이터 프레임을 선언하여 두면 해당 데이터 프레임에 이미 존재하는 변수에 대해서는 데이터 프레임을 지정하지 않아도 된다. 이 경우에도 새롭게 생성되는 변수를 기존의 데이터 프레임에 추가하기 위해서는 데이터 프레임을 함께 지정해 주어야 한다.

한편, detach() 함수는 attach() 함수에 의한 선언을 해제하는 것이며, 다른 객체와의 충돌을 방지하기 위해서 attach() 함수와 함께 쌍으로 사용하는 것이 좋다.

이와 같이 attach() 함수를 사용할 때 주의해야 할 사항 중 하나는 변수의 이름과 동일한 이름을 가지는 객체가 작업공간에 존재하는 경우 오류가 발생한다는 것이다.

예를 들어, 〈예 1.21〉에서 item1이라는 이름의 벡터 또는 데이터 프레임이 작업공간에 존재하고 있으면 오류가 발생하게 된다. 이런 경우 attach() 함수를 정상적으로 사용하기 위해서는 rm() 함수를 사용하여 기존의 객체를 작업공간에서 제거하는 등의 처리가 필요하다.

⟨예 1.22⟩ transform() 함수

```
> Company = transform(Company,Item_sum=Item1+Item2+Item3,
+                     Item_mean=(Item1+Item2+Item3)/3)
```

⟨예 1.22⟩에서 사용된 transform() 함수는 새로운 변수를 생성할 때 유용하게 사용되는 함수 중 하나이다. transform() 함수를 사용하면 기존의 데이터 프레임에 새로운 변수를 생성하거나, 그 결과를 새로운 데이터 프레임에 저장하는 등의 작업을 쉽게 처리할 수 있다. ⟨예 1.22⟩는 데이터 프레임 Company에 있는 변수들로부터 새로운 변수 Item_sum, Item_mean을 생성하고, 그 결과를 다시 데이터 프레임 Company에 저장하는 예이다.

⟨예 1.23⟩ 새로운 요인 변수의 생성

```
> Company$Type[Company$AgeGroup<=3]=1
> Company$Type[Company$AgeGroup>=4]=2
> Company$Type = factor(Company$Type,labels=c("30대 이하","40대 이상"))
> Company
#---------------------------------------------------------------------
    ID AgeGroup Gender Item1 Item2 Item3      Type
1  101        1      M     1     1     1 30대 이하
2  102        2      M     3     3     3 30대 이하
3  103        4      F     3     3     1 40대 이상
4  104        4      M     3     3     2 40대 이상
5  105        4      M     1     1     1 40대 이상
6  106        5            2    NA    NA 40대 이상
7  107        3      M     1     1     1 30대 이하
8  108        5      F     1     1     1 40대 이상
9  109        5      M     1     1     3 40대 이상
10 110        2      F     2     3     2 30대 이하
#---------------------------------------------------------------------
> summary(Company[c("Type","Item1","Item2","Item3")],digits=10)
#---------------------------------------------------------------------
        Type        Item1           Item2                 Item3
 30대 이하:4   Min.   :1.00   Min.   :1.0000000   Min.   :1.0000000
 40대 이상:6   1st Qu.:1.00   1st Qu.:1.0000000   1st Qu.:1.0000000
               Median :1.50   Median :1.0000000   Median :1.0000000
               Mean   :1.80   Mean   :1.8888889   Mean   :1.6666667
               3rd Qu.:2.75   3rd Qu.:3.0000000   3rd Qu.:2.0000000
               Max.   :3.00   Max.   :3.0000000   Max.   :3.0000000
                              NA's   :1           NA's   :1
```

⟨예 1.22⟩는 기존의 숫자형 변수를 이용하여 새로운 요인(범주형) 변수를 만드는 예이다. 이 예에서는 먼저 대괄호와 조건식을 이용하여 관측개체들을 1(30대 이하), 2(40대 이상)로 구분하는 숫자형 변수 Type을 생성하고, 이를 요인 변수로 선언하기 위하여 factor() 함수를 사용하였다. 그리고 labels= 인수를 이용하여 요인 변수의 수준별 레이블을 추가하였다.[12] 또한 summary() 함수를 사용하여 일부 변수들에 대한 요약통계량을 출력하였다 (여기에서 사용된 digits= 인수는 숫자값의 최대 자릿수를 지정한다).

1.7 연습문제

1. R과 관련된 여러 웹사이트들로부터 자신에게 유용한 패키지를 찾을 수 있으며, 다양한 문제의 해결을 위한 도움을 얻을 수 있다. 다음 웹사이트들을 방문하여 그 내용을 살펴보아라.

- The R Project for Statistical Computing (https://www.r-project.org) : 공식적인 R의 웹사이트이며 R에 대한 다양한 매뉴얼 및 웹사이트를 소개하고 있다.
- The Comprehensive R Archive Network (http://cran.r-project.org) : R의 다운로드 및 설치를 위한 사이트이며 패키지들에 대한 상세한 설명을 얻을 수 있다.
- R Studio (http://www.rstudio.com) : 공식적인 RStudio의 웹사이트이며 RStudio의 다운로드 및 도움말 등을 제공한다.
- R Seek (http://rseek.org) : R에 대한 패키지, 함수, 도움말, 웹사이트 등을 검색할 수 있는 검색엔진을 제공한다.
- Quick-R (http://www.statmethods.net) : 데이터 처리, 통계분석, 그래프 작성 등을 토픽으로 분류하여 R 함수에 대한 설명을 제공한다.
- R news and tutorials contributed by R bloggers (https://www.r-bloggers.com) : R 블로거들에 의한 뉴스 및 튜토리얼 등을 얻을 수 있다.

2. 이 장에서 사용된 함수들에 대하여 도움말을 조회하고 그 내용을 살펴보아라.

3. 이 장을 위해 작성된 스크립트 파일(Example1.R)에 저장되어 있는 명령문들을 실행하여 그 결과들을 살펴보아라.

[12] 함수에 적용할 수 있는 추가적인 선택사항들을 인수(argument)라고 한다.

제 2 장
데이터의 요약 및 표현

실험이나 조사를 통해 얻어진 자료에서 개별 측정값들은 그 자체가 중요한 정보이지만, 이들은 양적으로 방대하고 다루기도 힘들며 질적으로 혼돈과 소음을 포함하고 있어 자료의 전반적인 내용을 파악하는 것이 쉽지 않다. 따라서 자료의 특성 내지는 중요한 측면을 쉽게 파악할 수 있도록 빈도나 퍼센트, 대표값, 변이성, 분포의 형태 등을 간결한 형태로 정리, 요약하여 기술(記述, description)해야 할 필요가 있게 된다. 이 장에서는 주어진 자료의 전반적인 내용을 쉽고 빠르게 파악할 수 있도록 표나 그래프 또는 몇 개의 숫자로 요약하여 표현하는 방법들에 대해서 설명할 것이다.

2.1 자료의 형태

"방대한 자료를 그래프나 표 또는 몇 개의 수치로 요약하여 주어진 자료의 전반적인 내용을 쉽고 빠르게 파악할 수 있도록 하는 기법을 다루는 분야"를 흔히 **기술통계학**(記述統計學, descriptive statistics)이라 한다. 즉 기술통계학의 목적은 자료가 가지고 있는 특성과 모습을 잘 정리하고 요약하는 것으로, 이를 위해서는 어떠한 기준에 따라 자료가 수집되었는지를 구분할 필요가 있다. 일반적으로 자료의 형태는 다음과 같이 크게 질적자료(정성적자료)와 양적자료(정량적자료)로 구분되어진다.[1]

2.1.1 질적자료 (Qualitative Data)

질적자료는 성별(남, 여), 혈액형(A, B, AB, O), 순위(1등, 2등, 3등) 등과 같이 어떤 속성을 나타낸 자료를 말하며, 이와 같은 질적자료에는 일반적으로 사칙연산을 적용할 수 없다. 질적자료는 다시 명목형 자료와 순서형 자료로 구분된다.

명목형(名目形, nominal) 자료는 성, 지역, 직업 등과 같이 자료값의 크기나 순서에 대한 의미가 없고 단지 자료값 자체의 이름만 의미를 부여할 수 있는 변수이다. 때로는 명목형 자료의 각 속성에 대하여 편의상 숫자를 대응시켜 사용하기도 하는데, 이 경우 숫자는 기호로서의 역할을 할 뿐이다. 예를 들면, 성별에 있어 남성을 '1'로 여성을 '2'로 표현했다면, 이때 숫자는 집단의 속성을 나타낸 것뿐이다. 이러한 명목형 자료의 예로는 혈액형, 종교, 운동선수의 번호, 인종 등이 있다.

이에 반해, **순서형**(順序形, ordinal) 자료는 어떤 기준에 따라 자료값들의 순서에 의미를 부여할 수 있는 자료이다. 예를 들어, 마라톤 경주에서 결승점에 도착하는 순서에 따라 1위, 2위, 3위 등으로 순서를 매긴 경우가 여기에 해당한다. 이러한 순서형 자료에서

[1] 사회과학에서는 일반적으로 측정의 수준(level of measurement)을 '명목측정', '순서측정', '구간측정'(등간측정), '비율측정'으로 구분한다.

각 숫자는 순서를 나타낼 뿐 차이나 비율에는 의미가 없다. 즉, 마라톤 경주에서 1위는 2위보다 결승점에 먼저 도착했다는 뜻이며, 2의 숫자는 1의 숫자의 두 배이므로 2위가 1위보다 2배 늦게 도착했다는 뜻은 아닌 것이다. 순서형 자료의 예로는 연비에 대한 등급, 성적에서의 수, 우, 미, 양, 가 등이 있다.

명목형 자료(때로는 순서형 자료를 포함하여)를 **범주형**(範疇形, categorical) 자료라고 부르기도 하는데, 이러한 범주형(질적) 자료의 특성을 파악하기 위해서는 각 범주별 빈도를 계산하는 등 양적자료와는 다르게 처리해야 한다.

2.1.2 양적자료 (Quantitative Data)

양적자료는 길이, 무게, 자동차 생산대수 등과 같이 많고 적음을 나타내는 수치로 된 자료를 말하며, 따라서 양적자료에 대해서는 사칙연산이 가능하다. 양적자료는 다시 계수형 자료와 연속형 자료로 나누기도 하고, 비율형 자료와 구간형 자료로 나누기도 한다.

먼저, 양적자료를 계수형 자료와 연속형 자료로 구분할 때의 의미를 살펴보자. **계수형**(計數形, count) 자료는 자료가 셀 수 있는 정수 형태인 경우를 말한다. 예를 들어, 형제의 수, 자동차 보유대수, 입사 지원자수, 보험 해약건수 등이 여기에 속한다. 이러한 계수형 자료는 범주형 자료의 경우처럼 이산적인 값을 갖기 때문에 이들을 한데 묶어 **이산형**(離散形, discrete) 자료라고도 한다.

이에 반해, **연속형**(連續形, continuous) 자료는 자료의 측정이 셀 수 없는 소수점을 포함하는 경우를 말한다. 예를 들어, 사람의 키, 물체의 무게, 길이, 온도 등과 같은 자료들이 여기에 속한다.

이제, 양적자료를 구간형 자료와 비율형 자료로 구분할 때의 의미를 살펴보자. **비율형**(比率形, ratio) 자료는 수치값들 사이의 차이뿐만 아니라 비율에도 의미를 부여할 수 있는 경우이다. 예를 들어, 어떤 냉장고 A의 무게가 200kg이고 B의 무게가 100kg이라고 할 때, 냉장고 A와 B의 무게 차이는 100kg이고 A의 무게는 B의 두 배라고 말할 수 있다. 또한 이 경우 0은 무게가 없다는 것을 의미한다(즉, 절대영점을 가진다). 비율형 자료에 대해서는 사칙연산 모두가 가능하다.

이에 반해, **구간형**(區間形, interval) 자료는 수치값들 사이의 차이(구간)에는 의미를 부여할 수 있지만 비율에는 의미를 부여할 수 없는 경우이다. 예를 들어, 섭씨 20도는 -10도에 비해서 온도가 30도 높다고 할 수 있지만, 온도의 비율이 $20/(-10) = -2$배라고 할 수는 없다. 또한 온도가 0도라고 하는 것은 온도가 없다라는 의미는 아니다(즉, 상대영점을 가진다). 따라서 구간형 자료에 대해서 덧셈과 뺄셈은 의미가 있지만 곱셈이나 나눗셈에 의한 결과는 의미가 없게 된다.

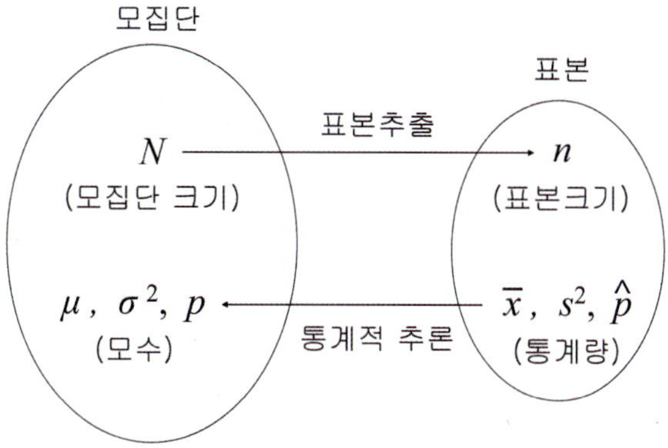

〈그림 2.1〉 모집단과 표본의 관계

2.2 모수와 통계량

실험이나 조사에서 관심의 대상이 되는 모든 자료를 수집한다는 것은 실제적 혹은 물리적으로 불합리한 경우가 대분분이다. 예를 들어, 어느 의약품의 효과를 알기 위해 모든 환자에게 임상실험을 하거나, 한 회사에서 생산되는 타이어의 평균수명을 알기 위해 그 회사에서 생산되는 모든 타이어를 검사한다는 것은 불가능하거나 비경제적이다. 따라서 관심이 되는 전체 수집대상 중에서 일부만을 추출하여 자료를 얻고 이를 분석하는 것이 일반적이라고 할 수 있다.

이때 관심대상이 되는 모든 가능한 자료값들의 집합을 **모집단**(母集團, population)이라고 하며, 통계적 분석을 위해 모집단에서 추출된 실제 관측값들의 집합을 **표본**(標本, sample)이라고 한다.

또한 모집단의 특성을 나타내는 미지의 상수값을 **모수**(母數, parameter)라고 하고, 표본에 있는 정보를 양적으로 축약하여 얻은 표본의 함수값을 **통계량**(統計量, statistic)이라고 한다. 따라서 통계처리를 수행하는 중요한 목적 중의 하나는 표본의 특성인 통계량을 근간으로 모집단의 특성인 모수를 파악하려는 것이다. 즉, 표본평균($\bar{x}$), 표본분산(s^2), 표본비율($\hat{p}$) 등과 같은 통계량을 통해 이에 대응되는 모평균(μ), 모분산(σ^2), 모비율(p) 등과 같은 모수들에 대한 통계적 추론을 하는 것이다.

예를 들어, 우리나라 성인 전체에 대한 흡연률을 알아 보고자 한다고 해 보자. 이 경우 우리나라 성인 전체에 대해 조사를 실시하지는 않는다. 왜냐하면 조사비용이 너무 많이 들 뿐만아니라 현실적으로 불가능한 경우가 많기 때문이다. 따라서 이에 대한 대안으로 우리나라 성인 중 약 1,000명 정도를 뽑아서 이들에 대해 흡연률을 조사하고, 이를 근거로 하여 우리나라 성인 전체에 대한 흡연률을 짐작(추측)하는 것이다.

〈표 2.1〉 Cholest 데이터

Obs.	Gender	Age	Super	Obs.	Gender	Age	Super
1	Male	23	40	32	Female	30	66
2	Male	64	88	33	Female	25	69
3	Male	66	110	34	Female	40	65
4	Male	31	86	35	Female	38	52
5	Male	55	137	36	Female	57	84
6	Male	48	78	37	Female	33	86
7	Male	58	111	38	Female	23	35
8	Male	31	88	39	Female	42	116
...	...	...	...	...	...	...	...
31	Male	60	57	60	Female	57	123

이와 같이 "관심의 대상이 되는 전체집단(모집단)으로부터 모집단의 일부(표본)를 추출하고, 표본으로부터 관측된 내용(통계량)을 근거로 하여 모집단의 특성(모수)을 추측하고 검정하는 방법을 다루는 분야"를 **추측통계학**(推測統計學, inferential stattistics)이라고 한다. 앞의 흡연률의 예에서는 우리나라 성인 전체가 모집단이고, 조사를 위해 추출된 성인 1,000명이 표본이며, 1,000명 중의 흡연률이 통계량이고, 우리나라 성인 전체의 흡연률이 모수이다.

2.3 기술통계량

양적자료의 경우 관찰값들(표본)을 대표할 수 있는 몇 개의 의미 있는 수치로 자료를 요약하는 것이 일반적이다. 이러한 의미 있는 수치들을 **기술통계량**(記述統計量, descriptive statistics)이라고 하는데, 주어진 자료들이 어떤 값을 중심으로 분포되어 있는지(대략 어느 정도의 값을 취한다고 할 수 있는지)를 나타내는 **대표값**과 자료들의 흩어져 있는 정도(퍼져 있는 정도)를 나타내는 **산포도**가 주로 이용된다. 이 절에서는 R 함수와 패키지들을 이용하여 여러 기술통계량을 얻는 과정과 각 통계량들이 가지고 있는 의미를 살펴보자.

〈예 2.1〉은 summary() 함수를 이용하여 데이터를 간단히 요약한 것이다. summary() 함수는 문자형 변수에 대하여는 빈도를 계산하며, 수치형 변수에 대하여는 최소값(Min), 중앙값(Median), 평균(Mean), 최대값(Max) 등을 계산하는 함수이다. 여기에서 사용된 데이터는 남자 31명과 여자 29명에 대해서 성, 나이, 담즙에 함유된 콜레스테롤 과포화율(supersaturation, %)을 조사하여 얻은 것이다(표 2.1 참조).

〈예 2.1〉 summary 함수 (base 패키지)

```
> Cholest = read.csv("L:/My_Work/Data/Cholest.csv",header=TRUE)
> summary(Cholest)
#----------------------------------------------------------------------
 Gender           Age              Super
 Female:29   Min.   :19.00   Min.   : 35.00
 Male  :31   1st Qu.:29.75   1st Qu.: 68.50
             Median :42.50   Median : 84.00
             Mean   :43.00   Mean   : 86.42
             3rd Qu.:56.25   3rd Qu.:106.25
             Max.   :74.00   Max.   :146.00
#----------------------------------------------------------------------
> Cholest.Male = Cholest[Cholest$Gender=="Male",]   # 1.6.1절 참조
> summary(Cholest.Male)
#----------------------------------------------------------------------
 Gender           Age              Super
 Female: 0   Min.   :19.00   Min.   : 40.00
 Male  :31   1st Qu.:27.00   1st Qu.: 66.50
             Median :43.00   Median : 86.00
             Mean   :43.06   Mean   : 84.45
             3rd Qu.:59.50   3rd Qu.:106.00
             Max.   :67.00   Max.   :137.00
#----------------------------------------------------------------------
> Cholest.Female = Cholest[Cholest$Gender=="Female",]   # 1.6.1절 참조
> summary(Cholest.Female)
#----------------------------------------------------------------------
 Gender           Age              Super
 Female:29   Min.   :23.00   Min.   : 35.00
 Male  : 0   1st Qu.:35.00   1st Qu.: 73.00
             Median :42.00   Median : 84.00
             Mean   :42.93   Mean   : 88.52
             3rd Qu.:50.00   3rd Qu.:107.00
             Max.   :74.00   Max.   :146.00
```

또한 이 예에서는 전체 데이터에 대한 요약과 남자 31명, 여자 29명에 대한 요약을 각각 수행하였다. 예를 들어 콜레스테롤 과포화율(Super)에 대한 요약에서, 전체 데이터(60명)의 평균은 86.42이고, 남자 데이터(31명)의 평균은 84.45이며, 여자 데이터(29명)의 평균은 88.52이다.

이 절에서는 여자 집단의 결과들을 중심으로 데이터의 수치 정보를 요약하기 위해 주로 사용되는 기술통계량들에 대하여 살펴보도록 하자(독자들은 남자 집단에 대한 결과도 계산하여 살펴보기 바란다).

2.3.1 대표값 (중심경향, Measure of Centrality)

모집단으로부터 n개의 표본 $x_1, x_2, \cdots, x_n$을 얻었다고 하자. 이때 모집단을 뭉뚱그리는 대표값은 많은 경우 그 값을 중심으로 n개의 자료가 위치하게 되므로 **위치측도**(measure of location)라고도 한다. 주로 사용되는 대표값으로는 다음과 같은 것들이 있다.

(1) 평균 (Mean)

일상생활에서 평균 수입, 평균 주행거리, 평균점수 등과 같이 평균을 사용하는 경우가 많다. 이는 일반적으로 대부분의 자료들이 평균을 향하고 있으므로 평균을 집단의 대표값으로 사용하는 것이 타당한 경우가 많기 때문이다. **평균**(平均)은 자료값들의 합계(sum)를 표본크기(관측치의 개수) n으로 나눈 것을 말한다. 즉,

$$\bar{x} = \frac{x_1 + x_2 + \cdots + x_n}{n} = \frac{1}{n}\sum_{i=1}^{n} x_i. \tag{2.1}$$

⟨예 2.2⟩ sum, mean 함수 (base 패키지)

```
> sum(Cholest.Female$Super)
#-----------------------------------------------------------------------
[1] 2567
#-----------------------------------------------------------------------
> mean(Cholest.Female$Super)
#-----------------------------------------------------------------------
[1] 88.51724
```

⟨예 2.2⟩에서는 sum() 함수와 mean() 함수를 이용하여 자료값들의 합계와 평균을 계산하였다.[2] 합계가 2,567으로 계산되었고, 평균을 계산하면 다음과 같다.

$$\begin{aligned}\bar{x} &= (66 + 69 + 65 + \cdots + 80 + 82 + 123)/29 \\ &= 2567/29 = 88.52\end{aligned}$$

이와 같은 평균은 사회적 관행 및 통계적 추론에서의 편리성 등으로 인해 가장 널리 사용되는 대표값 중의 하나이다. 그러나 평균은 무게의 중심을 나타내는 것과 같아서 전체 자료 중 몇 개가 나머지와 동떨어져 있을 때, 이들 중 아주 크거나 작은 특이값(outlier)에 크게 영향을 받게 되는 단점이 있다. 따라서 비대칭적인 자료에 대해서는 자료의 대표값으로 평균을 사용하는 것이 바람직하지 않은 경우도 있다.

[2] mean(Cholest.Female$Super,trim=0.1)과 같이 절사평균(trimmed mean)을 구할 수 있다.

〈표 2.2〉 여자의 콜레스테롤 과포화율을 오름차순으로 정렬한 결과

순위	1	2	3	4	5	6	7	8	9	10
과포화율	35	52	55	58	65	66	69	73	75	76
순위	10	12	13	14	15	15	17	18	19	20
과포화율	76	77	80	82	84	84	86	87	89	91
순위	21	22	23	24	25	26	27	28	29	
과포화율	98	107	116	120	123	127	128	142	146	

(2) 중앙값 (Median)

자료값들을 크기 순으로 정렬하였을 때 중앙에 위치하는 값을 **중앙값**(중간값, 중위수)이라고 한다. 즉, 자료 값을 크기 순서대로 나열했을 때 중앙에 있는 값을 전체 자료의 중심성향을 나타내는 대표값으로 보는 것이다.

$$\text{중앙값} = \begin{cases} (n+1)/2 \text{ 번째의 값}, & n\text{이 홀수일 때}, \\ \dfrac{[n/2 \text{ 번째의 값}] + [(n/2)+1 \text{ 번째의 값}]}{2}, & n\text{이 짝수일 때}. \end{cases} \tag{2.2}$$

〈예 2.3〉 order 함수 (base 패키지)

```
> Cholest.Female = Cholest.Female[order(Cholest.Female$Super),]
> Cholest.Female
```

예를 들어, 〈예 2.3〉에서는 order() 함수를 이용하여 여자 집단의 콜레스테롤 과포화율을 오름차순으로 정렬하였으며(2.7절 참조), 그 결과는 〈표 2.2〉에 제시되어 있다. 여기에서는 자료의 개수가 $n = 29$이므로 $(29+1)/2 = 15$번째 값인 84가 중앙값이 된다(예 2.4 참조).

〈예 2.4〉 min, max, median 함수 (base 패키지)

```
> min(Cholest.Female$Super)
#-----------------------------------------------------------------
[1] 35
#-----------------------------------------------------------------
> max(Cholest.Female$Super)
#-----------------------------------------------------------------
[1] 146
#-----------------------------------------------------------------
```

```
> median(Cholest.Female$Super)
#------------------------------------------------------------------------
[1] 84
```

이러한 중앙값은 아주 작거나 큰 특이값(outlier) 또는 극단값(extreme value)에 덜 민감하다는 장점을 가지고 있으므로, 비대칭적인 분포를 가지는 자료에 있어서 평균에 대한 대안으로 자주 사용된다.

(3) 최빈값 (Mode)

자료값들 중 가장 빈도가 많은 자료 값을 최빈값이라고 한다. 예를 들어, 여자의 콜레스테롤 과포화율에서는 76과 84가 두 번 나타나고 나머지 수치들은 한 번씩만 나타나므로 최빈값은 76과 84 두 개가 존재한다.

최빈값도 중앙값와 같이 극단값에 둔감한 성질이 있으며, 자료의 범위가 비교적 작고 서로 겹치는 자료값들이 많은 경우에 유용하다. 그러나 최빈값은 자료의 중심을 대표하지 못할 경우가 많고, 최빈값이 여러 개 존재하는 경우와 존재하지 않는 경우 등이 있어 질적자료의 표현(예를 들면, 공대학생들의 주된 성은 남성이다) 이외에는 그다지 자주 사용되지 않는다.

2.3.2 산포도 (Measure of Dispersion)

산포도(散布度)는 **변이측도**(measure of variability)라고도 불리며 자료값들이 얼마나 흩어져 있는가를 나타내는 측도로서, 대표값과 더불어 데이터의 특성을 기술할 때 일반적으로 사용되는 중요한 수치 중 하나이다. 산포도를 나타내기 위해 주로 사용되는 통계량은 다음과 같은 것들이 있다.

(1) 표준편차 (Standard Deviation)

자료값들이 그의 평균으로부터 얼마만큼 떨어져 있는지를 측정하는 **분산**(分散, variance)은 다음과 같이 계산된다.

$$s^2 = \frac{1}{n-1}\sum_{i=1}^{n}(x_i - \bar{x})^2 = \frac{1}{n-1}\left(\sum_{i=1}^{n} x_i^2 - n\bar{x}^2\right). \tag{2.3}$$

여기에서 $\sum_{i=1}^{n}(x_i - \bar{x})^2$을 **수정된 제곱합**(corrected SS)이라고 하고, $\sum_{i=1}^{n} x_i^2$을 **수정되지 않은 제곱합**(uncorrected SS)이라고 한다.

⟨예 2.5⟩ var 함수 (base 패키지)

```
> sum(Cholest.Female$Super^2)
#------------------------------------------------------------------------
[1] 248529
#------------------------------------------------------------------------
> sum((Cholest.Female$Super-mean(Cholest.Female$Super))^2)
#------------------------------------------------------------------------
[1] 21305.24
#------------------------------------------------------------------------
> var(Cholest.Female$Super)
#------------------------------------------------------------------------
[1] 760.9015
```

이 예에서는 수정되지 않은 제곱합이 248,529이고 수정된 제곱합이 21,305.24이며, 분산은 $s^2 = 21305.24/(29-1) = 760.90$이다(예 2.5 참조).

한편 분산의 단위는 자료가 가지고 있는 단위의 제곱이 되므로 자료와 동일한 단위를 가지는 산포도의 측도가 필요한데, 이를 위해 분산에 제곱근을 취한 것을 **표준편차**(標準偏差, $s = \sqrt{s^2}$)라고 하며 산포도의 측도로 주로 사용한다. 이예에서는 표준편차가 $s = \sqrt{760.90} = 27.58$이다(예 2.6 참조).

⟨예 2.6⟩ sd 함수 (base 패키지)

```
> sd(Cholest.Female$Super)
#------------------------------------------------------------------------
[1] 27.58444
```

(2) 변동계수 (Coefficient of Variation)

분산이나 표준편차는 측정단위를 가지고 있기 때문에 측정단위가 다른 자료들의 산포도를 비교하기가 곤란하다. **변동계수**(變動係數, 변이계수)는 다음과 같이 평균에 대한 표준편차의 백분율로 정의되는데,

$$CV = \frac{s}{\bar{x}} \times 100(\%), \tag{2.4}$$

이는 측정단위에 의존하지 않으므로 측정단위나 상대크기가 서로 다른 자료들의 산포도를 비교할 때 유용하며, 산포도를 대표값에 대한 상대비율로 표현한다는 특징이 있다. 이 예에서는 변동계수가 $CV = 27.58/88.52 = 31.16\%$이다(예 2.7 참조).

⟨예 2.7⟩ 변동계수의 계산

```
> 100*sd(Cholest.Female$Super)/mean(Cholest.Female$Super)
#----------------------------------------------------------------------
[1] 31.16279
```

2.3.3 분위수 (Quantile)

자료값들을 크기 순으로 정렬하였을 때 자료를 q등분하는 값들을 q-분위수(分位數)라고 한다. 예를 들어, 자료를 4등분하는 값들을 사분위수(quartiles)라고 하고 100등분하는 값들을 백분위수(percentile)라고 한다. 특히 자료를 4등분하는 세 개의 사분위수를 크기 순서대로 제1사분위수(Q_1), 제2사분위수(Q_2), 제3사분위수(Q_3)라고 하며, 사분위수와 백분위수 그리고 중간값의 관계를 나타내면 다음과 같다.

- 제1사분위수(Q_1) = 제25백분위수
- 제2사분위수(Q_2) = 제50백분위수 = 중간값(Median)
- 제3사분위수(Q_3) = 제75백분위수

⟨예 2.8⟩ quantile, fivenum 함수 (stats 패키지)

```
> quantile(Cholest.Female$Super,probs=c(0.25, 0.5, 0.75))
#----------------------------------------------------------------------
25% 50% 75%
 73  84 107
#----------------------------------------------------------------------
> fivenum(Cholest.Female$Super)
#----------------------------------------------------------------------
[1]  35  73  84 107 146
```

예를 들어, 여자 29명의 콜레스테롤 과포화율에 대해서 사분위수를 구해보면 각각 $Q_1 = 73$, $Q_2 = 84$, $Q_3 = 107$이다(예 2.1 및 2.8 참조). ⟨예 2.8⟩에서 quantile() 함수는 probs=c() 인수에 주어진 값에 대한 백분위수를 계산하며, fivenum() 함수는 최소값, 제1사분위수, 중앙값(제2사분위수), 제3사분위수, 최대값을 계산한다(이와 같은 것을 다섯-수치 요약이라고 한다).

(1) 범위 (Range)

최대값(maximum value)과 최소값(minimum value)의 차이를 범위(範圍)라고 하며, 산포도의 측도로 종종 사용된다. 이 예에서는 최대값이 146이고 최소값은 359이므로 범위는 $146 - 35 = 111$이다(예 2.9 참조). ⟨예 2.9⟩에서 range() 함수는 최소값과 최대값을 계산하며, diff() 함수는 객체 내의 수치들에 대한 차이를 계산한다.

⟨예 2.9⟩ range, diff 함수 (base 패키지)

```
> range(Cholest.Female$Super)
#-----------------------------------------------------------------
[1]  35 146
#-----------------------------------------------------------------
> diff(range(Cholest.Female$Super))
#-----------------------------------------------------------------
[1] 111
```

(2) 사분위범위 (Interquartile Range)

한편, 이와 같은 범위는 자료의 극단값에 큰 영향을 받기 때문에 극단값에 둔감한 사분위범위(四分位範圍, $Q_3 - Q_1$)를 범위 대신에 사용하기도 한다. 이 예에서 사분위범위는 $107 - 73 = 34$이다.

⟨예 2.10⟩ IQR 함수 (stats 패키지)

```
> IQR(Cholest.Female$Super)
#-----------------------------------------------------------------
[1] 34
```

2.3.4 왜도(Skewness)와 첨도(Kurtosis)

자료 값의 분포에 대한 비대칭의 정도를 나타내는 왜도(歪度)는 다음과 같이 계산된다.

$$Skewness = \frac{1}{n-1}\sum_{i=1}^{n}\left(\frac{x_i - \bar{x}}{s}\right)^3. \tag{2.5}$$

왜도가 0이면 자료분포의 형태가 좌우 대칭이라는 것을 의미하고, 0보다 크면 자료분포가 왼쪽으로 치우쳐진(오른쪽으로 긴 꼬리를 가지는) 형태라는 것을 의미하며, 0보다 작으면 자료분포가 오른쪽으로 치우쳐진(왼쪽으로 긴 꼬리를 가지는) 형태라는 것을 의미한다.[3]

한편, 첨도(尖度)는 자료분포의 뾰족한 정도를 나타내는 것으로 다음과 같이 계산된다.

$$Kurtosis = \frac{1}{n-1}\sum_{i=1}^{n}\left(\frac{x_i - \bar{x}}{s}\right)^4 - 3. \tag{2.6}$$

[3] 2.3.5절의 ⟨그림 2.2⟩를 참조하여라.

표준정규분포의 첨도는 0이 되는데, 따라서 첨도가 0보다 크면 자료분포의 형태가 표준정규분포보다 더 뾰족하다는 것을 의미하고, 첨도가 0보다 작으면 자료분포의 형태가 표준정규분포보다 더 납작하다는 것을 의미한다.

⟨예 2.11⟩ skewness, kurtosis 함수 (fBasics 패키지)

```
> library(fBasics)
> skewness(Cholest.Female$Super)
#-----------------------------------------------------------------------
[1] 0.4089903
#-----------------------------------------------------------------------
> kurtosis(Cholest.Female$Super)
#-----------------------------------------------------------------------
[1] -0.629585
```

2.3.5 기술통계량 계산을 위한 다른 함수들

R에는 많은 연구자들에 의해서 작성된 여러 가지 종류의 패키지들이 존재한다. 여기에서는 기술통계량 출력을 위한 다른 함수들 중 psych 패키지의 describe() 함수, pastecs 패키지의 stat.desc() 함수, DescTools 패키지의 Desc() 함수, RcmdrMisc 패키지의 numSummary() 함수 등에 대하여 간단히 소개한다.

다음 ⟨예 2.12⟩에서 사용된 psych 패키지는 데이터 탐색을 위한 다양한 함수들을 제공한다. 먼저 describeData() 함수는 데이터의 시작(head)과 끝(tail) 부분만을 출력하여 살펴볼 수 있는 함수이다(인수 head와 tail의 기본값은 각각 head=4, tail=4이다). 이 예에서는 시작과 끝 부분에서 각각 3개씩의 개체를 출력하였다.

⟨예 2.12⟩ describe 함수 (psych 패키지)

```
> library(psych)
#-----------------------------------------------------------------------
> describeData(Cholest.Female,head=3,tail=3)
#-----------------------------------------------------------------------
n.obs =  29 of which  29   are complete cases.
Number of variables =  3  of which all are numeric  TRUE

         variable # n.obs type     H1     H2     H3     T1     T2     T3
Gender*           1    29    2 Female Female Female Female Female Female
Age               2    29    1     23     38     35     74     63     56
Super             3    29    1     35     52     55    128    142    146
#-----------------------------------------------------------------------
```

```
> describe(Cholest.Female)
#-----------------------------------------------------------------------
        vars  n  mean    sd median trimmed   mad min max range skew ...
Gender*    1 29  1.00  0.00      1    1.00  0.00   1   1     0  NaN ...
Age        2 29 42.93 12.98     42   42.48 11.86  23  74    51 0.24 ...
Super      3 29 88.52 27.58     84   87.68 22.24  35 146   111 0.41 ...
#-----------------------------------------------------------------------
> describeBy(Cholest[c("Age","Super")],group=Cholest$Gender)
#-----------------------------------------------------------------------
$Female
        vars  n  mean    sd median trimmed   mad min max range skew ...
Age        2 29 42.93 12.98     42   42.48 11.86  23  74    51 0.24 ...
Super      3 29 88.52 27.58     84   87.68 22.24  35 146   111 0.41 ...
$Male
        vars  n  mean    sd median trimmed   mad min max range skew ...
Age        2 31 43.06 16.53     43   43.00 23.72  19  67    48 0.07 ...
Super      3 31 84.45 23.96     86   84.04 29.65  40 137    97 0.17 ...
```

또한 describe() 함수는 데이터 프레임 내의 변수들에 대하여 기술통계량들을 간단히 출력할 수 있는 함수이다. 그리고 describeBy() 함수에서는 집단변수를 지정하여 집단변수의 각 수준별 결과를 출력할 수 있다.

다음 ⟨예 2.13⟩에서 사용된 pastecs 패키지의 stat.desc() 함수도 출력형식은 조금 다르지만 데이터 프레임 내의 변수들에 대하여 기술통계량들을 간단히 출력할 수 있는 함수이다.

⟨예 2.13⟩ stat.desc 함수 (pastecs 패키지)

```
> library(pastecs)
> stat.desc(Cholest.Female)
#-----------------------------------------------------------------------
           Gender          Age        Super
nbr.val        NA   29.0000000   29.0000000
min            NA   23.0000000   35.0000000
max            NA   74.0000000  146.0000000
range          NA   51.0000000  111.0000000
sum            NA 1245.0000000 2567.0000000
median         NA   42.0000000   84.0000000
mean           NA   42.9310345   88.5172414
SE.mean        NA    2.4099195    5.1223024
var            NA  168.4236453  760.9014778
std.dev        NA   12.9778136   27.5844427
coef.var       NA    0.3022945    0.3116279
```

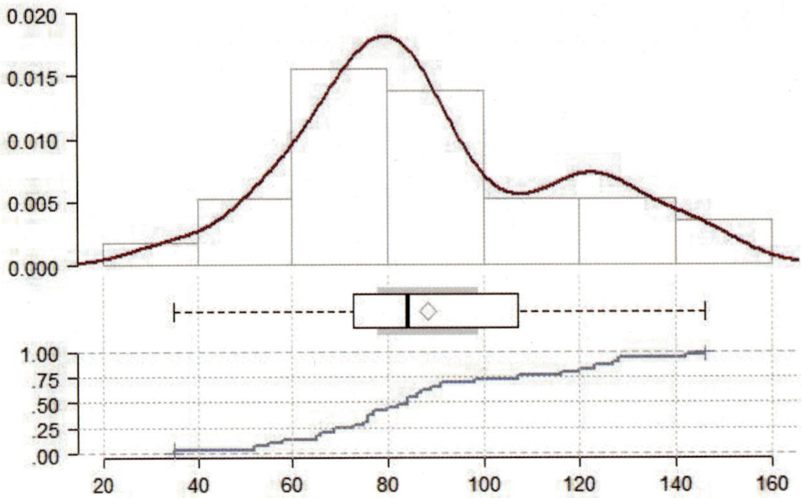

〈그림 2.2〉 변수 Super의 분포에 대한 그래프

다음 〈예 2.14〉에서 사용된 DescTools 패키지의 Desc() 함수는 기술통계량뿐만 아니라 히스토그램, 상자그림, 누적분포함수 등의 그래프도 출력할 수 있는 매우 유용한 함수이다. 요인(범주형) 변수에 대해서는 빈도와 퍼센트 등을 출력한다.

〈예 2.14〉 Desc 함수 (DescTools 패키지)

```
> library(DescTools)
> options(scipen=100)
> Desc(Cholest.Female,plotit=TRUE)
#------------------------------------------------------------------------
Describe Cholest.Female (data.frame):

data.frame: 29 obs. of  3 variables

  Nr  ColName  Class    NAs  Levels
  1   Gender   factor   .    (1): 1-Female
  2   Age      integer  .
  3   Super    integer  .

#------------------------------------------------------------------------
1 - Gender (factor - dichotomous)

  length      n   NAs unique
      29     29     0      1
```

```
       freq       perc    lci.95     uci.95'
Female    29  100.0000%  88.3030%  100.0000%
' 95%-CI Wilson

#---------------------------------------------------------------------
2 - Age (integer)

  length       n     NAs  unique      0s    mean  meanSE
      29      29       0      23       0   42.93    2.41

     .05     .10     .25  median     .75     .90     .95
   23.00   24.60   35.00   42.00   50.00   57.60   61.80

   range      sd   vcoef     mad     IQR    skew    kurt
   51.00   12.98    0.30   11.86   15.00    0.24   -0.58

lowest : 23 (3), 25, 27, 30, 33
highest: 56, 57 (2), 60, 63, 74

#---------------------------------------------------------------------
3 - Super (integer)

  length       n     NAs  unique      0s    mean  meanSE
      29      29       0      27       0   88.52    5.12

     .05     .10     .25  median     .75     .90     .95
   53.20   57.40   73.00   84.00  107.00  127.20  136.40

   range      sd   vcoef     mad     IQR    skew    kurt
  111.00   27.58    0.31   22.24   34.00    0.41   -0.63

lowest : 35, 52, 55, 58, 65
highest: 123, 127, 128, 142, 146
---------------------------------------------------------------------
```

- options(scipen=n): 옵션 scipen에 대한 값을 지정한다. n이 양수(positive integer)이면 일반적인 표현으로 수치값들이 출력되며, n이 음수(negative integer)이면 5.320e+01와 같이 과학적 표기법(scientific notation)으로 수치값들이 출력된다.
- Desc(dataframe,plotit=): 지정된 데이터 프레임의 각 변수들에 대하여 요약 통계량들을 출력하는 함수이다. 요인(factor) 변수에 대하여는 빈도와 퍼센트를 출력하며, 수치형(numeric) 변수에 대하여는 기술통계량들을 출력한다. plotit=TRUE 인수를 지정하면 히스토그램, 상자그림, 누적분포도 등의 그래프를 출력한다(그림 2.2 참조).

다음 ⟨예 2.15⟩에서 사용된 RcmdrMisc 패키지의 numSummary() 함수를 이용하면 기술 통계량을 선택하여 출력할 수 있으며, 특정 집단변수에 대하여 수준별 분석을 수행할 수도 있다. 또한 다양한 유형의 왜도와 첨도를 출력할 수 있다.

⟨예 2.15⟩ numSummary 함수 (RcmdrMisc 패키지)

```
> library(RcmdrMisc)
> numSummary(Cholest[c("Age","Super")],
+            groups=Cholest$Gender,
+            statistics=c("mean","sd","se(mean)","IQR","quantiles",
+                         "cv","skewness","kurtosis"),
+            quantiles=c(0,.25,.5,.75,1),type="2")
#-----------------------------------------------------------------------
Variable: Age
           mean       sd se(mean)  IQR        cv   skewness   kurtosis
Female 42.93103 12.97781 2.409919 15.0 0.3022945 0.26264479 -0.2455003
Male   43.06452 16.52863 2.968630 32.5 0.3838109 0.07603519 -1.6155437

Variable: Super
           mean       sd se(mean)  IQR        cv  skewness   kurtosis
Female 88.51724 27.58444 5.122302 34.0 0.3116279 0.4549746 -0.3078160
Male   84.45161 23.95807 4.302997 39.5 0.2836899 0.1929896 -0.5397218
-----------------------------------------------------------------------
```

- dataframe[c("var1", "var2",⋯)]: 데이터 프레임과 분석에 사용될 변수들을 지정한다. 반드시 수치형 변수들만을 지정해야 한다.
- groups=: 집단별 분석의 기준이 되는 객체(데이터 프레임과 변수)를 지정한다. 이 인수를 생략하면 전체 데이터에 대한 분석이 수행된다.
- statistics=c("stat1","stat2",⋯): 출력하고자 하는 통계량들을 지정한다. 이 인수를 생략하면 평균, 표준편차, 사분위범위, 분위수가 계산된다.
- quantiles=c(p_1,p_2,⋯): 출력하고자 하는 분위수들을 지정한다. 기본값은 quantiles=c(0,.25,.5,.75,1)이다.
- type=: 왜도와 첨도의 계산에 적용될 공식을 지정한다[기본값: type="2"]. 1=전통적인 공식, 2=SAS 및 SPSS에서 사용하는 공식,[4] 3=MINITAB 및 BMDP에서 사용하는 공식.

이와 같이 R에는 매우 다양한 패키지와 함수들이 존재하므로, 상황에 따라 자신에게 필요한 함수를 적절하게 선택할 필요가 있다.

[4]식 (2.5)와 (2.6)은 type="2"에 해당하는 공식을 제시한 것이다.

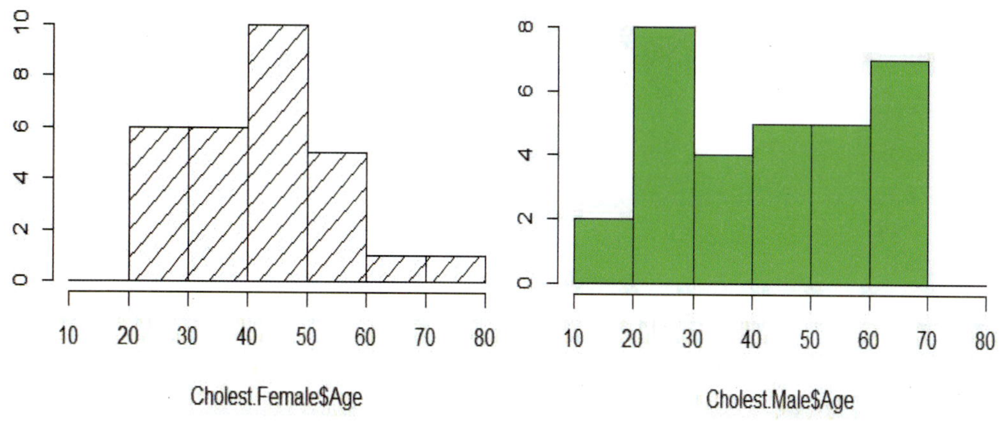

〈그림 2.3〉 히스토그램

2.4 그래프를 이용한 양적 데이터의 요약

이 절에서는 히스토그램, 줄기-잎 그림, 상자그림 등 그래프를 이용하여 양적 데이터를 요약하는 방법들을 살펴보도록 하자.

2.4.1 히스토그램 (Histogram)

히스토그램은 양적(수치형) 데이터에 대해서 적절한 구간으로 나누어 빈도와 퍼센트를 계산하고 이를 막대그래프의 형태로 표현한 것이다. 다음 〈예 2.16〉은 hist() 함수를 사용하여 남자와 여자 집단 각각에서 변수 Age(나이)에 대한 히스토그램을 작성한 예이다.

〈예 2.16〉 히스토그램의 작성

```
> hist(Cholest.Female$Age,breaks=seq(10,80,by=10),freq=TRUE,density=3)
> hist(Cholest.Male$Age,breaks=seq(10,80,by=10),freq=TRUE,col="green")
```

2.4.2 줄기-잎 그림 (Stem-and-Leaf Plot)

줄기-잎 그림은 전체 자료를 전시(display)하는 한 가지 방법으로, 줄기(stem) 부분에 자료의 일부정보를 제시하고 잎(leaf) 부분에 나머지의 정보를 제공하는 것이다.

〈예 2.17〉 줄기-잎 그림의 작성

```
> stem(Cholest.Female$Age,scale=2)
> stem(Cholest.Male$Age,scale=1)
```

```
#-----------------------------------------------------------------
[Female]                         [Male]
2 | 333                          1 | 9
2 | 57                           2 | 033
3 | 03                           2 | 567779
3 | 5678                         3 | 112
4 | 011244                       3 | 6
4 | 7899                         4 | 233
5 | 03                           4 | 88
5 | 677                          5 | 3
6 | 03                           5 | 589
6 |                              6 | 02334
7 | 4                            6 | 567
-----------------------------------------------------------------
```

- scale=c: 줄기의 개수를 조절한다. 단, c는 양의(+) 실수이어야 하며, 값이 클수록 줄기의 개수가 많아지게 된다.

〈예 2.17〉은 stem() 함수를 이용하여 변수 Age(나이)에 대한 줄기-잎 그림을 작성한 예이다. 이 예에서는 나이를 5세 단위로 나누어 줄기가 구성되었는데, 예를 들어 여자 집단의 경우 나이가 70대인 사람이 1명(74)이고 60대인 사람이 2명(60, 63)이라는 것 등을 쉽게 파악할 수 있다.

2.4.3 상자그림 (Box Plot)

상자그림은 제1사분위수, 중간값, 제3사분위수로 상자를 나타내고 아래쪽 인접값 및 위쪽 인접값을 상자와 선으로 연결하여 나타낸 그래프이다. 여기에서 아래쪽 인접값은 제1사분위수로부터 아래쪽으로 1.5배 사분위범위 안에 있는 자료값들 중 가장 작은 값을 의미하며, 위쪽 인접값은 제3사분위수로부터 위쪽으로 1.5배 사분위범위 안에 있는 자료값들 중 가장 큰 값을 의미한다. 또한 인접값 밖의 데이터들은 점으로 표시한다.

다음 〈그림 2.4〉에서 볼 수 있듯이 상자그림을 이용하면 자료의 산포도 및 대칭성의 정도를 눈으로 쉽게 파악할 수 있다.

〈예 2.18〉 상자그림의 작성

```
> boxplot(Cholest.Female$Age,col="gray",horizontal=TRUE,notch=TRUE)
> boxplot(Cholest.Male$Age,col="orange",horizontal=TRUE,notch=TRUE)
> boxplot(Age~Gender,data=Cholest,col="green",notch=FALSE)
```

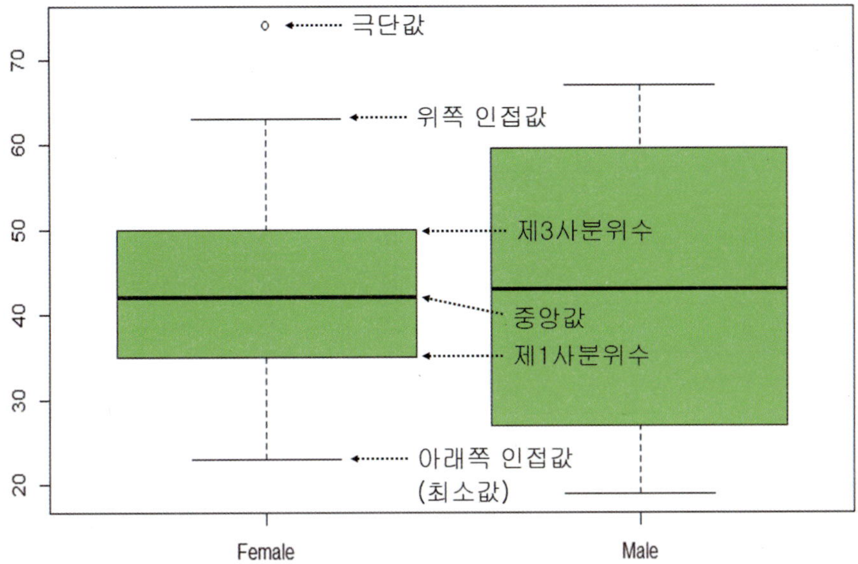

〈그림 2.4〉 상자그림

〈예 2.17〉은 boxplot() 함수를 이용하여 집단별 상자그림을 작성한 예이다. 〈예 2.16〉~〈예 2.18〉의 결과들을 살펴보면, 여자 집단의 경우 데이터가 중앙에 많이 몰려 있고 극단값이 하나 있으며, 남자 집단의 경우 데이터가 양 끝에 조금 몰려 있다는 것을 알 수 있다.

2.5 질적 데이터의 요약

먼저, 질적 데이터를 다루기 위해 유용하게 사용되는 factor() 함수에 대하여 간단히 설명한다. factor() 함수는 숫자형(numeric) 변수를 요인(factor) 변수로 변경하는 기능을 가지고 있다(이는 1.5.6절 및 1.6.2절에서도 설명한 바 있다).

〈표 2.3〉의 Score 데이터는 변수 Dept(학과)와 Gender(성별)가 1, 2라는 숫자로 입력되어 있다. 따라서 이들 변수는 일단 숫자형 변수로 취급되기 때문에, 다음 〈예 2.19〉의 첫 번째 summary() 함수를 적용한 결과에서는 기술통계량들이 출력된다.

〈예 2.19〉 요인변수 설정하기

```
> Score = read.csv("L:/My_Work/Data/Score.csv",header=TRUE)
> summary(Score)
#------------------------------------------------------------------
      Dept              Gender             Age           Score
 Min.   :1.000000   Min.   :1.000000   Min.   :10   Min.   :55.00000
 1st Qu.:1.000000   1st Qu.:1.000000   1st Qu.:10   1st Qu.:74.75000
```

〈표 2.3〉 Score 데이터

Obs.	Dept	Gender	Age	Score	Obs.	Dept	Gender	Age	Score
1	1	1	10	94	7	1	1	20	71
2	1	2	10	96	8	2	2	20	66
3	1	1	15	91	9	2	1	15	81
4	1	1	15	86	10	2	2	10	77
5	1	2	10	76	11	2	1	15	55
6	1	1	20	88	12	2	1	20	78

```
 Median :1.000000   Median :1.000000   Median :15   Median :79.50000
 Mean   :1.416667   Mean   :1.333333   Mean   :15   Mean   :79.91667
 3rd Qu.:2.000000   3rd Qu.:2.000000   3rd Qu.:20   3rd Qu.:88.75000
 Max.   :2.000000   Max.   :2.000000   Max.   :20   Max.   :96.00000
#------------------------------------------------------------------------
> Score$Dept = factor(Score$Dept)
> Score$Gender = factor(Score$Gender)
> summary(Score)
#------------------------------------------------------------------------
 Dept  Gender       Age           Score
 1:7   1:8     Min.   :10   Min.   :55.00000
 2:5   2:4     1st Qu.:10   1st Qu.:74.75000
               Median :15   Median :79.50000
               Mean   :15   Mean   :79.91667
               3rd Qu.:20   3rd Qu.:88.75000
               Max.   :20   Max.   :96.00000
#------------------------------------------------------------------------
> Dept.labels = c("STAT","MATH")
> Score$Dept = factor(Score$Dept,labels=Dept.labels)
> Gender.labels = c("남자","여자")
> Score$Gender = factor(Score$Gender,labels=Gender.labels)
> summary(Score)
#------------------------------------------------------------------------
   Dept    Gender        Age           Score
 STAT:7   남자:8   Min.   :10   Min.   :55.00000
 MATH:5   여자:4   1st Qu.:10   1st Qu.:74.75000
                   Median :15   Median :79.50000
                   Mean   :15   Mean   :79.91667
                   3rd Qu.:20   3rd Qu.:88.75000
                   Max.   :20   Max.   :96.00000
```

〈표 2.4〉 Drink 데이터

ID	Age	Drink	ID	Age	Drink
1	20대	C	55	10대	C
2	10대	D	56	10대	D
3	10대	D	57	30대	D
4	10대	A	58	10대	D
5	10대	B	59	20대	C
6	10대	D	60	20대	B
7	30대	B	61	10대	B
...	...	...	...	...	...
54	10대	D	108	10대	B

〈예 2.19〉에서 factor() 함수를 이용하여 변수 Dept와 Gender를 요인 변수로 변경하였다. 따라서 두 번째 또는 세 번째 summary() 함수를 적용한 결과에서는 두 변수들에 대하여 수준(level)별 빈도가 출력된다.

factor() 함수를 사용할 때 labels 인수를 적용하여 각 수준별 값을 변경할 수 있다(labels 인수에는 수준의 수만큼의 값이 순서대로 저장되어 있는 벡터를 지정해야 한다). 위의 예에서는 변수 Dept에 대하여 '1 → STAT', '2 → MATH'로 변경하였고, 변수 Gender에 대하여 '1 → 남자', '2 → 여자'로 변경하였다.

2.5.1 빈도표 (Frequency Table)

하나의 질적 데이터가 가지는 분포상의 특징이나 두 질적 변수 간의 연관관계를 살펴보기 위하여 빈도표가 주로 사용된다. 여기에서는 질적 데이터에 대하여 빈도와 퍼센트를 출력하는 여러 가지 함수들에 대하여 설명한다.

다음 〈예 2.20〉에서 사용한 table() 함수는 1차원 빈도표 및 다차원 분할표를 출력하는 기능을 가지고 있다(2.7절 참조).

〈예 2.20〉 빈도표의 작성

```
> Drink = read.csv("L:/My_Work/Data/Drink.csv",header=TRUE)
> table(Drink$Age)    # 1차원 빈도표
#-----------------------------------------------------------------
10대 20대 30대
  38   38   32
#-----------------------------------------------------------------
```

```
> table(Drink$Age,Drink$Drink)    # 2차원 분할표(교차표)
#------------------------------------------------------------------------
        A  B  C  D
  10대 10 14  2 12
  20대 13  7 10  8
  30대 12  4  6 10
```

〈예 2.21〉 주변 합계의 추가

```
> addmargins(table(Drink$Age))
#------------------------------------------------------------------------
10대 20대 30대  Sum
  38   38   32  108
#------------------------------------------------------------------------
> addmargins(table(Drink$Age,Drink$Drink),margin=2)
#------------------------------------------------------------------------
        A  B  C  D Sum
  10대 10 14  2 12  38
  20대 13  7 10  8  38
  30대 12  4  6 10  32
```

〈예 2.21〉에서 사용한 addmargins() 함수는 테이블(table) 객체에 주변 합을 추가하는 기능을 가지고 있다(2.7절 참조). 이때 margin= 인수를 지정할 수 있는데, 이 인수를 지정하지 않으면 행과 열의 합계가 모두 출력되며, margin=1을 지정하면 열의 합계가, margin=2를 지정하면 행의 합계가 출력된다.

〈예 2.22〉 비율(백분율)의 출력

```
> Age.table = table(Drink$Age)
> prop.table(Age.table)*100
#------------------------------------------------------------------------
    10대      20대      30대
35.18519 35.18519 29.62963
#------------------------------------------------------------------------
> Drink.table = table(Drink$Age,Drink$Drink)
> round(addmargins(prop.table(Drink.table,margin=1)*100,margin=2),1)
#------------------------------------------------------------------------
          A     B     C     D   Sum
  10대 26.3  36.8   5.3  31.6 100.0
  20대 34.2  18.4  26.3  21.1 100.0
  30대 37.5  12.5  18.8  31.2 100.0
```

〈예 2.22〉에서 사용한 prop.table() 함수는 테이블(table) 객체에 대하여 비율을 출력하는 기능을 가지고 있다(2.7절 참조). 이때 margin= 인수를 지정할 수 있는데, 이 인수를 지정하지 않으면 전체 백분율(전체 합계가 100%가 되는 백분율)이 출력되며, margin=1을 지정하면 행 백분율(행의 합계가 100%가 되는 백분율)이, margin=2를 지정하면 열 백분율(열의 합계가 100%가 되는 백분율)이 출력된다.

이 예에서는 prop.table() 함수의 결과에 100을 곱하여 % 단위로 출력하였다. 또한 addmargins() 함수를 함께 사용하여 행 백분율의 합계를 추가하였고, round() 함수를 사용하여 소숫점 첫째 자리까지만 출력하였다.[5]

다음 〈예 2.23〉에서 사용한 Desc() 함수는 데이터 프레임에 대하여는 요약 통계량을 출력하며, 테이블(table) 객체에 대하여는 빈도와 퍼센트들을 출력하는 기능을 가지고 있다.

〈예 2.23〉 Desc 함수 (DescTools 패키지)

```
> library(DescTools)
> options(scipen=100)
> Desc(Drink.table,plotit=TRUE)
#------------------------------------------------------------------
                  A      B      C      D     Sum
10대 freq        10     14      2     12      38
     perc      9.3%  13.0%   1.9%  11.1%   35.2%
     p.row    26.3%  36.8%   5.3%  31.6%       .
     p.col    28.6%  56.0%  11.1%  40.0%       .

20대 freq        13      7     10      8      38
     perc     12.0%   6.5%   9.3%   7.4%   35.2%
     p.row    34.2%  18.4%  26.3%  21.1%       .
     p.col    37.1%  28.0%  55.6%  26.7%       .

30대 freq        12      4      6     10      32
     perc     11.1%   3.7%   5.6%   9.3%   29.6%
     p.row    37.5%  12.5%  18.8%  31.2%       .
     p.col    34.3%  16.0%  33.3%  33.3%       .

Sum  freq        35     25     18     30     108
     perc     32.4%  23.1%  16.7%  27.8%  100.0%
     p.row        .      .      .      .       .
     p.col        .      .      .      .       .
```

[5] round() 함수는 숫자값에 대하여 반올림을 수행하는 함수이며, 반올림을 처리할 자릿수(digits)를 지정할 수 있다. 예를 들어, x=12345.6789에 대하여 round(x,2)를 지정하면 12345.68이, round(x,-2)를 지정하면 12300이 출력된다[기본값: digits=0].

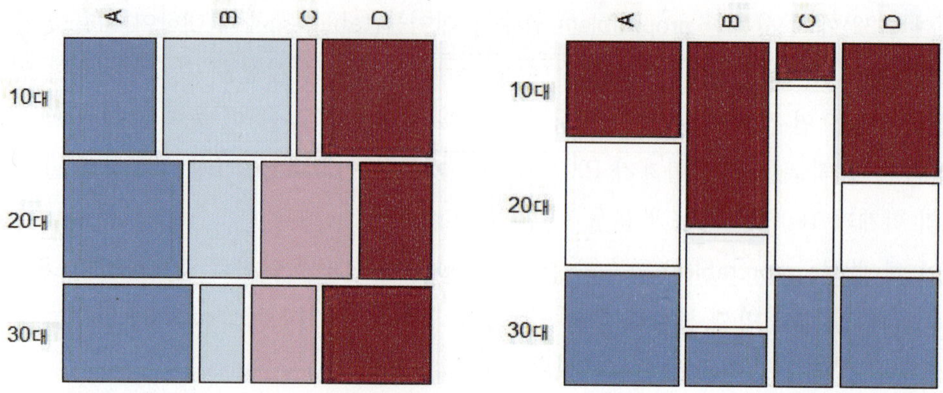

〈그림 2.5〉 모자이크 도표

〈예 2.23〉은 Desc() 함수를 사용하여 빈도(freq), 백분율(perc), 행 백분율(p.row), 열 백분율(p.col)을 출력한 예이다. 또한 Desc() 함수는 테이블(table) 객체에 대하여 〈그림 2.5〉와 같은 모자이크(mosaic) 도표도 출력하는데, 모자이크 도표는 행 퍼센트 또는 열 퍼센트의 상대적 크기를 그래프로 표현한 것이다.

2.5.2 요약 데이터에 대한 빈도표

다음 〈예 2.24〉에서 사용한 xtabs() 함수는 데이터 프레임에 대하여 보다 다양한 방식으로 1차원 빈도표 및 다차원 분할표를 출력하는 함수이다(2.7절 참조). 다음 〈예 2.24〉는 〈예 2.20〉에서 다루었던 Drink 데이터에 대하여 2차원 분할표(교차표)를 출력한 예이다.

〈예 2.24〉 2차원 분할표(교차표)의 출력

```
> xtabs(~Age,data=Drink)
#----------------------------------------------------------------------
Age
10대 20대 30대
  38   38   32
#----------------------------------------------------------------------
> xtabs(~Age+Drink,data=Drink)
#----------------------------------------------------------------------
      Drink
Age     A  B  C  D
  10대 10 14  2 12
  20대 13  7 10  8
  30대 12  4  6 10
```

〈표 2.5〉 Count 데이터

Obs.	Age	Drink	Freq	Obs.	Age	Drink	Freq
1	10대	A	10	7	20대	C	10
2	10대	B	14	8	20대	D	8
3	10대	C	2	9	30대	A	12
4	10대	D	12	10	30대	B	4
5	20대	A	13	11	30대	C	6
6	20대	B	7	12	30대	D	10

한편, 〈표 2.5〉에서와 같이 빈도표의 대상이 되는 데이터가 각 칸별 빈도에 관한 정보로 미리 요약되어 있는 경우가 종종 있다(Count 데이터는 앞의 Drink 데이터에 대한 요약이다. 예 2.20 및 예 2.24 참조).

이와 같이 빈도(frequency) 변수에 의하여 데이터가 요약되어 있는 경우에도 xtabs() 함수를 사용하여 1차원 빈도표 또는 다차원 분할표를 출력할 수 있다. 다음 〈예 2.25〉에서와 같이 formular 인수의 ~ 기호 앞 부분에 빈도가 저장되어 있는 변수를 지정하면 된다. 만약, 빈도 변수를 지정하지 않으면 Count 데이터는 12개의 자료가 있는 것으로 간주되므로 주의해야 한다(예 2.25 참조).

〈예 2.25〉 요약 데이터에 대한 xtabs 함수의 사용

```
> Count = read.csv("L:/My_Work/Data/Count.csv",header=TRUE)
> Drink.table = xtabs(Freq~Age+Drink,data=Count)
> Drink.table
-------------------------------------------------------------------
      Drink
Age     A  B  C  D
  10대 10 14  2 12
  20대 13  7 10  8
  30대 12  4  6 10
-------------------------------------------------------------------
> round(addmargins(prop.table(Drink.table,margin=1)*100,margin=2),2)
-------------------------------------------------------------------
      Drink
Age          A      B      C      D    Sum
  10대  26.32  36.84   5.26  31.58 100.00
  20대  34.21  18.42  26.32  21.05 100.00
  30대  37.50  12.50  18.75  31.25 100.00
-------------------------------------------------------------------
```

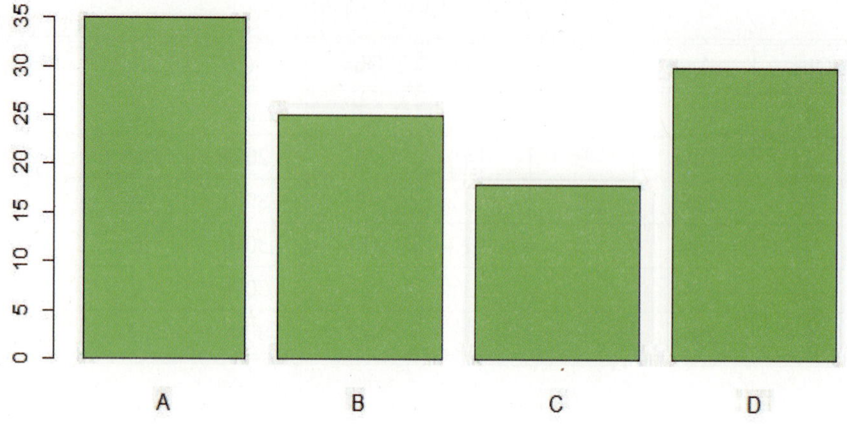

〈그림 2.6〉 막대도표 (Bar Chart)

```
> xtabs(~Age+Drink,data=Count)
--------------------------------------------------------------------------
      Drink
Age    A B C D
  10대 1 1 1 1
  20대 1 1 1 1
  30대 1 1 1 1
```

2.6 그래프를 이용한 질적 데이터의 요약

이 절에서는 막대도표, 원도표, 파레토도표, 모자이크도표 등 그래프를 이용하여 질적 데이터를 요약하는 방법들을 간단히 설명한다.

2.6.1 막대도표 (Bar Chart)

막대도표는 질적 변수의 각 범주별 빈도를 막대의 형태로 나타낸 것이며, 다음 〈예 2.26〉에서와 같이 barplot() 함수를 사용하여 작성할 수 있다(2.7절 참조).

〈예 2.26〉 막대도표의 작성

```
> Chart.table = table(Drink$Drink)
> barplot(Chart.table,col="green",main="선호하는 음료수",cex.axis=1)
```

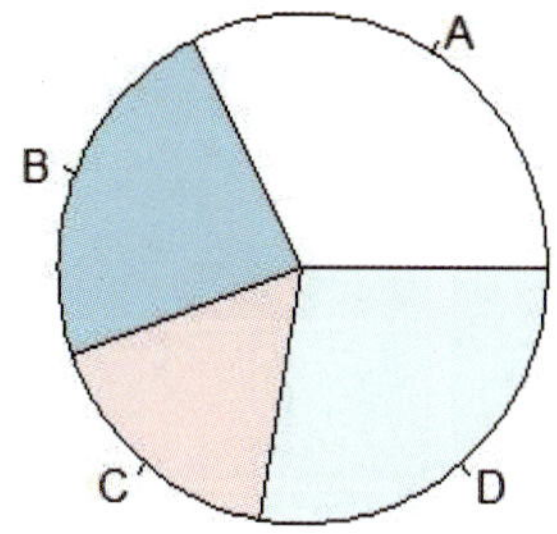

⟨그림 2.7⟩ 원도표 (Pie Chart)

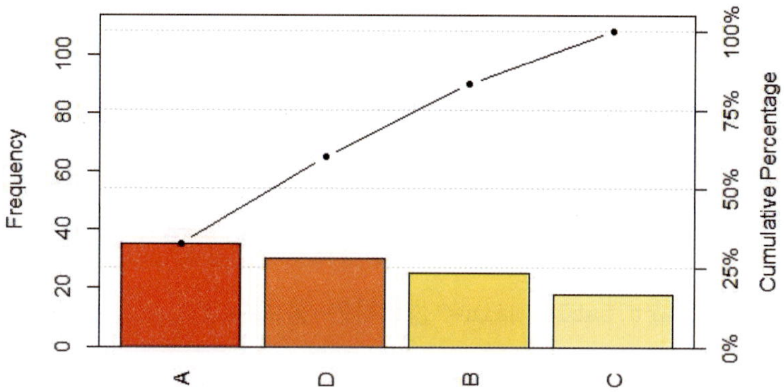

⟨그림 2.8⟩ 파레토 도표 (Pareto Chart)

2.6.2 원도표 (Pie Chart)

원도표는 질적 변수의 각 범주별 빈도를 원의 형태로 나타낸 것이며, 다음 ⟨예 2.27⟩에서와 같이 pie() 함수를 사용하여 작성할 수 있다(2.7절 참조).

⟨예 2.27⟩ 원도표의 작성

```
> pie(Chart.table,main="선호하는 음료수",cex=1)
```

2.6.3 파레토 도표 (Pareto Chart)

파레토 도표는 빈도수가 큰 범주부터 작은 범주로 정렬된 형태의 막대그래프와 누적상대도수에 의한 꺾은선 그래프를 함께 나타낸 것이며, 다음 ⟨예 2.28⟩에서와 같이 pareto.chart() 함수를 사용하여 작성할 수 있다.

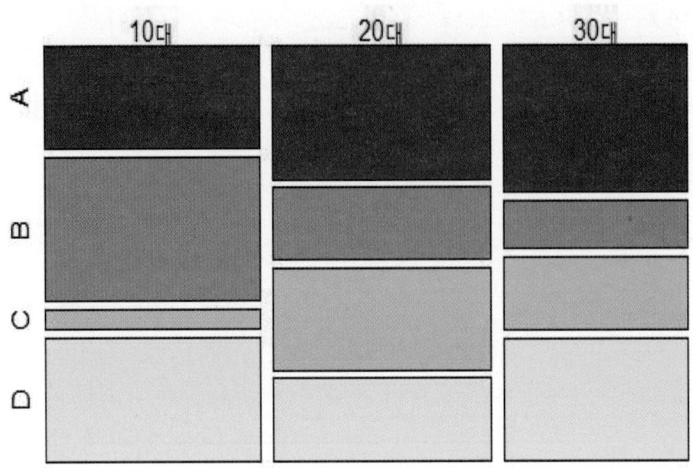

〈그림 2.9〉 모자이크 도표 (mosaic chart)

〈예 2.28〉 파레토 도표의 작성

```
> library(qcc)
> pareto.chart(Chart.table,main="선호하는 음료수")
#----------------------------------------------------------------------
Pareto chart analysis for Chart.table
    Frequency Cum.Freq. Percentage Cum.Percent.
  A        35        35   32.40741     32.40741
  D        30        65   27.77778     60.18519
  B        25        90   23.14815     83.33333
  C        18       108   16.66667    100.00000
```

2.6.4 모자이크 도표 (Mosaic Chart)

모자이크 도표는 다차원 분할표에 대하여 각 칸(cell)별 크기를 그래프로 나타낸 것이며, 다음 〈예 2.29〉에서와 같이 mosaicplot() 함수를 사용하여 작성할 수 있다(2.7절 참조). 이 예에서 볼 수 있듯이 mosaicplot() 함수는 테이블 객체에 대하여 적용할 수도 있고 데이터 프레임에 직접 적용할 수도 있다.

〈예 2.29〉 모자이크 도표의 작성

```
Drink.table = table(Drink$Age,Drink$Drink)
mosaicplot(Drink.table,color=TRUE,cex.axis=1)
mosaicplot(Age~Drink,data=Drink,color=TRUE,cex.axis=1)
```

2.7 이 장에서 사용된 주요 함수들

여기에서는 이 장에서 사용된 주요 함수들에 대하여 사용형식(usage)과 자주 사용되는 인수(argument)들을 설명한다. 보다 자세한 사항은 R의 도움말을 참조하여라.

⟨addmargins 함수⟩ ~ stats 패키지

□ addmargins(table, margin=, ⋯): 테이블 객체에 주변 합을 추가한다.

- table: 테이블 또는 배열을 지정한다.
- margin=: 어느 쪽에 주변 합을 추가할 것인지를 지정한다. 예를 들어, 2차원 테이블의 경우 이 인수를 지정하지 않으면 행과 열의 합계가 모두 출력되며, margin=1을 지정하면 열의 합계가, margin=2를 지정하면 행의 합계가 출력된다.

⟨barplot 함수⟩ ~ graphics 패키지

□ barplot(table, horiz=, ⋯): 막대도표를 출력한다.

- table: 빈도가 저장되어 있는 테이블(또는 벡터, 행렬)을 지정한다.
- horiz=: 도표를 수직으로 출력할 것인지의 여부를 지정한다[기본값: horiz=FALSE]. 만약 horiz=TRUE로 지정하면 수평 막대도표를 출력한다.
- legend.text=: 각 범주의 이름(범례)이 저장되어 있는 벡터를 지정한다.
- cex.names=: 범주의 이름에 대한 크기를 지정한다.
- col, main, xlab, ylab 등 plot() 함수에서 설명하는 인수들을 지정할 수 있다.

⟨boxplot 함수⟩ ~ graphics 패키지

□ boxplot(var1, var2, ⋯): 여러 변수들에 대한 상자그림을 출력한다.

□ boxplot(formula, data=, ⋯): 집단별 다중(multiple) 상자그림을 출력한다.

- var1, var2, ⋯: 상자그림을 작성할 벡터(데이터 프레임과 변수)들을 지정한다.
- formula: y~grp 형식으로 반응변수(y)와 집단변수(grp)를 지정한다.
- data=: 데이터 프레임을 지정한다.
- names=: 각 상자의 범례를 지정한다. 예를 들어, names=c("Pre","Post").

- col=" ": 상자의 색깔을 지정한다.
- border=" ": 상자의 외곽선에 대한 색깔을 지정한다.
- range=: 인접값의 범위를 지정한다[기본값: range=1.5]. 만약 range=0으로 지정하면 데이터의 최대값과 최소값까지 연결한다(즉, 극단값이 표시되지 않는다).
- notch=: 홈이 파인 상자그림을 출력할 것인지를 지정한다[기본값: notch=FALSE].
- horizontal: 상자그림을 수평으로 출력할 것인지를 지정한다[기본값: horizontal=FALSE].
- outline: 특이값(outlier)들을 그릴 것인지의 여부를 지정한다[기본값: outline=TRUE].

⟨hist 함수⟩ ~ graphics 패키지

□ hist(vector, ...): 히스토그램을 출력한다.

- vector: 히스토그램을 작성할 벡터(데이터 프레임과 변수)를 지정한다.
- breaks=: 막대 구간의 기준값들을 지정한다. 기본값은 breaks="Sturges"로서, 이는 막대 구간의 개수를 '$1+3.3\log(n)$'으로 구하는 Sturge의 공식을 사용하는 것이다. 다음은 이 인수를 지정하는 몇 가지 예이다.
  - ⋆ breaks=8: 지정된 숫자에 가까운 적절한 개수의 구간으로 나눈다.
  - ⋆ breaks=seq(10,80,by=10): 10∼20, 20∼30, ⋯, 70∼80의 구간으로 나눈다.
  - ⋆ breaks=c(10,30,40,50,80): 10∼30, 30∼40, 40∼50, 50∼80의 구간으로 나눈다.
- freq=: 막대의 높이를 빈도로 할 것인지의 여부를 지정한다[기본값: freq=TRUE]. 만약 freq= FALSE로 지정하면 막대의 높이를 확률밀도로 출력한다.
- probability=: 막대의 높이를 확률밀도로 할 것인지의 여부를 지정한다[기본값: probability=FALSE]. 단, freq= 인수와 probability= 인수는 함께 지정할 수 없다.
- right=: 구간의 범위를 $10 < x \leq 20$과 같이 할 것인지(TRUE), $10 \leq x < 20$와 같이 할 것인지(FALSE)를 지정한다[기본값 right=TRUE].
- density=: 숫자를 지정하여 막대에 사선을 넣게 한다(예컨대, density=3). 숫자가 클수록 사선을 많이 넣는다[기본값: density=NULL].
- angle=: 사선의 각도를 지정한다.
- border=" ": 막대의 외곽선에 대한 색깔을 지정한다.
- axis=: 축을 그릴 것인지의 여부를 지정한다[기본값 axis=TRUE].
- col, main, xlab, ylab 등 plot() 함수에서 설명하는 인수들을 지정할 수 있다.

⟨mosaicplot 함수⟩ ~ graphics 패키지

□ mosaicplot(table, ⋯): 테이블로부터 모자이크 도표를 작성한다.

□ mosaicplot(formular, data=, ⋯): 데이터 프레임으로부터 모자이크 도표를 작성한다.

- table: 빈도가 저장되어 있는 테이블(또는 벡터, 행렬)을 지정한다.
- formular: y~x의 형식으로 열 변수와 행 변수를 지정한다.
- data=: 데이터 프레임을 지정한다.
- color=: 도표에 음영을 넣을 것인지의 여부를 지정한다[기본값: color=FALSE].
- cex.axis=, main, xlab, ylab 등 plot() 함수에서 설명한 인수들을 지정할 수 있다.

⟨order 함수⟩ ~ base 패키지

□ dataframe[order(var1, var2, ..., decreasing=),]: 데이터 프레임을 정렬한다.

- dataframe: 데이터 프레임을 지정한다.
- var1, var2, ⋯: 정렬의 기준이 되는 변수들을 나열한다.
- decreasing=: 내림차순으로 정렬할 경우 order(var,decreasing=TRUE)와 같이 지정하거나 order(−var)와 같이 변수 이름 앞에 마이너스(−) 기호를 붙여도 된다[기본값: decreasing=FALSE].
- 정렬의 기준이 되는 각 변수들에 대하여 오름차순과 내림차순을 각각 지정할 수 있다. 예를 들어 order(x,−y,z)와 같이 지정할 수 있다.
- order() 함수 다음에는 콤마(,) 기호를 입력해야 한다.

⟨pie 함수⟩ ~ graphics 패키지

□ pie(table, ⋯)

- table: 빈도가 저장되어 있는 테이블(또는 벡터, 행렬)을 지정한다.
- label=: 각 범주의 이름(범례)이 저장되어 있는 벡터를 지정한다.
- cex=: 범주의 이름에 대한 크기를 지정한다.
- col, main, xlab, ylab 등 plot() 함수에서 설명하는 인수들을 지정할 수 있다.

⟨plot 함수⟩ ∼ graphics 패키지

☐ plot(x, y, type=, ⋯): 벡터 x와 y에 대한 산점도 및 연결선 그래프를 출력한다.

☐ plot(formular, data=, type=, ⋯): 데이터 프레임의 두 변수에 대한 산점도 및 연결선 그래프를 출력한다.

☐ plot(dataframe, type=, ⋯): 데이터 프레임의 변수들에 대하여 산점도행렬을 출력한다.

- x, y: 수평축 변수(x)와 수직축 변수(y)를 지정한다.
- formular: y∼x의 형식으로 수직축 변수(y)와 수평축 변수(x)를 지정한다.
- data=: 데이터 프레임을 지정한다.
- dataframe: 데이터 프레임을 지정한다. 예를 들어, Student[c("x","y","z")].
- type=" ": 그래프의 유형을 지정한다(p, l, b, c, o, h, s, n). 예를 들어, p는 기호만 표시하고, l은 연결선만 표시하며, b는 기호와 연결선을 함께 표시한다[기본값: type="p"].
- lty=: 연결선의 종류로서 0부터 6까지의 숫자 또는 연결선의 이름을 지정한다[기본값: lty=1 또는 lty="solid"]. 0="blank", 1="solid", 2="dashed", 3="dotted", 4="dotdash", 5="longdash", 6="twodash".
- lwd=: 연결선의 굵기를 지정한다[기본값: lwd=1].
- pch=: 점을 표시할 기호의 종류로서 0부터 25까지의 숫자를 지정한다[기본값: pch=1]. 예를 들어 0은사각형, 1은 원, 2는 삼각형 등을 나타낸다.
- cex=: 기호의 크기를 지정한다[기본값: cex=1].
- cex.axis=: 축의 이름에 대한 크기를 지정한다.
- col=" ": 기호와 연결선의 색깔을 지정한다.
- main=" ": 그래프의 주제목을 지정한다.
- sub=" ": 그래프의 보조제목을 지정한다.
- xlab=" ": 수평축의 레이블을 지정한다.
- ylab=" ": 수직축의 레이블을 지정한다.
- xlim=: 수평축의 범위를 지정한다. 예를 들어, xlim=c(1,30).
- ylim=: 수직축의 범위를 지정한다. 예를 들어, ylim=c(20,40).

⟨prob.table 함수⟩ ∼ base 패키지

☐ prob.table(table, margin=): 테이블 객체에 대한 비율을 출력한다.

- table: 테이블 객체를 지정한다.
- margin=: 백분율(퍼센트)의 기준을 지정한다. 예를 들어, 2차원 테이블의 경우 이 인수를 지정하지 않으면 전체 백분율(전체 합계가 100%가 되는 백분율)이 출력되며, margin=1을 지정하면 행 백분율(행의 합계가 100%가 되는 백분율)이, margin=2를 지정하면 열 백분율(열의 합계가 100%가 되는 백분율)이 출력된다.

⟨summary 함수⟩ ~ base 패키지

□ summary(object, digits=, ⋯): 객체의 유형에 따라 요약 정보를 출력한다.

- object: 요약을 수행할 객체를 지정한다.
- digits=: 숫자값에 대한 최대 자릿수를 지정한다.

⟨table 함수⟩ ~ base 패키지

□ table(var1, var2, ⋯): 1차원 또는 다차원 테이블을 출력한다.

- var1, var2, ⋯: 벡터 또는 데이터 프레임을 지정한다. 예를 들어, table(Drink$Age), table(Drink$Age,Drink$Drink), table(Drink[c("Age","Drink")]).

⟨xtabs 함수⟩ ~ stats 패키지

□ xtabs(formular, data=, ⋯)

- formular: 빈도표의 대상이 되는 변수들을 지정한다. freq~x+y+z와 같은 형식으로 ~ 기호의 왼쪽에는 빈도 변수를 지정하고(요약 데이터의 경우), ~ 기호의 오른쪽에는 행 변수와 열 변수 등을 + 기호로 연결하여 지정하면 된다.
- data=: 데이터 프레임을 지정한다.

2.8 연습문제

1. ⟨표 2.1⟩의 Cholest 데이터에 대해 성별로 변수 Age(나이)와 Super(콜레스테롤 과포화율)의 기술통계량, 히스토그램 및 상자그림 등을 출력하고 그 결과를 살펴보아라.

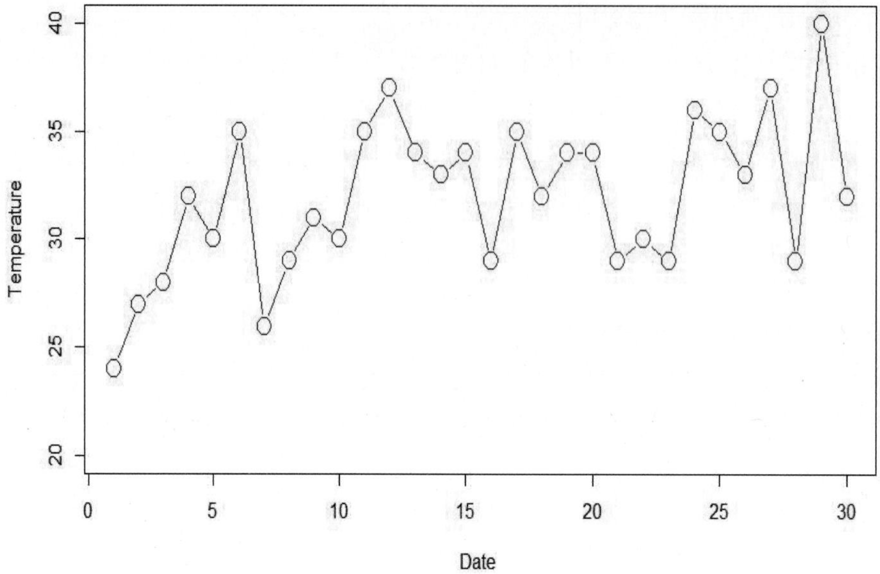

〈그림 2.10〉 연결선 그래프

2. 다음은 1984년도 8월의 우리나라 기온(℃)이다.

날짜	1	2	3	4	5	6	7	8	9	10
기온	24	27	28	32	30	35	26	29	31	30
날짜	11	12	13	14	15	16	17	18	19	20
기온	35	37	34	33	34	29	35	32	34	34
날짜	21	22	23	24	25	26	27	28	29	30
기온	29	30	29	36	35	33	37	29	40	32

(a) 기온에 대하여 도수분포표 및 히스토그램을 작성하여라.

(b) 기온에 대하여 평균, 중위수, 분산, 표준편차 등 기술통계량들을 구하여라.

(c) 날짜별 선그래프를 작성하여라(예 2.30 및 2.7절 참조).

〈예 2.30〉 plot 함수 (graphics 패키지)

```
> Ex02_02 = read.csv("L:/My_Work/Data/Ex02_02.csv",header=TRUE)
> plot(Ex02_02$Date,Ex2_02$Temperature,type="b",lty=1,lwd=1,
+      pch=1,cex=2,col="blue",xlab="Date",ylab="Temperature",
+      xlim=c(1,30),ylim=c(20,40))
```

〈고객 만족도 조사〉 설문지

안녕하십니까? 저는 ◎◎◎라는 여론조사회사 면접원 ◎◎◎입니다.
저희는 ◎◎사의 의뢰를 받아 소비자들을 대상으로 ◇◇에 대한 만족도를 조사하고 있습니다. 바쁘시더라도 잠시만 시간을 내주시면 고맙겠습니다.

Q1. ○○님께서는 ◇◇를 사용하고 계십니까? (아니오와 무응답은 면접종료)

Q2. ○○님께서는 ◇◇를 사용하신지 얼마나 되었습니까? (　　년)

Q3. 이제부터는 ◇◇에 대해서 몇가지 여쭙겠습니다.

가 격	1) ◇◇은 가격이 적당하다고 생각하십니까?	③	②	①
품 질	2) ◇◇은 품질이 좋다고 생각하십니까?	③	②	①
디자인	3) ◇◇의 디자인이 마음에 드십니까?	③	②	①
기 업 이미지	4) ◎◎사가 소비자를 중요하게 여긴다고 생각하십니까?	③	②	①
	5) ◎◎사가 신뢰할 만한 기업이라고 생각하십니까?	③	②	①

예(③), 보통(②), 아니오(①), 모름/무응답(.)

Q4. 마지막으로 몇가지만 더 여쭙겠습니다.

1) 성별 : (1) 남자 (2) 여자
2) 실례지만 올해 연세는 만으로 몇 세이십니까?
(1) 20대 (2) 30대 (3) 40대 (4) 50대 (5) 60대 이상
3) ○○님의 직업은 무엇입니까?
(1) 자영업 (2) 판매/서비스직 (3) 기능/숙련공 (4) 일반작업직 (5) 사무/기술직
(6) 경영/관리직 (7) 전문/자유직 (8) 주부 (9) 학생 (10) 농/수/축산업
(11) 무직 (12) 기타(　　　　　　)
4) ○○님 댁의 월 평균 소득은 대략 얼마 정도입니까?
(1) 100만원 이하 (2) 150∼200만원 (3) 200∼250만원
(4) 250∼300만원 (5) 300만원 이상

---

3. 위의 설문지는 어떤 제품에 대한 '고객만족도 조사'를 위해 작성된 것이다. 실제 조사를 통해 수집된 데이터는 Survey.csv(xlsx)라는 파일로 저장되어 있다.

(a) 사용여부(Q1)에 대해 빈도표를 작성하여라.

(b) 사용년수(Q2)에 대해 도수분포표 및 히스토그램을 작성하여라.

(c) 성, 연령대, 직업, 월소득별 1차원 빈도표를 작성하여라.

(d) 성, 연령대, 직업, 월소득별 분포를 보여주는 원도표를 각각 작성하여라.

(e) 성, 연령대, 직업, 월소득별로 만족도 문항들(Q3_1~Q3_5)의 평균을 요약하여라.

4. 다음은 14종류의 자동차에 대해서 차의 크기(car size), 제조회사(manufacturer), 모델명(model), 주행거리(mileage), 신뢰성(reliability), 주행거리와 신뢰성에 기초한 차의 지수(index)를 조사하여 얻은 것이다.

Size	Manufact	Model	Mileage	Reliable	Index
Small	Chevrolet	Geo Prizm	33	5	4
Small	Honda	Civic	29	5	4
Small	Toyota	Corolla	30	5	4
Small	Ford	Escort	27	3	3
Small	Dodge	Colt	34	.	.
Compact	Ford	Tempo	24	1	3
Compact	Chrysler	Le Baron	23	3	3
Compact	Buick	Skylark	21	3	3
Compact	Plymouth	Acclaim	24	3	3
Compact	Chevrolet	Corsica	25	2	3
Compact	Pontiac	Sunbird	24	1	3
Mid-Sized	Toyota	Camry	24	5	4
Mid-Sized	Honda	Accord	26	5	4
Mid-Sized	Ford	Taurus	20	3	3

(a) 변수 Mileage와 Reliable에 대한 평균, 표준편차를 출력하여라.

(b) 변수 Size와 Index의 각 수준별 1차원 및 2차원 빈도표를 출력하여라.

5. 다음은 유럽 25개 나라에서 하루에 쇠고기로부터 섭취하는 단백질을 양을 조사한 데이터이다(단위: 그램).

10.1	8.9	13.5	7.8	9.7	10.6	8.4	9.5	18.0	10.2
5.3	13.9	9.0	9.5	9.4	6.9	6.2	6.2	7.1	9.9
13.1	17.4	9.3	11.4	4.4					

(a) 이 데이터에 대한 기술통계량들을 출력하여 살펴보아라.

(b) 히스토그램, 줄기-잎 그림, 상자그림을 작성하여라.

〈표 2.6〉 King 데이터

Obs.	Name	Age	War	AgeGroup	Obs.	Name	Age	War	AgeGroup
1	태조	73	Before	70대	15	광해군	66	After	60대
2	정종	62	Before	60대	16	인조	54	After	50대
3	태종	45	Before	40대	17	효종	40	After	40대
4	세종	53	Before	50대	18	현종	33	After	30대
5	문종	38	Before	30대	19	숙종	59	After	50대
6	단종	16	Before	10대	20	경종	36	After	30대
7	세조	51	Before	50대	21	영조	82	After	80대
8	예종	28	Before	20대	22	정조	48	After	40대
9	성종	37	Before	30대	23	순조	44	After	40대
10	연산군	30	Before	30대	24	헌종	22	After	20대
11	중종	56	Before	50대	25	철종	32	After	30대
12	인종	30	Before	30대	26	고종	67	After	60대
13	명종	33	Before	30대	27	순종	52	After	50대
14	선조	56	Before	50대					

6. 〈표 2.6〉은 조선시대 27명의 왕들에 대한 수명을 조사하여 얻은 것으로, 관찰값들을 임진왜란을 기준으로 2개의 그룹(War='Before', 'After')으로 나누었고 연령대를 나타내는 변수 AgeGroup을 생성한 것이다.

(a) 임진왜란 전과 후 각각에 대하여 변수 Age(나이)의 기술통계량, 줄기-잎 그림, 상자그림 등을 출력하고 비교하여라.

(b) 변수 War와 AgeGroup의 1차원 빈도표를 각각 작성하고 War*AgeGroup의 2차원 분할표를 작성하여라.

7. 다음은 무작위로 추출한 30명에 대해 각 사람의 혈액에 포함되어 있는 콜레스테롤 농도이다.

239	161	210	179	212	195	301	357	233	256
234	195	199	284	245	174	310	286	176	212
297	249	282	233	205	286	269	305	247	292

(a) 도수분포표 및 히스토그램을 작성하여라.

(b) 평균, 중위수, 분산, 표준편차 등 기술통계량들을 구하여라.

8. 다음 데이터는 담배를 피우기 전과 피운 후의 분당 맥박 수를 측정한 것이다.

담배를 피우기 전	72 70 68 67 73 71 72 70 69 70 68 72 69 66 73 71 70 72 70 69 72 73
담배를 피운 후	74 72 69 68 72 72 72 71 67 73 69 71 68 74 73 70 74 68 71 74 74 69

(a) 담배를 피우기 전과 피운 후 각각에 대해 도수분포표를 작성하여라. 또한 히스토그램과 상자그림을 작성하여라.

(b) 담배를 피우기 전과 피운 후 각각에 대해 평균, 중위수, 표준편차 등 기술통계량을 구하여라.

(c) (a)와 (b)에서 얻은 결과로부터 담배를 피우기 전과 피운 후의 분당 맥박수가 어떤지를 비교하여라.

9. 다음 데이터는 네 개의 지역에서 공기 중 일산화탄소의 양을 측정한 것이다.

지역	측정결과									
A	95	96	92	102	103	93	101	92	95	90	
B	184	202	215	204	195	201	169	182	192		
C	215	214	197	216	215	208	228	208	216	214	227
D	155	142	146	149	146	152	159				

(a) 네 개의 지역에 대해서 각각 도수분포표 및 히스토그램을 작성하고 평균, 중위수, 표준편차 등 기술통계량을 구하여라.

(b) (a)에서 얻은 결과로부터 지역별 일산화탄소의 양이 어떤지를 비교하여라.

제 3 장
확률변수와 분포함수

표본의 함수인 통계량은 통계적 추정과 검정을 위한 기본적 요소이며, 표본정보에 근거한 통계적 의사결정을 수행하기 위해서는 통계량의 확률적 상황을 묘사하는 통계적 확률분포를 반드시 알아야 한다. 이 장에서는 확률분포의 기본개념과 자주 사용되는 몇 가지 확률분포를 소개하고, R 함수를 이용하여 확률분포에 관련된 값들을 계산하는 방법에 대해서 설명할 것이다.

3.1 확률변수와 확률분포

통계적 실험이나 조사에서 모든 가능한 실현결과들의 집합을 **표본공간**(標本空間, sample space)이라 한다. 동전을 세 번 반복해서 던지는 실험을 예로 들어보자. 동전의 앞면이 나오면 H, 뒷면이 나오면 T라 표현할 때 실험에서 나올 수 있는 모든 결과로 구성되는 표본공간 S는 다음과 같이 주어진다.

$$S = \{\text{HHH, HHT, HTH, HTT, THH, THT, TTH, TTT}\}$$

이제 동전을 세 번 던졌을 때 나오는 앞면의 수를 X라고 하자. 이때, X는 0, 1, 2, 3의 값을 취하고 각각의 값을 가질 확률 $P(X = x)$는 ⟨표 3.1⟩과 같다.

즉, 표본공간의 부분집합 {TTT}는 X의 값 0에 대응되고 X가 0일 확률은 $P(X = 0) = 1/8$이 된다. 마찬가지로 표본공간의 부분집합 {HTT, THT, TTH}는 X의 값 1에 대응되고 X가 1일 확률은 $P(X = 1) = 3/8$이다.

이와 같이 표본공간 S에서 정의된 실수값 함수 X를 **확률변수**(確率變數, random variable)라고 한다. 또한, 확률변수 X와 확률을 대응시켜 주는 관계를 확률변수 X의 **확률분포**(確率分布, probability distribution)라고 한다.

⟨표 3.1⟩ 앞면의 수에 대한 확률

표본공간	확률분포표	
S	X	$P(X = x)$
{TTT}	0	1/8
{HTT, THT, TTH}	1	3/8
{HHT, HTH, THH}	2	3/8
{HHH}	3	1/8

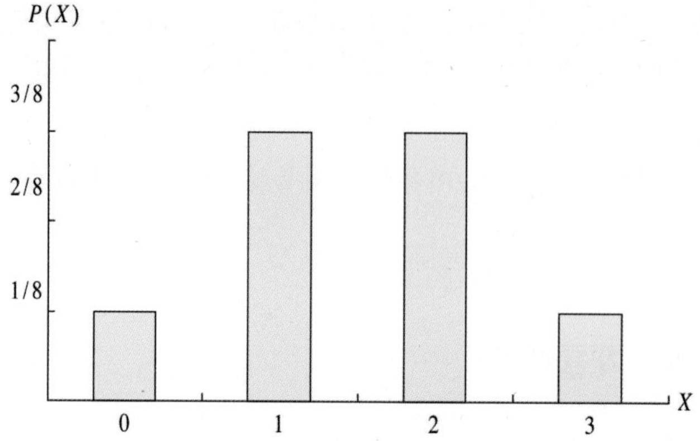

〈그림 3.1〉 확률분포도

확률분포는 〈표 3.1〉과 같은 표의 형태나 〈그림 3.1〉과 같은 그래프의 형태로 나타낼 수도 있지만, 수학적 함수관계인 **확률분포함수**로 표현할 수도 있다. 즉, 확률변수 X가 임의의 값 x를 가질 때의 확률을 수학적 함수 $P(X = x)$로 나타낼 수 있다. 예를 들어, 앞에서 다루었던 동전을 세 번 반복해서 던지는 실험을 생각해 보자. 이때 동전의 앞면이 나타날 횟수를 확률변수 X로 정의하면 이에 대한 확률분포는 다음과 같은 수식으로 표현할 수 있다.

$$P(X = x) = \frac{3!}{x!(3-x)!}(1/2)^3, \quad x = 0, 1, 2, 3. \ (\text{단}, \ 0! = 1)$$

이와 같은 확률분포는 확률변수가 이산형인지 연속형인지에 따라 이산형 확률분포와 연속형 확률분포로 구분된다.

확률변수 X가 취할 수 있는 가능한 값들이 이산(離散)적인 값 $x_1, x_2, \cdots$ 중 하나일 때, X를 **이산확률변수**(discrete random variable)라고 한다. 예를 들어, '동전을 두 번 던져서 나오는 앞면의 수'나 '주사위를 한 번 던져서 나오는 눈의 값' 등은 이산확률변수이다.

이산확률변수가 가질 수 있는 각각의 값에 대하여 확률 $P(X = x_1) = f(x_1)$, $P(X = x_2) = f(x_2)$, $\cdots$를 대응시켜 주는 함수 $f(x)$를 **확률질량함수**(確率質量函數, probability mass function)라고 하며, 다음과 같은 성질을 가진다.

〈이산형 확률분포 – 확률질량함수의 성질〉

(a) $P(X = x_i) = f(x_i) \geq 0$,

(b) $\sum_i f(x_i) = 1$,

(c) $P(a < X \leq b) = \sum_{a < x_i \leq b} f(x_i)$.

키, 몸무게, 서비스 대기시간 등을 나타내는 확률변수 X는 적절한 구간 내의 연속(連續)적인 모든 값을 가질 수 있으며 이런 확률변수를 **연속확률변수**(continuous random variable)라고 한다.

연속확률변수에 대한 확률은 **확률밀도함수**(確率密度函數, probability density function)에 의해서 결정되는데, 확률밀도함수 $f(x)$는 연속확률변수에 관하여 X 축에는 확률변수의 값을 그리고 Y 축에는 확률변수의 값이 일정구간에 포함될 확률을 나타내는 곡선으로 표현된다. 확률밀도함수는 다음과 같은 성질을 가진다.

⟨연속형 확률분포 – 확률밀도함수의 성질⟩

(a) $f(x) \geq 0, \ -\infty < x < \infty$

(b) $P(X = x) = 0$

(c) $P(-\infty \leq x \leq \infty) = \int_{-\infty}^{\infty} f(x)dx = 1,$

(d) $P(a \leq X \leq b) = \int_a^b f(x)dx.$

3.2 기대값과 분산

다음과 같은 동전 던지기 게임을 생각해 보자. 동전을 두 번 던져서 앞면이 0번 나오면 5,000원을 상대방에 주고, 앞면이 1번 나오면 1,000원을 받고, 앞면이 2번 나오면 2,000원을 받는다고 하자. 한 번의 게임에서 받는 금액을 확률변수 X라고 하면, X의 확률분표포는 ⟨표 3.2⟩와 같다.

그러면 이러한 게임을 계속한다고 할 때 평균적으로 따져 한 번에 얼마만큼의 기대이득이 있을 것인가? 한 번의 게임으로부터 얻을 수 있는 금액에는 각각 확률이 부여되어

⟨표 3.2⟩ 금액 X에 대한 확률분포표

X	$P(X = x)$
$-5,000$	$1/4$
1,000	$2/4$
2,000	$1/4$

〈표 3.3〉 금액 $Y(=3X)$에 대한 확률분포표

Y	$P(Y=y)$
$-15,000$	$1/4$
3,000	$2/4$
6,000	$1/4$

있으므로, 기대이득을 다음과 같이 계산할 수 있을 것이다.

$$\text{기대이득} = (-5,000)\frac{1}{4} + (1,000)\frac{2}{4} + (2,000)\frac{1}{4} = -250\text{원}.$$

즉, 한 번의 게임에서는 5000원을 잃든가 1000원 또는 2000원을 벌든가 하겠지만, 이 게임을 계속하면 평균적으로 250원을 계속 잃는 셈이 된다는 것이다.

이처럼 확률변수 X에 대해 확률을 가중치로 하여 계산된 가중평균을 기대값(expected value)이라고 하는데, 이산확률변수 X의 기대값은 다음과 같이 계산된다(단, 여기서 x_i는 확률변수 X의 한 실현값이다).

$$\begin{aligned}\mu = E(X) &= \textstyle\sum_i x_i P(X=x_i) \\ &= x_1P(X=x_1) + x_2P(X=x_2) + \cdots\end{aligned} \tag{3.1}$$

일반적으로 확률변수 X의 기대값을 $\mu = E(X)$로 표기하며, 확률변수 X의 위치를 나타내는 모수로서 평균(mean)이라 부르기도 한다.

이제 게임에 걸린 금액을 세 배로 하여 한 번의 게임에서 받는 금액을 확률변수 $Y(=3X)$라고 하자. 그러면 확률변수 Y의 확률분포표는 〈표 3.3〉과 같고, 따라서 Y의 기대값은 다음과 같이 계산된다.

$$E(Y) = (-15,000)\frac{1}{4} + (3,000)\frac{2}{4} + (6,000)\frac{1}{4} = -750\text{원}.$$

일반적으로 이산확률변수 X에 대해 함수 $g(X)$의 기대값은 다음과 같이 계산된다.

$$\begin{aligned}E[g(X)] &= \textstyle\sum_i g(x_i)P(X=x_i) \\ &= g(x_1)P(X=x_1) + g(x_2)P(X=x_2) + \cdots\end{aligned} \tag{3.2}$$

한편, 확률변수 X의 특별한 함수로써 $g(X) = (X-\mu)^2$를 고려할 때, 이 함수의 기대값

$$\sigma^2 = E\left[(X-\mu)^2\right] \tag{3.3}$$

을 X의 분산(variance)이라고 하며 $Var(X)$로 표기하기도 한다. ⟨표 3.2⟩의 확률변수 X에 대해서 분산을 계산하면 다음과 같다.

$$\begin{aligned} Var(X) &= [-5,000-(-250)]^2\frac{1}{4}+[1,000-(-250)]^2\frac{2}{4}+[2,000-(-250)]^2\frac{1}{4} \\ &= 7,687,500 \end{aligned}$$

이와 같은 분산은 확률변수 X의 분포가 평균 μ로부터 떨어진 정도를 나타내므로 산포도(measure of dispersion)의 측도로 흔히 사용된다.

확률변수의 기대값과 분산에 대한 공식은 이산확률변수와 연속확률변수에 따라 다른데, 먼저 이산확률변수의 기대값은 확률변수의 각 값들에 확률을 곱한 후 합한 것이다. 여기에서 모평균 μ는 X에 대한 기대값이며, 모분산 σ^2은 $(X-\mu)^2$에 대한 기대값이다.

⟨이산확률변수의 기대값과 분산⟩

(a) $\mu = E(X) = \sum_i x_i P(x_i)$

(b) $\sigma^2 = E[(X-\mu)^2] = \sum_i (x_i-\mu)^2 P(x_i) = E(X^2)-\mu^2$

한편, 연속확률변수의 기대값과 분산은 이산확률변수의 기대값을 구할 때 사용한 $\sum$(합) 대신에 $\int$(적분)을 사용하여 계산된다.

⟨연속확률변수의 기대값과 분산⟩

(a) $\mu = E(X) = \int_{-\infty}^{\infty} xf(x)dx$

(b) $\sigma^2 = E[(X-\mu)^2] = \int_{-\infty}^{\infty}(x-\mu)^2 f(x)dx = E(X^2)-\mu^2$

앞에서 설명한 기대값과 분산에 대하여 몇 가지 성질을 살펴보도록 하자. X와 Y를 확률변수 그리고 a와 b는 상수라고 할 때, 기대값과 분산에 대하여 다음과 같은 관계가 성립한다.

⟨기대값의 성질⟩

(a) $E(a) = a$

(b) $E(aX) = aE(X)$

(c) $E(aX \pm bY) = aE(X) \pm bE(Y)$

(d) $E(XY) = E(X)E(Y)$ 단, X와 Y가 확률적으로 독립인 경우

⟨분산의 성질⟩

(a) $Var(a) = 0$

(b) $Var(X) \geq 0$

(c) $Var(X \pm b) = Var(X)$, $Var(aX) = a^2 Var(X)$

(d) $Var(aX \pm b) = a^2 Var(X)$

3.3 이산형 확률분포

앞에서 설명한 바와 같이 확률변수 X가 취할 수 있는 가능한 값들이 이산적인 값 $x_1, x_2, \cdots$ 중 하나일 때 X를 이산확률변수(discrete random variable)라고 하는데, 이 절에서는 몇 가지 중요한 이산형 확률분포에 대해서 살펴보도록 하자.

3.3.1 이항분포 (Binomial Distribution)

동전을 던져서 앞면이 나오면 '성공', 뒷면이 나오면 '실패'라고 하자. 이와 같이

(1) 매 번의 시행에서 오직 두 가지의 상호배반인 결과 중 어느 하나만 나타나고(편의상 그 결과를 '성공'과 '실패'로 구분한다),

(2) '성공'의 확률을 p라고 하면 이 값은 어느 시행에서나 변하지 않으며(이때 '실패'의 확률은 $q = 1 - p$ 이다),

(3) 어느 한 시행의 결과가 다른 시행의 결과에 영향을 미치지 않는(즉, 매 시행은 서로 독립적인)

시행을 베르눌리 시행(Bernoulli trial)이라고 한다. 이항분포는 n번의 베르눌리 시행에서 성공이 나타나는 횟수에 대한 분포로써, 확률변수 X는 $\{0, 1, \cdots, n\}$의 이산적인 값을 가진다. 이항분포의 확률질량함수는 다음과 같이 정의되는데, 확률변수 X가 이러한 분포를 갖는다는 것을 $X \sim B(n, p)$로 나타낸다.

이항분포 (Binomial Distribution)

□ 확률질량함수 : $B(n, p)$

$$P(X = x) = f(x) = \binom{n}{x} p^x (1-p)^{n-x}, \quad x = 0, 1, \cdots, n. \tag{3.4}$$

여기에서 $\binom{n}{x} = {}_n C_x = \dfrac{n!}{x!(n-x)!}, \quad n! = n \times (n-1) \times \cdots \times 2 \times 1, \quad 0! = 1.$

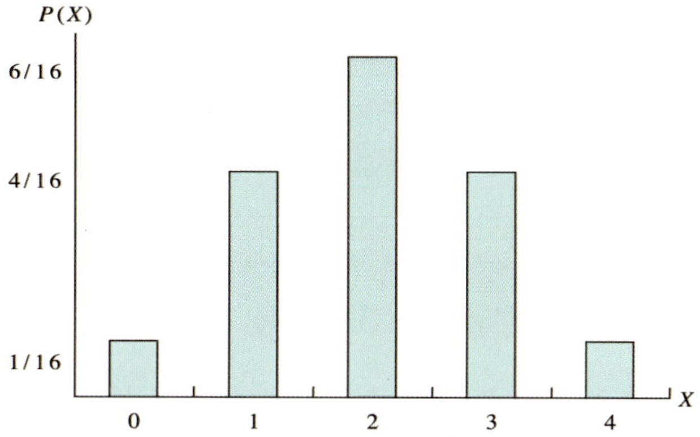

〈그림 3.2〉 이항분포 $B(4, 1/2)$에 대한 확률분포도

□ 평균과 분산

$$\mu = E(X) = np,$$
$$\sigma^2 = Var(X) = np(1-p).$$

이항분포에서 확률분포가 어떻게 나타나는지를 설명하기 위해 동전을 4번 던지는 경우를 생각해 보자. 동전을 4번 던져서 앞면이 나타나는 수를 확률변수 X라 하면, X는 시행횟수 4번과 성공의 확률 1/2를 갖는 이항분포 $B(4, 1/2)$를 따르며 확률질량함수는 다음과 같다.

$$P(X = x) = \binom{4}{x}(1/2)^x(1/2)^{4-x}, \quad x = 0, 1, \cdots, 4.$$

따라서 앞면이 나타나는 수의 확률분포는 이를 이용하여 다음과 같이 구할 수 있다.

$$P(X = 0) = \binom{4}{0}(1/2)^0(1/2)^4 = \frac{4!}{0!4!}(1/2)^0(1/2)^4 = 1/16$$
$$P(X = 1) = \binom{4}{1}(1/2)^1(1/2)^3 = \frac{4!}{1!3!}(1/2)^1(1/2)^3 = 4/16$$
$$P(X = 2) = \binom{4}{2}(1/2)^2(1/2)^2 = \frac{4!}{2!2!}(1/2)^2(1/2)^2 = 6/16$$
$$P(X = 3) = \binom{4}{3}(1/2)^3(1/2)^1 = \frac{4!}{3!1!}(1/2)^3(1/2)^1 = 4/16$$
$$P(X = 4) = \binom{4}{4}(1/2)^4(1/2)^0 = \frac{4!}{4!0!}(1/2)^4(1/2)^0 = 1/16$$

이러한 이항분포를 확률분포도로 나타내면 〈그림 3.2〉와 같으며, 확률변수 X의 평균과 분산은 각각 $\mu = np = 4 \times (1/2) = 2$와 $\sigma^2 = np(1-p) = 4 \times (1/2) \times (1/2) = 1$이다.

⟨예 3.1⟩ 이항분포에 관한 함수 – $X \sim B(n,p)$

□ 확률질량함수, $P(X = x)$: dbinom(x, n, p)

```
> dbinom(3,10,0.5)    # 동전을 10번 던졌을때, 앞면이 3번 나올 확률
[1] 0.1171875
```

□ 누적분포함수, $P(X \le x)$: pbinom(x, n, p, lower.tail=TRUE)

```
> pbinom(6,10,0.5)    # 동전을 10번 던졌을때, 앞면이 6번 이하로 나올 확률
[1] 0.828125
> pbinom(6,10,0.5,lower.tail=FALSE)    # P(X>6) = 1 - P(X<=6)
[1] 0.171875
```

□ 분위수: qbinom(q, n, p, lower.tail=TRUE)

```
> qbinom(0.3,10,0.5)    # 누적확률이 0.3 이상이 되는 x
[1] 4
```

□ 난수: rbinom(k, n, p)

```
> rbinom(30,10,0.5)    # 동전을 10번 던지는 실험을 30번 반복하는 경우
[1] 4 3 6 5 5 7 7 8 6 7 7 4 3 8 4 4 6 5 5 7 5 5 6 5 4 7 5 6 5 6
```

3.3.2 초기하분포 (Hyper Geometric Distribution)

주머니 속에 흰공 7개와 검은공 3개가 들어 있다고 하자. 주머니 속에서 임의로 한 개의 공을 랜덤추출하였을 때, 흰공이 나올 확률은 7/10이다. 추출된 공을 주머니 속에 넣고 다시 한 개의 공을 추출하였을 때 흰공이 나올 확률은 역시 7/10이 된다. 이와 같은 추출방식을 **복원추출법**(復元抽出法, sampling with replacement)이라고 하며, 이러한 복원추출에서는 베르눌리 시행이 되기 위한 조건들을 만족한다.

그러나 추출된 공을 주머니 속에 다시 넣지 않고 나머지 공에서 두 번째 공을 추출하는 방식을 생각해 볼 수 있는데, 이러한 방식을 **비복원추출법**(非復元抽出法, sampling without replacement)이라고 한다. 비복원추출법에서는 베르눌리 시행에서의 조건이 만족되지 않음을 알 수 있다.

N개로 구성된 모집단에서 A개가 '성공'(흰공)이고 나머지 $N - A$개가 '실패'(검은공)라고 하자. N개 중에서 n개를 비복원추출하였을 때 그 중 '성공'일 경우의 수를 확률변수 X라 하자. 이와 같은 X에 대한 확률질량함수는 다음과 같다(여기에서 $m = Min(n, A)$이다).

초기하분포 (Hyper Geometric Distribution)

□ 확률질량함수 : $HG(N, A, n)$

$$P(X = x) = f(x) = \frac{\binom{A}{x}\binom{N-A}{n-x}}{\binom{N}{n}}, \quad x = 0, 1, \cdots, m. \tag{3.5}$$

□ 평균과 분산

$$\mu = E(X) = np,$$
$$\sigma^2 = Var(X) = np(1-p)\left(\frac{N-n}{N-1}\right).$$

이와 같은 질량함수를 가지는 확률분포를 초기하분포라고 하며, 만약 N이 크고 이에 비하여 n이 작을 경우, 초기하분포를 따르는 확률변수 X는 n과 $p = A/N$을 모수로 하는 이항분포에 근사적으로 따르게 된다.

⟨예 3.2⟩ 초기하분포에 관한 함수 – $X \sim HG(N, A, n)$

□ 확률질량함수, $P(X = x)$: dhyper(x, A, $N-A$, n)

```
> dhyper(10,200,800,50)    # N=1,000, A=200, n=50 --> P(X=10)
[1] 0.143448
```

□ 누적분포함수, $P(X \le x)$: phyper(x, A, $N-A$, n, lower.tail=TRUE)

```
> phyper(10,200,800,50)    # N=1,000, A=200, n=50 --> P(X<=10)
[1] 0.584304
> phyper(10,200,800,50,lower.tail=FALSE)    # P(X>10) = 1 - P(X<=10)
[1] 0.415696
```

□ 분위수: qhyper(q, A, $N-A$, n, lower.tail=TRUE)

```
> qhyper(0.5,200,800,50)    # 누적확률이 0.5 이상이 되는 x
[1] 10
```

□ 난수: rhyper(k, A, $N-A$, n)

```
> rhyper(25,200,800,50)    # 모의실험을 25번 반복하는 경우
[1] 11 8 9 9 12 12 12 7 4 8 8 15 10 7 11 10 11 9 8 8 14 8 13 7 8
```

3.3.3 포아송분포 (Poisson Distribution)

'하루 동안 경부고속도로 상에서 일어나는 교통사고 건수(차량통과대수 n은 매우 크고 사고확률은 매우 작은 경우)', '일정시간 안에 걸려오는 전화의 수', '생산된 1000개 부품당 불량품의 개수', '일주일 동안에 어느 보험회사에서 접수되는 사망보험금 청구건수' 등과 같이 단위 시간당 또는 단위 면적당 나타나는 희귀사건(rare event)의 건수를 설명하는데 자주 사용되는 확률분포로서 **포아송분포**라고 하는 것이 있다.

포아송분포는 '성공'이 일어나는 확률이 아주 작은 이항분포로부터 유도되며(즉, 이항분포 $B(n, p)$에서 시행횟수 n이 매우 크고 성공의 확률 p가 0에 가까운 경우), 이러한 확률변수 X에 대한 확률질량함수는 다음과 같다. 여기에서 μ는 단위당 일어나는 평균건수이고 e는 자연대수의 밑으로서 $2.71828\cdots$의 값을 가지는 무리수이다.

포아송분포 (Poisson Distribution)

□ 확률질량함수 : $P(\mu)$

$$P(X = x) = f(x) = \frac{e^{-\mu}\mu^x}{x!}, \quad x = 0, 1, 2, \cdots \tag{3.6}$$

□ 평균과 분산

$\mu = E(X) = \mu,$

$\sigma^2 = Var(X) = \mu.$ (단, $\mu > 0$)

포아송분포가 어떻게 이용될 수 있는지를 알기 위해 다음과 같은 예를 들어보도록 하자. 어떤 생명보험회사에는 15만명의 보험가입자가 있으며, 과거의 자료에 의하면 보험가입자가 어떤 사고를 당하여 1주일 동안에 보험금을 지급 받을 확률이 0.001%라고 한다. 따라서 1주일에 평균 $\mu = 150,000 \times 0.00001 = 1.5$명이 보험금을 지급받는다. 이 경우 가입자의 수는 시행횟수이고 사고로 인하여 보험금을 지급할 확률은 성공의 확률로 생각할 수 있다. 이때 확률변수 X를 1주일 동안에 사고로 보험금을 지급할 건수라고 하면 확률질량함수는 다음과 같다.

$$P(X = 0) = \frac{1.5^0 e^{-1.5}}{0!} = 0.2231, \quad P(X = 1) = \frac{1.5^1 e^{-1.5}}{1!} = 0.3347,$$

$$P(X = 2) = \frac{1.5^2 e^{-1.5}}{2!} = 0.2510, \quad P(X = 3) = \frac{1.5^3 e^{-1.5}}{3!} = 0.1255, \quad \cdots$$

여기에서 평균 $\mu = 1.5$이고 분산 또한 $\sigma^2 = \mu = 1.5$이다. 이러한 포아송분포를 그래프로 나타내면 〈그림 3.3〉과 같다.

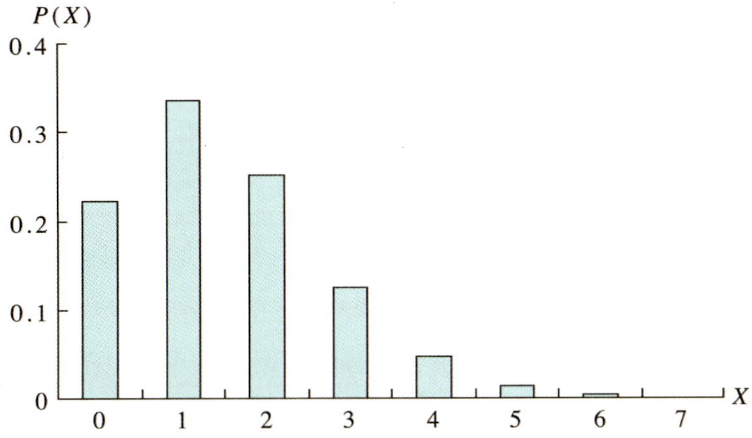

〈그림 3.3〉 포아송분포 $P(1.5)$에 대한 확률분포도

〈예 3.3〉 포아송분포에 관한 함수 – $X \sim P(\mu)$

□ 확률질량함수, $P(X = x)$: dpois(x, μ)

```
> dpois(7,5)    # mu=5 --> P(X=7)
[1] 0.1044449
```

□ 누적분포함수, $P(X \leq x)$: ppois(x, μ, lower.tail=TRUE)

```
> ppois(7,5)    # mu=5 --> P(X<=7)
[1] 0.8666283
> ppois(7,5,lower.tail=FALSE)    # P(X>7) = 1 - P(X<=7)
[1] 0.1333717
```

□ 분위수: qpois(q, μ, lower.tail=TRUE)

```
> qpois(0.7,5)    # 누적확률이 0.7 이상이 되는 x
[1] 6
```

□ 난수: rpois(k, μ)

```
> rpois(30,5)    # 모의실험을 30번 반복하는 경우
[1] 4 4 7 3 7 6 4 4 7 3 5 5 8 3 1 9 4 6 3 7 5 2 3 5 4 6 6 4 6 4
```

3.4 연속형 확률분포

앞에서 설명한 바와 같이 확률변수 X가 적절한 구간 내의 연속적인 모든 값을 가질 수 있을 때 X를 연속확률변수(continuous random variable)라고 하며, 연속형 확률분포에는

정규분포, 지수분포, 와이블분포, 베타분포, 감마분포 등이 있다. 이러한 연속형 확률분포 중에서 가장 중요하고 자주 이용되는 분포는 정규분포라고 할 수 있는데, 이 절에서는 정규분포의 중요한 성질들에 대해서 살펴보도록 하자.

3.4.1 정규분포 (Normal Distribution)

확률변수 X가 평균이 μ이고 표준편차가 σ이며 다음과 같은 확률밀도함수를 가지는 경우, X는 **정규분포**를 따른다고 한다. 여기에서 π는 원주율 $3.1415\cdots$이고, $\exp(y) = e^y$이다(e는 자연대수의 밑으로서 $2.71828\cdots$의 값을 가지는 무리수이다).

〈정규분포 확률밀도함수〉 $N(\mu, \sigma^2)$

$$f(x) = \frac{1}{\sqrt{2\pi}\sigma}\exp\left[-\frac{(x-\mu)^2}{2\sigma^2}\right], \quad -\infty < x < \infty. \tag{3.7}$$

이러한 정규분포곡선은 1730년대 드 므아브르(De Moivre)에 의해서 발견되었으나, 1820년경 가우스(Gauss)의 오차이론에서 유도되었다는 점에서 가우스 곡선(Gaussian curve)이라고도 한다. 정규분포가 통계학에서 중요시되고 있는 이유로 다음과 같은 몇 가지를 들 수 있다.

① 자연현상이나 사회현상에서의 측정값들의 분포는 정규분포와 유사한 형태를 가지는 것들이 많다. 예를 들어 사람들의 키, 나무열매의 길이, 제품의 크기 등은 근사적으로 정규분포의 형태를 따른다.

② 정규분포를 따르지 않는 측정값들에 대해서도 제곱근이나 로그변환 등의 변환방법을 통해 정규분포에 근사하도록 유도할 수가 있다.

③ 정규분포는 수리적으로 다루기가 쉬우며, 정규분포의 가정 하에서 유도되는 수리통계학적 결과는 그 확률변수가 정규분포를 따르지 않는 경우에 대해서도 유용하게 활용된다. 즉, 정규분포에서 얻은 이론적 결과는 이산확률변수나 정규분포를 따르지 않는 변수에 대해서도 대체적으로 잘 적용되는 경우가 많다.

④ 정규분포를 따르지 않는 측정값들에 대해서도 표본의 크기가 큰 경우에는 표본평균이 근사적으로 정규분포를 따른다는 것이다(이 내용에 대하여는 다음 절에서 다시 다룰 것이다).

정규확률밀도함수를 그림으로 나타내면 〈그림 3.4〉에서와 같이 $(-\infty, \infty)$를 구간으로 하여 평균 μ를 중심으로 좌우대칭의 종 모양을 취함을 알 수 있다. 또한 정규분포의 확률은

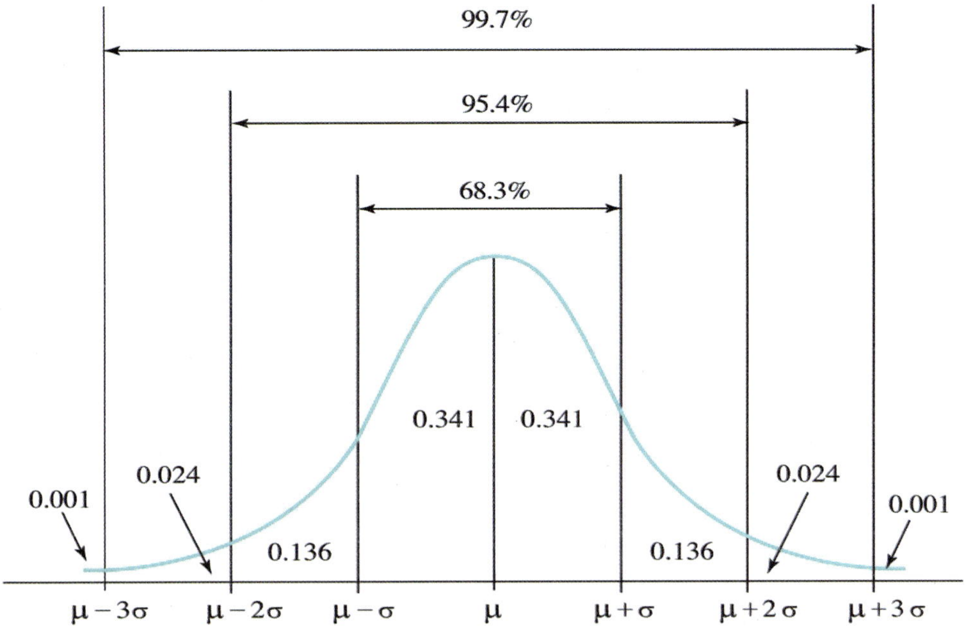

〈그림 3.4〉 정규분포곡선의 확률적 특성

평균 μ와 표준편차 σ 사이에 일정한 관계를 갖는다. 즉, 〈그림 3.4〉에서와 같이 μ로부터 $\pm\sigma$의 구간은 0.683, μ로부터 $\pm 2\sigma$의 구간은 0.954, 그리고 μ로부터 $\pm 3\sigma$의 구간은 0.997의 확률을 갖는다. 이러한 정규분포의 확률적 특성을 식으로 요약하면 다음과 같다.

$$\begin{aligned} P(\mu-\ \sigma \le X \le \mu+\ \sigma) &= 0.683 \\ P(\mu-2\sigma \le X \le \mu+2\sigma) &= 0.954 \\ P(\mu-3\sigma \le X \le \mu+3\sigma) &= 0.997 \end{aligned}$$

한편 〈그림 3.5〉는 평균과 표준편차가 다른 경우에 대한 정규분포의 형태를 보여준다. 여기에서 μ(평균)에 따라 중심의 위치가 바뀌는 것을 볼 수 있으며, σ(표준편차)에 따라 곡선의 형태가 변하는 것을 볼 수 있다(즉, σ가 크면 곡선의 높이가 낮아지고 그 대신 μ를 중심으로 하여 대칭적으로 널리 퍼지게 된다는 것을 알 수 있다). 이러한 의미에서 μ를 **위치모수**(location parameter)라고 하고, σ를 **척도모수**(scale parameter)라고 한다.

정규분포를 따르는 확률변수들의 합은 정규분포를 따른다. 뿐만 아니라 확률변수 X가 정규분포 $N(\mu, \sigma^2)$을 따를 때, 확률변수 X에 상수 b를 더하거나 뺀 확률변수 $X \pm b$는 정규분포 $N(\mu \pm b, \sigma^2)$을 따르고, 확률변수 X에 상수 a를 곱한 확률변수 aX는 정규분포 $N(a\mu, a^2\sigma^2)$을 따른다. 이러한 정규분포의 성질을 다음과 같이 정리할 수 있다.

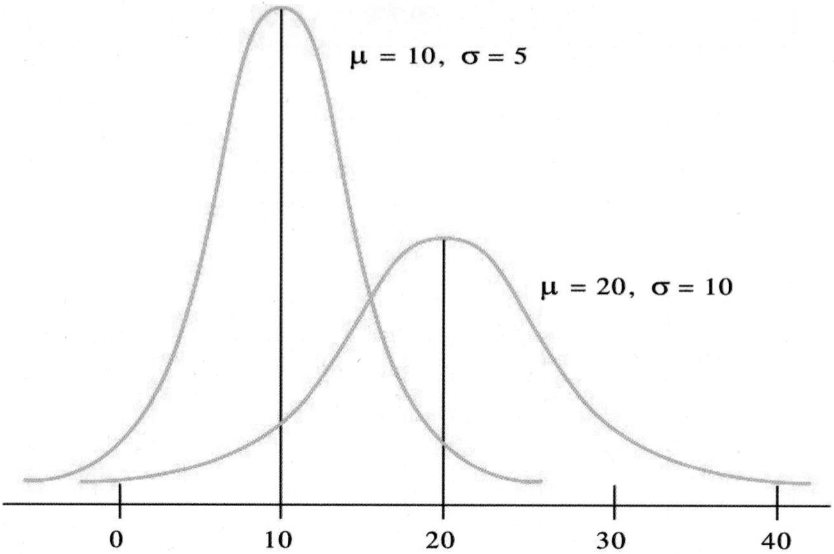

⟨그림 3.5⟩ μ와 σ의 변화에 따른 정규분포의 형태

⟨정규분포의 성질⟩

- $X \sim N(\mu, \sigma^2)$일 때, 상수 a와 b에 대하여

$$aX + b \sim N(a\mu + b, a^2\sigma^2)$$

- $X_1 \sim N(\mu_1, \sigma_1^2)$, $X_2 \sim N(\mu_2, \sigma_2^2)$이고, X_1과 X_2가 서로 독립일 때

$$X_1 + X_2 \sim N(\mu_1 + \mu_2, \sigma_1^2 + \sigma_2^2)$$

3.4.2 표준정규분포 (Standard Normal Distribution)

평균이 0이고 표준편차가 1인 정규분포를 **표준정규분포**라고 하는데, 정규분포 $N(\mu, \sigma^2)$을 따르는 확률변수 X는 다음과 같은 정규화(표준화)변환

$$Z = \frac{X - \mu}{\sigma} \tag{3.8}$$

을 통해 표준정규분포로 변환할 수 있다. 표준정규분포에 따르는 확률변수 Z의 확률밀도함수는 다음과 같다.

$$f(z) = \frac{1}{\sqrt{2\pi}} e^{-z^2/2}, \quad -\infty < z < \infty \tag{3.9}$$

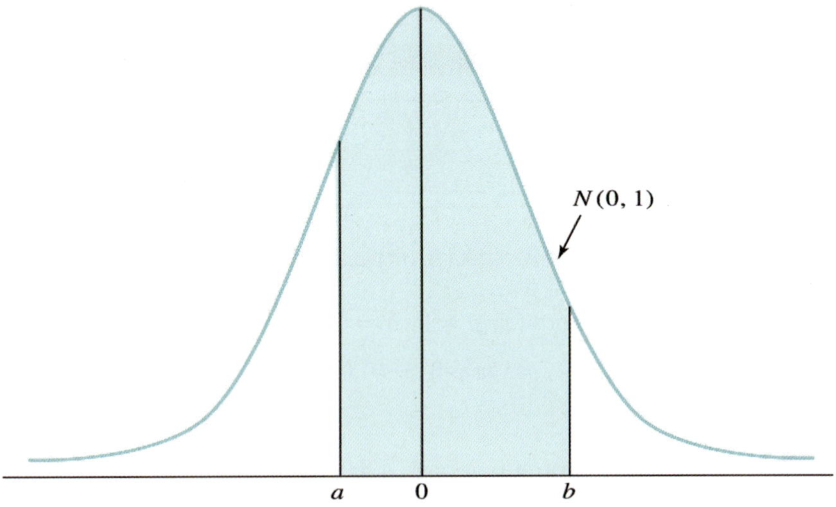

⟨그림 3.6⟩ 표준정규분포에서 $P(a < Z < b)$의 확률

정규분포는 평균과 분산의 값에 따라 위치와 분포의 모양이 다르기 때문에 확률변수 X가 특정한 범위에 있을 확률을 계산하는 것이 매우 불편하다. 따라서 모든 정규확률변수인 X를 Z으로 표준화하면 표준정규분포를 이용하여 확률을 계산하는 것이 편리해지기 때문에 표준정규분포를 자주 사용하게 된다.

예를 들어 초등학교 학생의 몸무게를 X라는 확률변수로 나타내어 정규분포 $N(42, 25)$를 따른다고 하자. 즉, X는 평균 $\mu = 42$와 분산 $\sigma^2 = 25$인 정규분포를 따른다. 이러한 분포로부터 어느 한 학생을 무작위로 뽑았을 때, 학생의 몸무게가 40㎏에서 54㎏사이에 있을 확률을 구하고자 하는 경우

$$\begin{aligned} P(40 \le X \le 54) &= P\left(\frac{40-\mu}{\sigma} < \frac{X-\mu}{\sigma} < \frac{54-\mu}{\sigma}\right) \\ &= P\left(\frac{40-42}{5} < Z < \frac{54-42}{5}\right) \\ &= P(-0.4 < Z < 2.4) \end{aligned}$$

와 같으므로, 이는 표준정규분포에서 -0.4와 2.4사이의 확률이 된다(그림 3.6 참조).

또한 정규분포의 대칭성(즉, $P(-z < Z < 0) = P(0 < Z < z)$)을 이용하면

$$\begin{aligned} P(-0.4 < Z < 2.4) &= P(-0.4 < Z < 0) + P(0 < Z < 2.4) \\ &= P(0 < Z < 0.4) + P(0 < Z < 2.4) \end{aligned}$$

가 성립함을 보일 수 있다. 이제 부록의 부표 3에서 $P(0 < Z < 0.4) = 0.1554$와 $P(0 <$

$Z < 2.4) = 0.4918$임을 알 수 있으므로, 구하고자 하는 확률 값을

$$P(0 < Z < 0.4) + P(0 < Z < 2.4) = 0.1554 + 0.4918 = 0.6472$$

와 같이 계산할 수 있다.

⟨예 3.4⟩ 정규분포에 관한 함수 – $X \sim N(\mu, \sigma^2)$

□ 확률밀도함수, $f(X = x)$: dnorm(x, $\mu = 0$, $\sigma = 1$)

```
> dnorm(40,42,5)    # mu=42, sigma=5 --> f(X=40)
[1] 0.07365403
```

□ 누적분포함수, $P(X \leq x)$: pnorm(x, $\mu = 0$, $\sigma = 1$, lower.tail=TRUE)

```
>pnorm(54,42,5)    # mu=42, sigma=5 --> P(X<=54)
[1] 0.9918025
> pnorm(54,42,5)-pnorm(40,42,5)    # P(40<=X<=54) = P(X<=54) - P(x<40)
[1] 0.6472242
```

□ 분위수: qnorm(q, $\mu = 0$, $\sigma = 1$, lower.tail=TRUE)

```
> qnorm(0.9,42,5)    # 누적확률이 0.9 이상이 되는 x
[1] 48.40776
```

□ 난수: rnorm(k, $\mu = 0$, $\sigma = 1$)

```
> rnorm(7,42,5)    # 모의실험을 7번 반복하는 경우
[1] 56.31118 41.57985 42.20182 45.17230 46.57948 42.25709 38.04192
```

3.5 표본분포

통계분석의 중요한 목적 중 하나는 모집단에서 추출된 표본으로부터 관심 있는 모집단의 특성을 추측해 내는 일이다. 이러한 모집단의 특성은 평균과 표준편차 등과 같이 수치로 표현되는데, 이를 모수(parameter)라고 한다는 것을 제2장에서 설명한 바 있다. 일반적으로 모수는 미지의 상수이며, 이 값은 모집단을 전부 조사하는 전수조사를 통해서만 알 수 있다. 그러나 모집단을 전부 조사한다는 것은 경제적 또는 시간적 제약 때문에 매우 어렵거나 때로는 불가능하다. 따라서 모집단의 일부인 표본을 조사함으로써 모수(모평균, 모분산, 모비율 등)에 대응되는 통계량(표본평균, 표본분산, 표본비율 등)을 이용하여 추론을 하게 된다. 이 절에서는 통계학에서 널리 이용되는 표본평균의 분포 및 중심극한정리를 설명하고, 중요한 몇 가지 표본분포를 소개하고자 한다.

3.5.1 표본평균의 분포

평균이 μ이고 표준편차가 σ인 모집단으로부터, 크기 n인 확률표본 $x_1, x_2, \cdots, x_n$을 추출하여 표본평균 $\bar{x}$와 표본분산 s^2을 계산하였다고 하자.

$$\bar{x} = \frac{1}{n}\sum_{i=1}^{n} x_i, \tag{3.10}$$

$$s^2 = \frac{1}{n-1}\sum_{i=1}^{n}(x_i - \bar{x})^2. \tag{3.11}$$

이때, 모집단의 분포가 어떤가에 관계없이 항상 다음 관계가 성립한다.

$$E(\bar{x}) = \mu, \quad E(s^2) = \sigma^2, \tag{3.12}$$

$$Var(\bar{x}) = \sigma^2/n. \tag{3.13}$$

즉, 표본평균 $\bar{x}$는 모평균 μ의 불편추정치(unbiased estimate)이고 표본분산 s^2은 모분산 σ^2의 불편추정치이다. 또한 표본평균의 표준편차는 $SE = \sigma/\sqrt{n}$이 된다는 것을 알 수 있는데, 이를 표본평균의 **표준오차**(standard error for mean)라고 하며 표본평균이 모평균으로부터 얼마나 떨어져 있는가를 나타내 주는 척도라고 할 수 있다.

결론적으로 표본평균 $\bar{x}$의 평균은 모집단의 평균과 같으며 표본크기 n이 클수록 그 분산이 0에 가까워져, 결국 표본의 크기가 클 때 $\bar{x}$는 모집단의 평균인 μ 근처에 밀집되어 분포한다는 사실을 알 수 있는 것이다.

더 나아가 모집단의 분포가 정규분포이면 $\bar{x}$는 정규분포 $N(\mu, \sigma^2/n)$을 따르고, 따라서 $\bar{x}$에 대해 다음과 같이 정규화변환을 취하면

$$z = \frac{\bar{x} - \mu}{\sigma/\sqrt{n}}$$

z는 평균이 0이고 표준편차가 1인 표준정규분포 $N(0, 1)$을 따른다.

만약, 모집단의 분포가 정규분포가 아니라면 어떻게 될까? 이 경우 표본평균 $\bar{x}$의 분포가 정확히 정규분포를 따르지는 않지만, 표본크기 n이 충분히 큰 경우 근사적으로 정규분포를 따르게 된다. 이와 같은 사실을 **중심극한정리**(central limit theorem)라고 하며, 여러 통계량들의 근사분포를 구하는데 중요한 역할을 한다.

중심극한정리에 의하면 모집단의 분포가 연속형이든, 이산형이든, 또는 비스듬하게 치우친 형태이든 간에 표본의 크기가 클수록 표본평균 $\bar{x}$의 분포가 근사적으로 정규분포 $N(\mu, \sigma^2/n)$에 접근한다는 것이다. 여러 통계적 모형에서 일반적으로 정규분포 가정을 하고 있는데, 이러한 가정은 중심극한정리를 고려한 것이라고 할 수 있다.

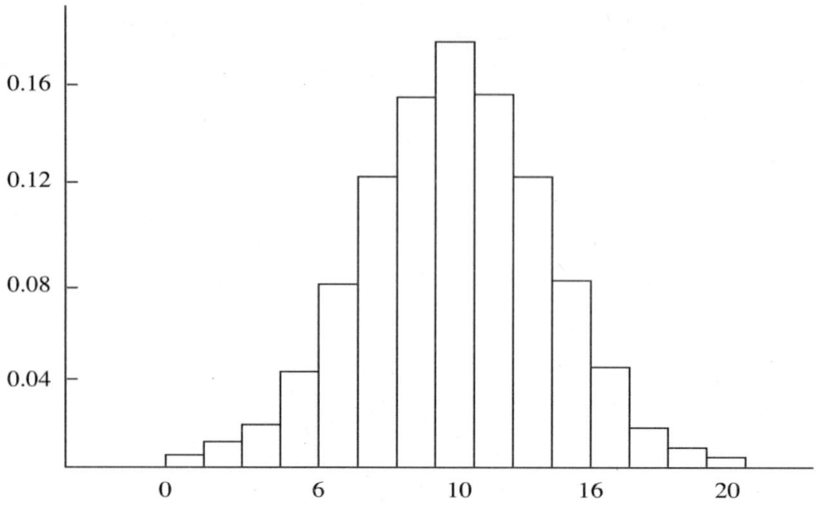

〈그림 3.7〉 $B(20, 0.5)$의 확률분포

3.5.2 이항분포의 정규근사

앞에서 설명한 중심극한정리를 이용하면 정규분포를 이용하여 많은 다른 형태의 분포에 대한 확률을 근사적으로 구할 수 있다. 여기서는 이항분포의 확률을 정규분포에 의해 근사적으로 구하는 것을 설명하고자 한다.

확률변수 X가 이항분포 $B(n, p)$를 따를 때 n이 작은 숫자이면 이항분포의 확률을 직접 계산하거나 이항분포표에 의해 쉽게 구할 수 있다(부록의 부표 1 참조). 그러나 n이 커지면 확률계산은 아주 복잡하며 많은 시간을 소모하게 된다. 한편, 〈그림 3.7〉에서 볼 수 있는 바와 같이 이항분포에서 n이 커지면 점차 정규분포에 가까운 형태가 되는 것을 볼 수 있다. 이항분포 $B(n, p)$의 평균은 $\mu = np$이고 분산은 $\sigma^2 = np(1-p)$이므로, 분포의 형태가 $N(np, np(1-p))$에 가까워진다. 이러한 경우 이항분포 $B(n, p)$를 따르는 확률변수 X에 대하여,

$$Z = \frac{X - np}{\sqrt{np(1-p)}} \tag{3.14}$$

의 분포는 근사적으로 표준정규분포 $N(0, 1)$에 가까워진다. 따라서 이항분포에서 시행횟수 n이 클 때 표준정규분포표를 이용하여 확률을 계산하면 편리하다.

일반적으로 이산확률분포에서 연속확률분포로의 근사를 보다 정확히 하기 위해서는 보정이 필요한데, 이것을 **연속성 수정**(continuity correction)이라고 한다. 예를 들어, 확률변수 X가 이항분포 $B(n, p)$를 따를 경우 $P(X = k)$(단, k는 정수)를 $P(k-0.5 < X < k+0.5)$로 수정하는 것을 의미한다(정규분포에서는 $P(X = k) = 0$임을 주목하여라).

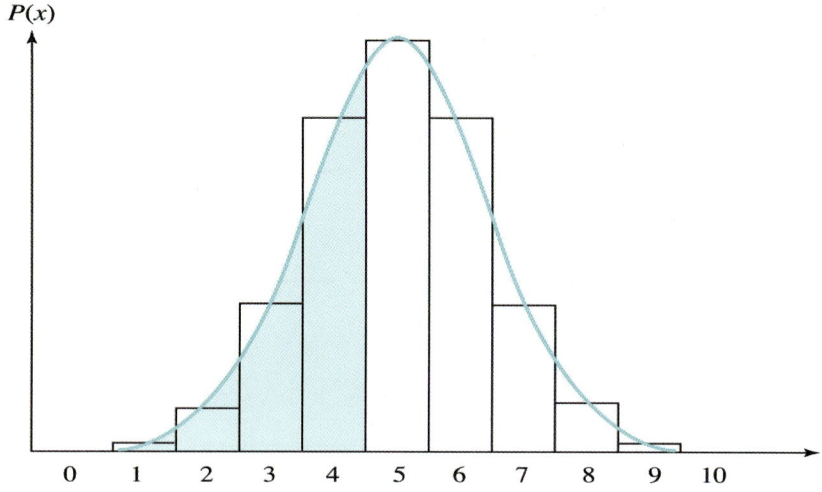

〈그림 3.8〉 $B(10, 0.5)$와 $N(5, 2.5)$의 확률분포

〈그림 3.8〉은 이항분포 $B(10, 0.5)$와 이에 대응하는 $\mu = np = (10)(0.5) = 5$, $\sigma^2 = np(1-p) = (10)(0.5)(0.5) = 2.5$인 정규분포 $N(5, 2.5)$를 함께 나타낸 것이다. 여기서 음영부분은 $P(x \leq 4)$에 해당하는 확률을 정규분포 상에 나타내고 있다. 부록의 부표 1에서 $P(x \geq 4) = 0.377$임을 알 수 있는데, 0.5의 연속성 수정을 하여 정규분포로부터 확률을 구하면 다음과 같다.

$$P(X \leq 4) = P(X < 4 + 0.5) = P\left(\frac{Z < 4.5 - 5}{\sqrt{2.5}}\right) = P(Z < -0.32) = 0.3745$$

그러므로 $n = 10$인 경우와 같이 n이 그리 크지 않는 경우에도 정규분포에 의한 근사적 확률이 이항분포로부터 구한 실제확률 0.377에 상당히 가까운 것을 볼 수 있다.

이제 확률변수 X가 이항분포 $B(20, 0.7)$을 따를 때 $P(10 \leq X \leq 16)$을 이항분포와 정규분포에 의한 근사적 계산으로 비교하여 보자. 먼저 이항분포표에서

$$P(10 \leq X \leq 16) = P(X \leq 16) - P(X \leq 9) = 0.893 - 0.017 = 0.876$$

임을 알 수 있다. 다음으로 정규분포에 의한 근사적 확률은 $\mu = (20)(0.7) = 14$, $\sigma^2 = (20)(0.7)(0.3) = 4.2$를 가지는 정규분포로 계산한다. 즉,

$$\begin{aligned} P(10 \leq X \leq 16) &= P(10 - 0.5 \leq X \leq 16 + 0.5) = P\left(\frac{9.5 - 14}{\sqrt{4.2}} < Z < \frac{16.5 - 14}{\sqrt{4.2}}\right) \\ &= P(-2.20 < Z < 1.22) = P(-2.20 < Z < 0) + P(0 < Z < 1.22) \\ &= P(0 < Z < 2.20) + P(0 < Z < 1.22) \\ &= 0.4861 + 0.3888 = 0.8749 \end{aligned}$$

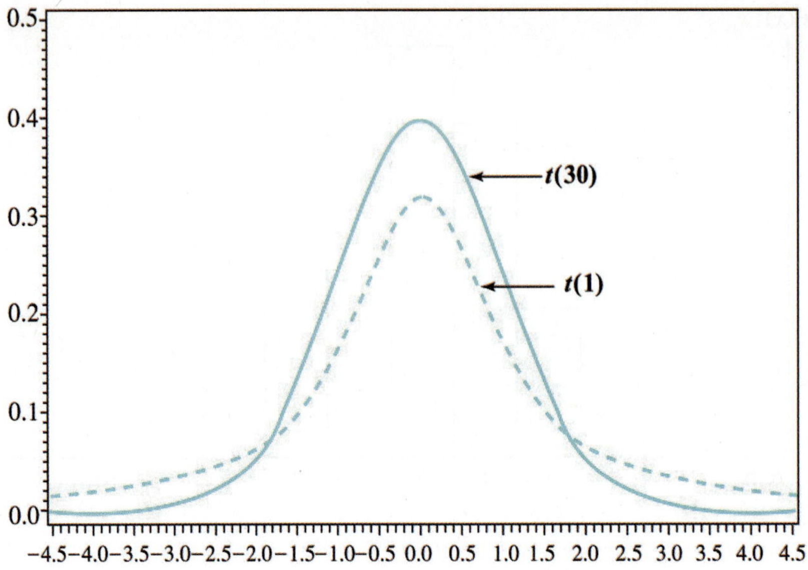

〈그림 3.9〉 t-분포 (실선: $\nu = 30$, 점선: $\nu = 1$)

3.5.3 t-분포 (Student's t-Distribution)

모집단의 분포가 정규분포를 따르고 모수 μ와 σ를 알고 있다면 표본평균 $\bar{x}$의 분포가 정규분포를 따르므로, $\bar{x}$에 대한 확률값을 쉽게 계산할 수 있다. 그러나 모표준편차 σ를 모를 때는 어떻게 될까? 1908년 고셋(W. S. Gosset; 필명 Student)은 정규분포 $N(\mu, \sigma^2)$로부터 추출된 표본평균 $\bar{x}$에 대해서, 표본표준편차 s를 이용하여 다음과 같은 변환을 취하면

$$t = \frac{\bar{x} - \mu}{s/\sqrt{n}} \tag{3.15}$$

이는 표준정규분포를 따르지 않고 표본크기 n에 의존하여 분포형태가 달라진다는 것을 발견하였다. 이 통계량의 분포는 그 후 휘셔(R. A. Fisher)에 의해서 규명되었으며, 이와 같은 분포를 자유도(degree of freedom) $\nu = n - 1$을 가지는 '(스튜던트의) t-분포'라고 하였다. 확률변수 X가 $t(\nu)$-분포에 따른다고 할 때, 그의 평균과 분산은 다음과 같다.

$$E(X) = 0, \quad Var(X) = \frac{\nu}{\nu - 2} \quad (\nu > 2) \tag{3.16}$$

〈그림 3.9〉는 t-분포에 대한 확률밀도함수로서 실선으로 그려져 있는 것은 $\nu = 30$의 경우이고 점선으로 그려져 있는 것은 $\nu = 1$의 경우이다. 이 그림에서 t-분포도 표준정규분포와 마찬가지로 평균 0을 중심으로 좌우대칭이고, 자유도가 커지면 높이가 커지면서 폭이 좁아진다는 것을 알 수 있다. 그러나 일반적으로 t-분포는 표준정규분포에 비해서 두터운

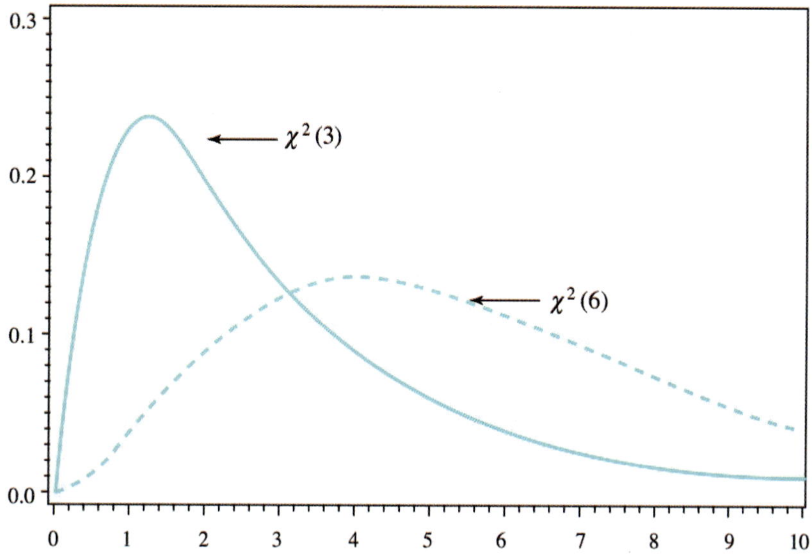

〈그림 3.10〉 χ^2–분포 (실선: $\nu = 3$, 점선: $\nu = 6$)

꼬리를 가지고 있으며, 따라서 표준정규분포에 비해서 극단적인 값이 나타날 확률이 더 크다. 한편, 자유도가 커서 30 이상이 되면 표준정규분포와 거의 유사하게 된다.

〈예 3.5〉 t-분포에 관한 함수 – $X \sim t(\nu)$

□ 확률밀도함수, $f(X = x)$: dt(x, ν)
□ 누적분포함수, $P(X \leq x)$: pt(x, ν, lower.tail=TRUE)
□ 분위수: qt(q, ν, lower.tail=TRUE)
□ 난수: rt(k, ν)

3.5.4 카이제곱분포 (Chi-square Distribution)

앞에서 다룬 t-분포는 평균에 관한 통계적 추론에 유용하다. 이제 표본분산 s^2의 분포에 대해서 살펴보도록 하자. 수리통계적 이론에 의하면 서로 독립인 n개의 표준정규변수 z_1, $z_2, \cdots$, z_n에 대해서 그들의 제곱합

$$\chi^2 = \sum_{i=1}^{n} z_i^2 \tag{3.17}$$

은 자유도 $\nu = n$인 카이제곱분포 $\chi^2(\nu)$을 따른다.

또한, 정규모집단 $N(\mu, \sigma^2)$에서 추출한 n개의 랜덤표본 x_1, $x_2, \cdots$, x_n으로부터 계산된 s^2에 대해

$$\frac{(n-1)s^2}{\sigma^2} \tag{3.18}$$

이 자유도 $n-1$인 χ^2-분포를 따른다는 것을 보일 수 있다.

⟨그림 3.10⟩은 카이제곱분포 확률밀도함수로서, 실선으로 그려져 있는 것은 $\nu = 3$의 경우이고 점선으로 그려져 있는 것은 $\nu = 6$의 경우이다. 확률변수 X가 $\chi^2(\nu)$-분포에 따른다고 할 때, X는 0 이상의 값을 가지는 연속확률변수로서, 그의 평균과 분산은 다음과 같다.

$$E(X) = \nu, \quad Var(X) = 2\nu \tag{3.19}$$

⟨예 3.6⟩ χ^2-분포에 관한 함수 – $X \sim \chi^2(\nu)$

□ 확률밀도함수, $f(X = x)$: dchisq(x, ν)
□ 누적분포함수, $P(X \leq x)$: pchisq(x, ν, lower.tail=TRUE)
□ 분위수: qchisq(q, ν, lower.tail=TRUE)
□ 난수: rchisq(k, ν)

3.5.5 F-분포 (F-Distribution)

F-분포는 두 정규모집단의 분산비에 대한 추론에 주로 사용된다. 두 확률변수 χ_1^2과 χ_2^2가 각각 자유도 ν_1과 ν_2인 카이제곱분포를 따르며 서로 독립이라고 할 때,

$$F = \frac{\chi_1^2/\nu_1}{\chi_2^2/\nu_2} \tag{3.20}$$

는 자유도 (k_1, k_2)인 F-분포 $F(\nu_1, \nu_2)$를 따른다. 이제 $x_1, \cdots, x_{n_1}$과 $y_1, \cdots, y_{n_2}$가 각각 두 정규모집단 $N(\mu_1, \sigma_1^2)$과 $N(\mu_2, \sigma_2^2)$에서 독립적으로 추출된 확률표본이라고 하자. 이때 s_1^2과 s_2^2을 두 표본에서의 표본분산이라고 하면 다음 두 확률변수에 대해

$$\frac{(n_1-1)s_1^2}{\sigma_1^2} \sim \chi^2(n_1-1), \quad \frac{(n_2-1)s_2^2}{\sigma_2^2} \sim \chi^2(n_2-1) \tag{3.21}$$

이 성립하며 이들은 서로 독립이므로, 확률변수

$$F = \frac{s_1^2/\sigma_1^2}{s_2^2/\sigma_2^2} \tag{3.22}$$

는 자유도 (n_1-1, n_2-1)인 F-분포를 따른다.

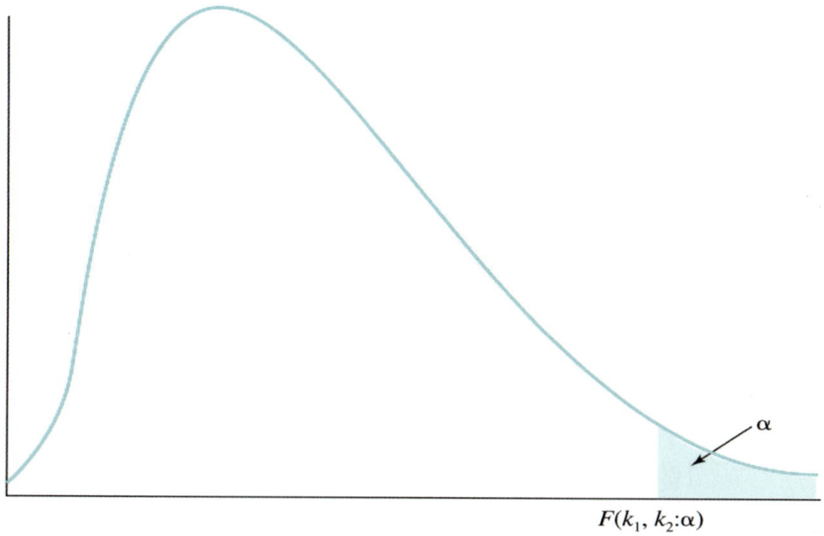

〈그림 3.11〉 F-분포의 형태

〈예 3.7〉 F-분포에 관한 함수 – $X \sim F(\nu_1, \nu_2)$

□ 확률밀도함수, $f(X = x)$: df(x, ν_1, ν_2)

□ 누적분포함수, $P(X \leq x)$: pf(x, ν, ν_2, lower.tail=TRUE)

□ 분위수: qf(q, ν, ν_2, lower.tail=TRUE)

□ 난수: rf(k, ν, ν_2)

3.6 연습문제

1. 다음은 plot() 함수를 이용하여 이항분포($n = 10,\ p = 0.3$)에 대한 확률분포도를 작성하는 프로그램의 예이다. 이 프로그램을 수정하여 이항분포($n = 4,\ p = 0.5$; 그림 3.2 참조), 초기하분포($N = 100,\ p = A/N = 0.3,\ n = 10$), 포아송분포($\mu = 1.5$; 그림 3.3 참조)에 대한 확률분포도를 작성하여라.

〈예 3.8〉 plot() 함수를 이용한 이항분포 확률분포도 작성

```
> n = 10
> p = 0.3
> k = seq(0,n,by=1)
> plot(k,dbinom(k,n,p),type="h",xlab="X",lwd=1,col="blue")
> lines(k,dbinom(k,n,p),lwd=2,col="red")
```

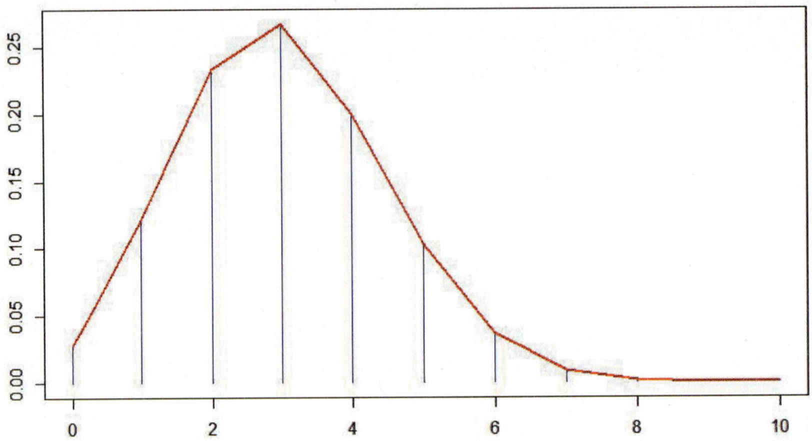

⟨그림 3.12⟩ plot() 함수를 이용한 이항분포 확률분포도

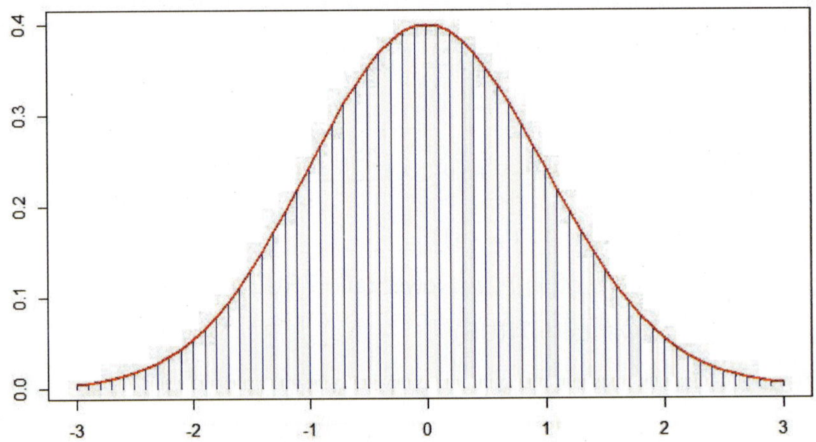

⟨그림 3.13⟩ plot() 함수를 이용한 정규분포 확률분포도

2. 다음은 plot() 함수를 이용하여 두 개의 정규분포 $N(0,1)$에 대한 확률분포도를 작성하는 프로그램의 예이다. 이 프로그램을 수정하여 앞의 ⟨그림 3.5⟩, ⟨그림 3.9⟩, ⟨그림 3.10⟩, ⟨그림 3.11⟩의 그래프들을 작성하여라.

⟨예 3.9⟩ plot() 함수를 이용한 정규분포 확률분포도 작성

```
> mu = 0
> sigma = 1
> k = seq(-3,3,by=0.1)
> plot(k,dnorm(k,mu,sigma),type="l",xlab="X",lwd=1,col="blue")
> plot(k,dnorm(k,mu,sigma),type="h",xlab="X",lwd=1,col="blue")
> lines(k,dnorm(k,mu,sigma),lwd=2,col="red")
```

3. 20대의 기계를 가동 중인 공장에서 하루동안 어느 한 대가 고장을 일으킬 확률이 0.05 라고 한다. 이항분포 함수를 이용하여 다음의 확률을 계산하여라. 또한 포아송분포 함수를 이용하여 확률을 근사적으로 계산하여라.

(a) 한 대도 고장이 나지 않을 확률은 얼마인가?

(b) 3대 이상이 고장을 일으킬 확률은 얼마인가?

4. 1000명의 사람 중 950명은 남자이고 50명은 여자라고 하자. 복원추출과 비복원추출 각각에 대해 10명을 랜덤추출하여 여자가 한 명도 추출되지 않을 확률을 구하여라.

5. 성인 남자의 키는 $\mu = 170cm$이고 $\sigma = 5cm$인 정규분포를 한다고 하자.

(a) 성인 남자 중에서 한 사람을 추출하였을 때 그 사람의 키가 180cm 이상일 확률은 얼마인가?

(b) 성인 남자 중에서 100명을 추출하였을 때 표본평균이 175cm 이하일 확률은 얼마인가?

(c) 크기 25인 랜덤표본을 추출하여 표본평균을 구하였을 때 평균의 표준오차는 얼마인가? 표본의 크기가 10일 때는 어떻게 되는가?

6. 2개의 공정한 주사위를 던질 때 적어도 한 주사위의 눈의 개수가 3보다 작을 확률을 구하여라.

7. 어느 신혼부부가 3명의 아이를 낳을 계획이라 하고 아들과 딸의 확률이 각각 57%, 43% 라고 가정하자.

(a) 딸이 적어도 한 명 이상일 확률을 계산하여라.

(b) 아들이 적어도 한 명 이상일 확률을 계산하여라.

(c) 아들과 딸이 적어도 한 명 이상일 확률을 계산하여라.

8. 어떤 노름꾼의 주머니 속에는 앞면과 뒷면이 나올 확률이 같은 동전(fair coin) 1개와 앞면만 나오게 되어 있는 동전(unfair coin)이 1개 있다고 하자. 이 노름꾼이 노름판에서 그의 주머니에서 동전 1개를 꺼내어 던졌는데 앞면이 나왔다. 이 동전이 앞면과 뒷면이 나올 확률이 같은 동전이었을 확률을 구하여라.

9. 주머니가 2개가 있는데 첫 번째 주머니에는 흰 공 2개, 검은 공 7개가 들어 있고, 두 번째 주머니에는 흰 공 5개, 검은 공 6개가 들어 있다. 동전 1개를 던져서, 앞면이 나오면

첫 번째 주머니에서 뒷면이 나오면 두 번째 주머니에서 공 1개를 꺼낸다고 하자. 이 때 흰 공이 1개 꺼내졌는데 이 공이 첫 번째 주머니에서 나왔을 확률을 구하여라.

10. 세 가지 사상 A, B, C와 세 사상의 결합확률이 다음과 같다.

$P(A) = 0.14,\ P(B) = 0.23,\ P(C) = 0.37$

$P(A \cap B) = 0.08,\ P(A \cap C) = 0.09,\ P(B \cap C) = 0.13,\ P(A \cap B \cap C) = 0.05$

확률 $P(A|B)$, $P(A|B \cup C)$, $P(A|A \cup B \cup C)$, $P(A \cup B|C)$를 각각 구하여라.

11. 2개의 주사위를 던졌을 때, 이 중 하나의 주사위의 숫자가 3이 나온 것을 알았다.

(a) 이때 다른 하나도 3일 확률을 구하여라.

(b) 두 주사위의 합이 7일 확률을 구하여라.

12. 어느 도시의 가구 중 40%가 A신문을 구독하며 그 중 50%가 B신문을 같이 구독한다고 한다. 또한 전체의 50%가 B신문을 구독한다고 한다. 한 가구를 무작위 추출하였을 때 그 가구가 A 또는 B신문 중 적어도 하나를 구독할 확률을 구하여라. 또한 A와 B 신문 중 어느 것도 구독하지 않을 확률을 구하여라.

13. 한 전기제품의 내부에 부품 3개가 병렬로 연결되어 있다. 적어도 하나가 작동을 한다면 전기제품은 정상적으로 움직이고, 각 부품이 고장나는 사상은 서로 독립적이고 각 부품이 고장날 확률이 0.05라고 하면, 이 전기제품이 정상적으로 움직일 확률이 얼마인지를 계산하여라.

14. 어떤 공장에서 불량품이 나올 수 있는 확률이 각각 7%, 11%인 기계 두 대를 A, B라고 하자. 기계 A는 전체 제품의 40%를 생산하고 기계 B는 60%를 생산한다. 이 공장의 제품가운데 불량품을 1개 뽑았는데, 이 불량품이 기계 A에서 제조되었을 확률을 계산하여라.

15. 남녀의 수가 같은 어느 대학교에서 남자는 5퍼센트, 여자는 0.25퍼센트가 색맹이라고 한다. 색맹인 사람을 1사람 뽑았을 때 이 사람이 남자일 확률을 계산하여라.

16. 하나의 주사위를 두 번 던지는 실험에서 X와 Y가 아래와 같을 때 다음 물음에 답하여라. X =두 번의 실험에서 나타난 짝수의 횟수, Y =두 번의 실험에서 나타난 3의 배수의 횟수.

(a) X와 Y의 결합확률분포를 구하여라.

(b) X와 Y의 주변확률분포를 각각 구하여라.

17. A군은 두 대의 자가용을 소유하고 있는데, 하나는 대형차이고 또 하나는 소형차이다. 그런데 회사의 주차공간이 협소하여 주차하는데 많은 시간이 소요되므로, 소형차를 타고 출근할 날 10%의 지각을 그리고 대형차를 이용하는 날은 40%의 지각률을 나타낸다고 한다. 이러한 문제로 A군은 출근하는 날의 75%는 소형차를 그리고 25%는 대형차를 이용한다고 한다. 여기서 오늘 아침에 A가 지각하지 않고 정상적으로 출근하였을 때, 소형차를 이용하였을 확률을 계산하여라.

18. 금형을 제작하는 어느 공장에서 3대의 압연기 A, B, C가 각각 전체 생산량의 20%, 30%, 50%를 생산한다고 하자. 또한 각 기계에서 생산된 금형의 불량률은 각각 1%, 2%, 3%라고 한다.

(a) 검사결과 불량품으로 판명되었을 경우, 그것이 A기계 제품일 확률을 베이스 정리를 이용하여 구하여라.

(b) 검사결과 양품으로 판명되었을 경우, 그것이 A기계 제품일 확률을 베이스 정리를 이용하여 구하여라.

19. 한 개의 동전을 던져서 앞면이 나오면 1,000원을 받고 뒷면이 나오면 500원을 준다고 할 때,

(a) 확률변수의 분포를 구하여라.

(b) 기대금액을 구하여라.

20. 학생의 학부모가 통계학 과목에서 A^+학점을 받으면 5천원, A학점을 받으면 3천원, B^+학점을 받으면 2천원, B학점을 받으면 1천원을 준다는 약속을 했다. 각 경우의 확률이 다음과 같을 때 기대값과 분산을 구하여라.

	A^+	A	B^+	B
확률	0.12	0.18	0.33	0.37

21. 확률변수 X의 확률분포가 다음과 같다.

X	0	1	2	3	4	5
$P(x)$	0.05	0.3	0.3	0.2	0.1	0.05

(a) $E(X)$와 $Var(X)$를 구하여라.

(b) $E(2X-1)$와 $Var(2X-1)$를 구하여라.

22. 확률밀도함수가 $f(x) = ax^2,\ \ 0 \le x < 1$일 때,

(a) a의 값을 구하여라.

(b) $P(X \le 1/2)$, $P(X \le 1/3)$, $P(1/4 \le X \le 3/4)$을 구하여라.

23. 자유투 성공률이 90%인 선수가 100번의 자유투를 시도할 경우 다음의 확률을 구하여라.

(a) 자유투 성공횟수가 70번 미만인 확률을 구하여라.

(b) 자유투 성공횟수가 90번 이상인 확률을 구하여라.

(c) 정확히 85번 성공할 확률을 구하여라.

24. 어느 상점에 손님이 5분당 1명 꼴로 물건을 사러온다고 한다. 이 때 25분간 주인이 자리를 비웠을 때 손님이 3명 미만 왔다 갔을 확률을 구하여라.

25. 어느 잡지에는 한 면당 오자가 발생할 확률이 10%라고 한다. 총 15면으로 발행되는 신문에서 오자가 3면 이상 나타날 확률을 구하여라.

26. 어느 교환대에서는 5분 동안 평균적으로 2번의 발신음이 있다. 어떤 특정한 5분 동안의 발신음의 수를 확률변수 라 할 때, 다음과 같은 분포를 따른다고 알려져 있다.

$$P(X = x) = \frac{e^{-2}2^x}{x!}$$

(a) X가 취할 수 있는 값을 구하여라.

(b) 어느 특정한 5분 동안 발신음이 하나도 없을 확률을 구하여라.

27. 평균이 30이고, 표준편차가 5인 정규분포를 따르는 확률변수 X에 대하여 확률 $P(X \ge 32.5)$, $P(X \le 40)$, $P(X \le 37.5)$, $P(35 \le X \le 40)$, $P(22.5 \le X \le 25)$, $P(25 \le X \le 32.5)$를 각각 구하여라.

28. 52장의 트럼프 카드 중에서 2장을 뽑았을 때 두 숫자의 합에 관심이 있다고 할 때 (A=1, J=11, Q=12, K=13),

(a) 2장의 숫자의 합의 확률분포는 어떠한 확률분포를 따르는가?

(b) 두 숫자의 합이 16 미만이면 1,000원을 받고, 17 이상이면 1,000을 준다고 했을 때 기대값을 구하여라.

29. 어떤 항아리 속에 검은 공이 2개, 흰 공이 3개 들어 있는데 이 항아리 속에서 2개를 꺼냈을 때 검은 공의 개수를 세어 본다고 하자.

(a) 표본공간을 구하여라.

(b) 검은 공의 개수에 따른 확률을 계산하여 확률분포를 만들어라.

30. 한 가정에서 아침식사로 빵과 우유 한잔을 든다고 가정하자. 빵에서 섭취하는 열량은 평균이 200, 표준편차가 15인 정규분포를 따르고, 우유 한잔으로부터 섭취하는 열량은 평균이 80, 표준편차가 5인 정규분포를 따른다.

(a) 이 가정의 아침식사에서 일인당 섭취하는 열량의 평균과 표준편차를 구하여라.

(b) 이 가정이 매일 아침식사에서 300칼로리 이상을 섭취하려고 목표한다면 1년 중 몇 %에 해당하는 날에 목표가 달성되겠는가?

31. 발전소에서 매일 방출되는 황산의 양은 평균 134파운드, 표준편차 22파운드인 정규분포를 따른다고 한다. 임의로 추출된 5일의 황산방출량의 총합이 700파운드 이상일 확률을 구하여라.

32. 어느 고등학교 신장의 평균이 170cm이고 표준편차가 5cm라고 알려져 있다. 100명을 무작위추출하여 표본평균이 168cm이상 171cm이하일 확률을 구하여라.

33. 3개의 동전을 동시에 던지는 시행을 600번 반복하여 앞면이 2개, 뒷면이 1개 나오는 횟수를 X라고 할 때 다음을 구하여라.

(a) X의 평균과 표준편차를 구하여라.

(b) $P(X \leq 220)$을 계산하여라.

(c) $P(X \geq 250)$을 계산하여라.

34. 확률변수 χ^2이 자유도가 8인 카이제곱분포를 따른다고 할 때 다음을 구하여라.

(a) $P(\chi^2 \leq 15.507)$을 계산하여라.

(b) $P(\chi^2 \geq 2.180)$을 계산하여라.

(c) $P(1.647 \leq \chi^2 \leq 13.362)$을 계산하여라.

35. 어느 전구회사에서 하루에 20,000개의 전구를 생산한다. 과거 전구의 품질검사에 의하면 전구의 수명은 평균 2400시간이고 분산이 300인 정규분포를 따른다고 한다. 어떤

특정한 날에 11개의 전구를 추출하여 검사를 하였을 때, 표본분산이 480 이상으로 나타날 확률은 얼마인지를 구하여라.

36. 확률변수 T가 자유도가 8인 $t-$분포를 따른다고 할 때 다음을 구하여라.

(a) $P(T \leq 1.397)$을 계산하여라.

(b) $P(-1.397 \leq T \leq 1.180)$을 계산하여라.

(c) $P(T \geq t) = 0.025$일 때 t 값을 계산하여라.

37. 두 정규모집단 $N(1, 2^2)$, $N(2, 2^2)$으로부터 각각 크기 10인 확률표본을 추출하여 구한 표본분산을 s_1^2, s_2^2이라고 할 때, $P(s_1^2 \leq y\, s_2^2) = 0.95$가 성립하는 y 값을 구하여라.

제 4 장
통계적 추정과 검정

실험이나 조사에서 관심의 대상이 되는 모든 데이터를 수집한다는 것은 실제적 혹은 물리적으로 불합리한 경우가 대분분이다. 예를 들어, 우리나라의 흡연률을 알기 위해 국민 전체를 모두 조사한다거나 한 회사에서 생산되는 타이어의 평균수명을 알기 위해 그 회사에서 생산되는 모든 타이어를 검사한다는 것은 불가능하거나 비경제적이다. 따라서 관심이 되는 전체 수집대상 중에서 일부만을 추출하여 데이터를 얻고 이를 분석하는 것이 일반적이라고 할 수 있다. 제2장에서 설명한 바와 같이 이때 관심대상이 되는 모든 가능한 데이터 값들의 집합을 **모집단**(母集團, population)이라고 하며, 통계적 분석을 위해 모집단에서 추출된 실제 관측값들의 집합을 **표본**(標本, sample)이라고 한다. 또한 모집단의 특성을 나타내는 미지의 상수값을 **모수**(母數, parameter)라고 하고 표본에 있는 정보를 양적으로 축약하여 얻은 표본의 함수값을 **통계량**(統計量, statistic)이라고 하는데, 통계처리의 중요한 목적 중의 하나는 통계량을 근간으로 모집단의 특성을 파악하는 것이다. 즉, 표본평균($\bar{x}$), 표본분산(s^2), 표본비율($\hat{p}$)과 같은 통계량을 통해 이에 대응되는 모평균(μ), 모분산(σ^2), 모비율(p)과 같은 모수들에 대한 통계적 추론을 하는 것이다.

4.1 통계적 추정

모평균 μ와 모분산 σ^2을 모수로 하는 모집단에서 확률표본을 추출하는 경우, 표본평균 $\bar{x}$와 표본분산 s^2의 기대값이 각각 μ와 σ^2이 된다는 것을 앞장에서 설명한 바 있다. 이와 같은 성질에 의해 표본평균 $\bar{x}$와 표본분산 s^2을 각각 μ와 σ^2의 **불편추정량**(不偏推定量, unbiased estimator)이라고 한다.

하나의 모수를 추정하는 방법으로 여러 가지를 생각할 수 있다. 예를 들어 모평균 μ의 추정치로 표본평균을 사용할 수도 있고, 표본중위수나 표본최빈수 등을 사용할 수도 있다. 대부분의 경우에는 표본평균 $\bar{x}$를 모평균 μ에 대한 추정치로 사용하는데, 이는 표본평균이 불편성 등 여러 가지 좋은 성질들을 가지고 있기 때문이다. 추정량의 성질을 평가하는 기준으로 이와 같은 불편성(unbiasedness) 이외에도 일치성(consistency), 효율성(efficiency), 충분성(sufficiency) 등을 생각할 수 있으나, 이 책에서는 이에 관한 이론적 설명은 생략하도록 하겠다. 다만, 이 책에서 다루고 있는 대부분의 추정량들은 앞에서 나열한 여러 가지 좋은 성질들을 가지고 있다는 것이 잘 알려져 있다는 정도만 언급하기로 한다.

표본평균이 모평균에 대한 추정치로서 여러 가지 좋은 성질들을 가지고 있다 하더라도, 이러한 사실이 $\bar{x}$가 μ와 똑같다는 것을 의미하는 것은 아니다. 따라서 $\bar{x}$의 표준오차 및 분포의 형태 등을 이용하여 μ에 대한 추론을 수행할 필요가 있는 것이다. 앞장에서 여러 가지 형태의 표본분포를 설명한 것도 바로 이런 이유에서이다.

〈참조〉 단순임의추출에서 주요 모수에 대한 불편추정량

□ 크기 N인 모집단 $X_1,\ X_2,\ \cdots, X_N$에서, 크기 n인 표본 $x_1,\ x_2,\ \cdots, x_n$을 추출한 경우[1]

- 모평균: $\mu = \sum_{i=1}^{N} X_i/N \quad \longleftarrow \quad$ 표본평균: $\bar{x} = \sum_{i=1}^{n} x_i/n$
- 모분산: $\sigma^2 = \sum_{i=1}^{N} (X_i - \mu)^2/N \quad \longleftarrow \quad$ 표본분산: $s^2 = \sum_{i=1}^{n} (x_i - \bar{x})^2/(n-1)$

□ 특정한 속성을 가진 집단의 개수가 X인 N개의 모집단에서, n개의 표본을 추출하였을 때 이 중 x개가 특정한 속성을 가진 집단일 경우

- 모비율 : $p = X/N \quad \longleftarrow \quad$ 표본비율 : $\hat{p} = x/n$

4.1.1 점추정과 구간추정

모평균 μ의 추정량으로 보통 표본평균 $\bar{x}$를 사용한다. 이와 같이 하나의 값으로 모수를 추정하는 것을 **점추정**(點推定, point estimation)한다고 한다. 그런데, 이와 같은 점추정은 오차의 정도에 관하여 신뢰성 있는 정보를 제공하지 못한다. 왜냐하면 점추정은 모수의 값과 가까울 것으로 생각되는 표본의 추정치이지만 이 값이 어느 정도나 옳을 것인지(표본으로부터 구한 추정치가 미지인 모수와 어느 정도 차이가 나는지) 알 수가 없기 때문이다.

이에 반해 미지인 모수가 속할 구간(추정하고자 하는 모수의 추측에 대해 확률(신뢰성)을 가지고 모수가 포함될 구간)으로 모수를 추정하는 것을 **구간추정**(區間推定, interval estimation)한다고 하는데, 모수 θ에 대해

$$P\left[L(\hat{\theta}) \le \theta \le U(\hat{\theta})\right] \ge 1-\alpha \tag{4.1}$$

을 만족하는 구간 $[L(\hat{\theta}), U(\hat{\theta})]$을 모수 θ에 대한 $100(1-\alpha)\%$ **신뢰구간**(信賴區間, confidence interval)이라고 한다. 이때 $1-\alpha$를 **신뢰수준**(信賴水準, confidence level)이라고 하고, $L(\hat{\theta})$을 **신뢰하한**(信賴下限, lower confidence limit) 그리고 $U(\hat{\theta})$을 **신뢰상한**(信賴上限, upper confidence limit)이라고 한다.

[1]모분산 σ^2의 추정량으로 $\tilde{s}^2 = \sum_{i=1}^{n}(x_i - \bar{x})^2/n$을 사용하기도 하는데, 이는 최대우도추정량(maximum likelihood estimator)으로 불편성을 가지지는 않지만 표본크기가 충분히 큰 경우 근사적으로 불편성을 가지며 일치성, 효율성, 충분성 등 좋은 성질을 가지고 있다.

예를 들어, 모분산 σ^2이 알려져 있는 정규모집단 $N(\mu, \sigma^2)$의 모평균 μ에 대한 추정을 하는 경우, 점추정량으로는 표본평균 $\bar{x}$를 사용할 수 있고 $100(1-0.05)\% = 95\%$ 신뢰수준 하에서의 신뢰구간은 다음과 같이 주어진다.

$$\left(\bar{x} - 1.96\frac{\sigma}{\sqrt{n}}\ ,\quad \bar{x} + 1.96\frac{\sigma}{\sqrt{n}}\right)$$

사실, 한 번의 관측에서 이와 같은 신뢰구간은 고정된 미지의 모수 μ를 포함하지 않을 수도 있다. 다만 이러한 신뢰구간이 의미하는 것은, 구간추정 방법 $(\bar{x} - 1.96\sigma/\sqrt{n},\ \bar{x} + 1.96\sigma/\sqrt{n})$을 사용하여 반복적으로 μ에 대한 구간추정을 수행한다면 100번 중 약 95번 정도가 참값 μ를 포함할 것으로 기대할 수 있다는 것이다. 이때 $1.96\sigma/\sqrt{n}$를 95% 신뢰수준 하에서의 오차한계(誤差限界, limit of error)라고 하는데, 이는 추정량 $\bar{x}$를 사용하여 모수 μ를 100번 정도 추정한다면 오차가 $1.96\sigma/\sqrt{n}$ 이내인 경우가 95번 정도라고 할 수 있다는 것을 의미한다.

최근 신문이나 TV에서 "정부의 이번 정책에 대해 표본조사를 실시한 결과 찬성한다는 비율이 74%이었다. ⋯ 이번 조사의 신뢰수준은 95%이고 오차한계는 ±4%이다."와 같은 보도를 자주 접하게 된다. 이 경우 찬성율에 대한 점추정치는 0.74로서, 국민 전체에 대한 찬성율을 한 수치로 추정한다면 74%라고 할 수 있다는 것이다. 또한 신뢰구간은 (0.74−0.04, 0.74+0.04)로서 이번 조사결과를 이용하여 미지인 찬성률에 대해 구간추정을 수행한다면 (70%, 78%)라고 할 수 있다는 것을 의미한다.

또 다른 예로 "이번 선거에 대해 표본조사를 실시한 결과 A 후보의 지지율은 51%이고 B 후보의 지지율은 49%이었다.⋯ 이번 조사의 오차한계는 ±3%로서, 두 후보의 지지율은 오차범위 내에 존재한다."라는 조사결과를 생각해 보자. 이 경우 두 후보의 지지율에 대한 신뢰구간은 각각 (48%, 54%)과 (46%, 52%)로서, 두 후보의 신뢰구간이 겹치게 되므로 어느 후보가 승리할지 예측하기 어려운 상황이라는 것을 의미하고 있다.

이제 이러한 개념을 이용하여 모평균, 모비율, 모분산 등 흔히 관심대상이 되는 몇 가지 모수에 대한 통계적 추정을 다루어 보도록 하자.

4.1.2 모평균에 대한 추정

모분산 σ^2이 알려져 있는 정규모집단 $N(\mu, \sigma^2)$의 모평균 μ에 대한 추정에 대해서 생각해 보자. 크기 n인 확률표본의 표본평균 $\bar{x} = \sum_{i=1}^{n} x_i/n$가 평균이 μ이고 분산이 σ^2/n인 정규분포를 따른다는 것을 제3장에서 설명한 바 있다. 즉,

$$\bar{x} \sim N(\mu, \sigma^2/n) \ \text{ 또는 } \ z = \frac{\bar{x} - \mu}{\sigma/\sqrt{n}} \sim N(0,1). \tag{4.2}$$

이와 같은 사실을 이용하면

$$P\left(-z_{\alpha/2} \le \frac{\bar{x}-\mu}{\sigma/\sqrt{n}} \le z_{\alpha/2}\right) = 1-\alpha \tag{4.3}$$

임을 쉽게 보일 수 있고, 위 식을 μ에 관하여 정리하면 다음과 같은 식을 얻을 수 있다.

$$P\left(\bar{x}-z_{\alpha/2}\frac{\sigma}{\sqrt{n}} \le \mu \le \bar{x}+z_{\alpha/2}\frac{\sigma}{\sqrt{n}}\right) = 1-\alpha \tag{4.4}$$

⟨모평균 μ에 대한 $100(1-\alpha)\%$ 신뢰구간: σ^2이 알려져 있는 경우⟩

$$\left(\bar{x}-z_{\alpha/2}\frac{\sigma}{\sqrt{n}}\ ,\ \ \bar{x}+z_{\alpha/2}\frac{\sigma}{\sqrt{n}}\right). \tag{4.5}$$

그런데 이와 같은 구간추정법을 이용하는 데는 현실적으로 어려움이 따르는데, 그 이유는 모분산 σ^2을 모르는 경우가 많기 때문이다. 따라서 모분산 σ^2을 표본분산 $s^2 = \sum_{i=1}^{n}(x_i-\bar{x})^2/(n-1)$로 대체하여 신뢰구간을 구하게 된다. 즉, 제3장에서 설명한 바와 다음과 같은 관계가 성립하므로,

$$T = \frac{\bar{x}-\mu}{s/\sqrt{n}} \ \sim\ t(n-1) \tag{4.6}$$

이를 이용하면 다음 식을 얻을 수 있고

$$P\left(\bar{x}-t_{\alpha/2}(n-1)\frac{s}{\sqrt{n}} \le \mu \le \bar{x}+t_{\alpha/2}(n-1)\frac{s}{\sqrt{n}}\right) = 1-\alpha \tag{4.7}$$

따라서 이 경우 모평균 μ에 대한 $100(1-\alpha)\%$ 신뢰구간은 다음과 같다.

⟨모평균 μ에 대한 $100(1-\alpha)\%$ 신뢰구간: σ^2이 알려져 있지 않은 경우⟩

$$\left(\bar{x}-t_{\alpha/2}(n-1)\frac{s}{\sqrt{n}}\ ,\ \ \bar{x}+t_{\alpha/2}(n-1)\frac{s}{\sqrt{n}}\right). \tag{4.8}$$

한편 모분산 σ^2이 알려져 있지 않은 경우라도 표본크기 n이 충분히 크다면 $t_{\alpha/2}(n-1)$이 $z_{\alpha/2}$와 거의 같아지므로, 모평균 μ에 대한 신뢰구간을 $(\bar{x}-z_{\alpha/2}\ s/\sqrt{n}\ ,\ \ \bar{x}+z_{\alpha/2}\ s/\sqrt{n})$을 이용하여 구할 수도 있다.

⟨표 4.1⟩은 25명의 소비자에 대하여 고객 만족도 지수(CSI: customer satisfaction index)를 조사한 것이며, 다음 ⟨예 4.1⟩은 t.test() 함수를 이용하여 모평균에 대한 신뢰구간을 출력한 예이다.

〈표 4.1〉 Csi 데이터

ID	Index	ID	Index	ID	Index	ID	Index	ID	Index
1	75	6	80	11	69	16	77	21	68
2	63	7	70	12	76	17	77	22	90
3	49	8	72	13	85	18	63	23	82
4	86	9	81	14	95	19	58	24	59
5	53	10	80	15	66	20	74	25	60

〈예 4.1〉 모평균에 대한 신뢰구간 계산

```
> Csi = read.csv("L:/My_Work/Data/Csi.csv",header=TRUE)
#----------------------------------------------------------------------
> library(DescTools)
> options(scipen=100)
> Desc(Csi$Index,plotit=TRUE)    # 2.3.5절 참조
#----------------------------------------------------------------------
  length       n     NAs  unique      0s    mean  meanSE
      25      25       0      22       0   72.32    2.32

     .05     .10     .25  median     .75     .90     .95
   54.00   58.40   63.00   74.00   80.00   85.60   89.20

   range      sd   vcoef     mad     IQR    skew    kurt
   46.00   11.60    0.16   11.86   17.00   -0.12   -0.80
#----------------------------------------------------------------------
> t.test(Csi$Index,conf.level=0.95)$estimate
#----------------------------------------------------------------------
mean of x
    72.32
#----------------------------------------------------------------------
> t.test(Csi$Index,conf.level=0.95)$conf.int
#----------------------------------------------------------------------
[1] 67.53176 77.10824
attr(,"conf.level")
[1] 0.95
```

〈예 4.1〉에서 사용된 t.test() 함수는 모평균에 대한 t-검정을 수행하며(4.3.1절 및 4.4절 참조), estimate(표본평균) 및 conf.int(모평균에 대한 신뢰구간) 객체 등이 저장된 리스트 객체를 생성한다(리스트 객체에 대하여는 1.5.7절을 참조하여라).

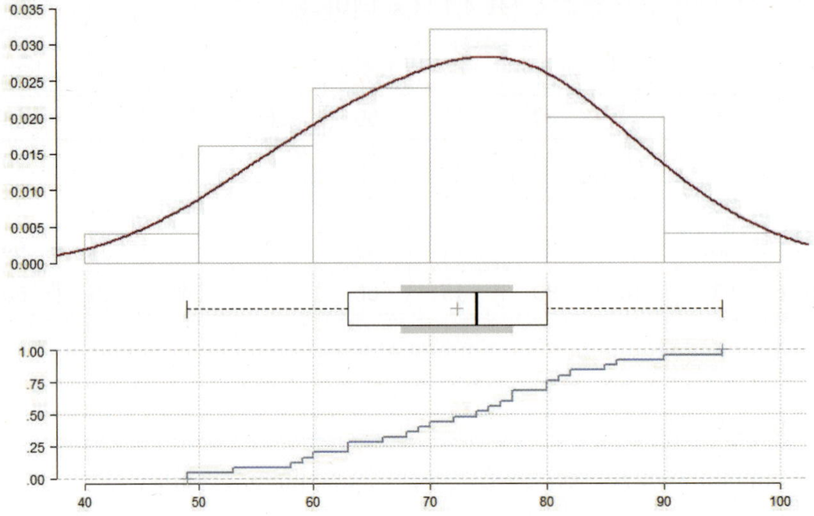

⟨그림 4.1⟩ 변수 Index의 분포에 대한 그래프

⟨예 4.1⟩의 출력결과를 살펴보면 먼저 표본평균과 표준편차가 각각 다음과 같고

$$\bar{x} = 72.32, \quad s = 11.60,$$

따라서 평균에 대한 표준오차(standard error of mean)는 다음과 같다.

$$SE = s/\sqrt{n} = 2.32$$

또한 부록의 '부표 4'에서 $t_{0.025}(24) = 2.064$임을 알 수 있으므로,[2] 오차한계를 다음과 같이 계산할 수 있으며

$$t_{0.025}(24) \times \frac{s}{\sqrt{n}} = 2.064 \times \frac{11.60}{\sqrt{25}} = 2.064 \times 2.32 = 4.79,$$

따라서 서비스 만족도의 모평균에 대한 95% 신뢰구간은 다음과 같다.

$$(72.32 - 4.79, \ 72.32 + 4.79) = (67.53, \ 77.11).$$

4.1.3 모비율에 대한 추정

크기가 n인 표본으로부터 성공 회수가 x일 때 모비율 p에 대한 통계적 추론은 표본비율 $\hat{p} = x/n$에 의해서 이루어진다. 즉, 확률변수 x가 이항분포 $B(n, \ p)$를 따른다는 사실을 이용하여 통계적 추정과 검정을 수행할 수 있다. 이때 x의 평균과 분산이 각각 $E(x) = np$와 $Var(x) = np(1-p)$임을 앞장에서 설명한 바 있다.

[2] qt(0.975,24) 또는 qt(0.025,24,lower.tail=FALSE)와 같이 qt() 함수를 이용하여 얻을 수 있다.

〈예 4.2〉 모비율에 대한 신뢰구간 계산

```
> binom.test(250,400,conf.level=0.95)$estimate
#-------------------------------------------------------------------
probability of success
                 0.625
#-------------------------------------------------------------------
> binom.test(250,400,conf.level=0.95)$conf.int
#-------------------------------------------------------------------
[1] 0.5755218 0.6726138
attr(,"conf.level")
[1] 0.95
```

예를 들어, 어떤 선구구의 유권자 중에서 400명을 임의로 추출하여 입후보자 A에 대한 지지여부를 알아본 결과 250명이 지지하는 것으로 나타났다고 할 때, 지지율 p에 대한 95% 신뢰구간을 구해 보도록 하자. 〈예 4.2〉는 binom.test() 함수를 이용하여 모비율에 대한 신뢰구간을 출력하는 예이다. binom.test() 함수는 모비율에 대한 이항비율검정을 수행하며 (4.3.3절 및 4.4절 참조), estimate(표본비율) 및 conf.int(모비율에 대한 신뢰구간) 객체 등이 저장된 리스트 객체를 생성한다. 출력결과에서 표본 지지율은 $\hat{p} = 250/400 = 0.625$이고 신뢰구간은 (0.576, 0.673)으로 계산되었음을 볼 수 있다.

한편 표본크기 n이 충분히 큰 경우 제3장에서 설명한 중심극한정리에 의해 표본비율 $\hat{p}$의 분포는 근사적으로 정규분포에 가까워지며, 이때 $\hat{p}$의 평균과 표준편차는 각각 다음과 같다.

$$E(\hat{p}) = p, \quad Var(\hat{p}) = p(1-p)/n. \tag{4.9}$$

따라서 표본크기가 충분히 큰 경우 다음과 같은 관계가 성립한다는 사실을 이용하여,

$$z = \frac{\hat{p} - p}{\sqrt{p(1-p)/n}} \ \dot{\sim}\ N(0,\ 1) \tag{4.10}$$

다음과 같이 정규근사(normal approximate) 신뢰구간을 구할 수 있다.

〈모비율에 대한 정규근사 신뢰구간〉

표본크기 n이 충분히 큰 경우[대략 $n\hat{p} \geq 5$ 또는 $n(1-\hat{p}) \geq 5$], 모비율 p에 대한 $100(1-\alpha)\%$ 정규근사 신뢰구간은

$$\left(\hat{p} - z_{\alpha/2}\sqrt{\frac{\hat{p}(1-\hat{p})}{n}}\ ,\ \ \hat{p} + z_{\alpha/2}\sqrt{\frac{\hat{p}(1-\hat{p})}{n}}\right). \tag{4.11}$$

〈예 4.3〉 모비율에 대한 정규근사 신뢰구간 계산

```
> prop.test(250,400,conf.level=0.95)$estimate
#-------------------------------------------------------------------
    p
0.625
#-------------------------------------------------------------------
> prop.test(250,400,conf.level=0.95)$conf.int
#-------------------------------------------------------------------
[1] 0.5753099 0.6722497
attr(,"conf.level")
[1] 0.95
```

〈예 4.3〉은 prop.test() 함수를 이용하여 모비율에 대한 정규근사 신뢰구간을 출력한 예이다. 이 예에서 근사 표준오차(ASE, asymptotic standard error)는 $\sqrt{\hat{p}(1-\hat{p})/n} = 0.024$이며, $Z_{0.025} = 1.96$이므로(부록의 부표 3 참조),[3] 지지율 p에 대한 95% 정규근사 신뢰구간은 다음과 같이 계산된다.

$$(0.625 - 1.96 \times 0.024,\ 0.625 + 1.96 \times 0.024) = (0.575,\ 0.672).$$

한편 〈예 4.2〉의 결과에서 이항분포에 의한 정확한 신뢰구간은 (0.576, 0.673)으로 계산되었다는 것을 알 수 있는데(이 예에서는 두 결과가 거의 일치한다), 사실 정규근사 신뢰구간은 표본크기가 큰 경우 계산상 편의를 위해 사용되는 것이므로, 표본크기가 작은 경우에는 이항분포에 의해 정확한 신뢰구간을 구하는 것이 바람직하다.

4.1.4 모분산과 모표준편차에 대한 추정

모평균 μ와 모분산 σ^2을 가지는 정규모집단에서 표본크기 n인 확률표본을 추출하는 경우 표본분산

$$s^2 = \frac{1}{n-1}\sum_{i=1}^{n}(x_i - \bar{x})^2 \tag{4.12}$$

을 계산하면 s^2은 모분산 σ^2의 불편추정량이 된다. 또한 다음 확률변수

$$\chi^2 = \frac{(n-1)s^2}{\sigma^2} \tag{4.13}$$

은 자유도가 $n-1$인 카이제곱분포를 따른다는 것을 제3장에서 설명한 바 있다.

따라서 이와 같은 사실을 이용하면

$$P\left(\chi^2_{1-\alpha/2}(n-1) < \frac{(n-1)s^2}{\sigma^2} < \chi^2_{\alpha/2}(n-1)\right) = 1-\alpha \tag{4.14}$$

[3] qnorm(0.975) 또는 qnorm(0.025,lower.tail=FALSE)와 같이 qnorm() 함수를 이용하여 얻을 수 있다.

가 성립함을 보일 수 있고, 따라서 모분산 σ^2에 대한 $100(1-\alpha)\%$ 신뢰구간은 다음과 같이 주어진다.

〈모분산 σ^2에 대한 $100(1-\alpha)\%$ 신뢰구간〉

$$\left(\frac{(n-1)s^2}{\chi^2_{\alpha/2}(n-1)},\ \frac{(n-1)s^2}{\chi^2_{1-\alpha/2}(n-1)}\right). \tag{4.15}$$

〈예 4.4〉 모분산에 대한 신뢰구간 계산

```
> library(EnvStats)
> varTest(Csi$Index,conf.level=0.95)$estimate
#----------------------------------------------------------------------
variance
  134.56
#----------------------------------------------------------------------
> varTest(Csi$Index,conf.level=0.95)$conf.int
#----------------------------------------------------------------------
      LCL       UCL
 82.04028 260.41455
attr(,"conf.level")
[1] 0.95
#----------------------------------------------------------------------
detach("package:EnvStats",unload=TRUE)    # 4.3.4절 참조
```

〈예 4.1〉에 다루었던 '고객 만족도 지수'의 예에서 모분산 σ^2에 대한 95% 신뢰구간을 구해보도록 하자. 〈예 4.4〉는 EnvStats 패키지의 varTest() 함수를 이용하여 표본분산 및 모분산에 대한 신뢰구간을 출력한 예이다(4.3.4절 및 4.4절 참조).

먼저 〈예 4.1〉의 출력결과로부터 표본분산이 $s^2 = 11.6^2 = 134.56$임을 알 수 있으며, 부록의 '부표 5'로부터 $\chi^2_{0.025}(24) = 39.36$과 $\chi^2_{0.975}(24) = 12.40$임을 찾을 수 있다.[4] 따라서 '고객 만족도 지수'의 모분산에 대한 95% 신뢰구간은 다음과 같다.

$$\left(\frac{24 \times 134.56}{39.36},\ \frac{24 \times 134.56}{12.40}\right) = (82.04,\ 260.41)$$

또한 모표준편차 σ에 대한 95% 신뢰구간은 다음과 같다.

$$\left(\sqrt{82.04},\ \sqrt{260.41}\right) = (9.06,\ 16.14)$$

[4] qchisq(0.975,24) 또는 qchisq(0.025,24)와 같이 qchisq() 함수를 이용하여 얻을 수 있다.

4.1.5 표본크기의 결정

모집단에 대한 조사를 설계하는 단계에서 가장 먼저 생각해야 할 것은 표본크기를 몇으로 정해야 할 것인가 하는 문제이다. 이것은 조사목적과 추론결과의 정밀도에 대한 요구에 따라 결정되는 것인데, 여기서는 모평균과 모비율의 추정에 있어서 표본크기를 결정하는 문제를 소개하기로 하겠다.

(1) 모평균의 추정에 있어서 표본크기의 결정

모평균을 추정하는 경우, 표본크기가 추정값의 정밀도에 어떠한 영향을 미치는지 생각해 보자. 표본크기가 고정되어 있는 경우 신뢰수준이 높을수록 신뢰구간의 길이는 길어지게 되어 정밀도는 떨어지게 된다. 따라서 똑같은 신뢰수준을 유지하면서 신뢰구간의 정밀도를 높이기 위해서는 표본크기를 크게 해야 한다. 그러나 표본크기를 무한정 크게 할 수는 없다. 왜냐하면 표본크기는 곧 소요되는 시간과 비용에 직결되기 때문이다. 따라서 신뢰구간이 요구하는 정밀도를 만족하기 위해서 필요한 최소 표본크기는 어떻게 결정해야 하는지 알아보도록 하자.

정규모집단의 모분산 σ^2이 알려져 있는 경우 모평균 μ에 대한 $100(1-\alpha)\%$의 신뢰구간은 다음과 같다는 것을 앞에서 설명한 바 있다.

$$\left(\bar{x} - z_{\alpha/2}\frac{\sigma}{\sqrt{n}}\ ,\ \ \bar{x} + z_{\alpha/2}\frac{\sigma}{\sqrt{n}}\right). \tag{4.16}$$

이때 $z_{\alpha/2}\ \sigma/\sqrt{n}$은 추정값 $\bar{x}$와 모평균 μ의 차이를 표현하는 값으로 **오차한계**(誤差限界, limit of error)라고 하며, 이것은 추정값의 정밀도를 표시한다. 여기에서 알 수 있듯이 표본크기 n이 커지면 오차한계는 작아지고 추정값의 정밀도는 높아지게 된다.

한편, 연구자는 실험이나 조사를 실시하기 전에 모평균 μ를 어느 정도의 오차범위 내에서 추정하려 하는가를 구체적으로 정해놓아야 하는데 이를 최대 **허용오차**라고 한다. 이때 연구자는 오차한계를 사전에 규정된 최대 허용오차 d보다 작거나 같게 하기를 원하게 되는데, 따라서 필요한 표본크기는 다음과 같이 결정된다.

$$z_{\alpha/2}\frac{\sigma}{\sqrt{n}} \le d. \tag{4.17}$$

〈모평균의 추정에서 표본크기 n의 결정〉

$$n \ge \left(\frac{z_{\alpha/2}\ \sigma}{d}\right)^2 \tag{4.18}$$

그런데 식 (4.18)을 실제 문제에 적용하는 경우 모분산 σ^2을 모르는 경우가 많기 때문에 적용상 어려움이 따르게 된다. 따라서 과거의 경험으로부터 σ^2에 대해 예측되는 값을 이용하거나, 작은 크기의 표본을 예비적으로 추출하여 얻어지는 표본분산으로 σ^2을 추정하여 사용하기도 한다.

(2) 모비율의 추정에 있어서 표본크기의 결정

모비율에 대한 구간추정의 경우에도 정규근사 방법을 사용하여 모평균의 경우와 유사하게 표본크기를 결정할 수 있다. 즉, 모비율 p에 대한 추정에 있어 근사 오차한계가 $z_{\alpha/2}\sqrt{\hat{p}(1-\hat{p})/n}$이 된다는 것을 앞에서 설명한 바 있는데, 이를 이용하여 표본크기를 결정할 수 있다.

그런데 이 경우에도 데이터가 수집되기 전에는 $\hat{p}$을 알 수 없으므로, 실제로는 사전정보를 이용하여 모비율 p에 가까울 것으로 예측되는 값 p^*를 이용하게 된다. 즉, 최대 허용오차를 d라고 할 때

$$d \geq z_{\alpha/2}\sqrt{p^*(1-p^*)/n} \tag{4.19}$$

를 만족하는 n을 표본크기로 결정하는 것이다.

⟨모비율의 추정에서 표본크기 n의 결정⟩

$$n \geq p^*(1-p^*)\left(\frac{z_{\alpha/2}}{d}\right)^2 \tag{4.20}$$

한편, p에 대한 사전정보가 전혀 없는 경우에는 $p^* = 0.5$로 두어 표본크기를 계산하기도 한다. 예를 들어 p에 대한 사전정보가 없는 경우 최대 허용오차 d를 0.03(즉 3%)으로 한다면,

$$n \geq \frac{1}{2}\left(1-\frac{1}{2}\right)\left(\frac{1.96}{0.03}\right)^2 = \frac{1}{4} \times 4268.4 = 1067.1$$

로부터 필요한 표본크기가 $n = 1,068$임을 계산할 수 있다.

4.2 통계적 가설검정

일상생활에서 주관적인 판단이나 경험적 사실을 토대로 어떠한 집단의 특성에 대하여 가설을 설정하고 데이터를 통하여 그 가설이 맞는지에 대한 타당성을 검토해 보는 경우가 있다. 이와 같이 관심이 되는 모집단의 특성에 대한 어떠한 주장을 확인하기 위하여 그

모집단으로부터 표본을 추출하여 분석해 봄으로써 모집단에 대한 어떠한 주장의 타당성을 검토해 보는 것을 가설검정이라 한다. 앞장에서 소개한 점추정 및 구간추정이 미지의 모수를 추정하는데 목적이 있다면, 가설검정(또는 검증)은 모수에 관한 가설의 타당성에 대하여 경험적 증거를 제시하는데 목적이 있다 하겠다. 이 절에서는 통계적 가설검정의 기본개념과 절차에 대해서 설명할 것이다.

4.2.1 귀무가설과 대립가설

통계적 가설(statistical hypothesis)이란 모집단의 특성인 모수에 관한 주장이나 서술을 의미한다. 예를 들어, '가구당 월소득의 평균은 250만원이다', '새로운 약품의 치유율이 기존 약품의 치유율보다 더 높다', '남학생과 여학생의 학업성취능력의 평균은 같다' 등은 통계적 가설의 예이다. 모수에 관한 이러한 가설은 표본으로부터 도출된 (검정)통계량에 기초한 일련의 통계적 검정절차를 통해 그 가설의 진위여부에 관한 결론을 유도하게 되는데, 이를 통계적 **가설검정**(假說檢定, testing hypothesis)이라 한다.

통계적 가설검정에서는 모수에 관한 가설을 두 개로 설정하고, 표본으로 얻어진 데이터를 분석하여 두 가설 중 어느 하나를 선택하는 방법을 사용한다. 예를 들어, '새로운 약품의 평균 치료기간(μ)은 기존 약품의 평균 치료기간(15일)보다 작다고 할 수 있는가?'와 같은 문제를 검정하는 경우 고려되는 두 개의 가설은 다음과 같이 표현할 수 있다.

$$\begin{cases} H_0 : \mu = 15 \ \ (\text{새로운 약품의 평균 치료기간은 15일이다.}) \\ H_1 : \mu < 15 \ \ (\text{새로운 약품의 평균 치료기간은 15일보다 작다.}) \end{cases}$$

이와 같은 두 개의 가설에서 **대립가설**(對立假說, alternative hypothesis)은 관측된 데이터를 통해 입증하고자 하는 가설로 H_1으로 표기하고, **귀무가설**(歸無假說, null hypothesis)은 대립가설에 상반되는 가설로 H_0로 표기한다.

- 귀무가설(H_0): 효과가 없다, 차이가 없다, 서로 다르지 않다. (반증의 대상)
- 대립가설(H_1): 효과가 있다, 차이가 있다, 서로 다르다. (연구의 관심)

⟨사례 1⟩ 소비자 고발센타에 접수된 불만은 치약의 함량이 기준치인 150g을 대부분 미달한다는 것이었다. 이러한 접수결과를 검정하기 위하여 귀무가설과 대립가설을 설정하면 다음과 같다.

$$\begin{cases} \text{귀무가설}(H_0) : \text{치약 함량의 평균이 150g 이상이다.} \\ \text{대립가설}(H_1) : \text{치약 함량의 평균이 150g 미만이다.} \end{cases}$$

⟨사례 2⟩ 휴대폰을 만드는 회사에서 휴대폰의 색상에 대하여 남성과 여성의 선호도가 같은지를 알기 위하여 설문조사를 하였다. 이때 선호도를 검정하기 위하여 귀무가설과 대립가설을 설정하면 다음과 같다.

$$\begin{cases} \text{귀무가설}(H_0) : \text{휴대폰 색상에 대하여 남성과 여성의 선호도의 평균이 같다.} \\ \text{대립가설}(H_1) : \text{휴대폰 색상에 대하여 남성과 여성의 선호도의 평균이 다르다.} \end{cases}$$

4.2.2 검정통계량과 기각역

귀무가설과 대립가설 중 어느 하나를 채택하는데 사용되는 통계량을 **검정통계량**(檢定統計量, test statistic)이라고 한다. 예를 들어, x_1, x_2, $\cdots$, x_n이 정규분포를 따르는 모집단으로부터 추출되었고 모분산 σ^2이 알려져 있다고 가정할 때, 다음과 같은 가설을 검정하고자 하는 경우

$$H_0 : \mu \geq 15 \quad \text{vs} \quad H_1 : \mu < 15$$

표본평균 $\bar{x}$를 검정통계량으로 이용할 수 있다. 즉, 모평균의 추정량인 $\bar{x}$의 값이 15보다 작으면 작을수록 대립가설 '$H_1 : \mu < 15$'를 채택할 수 있는 강한 증거로 여길 수 있다는 것이다. 이러한 검정통계량은 가설의 형태와 대상 모집단의 분포에 관한 가정에 의해서 달라지게 된다. 또한 검정통계량의 실제값에 따른 결정은 '귀무가설 H_0를 기각할 수 있다' 또는 '귀무가설 H_0를 기각할 수 없다'는 형식으로 이루어지는데, 귀무가설 H_0를 기각하여 대립가설 H_1을 채택하는 검정통계량의 영역을 **기각역**(棄却域, rejection region, critical region)이라고 한다. 앞의 예에서는 기각역이 적절한 상수 c에 대해 '$\bar{x} \leq c$'의 형태로 주어지게 된다.

4.2.3 제1종 오류와 제2종 오류

가설검정을 할 때마다 매번 옳은 결정을 하게 하는 검정방법을 사용할 수 있다면 좋은 일이겠지만 대부분의 경우 현실적으로 이러한 검정방법은 존재하지 않으며, 통계적 가설검정이 표본이라는 모집단의 부분정보에 기초하는 귀납적 추론의 범주에 속하므로 의사결정에 따른 오류의 수반은 필연적이라 할 수 있다. 통계적 가설검정에서 고려될 수 있는 오류는 다음과 같은 두 가지이다.

- 제1종 오류: 귀무가설이 사실일 때 귀무가설을 기각하는 오류
- 제2종 오류: 대립가설이 사실일 때 귀무가설을 채택하는 오류

〈표 4.2〉 가설검정에서 발생하는 오류의 형태

실제 / 의사결정	H_0가 참 (H_1이 거짓)	H_0가 거짓 (H_1이 참)
H_0를 채택 (H_1을 기각)	옳은 결정 $(1-\alpha)$	**제2종 오류** (β)
H_0를 기각 (H_1을 채택)	**제1종 오류** (α)	옳은 결정 $(1-\beta)$

이러한 오류를 살인사건의 재판에 비유하여 보자. 검사는 혐의자를 기소하여 유죄를 주장한다. 이 경우 검사의 주장은 대립가설 H_1이 된다. 그러나 모든 사람은 재판의 유죄판결이 있기까지는 무죄이며, 이러한 무죄의 주장이 귀무가설 H_0가 된다. 재판에서 검사는 유죄를 입증할 증거나 자료를 제시하게 함으로써 유죄의 주장을 할 것이다. 그러나 이러한 증거가 불충분할 때 피고는 자동적으로 본연의 위치인 무죄로 판결을 받게 된다. 그러므로 유죄를 뒷받침하지 못하면 무죄는 저절로 성립된다.

여기에서 무죄인 혐의자가 유죄판결을 받는 잘못은 귀무가설이 참일 때 이를 기각하여 생기는 오류와 유사하며, 이러한 오류를 제1종 오류(type I error)라고 부른다. 즉, 귀무가설 H_0가 맞는데도 불구하고 잘못하여 이를 기각하고 대립가설 H_1을 채택하는 오류로서 α로 표시한다.

반대로 살인자가 무죄 판결로 풀려나는 오판과 같이 대립가설이 참일 때 이를 기각하고 귀무가설을 채택하여 생기는 오류가 있는데, 이런 오류를 제2종 오류(type II error)라고 부른다. 즉, 대립가설 H_1이 맞는데도 불구하고 귀무가설 H_0를 채택하는 오류로 β로 표시한다.

이와 같이 두 종류의 오류는 전혀 다른 것으로 꼭 구별되어야 할 것이다. 그리고 가설검정에서 오류를 완전히 배제할 수는 없으며, 단지 어느 정도의 작은 확률로 이를 피하고자 할 수밖에 없다. 즉 제1종 오류를 범하는 확률 α를 0으로 하면, 제2종 오류를 범하는 확률 β를 1로 만들게 된다. 이는 마치 죄없는 선량한 백성에게 유죄판결이 되지 않게 하려면, 범인을 포함한 모든 사람을 무죄로 하면 될 것이다. 반대로 범인을 하나도 빠뜨리지 않고 유죄판결이 되도록 하려면, 이를 확실하게 하는 방법은 모든 사람을 유죄로 하면 된다.

실제로 가설검정을 수행할 때 이와 같은 두 가지 오류를 범할 확률을 되도록 작게 하는 것이 바람직할 것이다. 그러나 두 가지 오류를 동시에 최소로 할 수 있는 검정방법은 일반적으로 존재하지 않고, 따라서 실제적으로 보다 중요한 의미를 가지는 제1종 오류

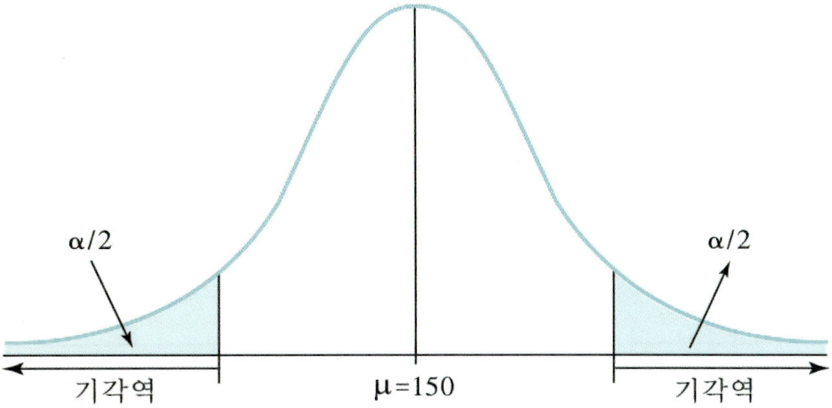

〈그림 4.2〉 양측검정에서의 기각역

(즉, 귀무가설이 사실임에도 불구하고 대립가설을 채택하여 연구자의 주장을 받아들이는 오류)를 범할 확률을 미리 지정된 확률 이하로 하는 검정방법을 사용한다. 이때, 제1종 오류를 범할 확률의 최대 허용한계를 유의수준(有意水準, significance level)이라 하고 보통 $\alpha = 0.01,\ 0.05,\ 0.10$과 같은 값을 선택한다. 즉, 유의수준이 0.05(5%)인 검정방법이란 제1종 오류를 범할 확률이 0.05 이하인 검정방법을 의미한다.

한편 살인사건의 재판에서 혐의자에게 무죄의 판결을 내리는 것이 혐의자가 실제로 죄가 없음을 증명하는 것이 아닌 것과 같이(즉, 유죄의 판결을 내리기에는 현재의 증거가 불충분함을 의미한다) 귀무가설을 채택한다는 것이 귀무가설이 실제로 사실이라는 것을 증명하는 것은 아니다. 이는 다만 현재의 표본(데이터)으로부터 얻어진 정보로는 대립가설이 사실임을 주장할 만한 충분한 증거가 되지 못한다는 것을 의미한다.

4.2.4 양측검정과 단측검정

대립가설은 보통 세 가지 형태 중 하나를 취하게 되는데, 대립가설의 형태에 따라 양측검정(two-sided test)과 단측검정(one-sided test)으로 구분된다.

(1) 양측검정 (Two-sided Test)

양측검정은 기각역이 각각 왼쪽과 오른쪽의 두 부분으로 구성되는 가설검정이다. 예를 들어 어느 회사에서 생산하는 치약의 평균 함량치가 150g인지 아닌지에 대하여 검정하고자 하는 경우 귀무가설과 대립가설은 다음과 같이 표현할 수 있고

$$H_0 : \mu = 150 \quad vs \quad H_1 : \mu \neq 150$$

이 검정에 대한 기각역은 〈그림 4.2〉와 같이 주어진다.

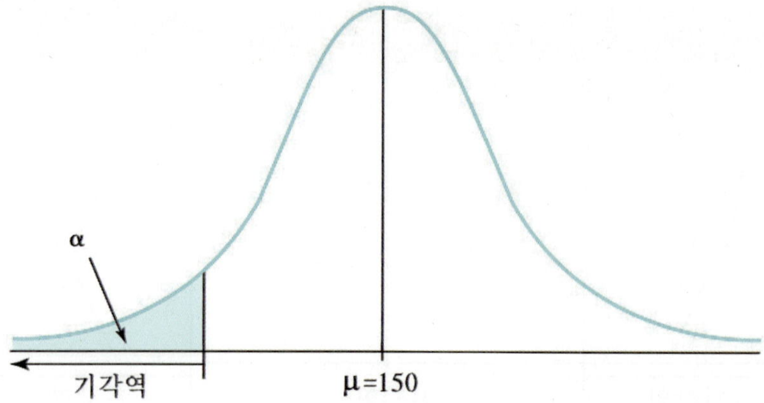

〈그림 4.3〉 왼쪽 단측검정에서의 기각역

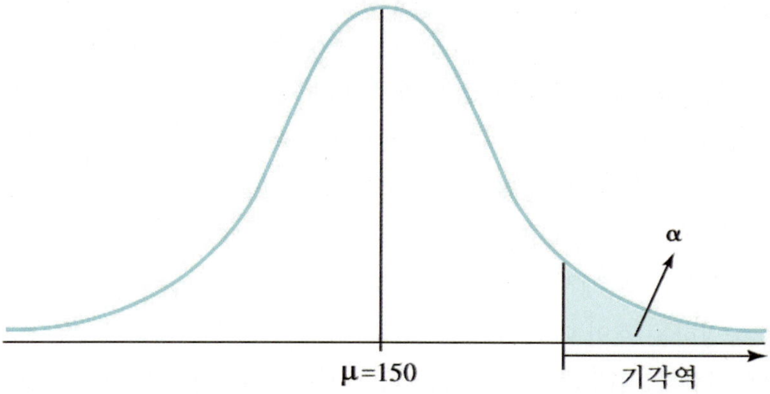

〈그림 4.4〉 오른쪽 단측검정에서의 기각역

(2) 단측검정 (One-sided Test)

단측검정은 기각역이 왼쪽 또는 오른쪽의 한쪽으로만 구성되는 가설검정으로 각각 왼쪽 검정과 오른쪽 검정으로 구분된다. 즉, 왼쪽 검정(left-sided test)은 기각역이 왼쪽에 있는 검정방법이고, 오른쪽 검정(right-sided test)은 기각역이 오른쪽에 있는 검정방법이다.

예를 들어, 치약의 평균 함량치가 150g인지 아니면 그보다 작은지에 대하여 검정하고자 하는 경우 귀무가설과 대립가설은 다음과 같고(왼쪽 단측검정),

$$H_0 : \mu = 150(\text{또는 } \mu \geq 150) \quad vs \quad H_1 : \mu < 150$$

이 검정에 대한 기각역은 〈그림 4.3〉과 같이 주어진다.

또한 치약의 평균 함량치가 150g인지 아니면 그보다 큰지에 대하여 검정하고자 하는

경우 귀무가설과 대립가설은 다음과 같이 표현할 수 있고(오른쪽 단측검정),

$$H_0 : \mu = 150(\text{또는 } \mu \le 150) \ \ vs \ \ H_1 : \mu > 150$$

이 검정에 대한 기각역은 ⟨그림 4.4⟩와 같이 주어진다.

4.3 단일 모집단에 대한 검정

이 절에서는 단일 모집단에서 모평균(μ), 모비율(p), 모분산(σ^2)에 대한 검정을 설명하고자 한다.

4.3.1 모평균에 대한 검정 (일표본 t-검정)

정규분포 $N(\mu, \sigma^2)$을 따르는 모집단으로부터 n개의 표본 $x_1, x_2, \cdots, x_n$이 추출되었고 모분산 σ^2이 알려져 있는 경우를 고려하자. 이때 모평균 μ에 대한 가설검정은 표본평균 $\bar{x}$의 함수인 다음 식 (4.21)과 같은 검정통계량을 이용하여 수행할 수 있으며, 이 통계량은 표준정규분포를 따른다.

⟨모평균 μ에 대한 검정: 모분산 σ^2이 알려져 있는 경우⟩

$$\text{검정통계량} : \ Z = \frac{\bar{x} - \mu_0}{\sigma / \sqrt{n}} \tag{4.21}$$

	귀무가설	대립가설	기각역
(a)	$H_0 : \mu \le \mu_0$	$H_1 : \mu > \mu_0$	$Z \ge z_\alpha$
(b)	$H_0 : \mu \ge \mu_0$	$H_1 : \mu < \mu_0$	$Z \le -z_\alpha$
(c)	$H_0 : \mu = \mu_0$	$H_1 : \mu \ne \mu_0$	$\|Z\| \ge z_{\alpha/2}$

그러나 모분산 σ^2을 알지 못하는 경우가 많기 때문에, 실제로는 위와 같은 검정통계량을 사용하기가 어렵게 된다. 따라서 이 경우 σ^2의 추정치인 표본분산 s^2을 고려한 다음 식 (4.22)와 같은 통계량을 사용하여 검정을 수행할 수 있다.

⟨모평균 μ에 대한 검정: 모분산 σ^2이 알려져 있지 않은 경우⟩

$$\text{검정통계량} : \ T = \frac{\bar{x} - \mu_0}{s / \sqrt{n}} \tag{4.22}$$

	귀무가설	대립가설	기각역
(a)	$H_0 : \mu \leq \mu_0$	$H_1 : \mu > \mu_0$	$T \geq t_\alpha(n-1)$
(b)	$H_0 : \mu \geq \mu_0$	$H_1 : \mu < \mu_0$	$T \leq -t_\alpha(n-1)$
(c)	$H_0 : \mu = \mu_0$	$H_1 : \mu \neq \mu_0$	$\lvert T\rvert \geq t_{\alpha/2}(n-1)$

식 (4.22)는 H_0가 사실일 때 자유도(degree of freedom)가 $n-1$인 $t-$분포를 따른다는 것을 제3장에서 설명한 바 있고, 이러한 사실을 이용하여 단일모집단의 평균에 대한 가설검정을 수행할 수 있다. 한편 모분산 σ^2이 알려져 있지 않은 경우라도 표본크기 n이 충분히 크다면, $t_\alpha(n-1)$이 z_α와 거의 같게 되므로 정규분포로부터 기각역을 구할 수도 있다.

⟨예 4.5⟩ 단일 모집단의 모평균에 대한 검정

```
> t.test(Csi$Index,alternative=c("greater"),mu=70,conf.level=0.95)
#----------------------------------------------------------------------
One Sample t-test

data:  Csi$Index
t = 1, df = 24, p-value = 0.1636
alternative hypothesis: true mean is greater than 70
95 percent confidence interval:
 68.35075       Inf
sample estimates:
mean of x
    72.32
```

예를 들어, ⟨예 4.1⟩의 데이터에 대해서 '서비스 만족도의 모평균이 70 이상'이라는 대립가설에 대해 검정을 수행하여 보자. 즉,

$$H_0 : \mu = 70 \quad vs \quad H_1 : \mu > 70$$

과 같은 가설에 대해 유의수준 5% 하에서 검정을 수행하여 보도록 하자.

먼저 앞에서 다루었던 ⟨예 4.1⟩의 출력결과를 살펴보면 표본평균(mean)이 $\bar{x} = 72.32$이고 표준편차가 $s = 11.60$임을 알 수 있으며, 검정통계량 T의 값을 구하면 다음과 같다. 이때 평균에 대한 표준오차(meanSE)는 $s/\sqrt{n} = 11.6/\sqrt{25} = 2.32$이다.

$$T = \frac{\bar{x}-\mu_0}{s/\sqrt{n}} = \frac{72.32-70}{11.60/\sqrt{25}} = \frac{2.32}{2.32} = 1.000$$

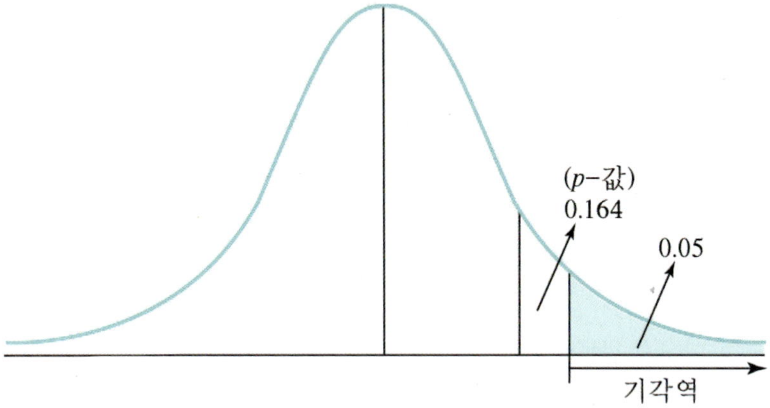

⟨그림 4.5⟩ $p-$값과 유의수준(α)

⟨예 4.4⟩의 결과에 't = 1, df = 24'이 출력되어 있음을 확인하기 바란다. 또한 부록의 '부표 4'에서 기각치가 $t_{0.05}(24) = 1.711$임을 알 수 있다.[5] 따라서 검정통계량의 값 $T = 1.000$은 기각치인 $t_{0.05}(24) = 1.711$보다 크지 않으므로 H_0를 기각할 수 없고, '서비스 만족도의 모평균이 70 이상'이라고 주장할 수 없다.

한편 ⟨예 4.4⟩의 출력결과에는 모평균에 대한 단측 신뢰구간 (68.35, ∞)도 함께 출력되어 있는데, 신뢰구간이 $\mu_0 = 70$을 포함하고 있다는 것을 확인할 수 있다.

4.3.2 유의확률 ($p-$값)

앞의 예에서 볼 수 있듯이 통계적 가설검정에서는 검정통계량의 값과 기각치를 비교하여 결론을 내리게 된다. 즉 데이터로부터 구한 검정통계량의 값이 기각역에 포함되면 귀무가설을 기각하고, 검정통계량의 값이 기각역에 포함되지 않으면 귀무가설을 채택하게 된다.

그런데 이와 같은 과정에서는 연구자가 검정통계량의 확률밀도함수 또는 확률분포표를 이용하여 매번 기각치를 찾아야 하므로 여간 불편한 일이 아니다. 따라서 대부분의 통계분석 소프트웨어에서는 소위 $p-$값($p-$value)이라고 불리는 유의확률(significance probability)을 제공하여 연구자가 가설검정을 쉽게 수행할 수 있도록 도움을 주고 있다. 여기에서 $p-$값은 꼬리확률이라고도 하는데, 이는 '귀무가설 하에서, 관측된 검정통계량의 값보다 더 극단적인 값이 나올 확률[즉, 관측된 데이터(검정통계량의 값)에 근거하여 귀무가설을 기각하였을 때 범할 제1종 오류의 확률]'로서 그 값이 작을수록 귀무가설 H_0에 반하는 강한 증거가 된다.

[5] qt(0.95,24) 또는 qt(0.05,24,lower.tail=FALSE)와 같이 qt() 함수를 이용하여 구할 수 있다.

⟨예 4.5⟩의 결과에서 $p-$값$= P(t \geq 1.000) = 0.164$가 출력되어 있음을 볼 수 있는데, 따라서 $p-$값이 유의수준 $\alpha = 0.05$보다 크므로 귀무가설 '$H_0 : \mu = 70$'을 기각할 수 없다. 즉, 이 예를 통해서 알 수 있듯이 검정통계량의 값이 기각역에 포함되면 $p-$값이 유의수준(α)보다 작게 되고, 검정통계량의 값이 기각역에 포함되지 않으면 $p-$값이 유의수준(α)보다 크게 된다. 따라서 이러한 사실을 이용하면 굳이 확률분포표로부터 기각치를 찾지 않아도 소프트웨어에서 제공하는 $p-$값을 통해 가설검정을 쉽게 수행할 수 있다.

결론적으로 말하자면 $p-$값(유의확률)이 유의수준(α)보다 작으면 검정통계량의 실제값이 기각역에 포함되어서 귀무가설을 기각하고 대립가설을 채택할 수 있다는 것을 의미하며, $p-$값이 유의수준(α)보다 크면 귀무가설을 기각할 수 없다는 것을 의미한다.

4.3.3 모비율에 대한 검정

찬성률, 치료율, 불량률 등과 같이 모집단 내에서 특정한 그룹이 차지하는 비율 p에 대한 가설검정에 대해 살펴보자.

예를 들어, 어느 제조회사에서 새로운 공정방법을 도입하려고 하는데 기존의 공정방법에 의한 불량률은 15%라고 하자. 이 회사에서는 새로운 공정방법에 의한 불량률이 15%보다 작은지를 알아보기 위해 n개의 제품을 생산하였고 그 중 불량품이 x개 였다. 이 경우 관심이 되는 가설은 다음과 같다.

$$H_0 : p \geq p_0 (= 0.15) \quad \text{vs} \quad H_1 : p < p_0 (= 0.15).$$

(1) 이항비율 검정

검정통계량 x가 이항분포 $B(n, p)$를 따른다는 것을 이용하여 위와 같은 가설에 대한 유의확률(p-값)을 다음과 같이 계산할 수 있으며,

$$\sum_{k=0}^{x} \binom{n}{k} p_0^k (1 - p_0)^{n-k}. \tag{4.23}$$

이와 같은 형식의 검정법을 이항비율 검정(binomial proportion test)이라고 한다.

모비율에 대한 검정의 예를 하나 들어보도록 하자. 어느 회사에서 기존의 재료를 사용할 때의 불량률은 15% 정도이며, 이와 같은 불량률을 줄이기 위해 새로운 재료를 사용하려고 한다. 새로운 재료를 시험적으로 사용한 후 400개를 뽑아 조사한 결과 54개의 불량품이 발견되었다. 불량률이 종전(15%)에 비해 낮아졌다고 할 수 있는지를 유의수준 5% 하에서 검정하여 보자. 다음 ⟨예 4.6⟩은 binom.test() 함수를 이용하여 모비율에 대한 검정을 수행한 예이다.

〈예 4.6〉 단일 모집단의 모비율에 대한 검정

```
binom.test(54,400,p=0.15,alternative=c("less"),conf.level=0.95)
#-----------------------------------------------------------------------
Exact binomial test
data:  54 and 400
number of successes = 54, number of trials = 400, p-value = 0.2226
alternative hypothesis: true probability of success is less than 0.15
95 percent confidence interval:
 0.0000000 0.1663766
sample estimates:
probability of success
                 0.135
```

먼저, 이 예에서 모비율 p에 대한 추정치(sample estimates)는 $\hat{p} = 54/400 = 0.135$이다. 한편 귀무가설과 대립가설은 다음과 같으며

$$H_0 : p \geq 0.15 \quad vs \quad H_1 : p < 0.15$$

〈예 4.5〉의 출력결과에서 유의확률(p-value)이 0.223이므로, 이 경우 귀무가설을 기각할 수 없다. 즉, 새로운 공정법에 의한 불량률이 15%보다 작다고 말할 수 없다. 또한, 모비율 p에 대한 95% 단측 신뢰구간은 (0, 0.166)임을 볼 수 있다.

(2) 정규근사 검정

한편 표본의 크기 n이 충분히 큰 경우 표본비율 $\hat{p} = x/n$은 평균이 p이고 분산이 $p(1-p)/n$인 정규분포를 따른다는 것을 앞절에서 설명한 바 있는데, 따라서 이 경우 다음과 같은 검정통계량을 사용하여 모비율에 대한 정규근사 검정을 수행할 수도 있다.

〈모비율 p에 대한 검정: 표본크기가 충분히 큰 경우〉

$$\text{검정통계량: } Z = \frac{\hat{p} - p_0}{\sqrt{p_0(1-p_0)/n}} \tag{4.24}$$

	귀무가설	대립가설	기각역
(a)	$H_0 : p \leq p_0$	$H_1 : p > p_0$	$Z \geq z_\alpha$
(b)	$H_0 : p \geq p_0$	$H_1 : p < p_0$	$Z \leq -z_\alpha$
(c)	$H_0 : p = p_0$	$H_1 : p \neq p_0$	$\|Z\| \geq z_{\alpha/2}$

예를 들어, ⟨예 4.6⟩에 대하여 검정통계량 Z 값을 구하면 다음과 같다.

$$Z = \frac{0.135 - 0.15}{\sqrt{(0.15)(0.85)/400}} = -0.84$$

또한 부록의 '부표 3'에서 기각치가 $-z_{0.05} = -1.645$임을 알 수 있고,[6] 검정통계량의 값 -0.84는 기각치인 -1.645보다 크므로 귀무가설 H_0를 기각할 수 없다. 따라서 불량률이 종전(15%)보다 낮아졌다고 할 수 없다.

⟨예 4.7⟩ 모비율에 대한 정규근사 검정

```
prop.test(54,400,p=0.15,alternative=c("less"),conf.level=0.95)
#--------------------------------------------------------------------
1-sample proportions test with continuity correction

data:  54 out of 400, null probability 0.15
X-squared = 0.59314, df = 1, p-value = 0.2206
alternative hypothesis: true p is less than 0.15
95 percent confidence interval:
 0.0000000 0.1669186
sample estimates:
    p
0.135
```

한편 표준정규분포에 따르는 확률변수 z의 제곱은 자유도가 1인 카이제곱분포를 따르게 되는데(3.5절 참조), 따라서 카이제곱검정을 이용하여 정규근사 검정을 수행할 수 있다.

⟨예 4.7⟩은 prop.test() 함수를 이용하여 모비율에 대한 정규근사 검정을 수행한 예이다.[7] 이 출력결과에서 정규근사 유의확률(p-value)이 0.221이므로, 귀무가설을 기각할 수 없음을 볼 수 있다. 즉, 새로운 공정법에 의한 불량률이 15%보다 작다고 말할 수 없다. 또한, 모비율 p에 대한 정규근사 95% 신뢰구간은 (0, 0.167)로 계산됨을 볼 수 있다.

4.3.4 모분산에 대한 검정

고도의 정밀도를 요구하는 현대산업에서 분산에 관한 정보는 매우 중요시 된다. 제품의 균일성 확보나 품질의 향상은 분산을 줄이는 것과 밀접한 관련이 있기 때문이다.

---

[6] qnorm(0.95) 또는 qnorm(0.05,lower.tail=FALSE)와 같이 qnorm() 함수를 이용하여 구할 수 있다.

[7] 연속성 수정을 하지 않을 경우 $\chi^2 = (-0.84)^2 = 0.706$이 출력된다.

〈표 4.3〉 Impurities 데이터

ID	Volume	ID	Volume	ID	Volume	ID	Volume
1	3.6	5	3.3	9	3.5	13	3.1
2	3.4	6	3.2	10	3.3	14	3.3
3	3.6	7	3.7	11	3.4	15	3.5
4	3.7	8	3.6	12	3.4	16	3.2

이제 정규모집단의 모분산 σ^2에 대해 다음과 가설을 고려해 보자.

$$H_0 : \sigma^2 = \sigma_0^2 \quad vs \quad H_1 : \sigma^2 < \sigma_0^2$$

이때 크기가 n인 확률표본으로부터 구한 표본분산 s^2의 값이 작을수록 대립가설 H_1이 사실이라고 할 수 있을 것이다. 통계량 $(n-1)s^2/\sigma^2$이 자유도가 $n-1$인 카이제곱분포를 따른다는 것을 앞장에서 설명한 바 있는데, 따라서 다음과 같은 검정통계량을 사용하여 모분산에 대한 검정을 수행할 수 있다.

〈모분산 σ^2에 대한 검정〉

$$\text{검정통계량: } \chi^2 = \frac{(n-1)S^2}{\sigma_0^2} \tag{4.25}$$

	귀무가설	대립가설	기각역
(a)	$H_0 : \sigma^2 \le \sigma_0^2$	$H_1 : \sigma^2 > \sigma_0^2$	$\chi^2 \ge \chi^2_{\alpha}(n-1)$
(b)	$H_0 : \sigma^2 \ge \sigma_0^2$	$H_1 : \sigma^2 < \sigma_0^2$	$\chi^2 \le \chi^2_{1-\alpha}(n-1)$
(c)	$H_0 : \sigma^2 = \sigma_0^2$	$H_1 : \sigma^2 \ne \sigma_0^2$	$\chi^2 \ge \chi^2_{\alpha/2}(n-1)$ 또는 $\chi^2 \le \chi^2_{1-\alpha/2}(n-1)$

모분산에 대한 검정의 예를 들어보도록 하자. 〈표 4.3〉은 새 측정기구의 정확도를 검사하기 위해 어떤 액체에 포함된 불순물의 양을 16번 측정한 결과이다. 기존 측정기구의 분산이 0.09로 알려져 있다고 할 때, 새 측정기구의 분산이 0.09보다 작다고 할 수 있는지 유의수준 5% 하에서 검정하여 보자.

〈예 4.8〉 모분산에 대한 검정

```
> Impurities = read.csv("L:/My_Work/Data/Impurities.csv",header=TRUE)]
> library(EnvStats)
```

```
> varTest(Impurities$Volume,alternative="less",sigma.squared=0.09)
#----------------------------------------------------------------------
Null Hypothesis:                    variance = 0.09
Alternative Hypothesis:             True variance is less than 0.09
Test Name:                          Chi-Squared Test on Variance
Estimated Parameter(s):             variance = 0.034
Data:                               Impurities$Volume
Test Statistic:                     Chi-Squared = 5.666667
Test Statistic Parameter:           df = 15
P-value:                            0.01518045
95% Confidence Interval:            LCL = 0.0000000
                                    UCL = 0.0702388
#----------------------------------------------------------------------
detach("package:EnvStats",unload=TRUE)
```

먼저 이 예에 대한 귀무가설과 대립가설은 다음과 같고,

$$H_0 : \sigma^2 = 0.09 \quad vs \quad H_1 : \sigma^2 < 0.09$$

표본분산을 구하면 $s^2 = 0.034$이므로 검정통계량 χ^2 값을 구하면 다음과 같다.

$$\chi^2 = \frac{(n-1)s^2}{\sigma_0^2} = \frac{(15)(0.034)}{0.09} = 5.667$$

또한 부록의 '부표 5'에서 기각치가 $\chi^2_{0.95}(15) = 7.261$임을 알 수 있고,[8] 검정통계량의 값 5.667은 기각치인 7.261보다 작으므로 귀무가설 H_0를 기각할 수 있다. 따라서 새 측정기구의 분산이 0.09보다 작다고 할 수 있다.

⟨예 4.8⟩은 EnvStats 패키지의 varTest() 함수를 이용하여 모분산에 대한 검정을 수행한 예이다. 이 출력결과에서 유의확률(p-value)이 0.015이므로, 귀무가설 H_0를 기각할 수 있음을 볼 수 있다. 또한, 모분산 σ^2에 대한 95% 단측 신뢰구간은 (0, 0.070)으로서 $\sigma_0^2 = 0.09$를 포함하지 않음을 볼 수 있다.

⟨참조⟩ 서로 다른 패키지에 동일한 이름의 함수가 존재할 때

여러 패키지를 설치하여 사용하다 보면 서로 다른 패키지에 동일한 이름의 함수가 존재할 수 있다. 이런 경우 기본적으로 R은 가장 마지막으로 적재(load)된 패키지에 있는 함수를 사용하게 된다.

한 가지 해결 방법은 ⟨예 4.8⟩에서와 같이 detach() 함수의 unload=TRUE 인수를 사용하여 불필요한 패키지를 작업공간에서 없애는 것이다. 이때 detach() 함수는 작업공간에

[8] qchisq(0.05,15) 또는 qchisq(0.95,15,lower.tail=FALSE)와 같이 qchisq() 함수를 이용하여 구할 수 있다.

있는 함수 또는 패키지를 작업공간에서 떼어내는 함수이다(함수 또는 패키지가 R에서 물리적으로 제거되는 것은 아님, 1.6.2절 참조). 즉, detach() 함수는 attach() 함수 또는 library() 함수와 반대의 기능을 가지고 있다.

다른 방법은 함수를 사용할 때 패키지의 이름을 명시하여 지정하는 것이다. 예를 들어, 'EnvStats::varTest()'는 EnvStats 패키지에 있는 varTest() 함수를 호출한다. 이때, 패키지와 함수의 이름 사이에 콜론(:)을 두 개 삽입하면 된다.

4.4 이 장에서 사용된 주요 함수들

여기에서는 이 장에서 사용된 주요 함수들에 대하여 사용형식(usage)과 자주 사용되는 인수(argument)들을 설명한다. 보다 자세한 사항은 R의 도움말을 참조하여라.

⟨binom.test 함수⟩ ~ stats 패키지

☐ binom.test(x, n, p=, alternative=c(" "), conf.level=): 이항비율 검정을 수행한다.

- x: 성공 횟수(x)를 지정한다.
- n: 시행 횟수(n)를 지정한다.
- p: 귀무가설 하에서의 모비율(p_0)을 지정한다[기본값: p=0.5].
- alternative=c(" "): two.sided(양측검정), less(왼쪽 단측검정), greater(오른쪽 단측검정)을 지정한다[기본값: alternative=c("two.sided")].
- conf.level=: 신뢰수준($1-\alpha$)을 지정한다[기본값: conf.level=0.95].

⟨prop.test 함수⟩ ~ stats 패키지

☐ prop.test(x, n, p=, alternative=c(), conf.level=, correct=): 모비율에 대한 정규근사 검정을 수행한다.

- x: 성공 횟수(x)를 지정한다.
- n: 시행 횟수(n)를 지정한다.
- p: 귀무가설 하에서의 모비율(p_0)을 지정한다[기본값: p=0.5].
- alternative=c(" "): two.sided(양측검정), less(왼쪽 단측검정), greater(오른쪽 단측검정)을 지정한다[기본값: alternative=c("two.sided")].

- conf.level=: 신뢰수준$(1-\alpha)$을 지정한다[기본값: conf.level=0.95].
- correct=: 연속성 수정을 수행할지의 여부를 지정한다[기본값: correct=TRUE].

⟨t.test 함수⟩ ~ stats 패키지

☐ t.test(vector, alternative=c(), mu=, conf.level=): 단일 모집단의 평균에 대한 $t-$검정을 수행한다.

- vector: 분석 대상이 되는 벡터(데이터 프레임과 변수)를 지정한다.
- alternative=c(" "): two.sided(양측검정), less(왼쪽 단측검정), greater(오른쪽 단측검정)을 지정한다[기본값: alternative=c("two.sided")].
- mu=: 귀무가설 하에서의 모평균(μ_0)을 지정한다[기본값: mu=0].
- conf.level=: 신뢰수준$(1-\alpha)$을 지정한다[기본값: conf.level=0.95].

⟨varTest 함수⟩ ~ EnvStats 패키지

☐ varTest(vector,alternative=,conf.level=,sigma.squared=): 단일 모집단의 분산에 대한 카이제곱검정을 수행한다.

- vector: 분석 대상이 되는 벡터(데이터 프레임과 변수)를 지정한다.
- alternative=: two.sided(양측검정), less(왼쪽 단측검정), greater(오른쪽 단측검정)을 지정한다[기본값: alternative="two.sided"].
- conf.level=: 신뢰수준$(1-\alpha)$을 지정한다[기본값: conf.level=0.95].
- sigma.squared=: 귀무가설 하에서의 모분산(σ_0^2)을 지정한다[기본값: sigma.squared=1].

4.5 연습문제

1. 사슴의 앞다리(Foreleg)와 뒷다리(Hindleg)에 관한 데이터가 ⟨표 4.4⟩에 주어져 있다.

(a) 이 데이터에 대해서 연구자가 어떤 생각으로 표본을 생산하게 되었는지를 서술하여라.

(b) (a)에 서술한 내용에 대응되는 귀무가설과 대립가설을 제시하여라.

〈표 4.4〉 Deer 데이터

ID	Foreleg	Hindleg	ID	Foreleg	Hindleg
1	142	138	6	140	136
2	144	147	7	144	139
3	142	143	8	146	141
4	149	143	9	150	145
5	142	136	10	148	146

(c) (b)의 통계적 가설에 대해 생각할 수 있는 두 가지 유형의 오류(혹은 그의 확률)의 내용을 구체적으로 설명하여라.

(d) "유의수준을 5%로 한다"라는 말의 의미를 이 데이터에 기초하여 설명하고, 통상적으로 제2종 오류(β) 대신 제1종 오류(α)를 고정하고 통계적 검정을 수행하는 이유를 정당화 하여라.

(e) 다리 길이의 차이(Diff =Hindleg−Foreleg)를 계산하여라.

(f) 변수 Diff에 대한 기술통계량(대표값, 변이, 분위수 등)을 출력하고 그 결과에 기초하여 이 데이터의 전반적 내용을 요약하여라.

(g) 줄기-잎 그림, 상자그림 등을 이용하여 변수 Diff의 분포 형태를 묘사하여라.

(h) (b)에 규정된 관심대상의 가설을 검정하고, 그 결과를 서술하여라.

2. 한 자동차 회사에서는 새로 생산된 자동차의 연비가 평균적으로 리터당 20km라고 한다. 이 회사의 주장이 정당한지를 검정하기 위해 자동차 20대를 임의로 선택하여 조사해 본 결과 다음과 같은 데이터를 얻었다.

21.0	22.7	25.8	20.6	18.5	21.4	19.3
17.6	22.7	20.6	17.9	18.3	24.7	23.3
24.3	21.5	20.0	19.8	22.9	19.9	

적절한 가설을 세우고 유의수준 5% 하에서 검정하여라.

3. 우리나라 프로농구팀에 소속된 농구선수들 중에서 81명을 표본추출하였다. 이 선수들의 신장을 조사한 결과 평균신장은 198㎝이고 표준편차는 4㎝이다. 전체 농구선수들의 평균신장이 얼마인지 95% 신뢰구간을 구하여라.

4. H 대학교 학생 중 100명을 무작위로 뽑아 나이를 조사하니 평균 나이는 20세이고 표준편차는 2이다. 이 대학교 학생의 평균나이에 대한 95%의 신뢰구간을 구하여라.

5. 대한민국 군인의 평균키는 171㎝이고 표준편차는 6㎝라고 한다.

(a) 100명의 군인을 표본으로 반복하여 뽑을 때 표본평균들의 95%가 포함되리라고 예상되는 구간을 구하여라.

(b) 위에서 400명의 군인을 표본으로 할 때는 구간은 어떠하겠는가? 또한 문제 (a)에서 구한 구간이 (b)보다 큰 이유는 무엇인가?

6. 어느 공장에서 생산되는 제품인 나사 5개를 무작위로 뽑아 나사직경을 측정한 결과는 6.33, 6.37, 6.32, 6.36, 6.37(단위:㎜)과 같다. 나사직경의 모평균과 모분산에 대한 불편추정치를 구하고, 95% 신뢰구간을 구하여라.

7. 커피 한잔에 포함되어 있는 카페인의 양을 조사하기 위하여 50잔의 커피를 조사하였더니 평균 114㎎, 표준편차 8.4㎎이었다. 이 커피 한잔에 포함된 카페인의 평균 양의 95% 신뢰구간을 구하여라.

8. H 대학교 총학생회장 선거에서 A, B 두 학생이 후보자로 나섰다. 100명의 학생을 뽑아 조사하니 그 중 55명이 A학생을 지지하는 것으로 나타났다. 이 때 A학생 지지율에 대한 95% 신뢰구간을 구하여라.

9. 가족계획연구소에서 아들 선호도 경향을 알아보기 위해 100쌍의 신혼부부를 뽑아 조사하니 67쌍이 딸보다 아들을 원하였다. 아들 선호도 비율에 대한 99%의 신뢰구간을 구하여라.

10. 새로운 법안에 대한 지지율을 알아보기 위해 여론조사를 실시하고자 한다. 이때 모집단의 지지율에 대한 신뢰구간을 구함에 있어 오차한계를 0.03으로 하고 신뢰계수가 $1-\alpha=0.95$가 되도록 하려고 한다. 이때 적절한 표본크기를 구하여라.

11. 어느 대학교 의과대학에서 흰쥐를 뽑아 주사함으로써 새로 만든 약품의 반응시간을 추정하고자 한다. 예비실험으로 반응시간의 표준편차가 12초임을 알았을 때 평균 반응시간의 추정오차 한계가 4초가 넘지 않도록 하고, 신뢰계수를 95%로 할 때 몇 마리의 흰쥐가 필요한가?

12. 전구와 같이 일상용품에 있어서는 그 수명의 표준편차를 알고 있는 것이 어떤 일정 기간 후에 모든 전구를 바꾸어 끼울 것인가 아니면 그때그때 바꿔 끼울 것인가 하는

문제를 결정하는데 중요한 역할을 한다. 전구의 개수가 71이고 전구의 수명에 대한 표본편차가 4라고 할 때 귀무가설 $H_0 : \sigma^2 = 30$과 대립가설 $H_1 : \sigma^2 < 30$에 대하여 유의수준 5% 하에서 검정하여라.

13. 어느 농부가 재배한 호박의 평균무게를 조사하기 위하여 표본을 추출하고자 한다. 이 때 오차의 허용한계를 0.1kg으로 하고 신뢰계수를 95%되게 하고자 할 때 표본을 몇 개 이상 추출해야 하는가? 단, 호박무게의 표준편차는 2kg이다.

14. 어느 지역에서 200명의 표본을 추출하여 건강조사를 실시하였다. 지난 1년간 의사의 처방전을 받은 횟수를 조사한 결과 평균과 표준편차로 각각 6.7과 2.8을 얻었다. 모집단의 평균을 μ라 할 때 귀무가설 $H_0 : \mu = 5.0$이고 대립가설 $H_1 : \mu > 5.0$일 때 유의수준 5% 하에서 가설을 검정하여라.

15. 어느 대학교 학생의 IQ는 근사적으로 분산이 100인 정규분포를 따른다고 한다. $H_0 : \mu = 110 \ vs \ H_1 : \mu > 110$의 검정을 위해 이 학교 학생 16명을 뽑아 IQ조사를 해보니 평균 IQ는 113.5였다. 유의수준 5% 하에서 귀무가설 H_0를 기각할 것인지 아닌지를 검정하여라.

16. 건강한 성인의 맥박은 1분에 평균 60회 정도이고 표준편차는 5로 알려져 있다. 성인 16명을 대상으로 주변온도를 높여서 맥박을 조사한 결과 1분에 평균 70번으로 나타났다. 이 때 성인의 맥박이 주변온도에 따라서 변화가 있다고 말할 수 있는지 유의수준 5% 하에서 가설을 검정하여라.

17. 담배회사와 소비자보호연맹 사이에 담배에 포함된 니코틴 함유량 문제로 의견이 대립되고 있다. 담배 한 개피당 니코틴 함유량이 14mg이라는 회사측의 설명에 대하여 소비자보호연맹에서는 그 이상이라고 주장하기 때문이다. 이러한 문제를 해결하기 위하여 무작위 추출로 20개피의 담배를 분석한 결과, 니코틴 함유량이 평균 14.8mg이고 표준편차가 2.4mg으로 나왔다. 이 때 적절한 가설을 설정하고 유의수준 5% 하에서 가설을 검정하여라.

18. 어떤 야금학자가 망간이 녹는 온도를 측정한 결과 1269℃, 1271℃, 1263℃, 1265℃를 얻었다. 이 학자는 망간이 녹는 평균 온도가 1267℃라고 주장하려한다. 이 주장을 유의수준 10% 하에서 검정하여라. 단, 망간이 녹는 온도는 분산이 5인 정규분포라고 가정한다.

19. 어떤 자동차 회사의 사장은 휘발유 1ℓ당 20km를 주행할 수 있다고 주장한 차종을

판매해 왔다. 이 종류의 차량 8대를 뽑아 검사한 결과 1ℓ당 평균 18km를 주행하고 표준편차는 3km이다. 이 회사의 주장이 옳은지 아니면 이 차종의 주행거리가 20km보다 작은지를 유의수준 5% 하에서 검정하여라.

20. 어느 회사의 평균 출근율이 90%라고 한다. 3일의 연휴 다음날 출근상태를 조사한 결과 200명 가운데 40명이 결근하였다. 이때 평균 출근율과 같다고 말할 수 있는지를 유의수준 5% 하에서 검정하여라.

21. 해충을 죽이는 효과가 50%인 살충제에 다른 특수약품을 첨가한 다음 200마리의 해충에 뿌려보니 120마리가 죽었다. 특수약품을 첨가함으로서 전보다 살충효과가 좋아졌는지를 유의수준 5% 하에서 검정하여라.

22. 어떤 주사위를 240회 던져보니 6이 52회 출현하였다. 이 주사위가 바른 주사위인지 아닌지를 유의수준 10% 하에서 검정하여라.

23. 시험공부를 전혀 하지 않은 학생이 O, × 문제에서 그 답을 추측하는 능력이 동전을 던져 판단하는 것보다는 나은지에 관해 알아보려고 한다. 총 200문항에서 110개의 답을 맞추었다고 할 때 유의수준 5% 하에서 검정하여라.

24. 서울시의 고등학교 3학년생에 대하여 영어 종합고사를 실시한 결과 그 중 40%가 불합격권에 들었다. 그런데 강남고등학교 3학년생 중 120명을 조사해보니 그 중 54명이 불합격권에 속한다고 한다. 강남고등학교 3학년생의 영어 실력이 서울시 전체에 비교하여 열등한지를 유의수준 5%에서 검정하여라.

25. 어느 산부인과 의사에 따르면 요즘 출생한 어린이는 여아보다 남아가 많다고 한다. 이를 확인하기 위하여 갓난 아이 200명에 대하여 성별을 조사한 결과 110명이 남아였고 90명은 여아였다. 이를 근거로 하여 산부인과 의사의 주장이 옳은지를 유의수준 5% 하에서 검정하여라.

26. 시계추의 진동폭 분산이 0.04cm이내이면 좋은 제품이라고 한다. 이것을 확인하기 위하여 시계추의 진동폭을 9번 조사한 결과 그 분산이 0.038cm임을 알았다. 이 데이터를 이용하여 시계추의 진동폭 분산이 0.04cm 이하라고 말할 수 있는지 유의수준 5% 하에서 검정하여라.

제 5 장
두 모집단에 대한 비교

앞장에서 단일모집단에서 하나의 모평균, 모비율, 모분산에 대한 가설검정을 설명하였다. 그러나 실제 현실에 적용되는 경우는 대부분 두 개 이상의 모집단의 특성을 비교하는 것이다. 예를 들면, 새로운 약품을 개발했을 때 새로운 약품의 효능을 임상실험을 통하여 검증하게 된다. 즉, 새로운 약품을 사용한 환자와 사용하지 않은 환자 간의 데이터를 비교함으로써 새로운 약품의 효능을 검토할 수 있다. 또한 이동통신 회사의 마케팅 부서에서는 휴대폰의 사용시간이 성별(남, 여)에 따라 차이가 있는지를 검토하여 여러 가지 새로운 마케팅을 제안할 수 있을 것이다.

이 이외에도 사회현상에 대한 남녀별 인식정도의 차이, 흡연 집단과 비흡연 집단 간의 폐암 발생률의 차이, 두 가지 교수법에 의한 학업성취도의 차이, 두 가지 치료방법에 의한 치료율의 차이, 두 회사 제품에 대한 소비자들의 선호도 차이 등 두 집단에 대한 비교는 매우 많이 존재한다. 이 장에서는 두 모집단의 모평균, 모비율, 모분산의 차이에 대한 가설검정 문제를 소개하고자 한다.

5.1 독립표본에 의한 두 모평균의 비교: 독립표본 $t-$검정

'남학생과 여학생의 학업성취능력에 대한 평균이 같은가?' 또는 '서로 다른 두 공장에서 생산된 냉장고에 있어 냉각능력의 평균은 같은가?'와 같이 두 모집단 평균의 동일성 검정을 실시하는 경우를 생각해 보자.

두 집단에 대해 확률표본 $x_{11},\ x_{12},\cdots,x_{1n_1}$과 $x_{21},\ x_{22},\cdots,x_{2n_2}$가 각각 정규분포 $N(\mu_1,\sigma_1^2)$과 $N(\mu_2,\sigma_2^2)$로부터 추출되었다고 하자. 이때, 각 집단에서의 표본평균과 표본분산은 다음과 같다.

$$\bar{x}_1=\frac{1}{n_1}\sum_{i=1}^{n_1}x_{1i},\quad \bar{x}_2=\frac{1}{n_2}\sum_{i=1}^{n_2}x_{2i} \tag{5.1}$$

$$s_1^2=\frac{1}{n_1-1}\sum_{i=1}^{n_1}(x_{1i}-\bar{x}_1)^2,\quad s_2^2=\frac{1}{n_2-1}\sum_{i=1}^{n_2}(x_{2i}-\bar{x}_2)^2 \tag{5.2}$$

5.1.1 모분산 σ_1^2과 σ_2^2이 알려져 있는 경우

두 모분산 σ_1^2과 σ_2^2이 모두 알려져 있는 경우, 두 모평균의 차$(\mu_1-\mu_2)$에 대한 추정량은 두 표본평균의 차$(\bar{x}_1-\bar{x}_2)$로 생각할 수 있다. 여기에서 통계적 추론을 실시하기 위해서는 추정량 $\bar{x}_1-\bar{x}_2$의 분포를 알아야 하는데, 이는 다음과 같은 평균과 분산을 갖는 정규분포를 따른다.

$$E(\bar{x}_1-\bar{x}_2)=E(\bar{x}_1)-E(\bar{x}_2)=\mu_1-\mu_2, \tag{5.3}$$

$$Var(\bar{x}_1 - \bar{x}_2) = Var(\bar{x}_1) + Var(\bar{x}_2) = \frac{\sigma_1^2}{n_1} + \frac{\sigma_2^2}{n_2}. \tag{5.4}$$

따라서 다음과 같은 표준화 변환을 취하면 표준화된 새로운 확률변수 Z은 표준정규분포 $N(0,1)$을 따르게 되고,

$$Z = \frac{(\bar{x}_1 - \bar{x}_2) - (\mu_1 - \mu_2)}{\sqrt{\sigma_1^2/n_1 + \sigma_2^2/n_2}} \quad \sim \quad N(0,1) \tag{5.5}$$

이와 같은 사실을 이용하여 $H_0 : \mu_1 - \mu_2 = \delta_0$에 대한 통계적 추론을 수행할 수 있다. 여기에서 δ_0는 연구자가 검정하고자 하는 모평균의 차이로서, 만약 $\delta_0 = 0$으로 두면 이는 $H_0 : \mu_1 = \mu_2$(즉, 두 모평균이 동일한지)를 검정하는 것이 된다.

⟨모평균의 차이에 대한 추론: σ_1^2과 σ_2^2이 알려져 있는 경우⟩

모평균의 차이 $\mu_1 - \mu_2$에 대한 $100(1-\alpha)\%$ 신뢰구간:

$$\left((\bar{x}_1 - \bar{x}_2) - z_{\alpha/2}\sqrt{\frac{\sigma_1^2}{n_1} + \frac{\sigma_2^2}{n_2}} \,,\ \ (\bar{x}_1 - \bar{x}_2) + z_{\alpha/2}\sqrt{\frac{\sigma_1^2}{n_1} + \frac{\sigma_2^2}{n_2}} \right) \tag{5.6}$$

$$\text{검정통계량}: \ Z = \frac{(\bar{x}_1 - \bar{x}_2) - \delta_0}{\sqrt{\sigma_1^2/n_1 + \sigma_2^2/n_2}} \tag{5.7}$$

	귀무가설	대립가설	기각역
(a)	$H_0 : \mu_1 - \mu_2 \leq \delta_0$	$H_1 : \mu_1 - \mu_2 > \delta_0$	$Z \geq z_\alpha$
(b)	$H_0 : \mu_1 - \mu_2 \geq \delta_0$	$H_1 : \mu_1 - \mu_2 < \delta_0$	$Z \leq -z_\alpha$
(c)	$H_0 : \mu_1 - \mu_2 = \delta_0$	$H_1 : \mu_1 - \mu_2 \neq \delta_0$	$\lvert Z\rvert \geq z_{\alpha/2}$

그러나 위와 같은 공식은 모분산 σ_1^2과 σ_2^2을 알지 못하는 경우가 많기 때문에, 실제로는 이를 사용하기가 어렵다. 따라서 이 경우 두 모분산의 추정치인 표본분산 s_1^2과 s_2^2을 고려한 통계량을 사용하여 검정을 수행하게 되는데, 이제 이러한 내용에 대해서 살펴보도록 하자.

5.1.2 모분산 σ_1^2과 σ_2^2이 알려져 있지 않은 경우: 표본크기가 충분히 클 때

표본크기가 충분히 큰 경우에는 중심극한정리에 의해 모집단의 분포에 관계없이 $\bar{x}_1$과 $\bar{x}_2$가 근사적으로 정규분포를 따른다. 따라서 위의 검정통계량 (5.7)에서 모분산 σ_1^2과 σ_2^2 대신에 표본분산 s_1^2과 s_2^2을 대입하여 다음과 같은 검정통계량을 사용할 수 있는데,

$$Z = \frac{(\bar{x}_1 - \bar{x}_2) - \delta_0}{\sqrt{s_1^2/n_1 + s_2^2/n_2}} \quad \dot{\sim} \quad N(0,1) \tag{5.8}$$

이 통계량은 귀무가설 하에서 근사적으로 표준정규분포 $N(0,1)$을 따른다.

5.1.3 모분산 σ_1^2과 σ_2^2이 알려져 있지 않은 경우: $\sigma_1^2 = \sigma_2^2 (= \sigma^2)$일 때

두 모집단의 모분산이 알려져 있지 않지만 모분산이 동일한 것으로 가정할 수 있는 경우, $\mu_1 - \mu_2$의 추정량 $\bar{x}_1 - \bar{x}_2$의 분포는 다음과 같은 평균과 분산을 가지는 정규분포를 따른다.[1]

$$E(\bar{x}_1 - \bar{x}_2) = \mu_1 - \mu_2, \tag{5.9}$$

$$Var(\bar{x}_1 - \bar{x}_2) = \sigma^2(\frac{1}{n_1} + \frac{1}{n_2}). \tag{5.10}$$

이때 공통분산 σ^2의 합동추정량(pooled estimator)은 다음과 같으며,

$$s_p^2 = \frac{(n_1 - 1)s_1^2 + (n_2 - 1)s_2^2}{n_1 + n_2 - 2} \tag{5.11}$$

자유도 $n_1 + n_2 - 2$인 t-분포를 따르는 다음과 같은 통계량을 구할 수 있다.

$$T = \frac{(\bar{x}_1 - \bar{x}_2) - (\mu_1 - \mu_2)}{s_p\sqrt{1/n_1 + 1/n_2}} \sim t(n_1 + n_2 - 2) \tag{5.12}$$

⟨모평균의 차이에 대한 추론: $\sigma_1^2 = \sigma_2^2 (= \sigma^2)$인 경우⟩

모평균의 차이 $\mu_1 - \mu_2$에 대한 $100(1-\alpha)\%$ 신뢰구간:

$$\left((\bar{x}_1 - \bar{x}_2) - t_{\alpha/2}\ s_p\sqrt{\frac{1}{n_1} + \frac{1}{n_2}},\ \ (\bar{x}_1 - \bar{x}_2) + t_{\alpha/2}\ s_p\sqrt{\frac{1}{n_1} + \frac{1}{n_2}}\right) \tag{5.13}$$

$$\text{검정통계량}:\ T = \frac{(\bar{x}_1 - \bar{x}_2) - \delta_0}{s_p\sqrt{1/n_1 + 1/n_2}} \tag{5.14}$$

	귀무가설	대립가설	기각역
(a)	$H_0 : \mu_1 - \mu_2 \le \delta_0$	$H_1 : \mu_1 - \mu_2 > \delta_0$	$T \ge t_\alpha(n_1 + n_2 - 2)$
(b)	$H_0 : \mu_1 - \mu_2 \ge \delta_0$	$H_1 : \mu_1 - \mu_2 < \delta_0$	$T \le -t_\alpha(n_1 + n_2 - 2)$
(c)	$H_0 : \mu_1 - \mu_2 = \delta_0$	$H_1 : \mu_1 - \mu_2 \ne \delta_0$	$\|T\| \ge t_{\alpha/2}(n_1 + n_2 - 2)$

5.1.4 모분산 σ_1^2과 σ_2^2이 알려져 있지 않은 경우: $\sigma_1^2 \ne \sigma_2^2$일 때

두 모집단의 모분산이 서로 다른 경우에는 식 (5.12)의 통계량이 t-분포를 따르지 않는다. 그러나 다음 검정통계량은

$$T = \frac{(\bar{x}_1 - \bar{x}_2) - \delta_0}{\sqrt{s_1^2/n_1 + s_2^2/n_2}} \tag{5.15}$$

[1] 두 모분산의 동일성에 대한 검정은 5.5절에서 다룰 것이다.

〈표 5.1〉 Reading 데이터

ID	Group	Score	ID	Group	Score	ID	Group	Score	ID	Group	Score
1	New	75	5	New	69	9	Old	65	13	Old	72
2	New	80	6	New	81	10	Old	70	14	Old	71
3	New	72	7	New	71	11	Old	76	15	Old	68
4	New	77	8	New	78	12	Old	63	16	Old	68

다음과 같이 자유도(df)를 수정하면 근사적으로 t-분포를 따르게 된다.

$$df = \frac{(s_1^2/n_1 + s_2^2/n_2)^2}{(s_1^2/n_1)^2/(n_1-1) + (s_2^2/n_2)^2/(n_2-1)} \tag{5.16}$$

따라서 이러한 검정통계량 T와 수정 자유도를 이용하여 검정을 수행할 수 있다.

〈예 5.1〉 집단별 분포의 탐색

```
> Reading = read.csv("L:/My_Work/Data/Reading.csv",header=TRUE)
> boxplot(Score~Group,data=Reading,col="green",notch=FALSE)
> library(psych)
> describeBy(Reading$Score,group=Reading$Group)    # 2.3.5절 참조
#----------------------------------------------------------------------
$New
   vars n  mean   sd median trimmed  mad min max range  skew kurtosis
X1    1 8 75.38 4.37     76   75.38 5.93  69  81    12 -0.12    -1.75

$Old
   vars n  mean   sd median trimmed  mad min max range skew kurtosis
X1    1 8 69.12 4.09     69   69.12 3.71  63  76    13  0.1     -1.2
```

〈표 5.1〉의 데이터는 새로운 강의방식이 초등학생들의 독해력 향상에 도움을 주는지 알아보기 위해 16명의 대상학생들을 8명씩 랜덤추출하여 두 집단으로 나누고, 한 집단에는 새로운 강의방식(Group=New)을 그리고 다른 한 집단에는 기존의 방식(Group=Old)을 적용한 후 시험을 통해서 얻은 독해력 성적(Score)에 관한 데이터이다. 〈예 5.1〉은 이 데이터에 대하여 집단별 상자그림(그림 5.1)과 기술통계량을 출력한 예이다.

〈예 5.2〉 독립표본 $t-$검정

```
> t.test(Score~Group,data=Reading,alternative=c("greater"),
+          var.equal=TRUE)
```

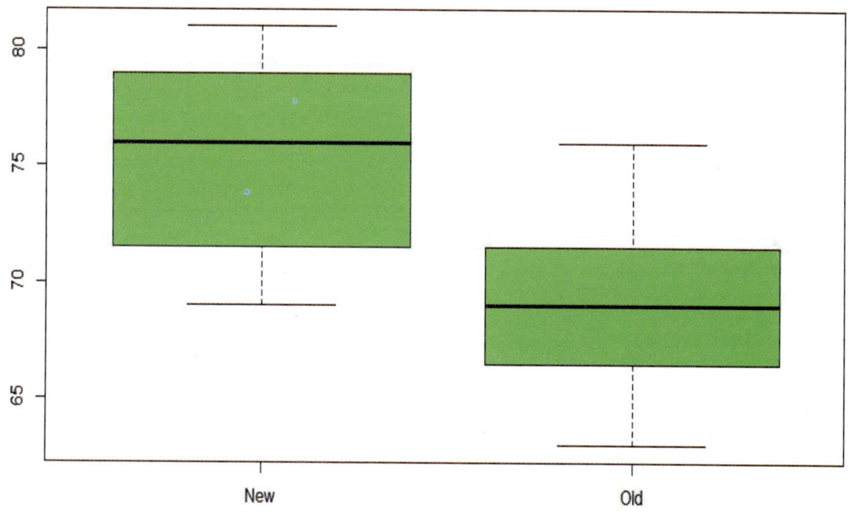

〈그림 5.1〉 두 강의방식에 대한 상자그림

```
#-------------------------------------------------------------------
Two Sample t-test

data:  Score by Group
t = 2.9536, df = 14, p-value = 0.005235
alternative hypothesis: true difference in means is greater than 0
95 percent confidence interval:
 2.522975      Inf
sample estimates:
mean in group New mean in group Old
           75.375            69.125
```

〈예 5.2〉는 t.test() 함수를 이용하여 새로운 강의방식에 의한 평균이 기존의 강의방식에 의한 평균보다 큰지를 검정한 것이다(5.6절 참조). 즉, 이 예에서의 귀무가설과 대립가설은 다음과 같다.

$$H_0 : \mu_1 \le \mu_2 \quad vs \quad H_1 : \mu_1 > \mu_2$$

이 예에서는 등분산 가정(두 집단의 모분산이 같다는 가정) 하에서 $t-$검정을 수행하였다.[2] 출력결과를 살펴보면 $T-$값이 2.954이고 이에 대응되는 유의확률($p-$value)이 0.005 이므로, 유의수준 0.05 하에서 귀무가설을 기각하고 대립가설을 채택할 수 있다. 즉, 새로운 강의방식이 기존의 방식보다 독서력 향상에 도움을 준다고 할 수 있다. 또한 두 모평균의

[2]두 모분산의 동일성에 대한 검정은 5.5절에서 다룰 것이다.

〈표 5.2〉 대응표본(paired sample)에서의 데이터 구조

번호	1	2	$\cdots$	n
처리 1 (x)	x_1	x_2	$\cdots$	x_n
처리 2 (y)	y_1	y_2	$\cdots$	y_n
차이 ($D = x - y$)	$d_1 = x_1 - y_1$	$d_2 = x_2 - y_2$	$\cdots$	$d_n = x_n - y_n$

차이에 대한 추정치가 $\bar{x}_1 - \bar{x}_2 = 75.375 - 69.125 = 6.25$이며, 모평균의 차이에 대한 95% 단측 신뢰구간이 $(2.523,\ \infty)$으로서 $\delta_0 = 0$을 포함하고 있지 않다는 것을 알 수 있다.

5.2 대응표본에 의한 두 모평균의 비교: 대응표본 t–검정

앞 절에서는 두 표본이 서로 다른 모집단으로부터 독립적으로 추출된 경우를 다루었다. 이와 같은 실험에서 주의해야 할 것은 두 모집단의 실험단위들이 동질적이도록 해야 한다는 것이다. 예를 들어 두 종류의 약품을 비교자 하는 경우 실험단위들이 동질하지 않으면, 반응값의 차이가 순수한 처리효과에 의한 차이인지 아니면 성, 나이, 증상 등 실험에서 고려되지 않고 있는 다른 요인에 의한 차이인지를 구별할 수 없게 된다. 즉, 실험에서 조절할 수 없는 요인(교락요인: confounding factor)으로 인해 순수한 실제 처리효과의 차이를 알기 어렵게 되는 것이다. 예를 들어 두 종류의 운동화의 마모량을 비교하고자 하는 경우, 실험대상의 나이, 성, 보행습관 등에 의해 순수한 운동화의 품질차이를 알 수 없게 하는 경우이다.

그러나 성, 나이, 습관, 증상 등이 모두 동일한 개체들만으로 실험을 한다는 것은 현실적으로 매우 어렵고, 따라서 이와 같은 문제점을 해결하는 방법 중의 하나가 대응표본(짝지은 표본)을 구성하여 실험을 수행하는 것이다. 즉 실험단위를 동질적인 쌍으로 묶은 다음 각 쌍에 대해 랜덤하게 두 처리를 적용하고, 각 쌍에서 얻어진 반응값의 차이를 이용하여 두 모평균을 비교하는 것이다.

정규모집단으로부터 n개의 대응표본 $(x_1, y_1),\ (x_2, y_2), \cdots,\ (x_n, y_n)$을 얻었을 때, $d_i = x_i - y_i$라고 하자(표 5.2 참조). 그러면 두 반응값의 평균에 대한 가설 $\mu_x = \mu_y$를 검정하는 것은 $\mu_d = \mu_x - \mu_y = 0$을 검정하는 것과 같다. 여기서 변수 d는 다음과 같은 표본평균과 표본분산을 가진다.

$$\bar{d} = \frac{1}{n}\sum_{i=1}^{n} d_i, \tag{5.17}$$

〈표 5.3〉 Paired 데이터

ID	Pretest	Posttest	ID	Pretest	Posttest	ID	Pretest	Posttest
1	80	82	6	84	71	11	52	65
2	73	71	7	65	75	12	78	83
3	70	95	8	37	60	13	40	60
4	60	69	9	91	95	14	79	86
5	88	100	10	98	99	15	59	62

$$s_d^2 = \frac{1}{n-1}\sum_{i=1}^{n}(d_i - \bar{d})^2 \tag{5.18}$$

따라서 귀무가설 $H_0 : \mu_d = 0$을 검정하기 위한 검정통계량은 다음 식 (5.19)와 같고, 이러한 T 통계량은 귀무가설 하에서 자유도 $n-1$인 $t-$분포를 따른다.

〈대응표본에서 모평균의 차이에 대한 추론〉

$$\text{검정통계량}: \ T = \frac{\bar{d} - \delta_0}{s_d/\sqrt{n}} \tag{5.19}$$

	귀무가설	대립가설	기각역
(a)	$H_0 : \mu_1 - \mu_2 \le \delta_0$	$H_1 : \mu_1 - \mu_2 > \delta_0$	$T \ge t_\alpha(n-1)$
(b)	$H_0 : \mu_1 - \mu_2 \ge \delta_0$	$H_1 : \mu_1 - \mu_2 < \delta_0$	$T \le -t_\alpha(n-1)$
(c)	$H_0 : \mu_1 - \mu_2 = \delta_0$	$H_1 : \mu_1 - \mu_2 \ne \delta_0$	$\lvert T\rvert \ge t_{\alpha/2}(n-1)$

〈표 5.3〉의 데이터는 학생 15명에게 컴퓨터 교육을 실시하기 이전의 통계학 시험성적(Pretest)과 교육을 실시한 후의 성적(Posttest)을 얻은 것이다. 먼저 다음 〈예 5.3〉에서는 두 변수의 차이를 나타내는 변수 Diff(=Pretest−Posttest)를 생성하여 분포를 출력한 예이다. 이 출력결과에서 변수 Diff의 평균(mean)이 −7.93임을 알 수 있으며, 특히 〈그림 5.3〉을 통해 대부분의 개체에서 변수 Diff의 값이 0보다 작음을 볼 수 있다.

〈예 5.3〉 두 변수의 차이에 대한 탐색

```
> Paired = read.csv("L:/My_Work/Data/Paired.csv",header=TRUE)
> boxplot(Paired$Pretest,Paired$Posttest,names=c("Pre","Post"),
+         col="green",horizontal=TRUE)   # 2.7절 참조
> Paired$Diff = Paired$Pretest-Paired$Posttest
```

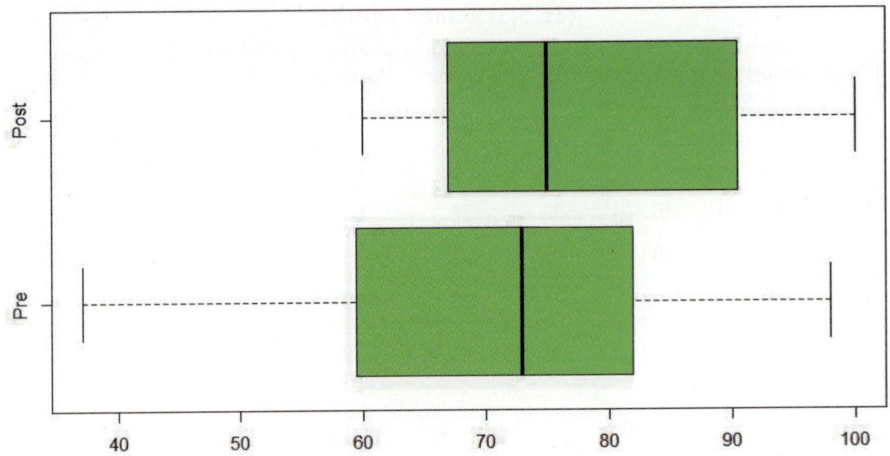

〈그림 5.2〉 두 변수에 대한 상자그림

```
> library(DescTools)
> Desc(Paired$Diff,plotit=TRUE)    # 2.3.5절 참조
#-------------------------------------------------------------------------
Paired$Diff (numeric)

  length       n     NAs  unique       0s     mean   meanSE
      15      15       0     = n        0    -7.93     2.56

     .05     .10     .25  median      .75      .90      .95
  -23.60  -21.80  -12.50   -7.00    -2.50     0.80     5.30

   range      sd   vcoef     mad      IQR     skew     kurt
   38.00    9.93   -1.25    7.41    10.00     0.04    -0.50

lowest : -25.0, -23.0, -20.0, -13.0, -12.0
highest: -3.0, -2.0, -1.0, 2.0, 13.0
```

이제 다음과 같은 가설에 대하여 검정을 수행하여 보자.

$$H_0 : \mu_x \geq \mu_y \quad vs \quad H_1 : \mu_x < \mu_y$$

다음 〈예 5.4〉는 describe() 함수를 사용하여 데이터를 요약하고, t.test() 함수를 사용하여 대응표본 $t-$검정을 수행한 것이다. 대응표본 $t-$검정을 수행할 때는 이 예에서와 같이 t.test() 함수에 paired=TRUE 인수를 지정하면 된다(5.6절 참조).

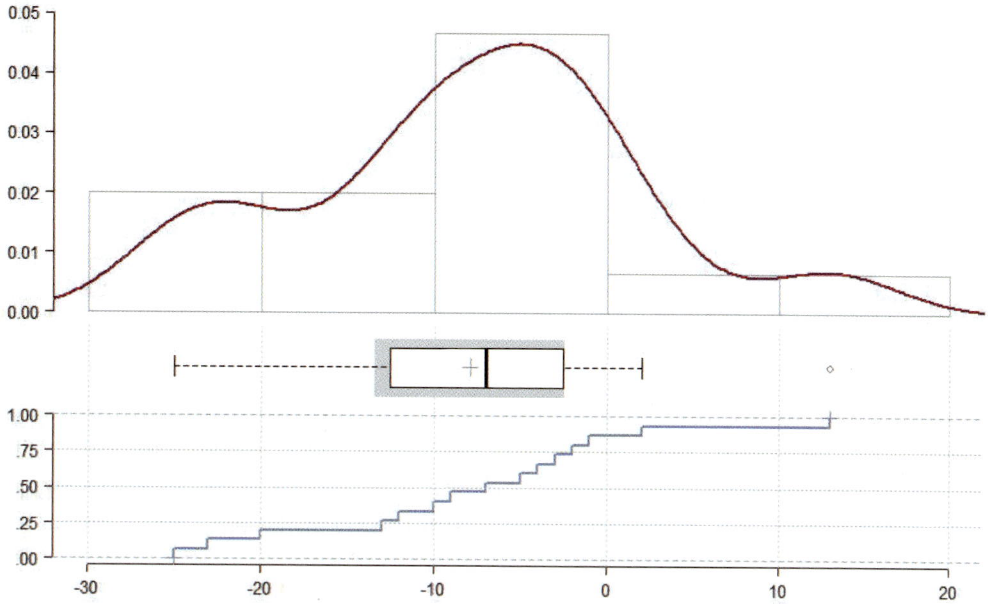

〈그림 5.3〉 변수 Diff의 분포

〈예 5.4〉 대응표본 t−검정

```
> library(psych)
> describe(Paired[c("Pretest","Posttest","Diff")])   # 2.3.5절 참조
#-----------------------------------------------------------------------
          vars  n  mean    sd median trimmed   mad min max range  skew
Pretest      1 15 70.27 18.04     73   70.69 19.27  37  98    61 -0.37
Posttest     2 15 78.20 14.31     75   77.92 16.31  60 100    40  0.21
Diff         3 15 -7.93  9.93     -7   -8.23  7.41 -25  13    38  0.04
#-----------------------------------------------------------------------
> t.test(Paired$Pretest,Paired$Posttest,alternative=c("less"),
+        paired=TRUE,conf.level=0.95)
#-----------------------------------------------------------------------
Paired t-test

data:  Paired$Pretest and Paired$Posttest
t = -3.0937, df = 14, p-value = 0.003965
alternative hypothesis: true difference in means is less than 0
95 percent confidence interval:
      -Inf -3.416724
sample estimates:
mean of the differences
              -7.933333
```

⟨예 5.4⟩의 결과를 살펴보면 T−값이 −3.094이고 이에 대응되는 유의확률(p-value)이 0.004이므로, 귀무가설 '$H_0 : \mu_x \geq \mu_y$'를 기각하고 대립가설 '$H_1 : \mu_x < \mu_y$'를 채택할 수 있다. 즉, 교육을 실시한 후의 평균 성적이 교육 실시 이전의 평균 성적에 비하여 상승하였다고 할 수 있다. 또한 $\bar{x} - \bar{y} = -7.933$이므로 교육을 실시한 후의 성적이 평균적으로 약 8점 정도 높다는 것을 알 수 있다.

5.3 독립표본에 의한 두 모비율의 비교

두 모집단의 모비율 차이에 대한 검정에서는 표본의 데이터가 연속적인 값이 아닌 성공횟수로 나타난다. 즉 첫 번째 모집단에서의 표본크기를 n_1 그리고 성공회수를 x_1이라 하고, 이와는 독립적으로 두 번째 모집단에서의 표본크기를 n_2 그리고 성공회수를 x_2라 하자. 그러면 두 집단에서의 모비율에 대한 추정치는 각각 $\hat{p}_1 = x_1/n_1$와 $\hat{p}_2 = x_2/n_2$가 된다.

5.3.1 피셔의 정확검정

통계량 x_1과 x_2가 각각 독립적인 이항분포에 따른다는 사실을 이용하여 두 모비율의 차이에 대한 검정을 수행할 수 있는데, 이와 같은 내용의 검정법을 피셔의 정확검정(Fisher's exact test)이라고 한다.[3]

두 모비율에 대한 차이를 검정하는 예를 들어보도록 하자. 현 정부에 대한 지지율이 성인 남녀별로 차이가 있는가를 알아보기 위해 조사를 해 본 결과, 임의로 뽑은 250명의 성인 남자 중 110명이 현 정부를 지지하였고, 200명의 성인 여자 중 104명이 현정부를 지지하는 것으로 나타났다(표 5.4 참조).

다음 ⟨예 5.5⟩는 이 데이터에 대하여 2차원 분할표(빈도표)를 작성하고 행 백분율을 계산한 예이다.

⟨예 5.5⟩ 분할표의 작성 및 행 비율 계산

```
> Support=read.csv("L:/My_Work/Data/Support.csv",header=TRUE)
> Support.table=xtabs(data=Support,~Gender+YesNo)
> Support.table
#-----------------------------------------------------------------------
        YesNo
Gender    No Yes
  Female  96 104
  Male   140 110
```

[3]피셔의 정확검정(Fisher's exact test)과 오즈비(odds ratio)에 대하여는 제7장에서 자세히 설명한다.

〈표 5.4〉 Support 데이터 (첫 10개, $n = 450$)

ID	Gender	YesNo	ID	Gender	YesNo
1	Male	No	6	Male	No
2	Female	Yes	7	Female	No
3	Female	No	8	Male	No
4	Female	No	9	Male	No
5	Female	No	10	Female	Yes

```
#------------------------------------------------------------------
> addmargins(prop.table(Support.table,margin=1),margin=2)
#------------------------------------------------------------------
        YesNo
Gender     No  Yes  Sum
  Female 0.48 0.52 1.00
  Male   0.56 0.44 1.00
```

〈예 5.6〉 독립표본에서 두 모비율의 차이에 대한 검정

```
> fisher.test(Support.table)
#------------------------------------------------------------------
Fisher's Exact Test for Count Data

data:  Support.table
p-value = 0.1063
alternative hypothesis: true odds ratio is not equal to 1
95 percent confidence interval:
 0.4907406 1.0718434
sample estimates:
odds ratio
 0.7258086
```

이제 성인 남녀별로 현정부에 대한 지지율이 차이가 있는지(즉, $H_0 : p_1 = p_2 \;\; vs \;\; H_1 : p_1 \neq p_2$)를 유의수준 5% 하에서 검정하여 보자. 〈예 5.6〉은 fisher.test() 함수를 사용하여 피셔의 정확검정(Fisher's exact test)을 수행한 예이다(7.6절 참조). 먼저 두 표본비율을 계산하면 각각 $\hat{p}_1 = 110/250 = 44.0\%$, $\hat{p}_2 = 104/200 = 52.0\%$이다. 또한 유의확률(p-value)이 0.106이므로 귀무가설 H_0를 기각할 수 없다. 따라서 정부에 대한 지지율이 남녀별로 차이가 있다고 할 수 없다.

5.3.2 정규근사 검정

한편, 두 모집단의 모비율 차이 $p_1 - p_2$에 대한 추정량으로 표본비율의 차이 $\hat{p}_1 - \hat{p}_2(= x_1/n_1 - x_2/n_2)$를 생각할 수 있고, 이 표본비율의 차이에 대한 평균과 분산은 다음과 같다.

$$E(\hat{p}_1 - \hat{p}_2) = p_1 - p_2 \tag{5.20}$$

$$Var(\hat{p}_1 - \hat{p}_2) = \frac{p_1(1-p_1)}{n_1} + \frac{p_2(1-p_2)}{n_2} \tag{5.21}$$

여기에서 표본크기 n_1과 n_2가 충분히 크면 $\hat{p}_1 - \hat{p}_2$는 근사적으로 정규분포를 따르게 되므로, 다음과 같은 표준화 변환을 취하면 근사적으로 표준정규분포 $N(0, 1)$을 따르는 확률변수 Z을 얻을 수 있다.

$$Z = \frac{(\hat{p}_1 - \hat{p}_2) - (p_1 - p_2)}{\sqrt{p_1(1-p_1)/n_1 + p_2(1-p_2)/n_2}} \quad \sim \quad N(0,1) \tag{5.22}$$

따라서 두 모비율의 차이 $p_1 - p_2$에 대한 $100(1-\alpha)\%$ 신뢰구간은 다음과 같이 주어진다.

$$(\hat{p}_1 - \hat{p}_2) \pm z_{\alpha/2}\sqrt{\frac{\hat{p}_1(1-\hat{p}_1)}{n_1} + \frac{\hat{p}_2(1-\hat{p}_2)}{n_2}} \tag{5.23}$$

이제 두 모비율의 차이에 대한 가설검정 문제를 생각해 보자. 일반적으로 모비율에 관한 통계적 추론에서는 두 모비율의 차이에 대한 동일성에 관심이 있는 경우가 대부분이라고 할 수 있는데, 이 경우 귀무가설은 $H_0 : p_1 = p_2$이다. 이러한 귀무가설 하에서는 두 모비율이 서로 같으므로(즉 $p_1 = p_2 = p$), 다음과 같은 합동추정량

$$\hat{p} = \frac{x_1 + x_2}{n_1 + n_2} \tag{5.24}$$

으로 공통인 모비율 p를 추정할 수 있다. 이때 두 표본비율의 차이인 $\hat{p}_1 - \hat{p}_2$에 대한 표준오차는 다음과 같다.

$$\sqrt{\frac{\hat{p}(1-\hat{p})}{n_1} + \frac{\hat{p}(1-\hat{p})}{n_2}} = \sqrt{\hat{p}(1-\hat{p})\left(\frac{1}{n_1} + \frac{1}{n_2}\right)} \tag{5.25}$$

따라서 다음 식 (5.26)과 같은 검정통계량이 근사적으로 표준정규분포 $N(0, 1)$을 따른다는 사실을 이용하여 두 모비율 차이에 대한 검정을 수행할 수 있다.

〈모비율 차이에 대한 검정: 표본크기가 충분히 큰 경우〉

$$\text{검정통계량: } Z = \frac{\hat{p}_1 - \hat{p}_2}{\sqrt{\hat{p}(1-\hat{p})(1/n_1 + 1/n_2)}} \tag{5.26}$$

	귀무가설	대립가설	기각역
(a)	$H_0 : p_1 \le p_2$	$H_1 : p_1 > p_2$	$Z \ge z_\alpha$
(b)	$H_0 : p_1 \ge p_2$	$H_1 : p_1 < p_2$	$Z \le -z_\alpha$
(c)	$H_0 : p_1 = p_2$	$H_1 : p_1 \ne p_2$	$\lvert Z\rvert \ge z_{\alpha/2}$

⟨예 5.6⟩에서 다루었던 Support 데이터에 대해 위의 검정통계량을 적용하여 보자. 먼저 공통비율을 계산하면 $\hat{p} = (110 + 104)/(250 + 200) = 0.476$이므로, 검정통계량 Z의 값을 구하면 다음과 같다.

$$Z = \frac{0.440 - 0.520}{\sqrt{(0.476)(0.524)(1/250 + 1/200)}} = 1.688$$

또한 부록의 '부표 3'에서 기각치가 $z_{0.025} = 1.96$임을 알 수 있고,[4] 검정통계량의 값 $|Z| = 1.688$은 기각치인 1.96보다 작으므로 귀무가설 H_0를 기각할 수 없다. 따라서 정부에 대한 지지율이 남녀별로 차이가 있다고 할 수 없다.

⟨예 5.7⟩ 두 모비율의 차이에 대한 검정 – 카이제곱검정

```
> chisq.test(Support.table)
#-------------------------------------------------------------------
Pearson's Chi-squared test with Yates' continuity correction

data:  Support.table
X-squared = 2.5395, df = 1, p-value = 0.111
```

한편 표준정규분포에 따르는 확률변수 z의 제곱은 자유도가 1인 카이제곱분포를 따르게 되는데(3.5절 참조), 따라서 카이제곱검정을 이용하여 정규근사 검정을 수행할 수 있다.

⟨예 5.7⟩은 chisq.test() 함수를 사용하여 두 모비율 차이에 대한 근사적 검정을 수행한 예이다(7.6절 참조). 이 출력결과를 살펴보면 카이제곱 통계량의 값이 2.540이고 이에 대응되는 유의확률은 0.111이므로,[5] '지지율이 남녀별로 차이가 없다'는 귀무가설을 기각할 수 없다.

---

[4] qnorm(0.95) 또는 qnorm(0.05,lower.tail=FALSE)와 같이 qnorm() 함수를 이용하여 구할 수 있다.

[5] 연속성 수정을 하지 않을 경우 $\chi^2 = (1.688)^2 = 2.851$이 출력된다.

〈표 5.5〉 대응표본에 대한 교차표

		B		합계
		예(1)	아니오(0)	
A	예(1)	n_{11}	n_{10}	n_A
	아니오(0)	n_{01}	n_{00}	$1-n_A$
합계		n_B	$1-n_B$	n

5.4 대응표본에 의한 두 모비율의 비교 – 맥니머 검정

두 독립표본에 대한 비율차이 검정을 앞절에서 다루었고, 이에 대한 검정은 카이제곱 통계량을 이용할 수도 있다는 것을 설명하였다. 이제 대응표본으로부터 두 표본비율 $\hat{p}_A$과 $\hat{p}_B$를 얻은 경우, 모비율 p_A과 p_B에 대한 추론에 대해서 다루어 보도록 하자.

예를 들어 100명의 소비자에게 두 개의 제품 A와 B를 모두 사용하게 해본 후, 두 제품에 대한 호감여부를 조사하여 〈표 5.5〉와 같은 데이터를 얻었다고 하자. 이때 두 표본비율 $p_A = n_A/n$과 $p_B = n_B/n$는 서로 독립이 아니므로 앞절에서 설명한 방법을 적용할 수 없으며, 이러한 대응표본의 모비율 차이에 대해서는 귀무가설 '$H_0: \ p_A = p_B$' 하에서 n_{01}이 이항분포 $B(n_{01}+n_{10}, 1/2)$를 따른다는 사실을 이용하여 검정을 수행할 수 있다.

또한 다음과 같은 정규근사 통계량을 이용할 수도 있는데,

$$Z = \frac{n_{01} - (n_{01}+n_{10})/2}{\sqrt{(n_{01}+n_{10})/4}} = \frac{n_{01}-n_{10}}{\sqrt{n_{01}+n_{10}}} \tag{5.27}$$

이때 검정통계량 Z은 귀무가설 하에서 표준정규분포를 따르므로 Z^2은 자유도 1인 카이제곱분포를 따르며, 이 Z^2을 맥니머(McNemer)의 카이제곱 통계량이라고도 한다.

〈예 5.8〉 분할표의 작성 및 백분율 계산

```
> Prepost=read.csv("L:/My_Work/Data/Prepost.csv",header=TRUE)
> Prepost.table=xtabs(data=Prepost,~Pre+Post)
> addmargins(Prepost.table)
#-------------------------------------------------------------
     Post
Pre    No Yes Sum
  No   18  27  45
  Yes   8  67  75
  Sum  26  94 120
#-------------------------------------------------------------
```

〈표 5.6〉 Prepost 데이터 (첫 10개, $n = 120$)

ID	Pre	Post	ID	Pre	Post
1	Yes	Yes	6	No	No
2	No	No	7	No	Yes
3	Yes	No	8	Yes	Yes
4	No	No	9	Yes	Yes
5	No	No	10	No	Yes

```
> round(addmargins(prop.table(Prepost.table))*100,1)
#-----------------------------------------------------------------------
      Post
Pre      No   Yes   Sum
  No   15.0  22.5  37.5
  Yes   6.7  55.8  62.5
  Sum  21.7  78.3 100.0
```

McNemar 검정의 예를 하나 들어보도록 하자. 정부에서 어떤 정책을 발표하기 이전과 이후에 정부에 대한 지지율이 변하였는지를 알아보기 위해, 120명의 유권자를 조사하여 〈표 5.6〉과 같은 데이터를 얻었다고 하자. 즉, 이 예에서는 동일한 120명에 대해서 발표 이전과 이후의 응답을 얻었다. 만약 발표 이전과 이후에 서로 다른 120명씩(전체 240명)을 조사하였다면, 앞절에서 설명한 두 집단의 모비율 차이에 대한 검정을 수행해야 한다.

〈예 5.8〉은 〈표 5.6〉의 데이터에 대하여 2차원 분할표(빈도표)를 작성하고 백분율을 계산한 예이다. 여기에서는 비율에 100을 곱하여 백분율로 표시하였으며, round() 함수를 사용하여 소숫점 첫째 자리에서 반올림하였다. 이 출력결과에서 정책 발표 이전의 지지율은 75/120=62.5%이고, 정책 발표 이후의 지지율은 94/120=78.3%로서 15.8%가 상승하였음을 볼 수 있다.

〈예 5.9〉 대응표본에서 두 모비율의 차이에 대한 검정

```
> mcnemar.test(Prepost.table)
#-----------------------------------------------------------------------
McNemar's Chi-squared test with continuity correction

data:  Prepost.table
McNemar's chi-squared = 9.2571, df = 1, p-value = 0.002346
#-----------------------------------------------------------------------
```

```
> library(exact2x2)
> mcnemar.exact(Prepost.table)
#------------------------------------------------------------------
Exact McNemar test (with central confidence intervals)

data:  Prepost.table
b = 27, c = 8, p-value = 0.001878
```

McNemar 검정은 ⟨예 5.9⟩에서와 같이 mcnemar.test() 함수를 사용하여 수행할 수 있다 (5.6절 참조). 이 출력결과를 살펴보면 McNemar 검정에 대한 근사 유의확률(p-value)이 0.0023으로서, 정책을 발표하기 이전과 이후의 정부에 대한 지지율이 달라졌다고 말할 수 있다. 한편, 이항분포에 의한 정확한 유의확률은 mcnemar.exact() 함수를 사용하여 구할 수 있는데, 이 예에서는 $p-$값=0.0018이다.

5.5 모분산의 동일성에 대한 검정

고도의 정밀도를 요구하는 현대산업에 있어서 생산된 제품의 정밀도에 대한 측도를 나타내는 분산에 대한 비교는 매우 중요하다. 특히 두 모집단의 분산에 대한 비교의 경우가 이에 해당된다. 예를 들어, 일정한 규격의 베어링을 생산하는 경우 각 제조공정에 따라 베어링의 평균지름은 같으나 분산이 다르다면 심각한 문제가 발생할 수 있게 된다. 또한 5.1절에서 언급한 바와 같이 두 모집단의 평균 차이를 검정하는 과정에서 두 모분산의 동일성 $(H_0 : \sigma_1^2 = \sigma_2^2)$에 대한 검정을 수행해야 할 필요가 있게 된다.

앞의 3.5절에서, 다음과 같이 정의되는 통계량은 자유도가 $(n_1-1,\ n_2-1)$인 $F-$분포를 따른다는 것을 설명한 바 있다. 즉,

$$F = \frac{s_1^2/\sigma_1^2}{s_2^2/\sigma_2^2} \quad \sim \quad F(n_1-1,\ n_2-1) \tag{5.28}$$

여기에서 귀무가설 $H_0 : \sigma_1^2 = \sigma_2^2$ 하에서는 $F = s_1^2/s_2^2$이 되므로, 이러한 사실을 이용하여 모분산에 대한 동일성을 검정하게 되는 것이다.

⟨모분산의 동일성에 대한 검정⟩

두 모분산의 비 σ_1^2/σ_2^2에 대한 $100(1-\alpha)\%$ 신뢰구간:

$$\left(\frac{1}{F_{\alpha/2}(n_1-1, n_2-1)}\frac{s_1^2}{s_2^2}\ ,\ \ F_{\alpha/2}(n_2-1, n_1-1)\frac{s_1^2}{s_2^2}\right) \tag{5.29}$$

$$\text{검정통계량: } F = s_1^2/s_2^2 \tag{5.30}$$

	귀무가설	대립가설	기각역
(a)	$H_0 : \sigma_1^2 \le \sigma_2^2$	$H_1 : \sigma_1^2 > \sigma_2^2$	$F \ge F_\alpha(n_1 - 1, n_2 - 1)$
(b)	$H_0 : \sigma_1^2 \ge \sigma_2^2$	$H_1 : \sigma_1^2 < \sigma_2^2$	$F \le F_{1-\alpha}(n_1 - 1, n_2 - 1)$
(c)	$H_0 : \sigma_1^2 = \sigma_2^2$	$H_1 : \sigma_1^2 \ne \sigma_2^2$	$F \ge F_{\alpha/2}(n_1 - 1, n_2 - 1)$ 또는 $F \le F_{1-\alpha/2}(n_1 - 1, n_2 - 1)$

다음 ⟨예 5.10⟩은 5.1절에서 다루었던 Reading 데이터에 대해 var.test() 함수를 사용하여 두 모분산의 동일성에 대한 검정을 수행한 것이다(5.6절 참조). 즉, 이 예에서의 귀무가설과 대립가설은 다음과 같다.

$$H_0 : \sigma_1 = \sigma_2 \ \ vs \ \ H_1 : \sigma_1 \ne \sigma_2$$

출력결과를 살펴보면 $F-$값이 1.146이고 이에 대응되는 유의확률(p-value)이 0.862이므로, 귀무가설을 기각할 수 없다. 즉, 두 집단의 모분산이 다르다고 말할 수 없다. ⟨그림 5.1⟩의 상자그림에서도 두 집단의 산포도가 크게 다르지 않음을 볼 수 있다.

또한 표본 분산비는 $F = s_1^2/s_2^2 = 4.37^2/4.09^2 = 1.145$로 계산되며, 분산비에 대한 신뢰구간은 (0.229, 5.721)임을 볼 수 있다.

⟨예 5.10⟩ 모분산의 동일성에 대한 $F-$검정

```
> var.test(Score~Group,data=Reading,alternative=c("two.sided"))
#---------------------------------------------------------------------
F test to compare two variances

data:  Score by Group
F = 1.1455, num df = 7, denom df = 7, p-value = 0.8624
alternative hypothesis: true ratio of variances is not equal to 1
95 percent confidence interval:
 0.2293244 5.7214415
sample estimates:
ratio of variances
          1.145455
```

5.6 이 장에서 사용된 주요 함수들

여기에서는 이 장에서 사용된 주요 함수들에 대하여 사용형식(usage)과 자주 사용되는 인수(argument)들을 설명한다. 보다 자세한 사항은 R의 도움말을 참조하여라.

⟨mcnemar.test 함수⟩ ~ stats 패키지

☐ mcnemar.test(table, correct=): 근사 McNemar 검정을 수행한다.

- table: 이차원 분할표를 지정한다.
- correct=: 연속성 수정을 수행할지의 여부를 지정한다[기본값: correct=TRUE].

⟨t.test 함수⟩ ~ stats 패키지

☐ t.test(formula, data=, var.equal=, ⋯): 독립표본 $t-$검정을 수행한다.
☐ t.test(x, y, paired=TRUE, ⋯): 대응표본 $t-$검정을 수행한다.

- formula: y~grp 형식으로 반응변수(y)와 집단변수(grp)를 지정한다.
- data=: 데이터 프레임을 지정한다.
- x, y: 대응변수 x와 y를 지정한다.
- alternative=c(" "): two.sided(양측검정), less(왼쪽 단측검정), greater(오른쪽 단측검정)을 지정한다[기본값: alternative=c("two.sided")].
- mu=: 귀무가설 하에서의 모평균의 차이(δ_0)를 지정한다[기본값: mu=0].
- paired=: 대응표본 검정을 수행할 것인지의 여부를 지정한다[기본값: paired=FALSE]. TRUE로 지정하면 대응표본 $t-$검정, FALSE로 지정하면 독립표본 $t-$검정을 수행한다.
- var.equal=: 분산의 동일성 여부를 지정한다[기본값: var.equal=TRUE].
- conf.level=: 신뢰수준($1-\alpha$)을 지정한다[기본값: conf.level=0.95].

⟨var.test 함수⟩ ~ stats 패키지

☐ var.test(formula, data=, ⋯): 두 모분산의 동일성에 대한 $F-$검정을 수행한다.

- formula: y~grp 형식으로 반응변수(y)와 집단변수(grp)를 지정한다.
- data=: 데이터 프레임을 지정한다.
- alternative=c(): two.sided(양측검정), less(왼쪽 단측검정), greater(오른쪽 단측검정)을 지정한다[기본값: alternative=c("two.sided")].
- conf.level=: 신뢰수준($1-\alpha$)을 지정한다[기본값: conf.level=0.95].

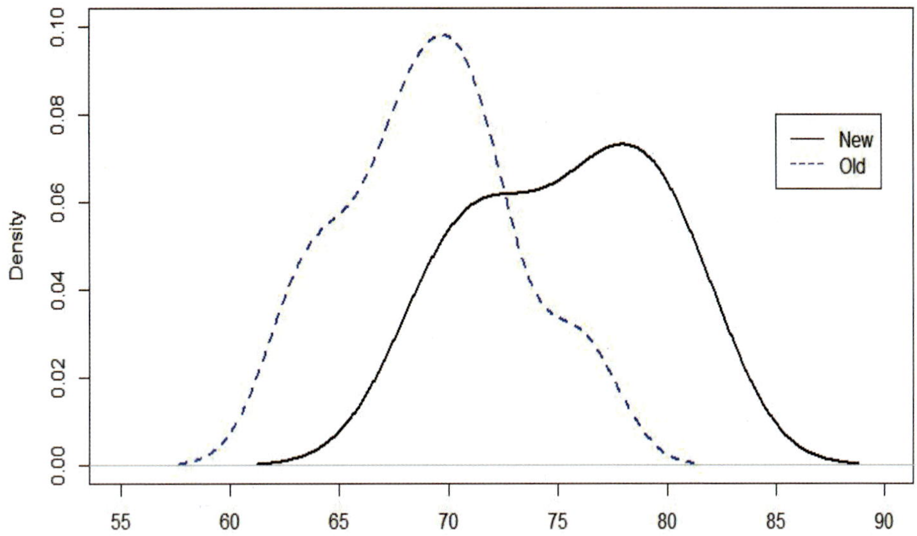

〈그림 5.4〉 집단별 밀도함수 그래프

5.7 연습문제

1. 어떤 기업연구가는 신용등급이 FP(finantial performance) 지표에 영향을 줄 것이라는 생각을 하고 있다. 이를 알아보기 위해 신용등급이 좋은 12개의 회사와 나쁜 12개의 회사를 임의로 선택하여 FP 지표를 조사하고 다음 데이터를 얻었다.

신용등급 좋음	0.58 2.80 2.77 3.50 2.67 2.97 2.18 3.24 1.49 2.19 2.70 2.57
신용등급 나쁨	2.28 1.06 1.08 0.07 0.16 0.70 0.75 1.61 0.34 1.15 0.44 0.86

(a) 신용등급에 따른 FP 지표의 모평균에 차이가 있는지를 유의수준 5% 하에서 검정하여라.

(b) 두 모평균의 차이에 대한 95% 신뢰구간을 구하여라.

2. 다음은 plot() 함수를 이용하여 집단별 밀도함수를 겹쳐서 그리는 프로그램의 예로서, 5.1절의 Reading 데이터에 대하여 그래프를 작성한 것이다. 이 프로그램을 적절히 수정하여 문제 1의 데이터에 대한 밀도함수 그래프를 작성하여라.

〈예 5.11〉 집단별 밀도함수 그래프 작성

```
> attach(Reading)    # 1.6.2절 참조
> plot(density(Score[Group=="New"]),lwd=2,xlim=c(55,90),ylim=c(0,0.1))
> lines(density(Score[Group=="Old"]),col="blue",lty=2,lwd=2)
```

```
> legend(85,0.08,c("New", "Old"),lty=c(1,2),lwd=1,
+        col=c("black","blue"),bty="o")
> detach(Reading)
------------------------------------------------------------------------
```

□ lines() 함수: 작성된 그래프에 새로운 연결선 그래프를 추가한다(8.7절 참조).

□ legend() 함수: 그래프에 각 선에 대한 범례를 추가한다(8.7절 참조).

---

3. 공기중의 수은농도를 측정하는 두 가지 형태의 기기에 대해 정밀도를 $1cm^2$당 마이크로그램으로 검사하여 다음과 같은 데이터를 얻었다.

기기 A	0.95 0.82 0.78 0.96 0.71 0.86 0.99
기기 B	0.89 0.91 0.94 0.91 0.90 0.89

두 모집단의 분산이 동일하다고 할 수 있는가에 대해 유의수준 5% 하에서 검정하여라.

4. 땅콩을 두 조각으로 쪼개어 한쪽은 생으로, 다른 한쪽은 볶아서 각각 함유하고 있는 단백질의 함량을 조사하여 다음과 같은 데이터를 얻었다.

생 땅콩	61 60 56 63 56 63 69 56 44 61
볶은 땅콩	56 54 47 59 51 51 57 54 63 58

단백질 함량의 평균에 차이가 있다고 할 수 있는가?

5. 〈표 4.4〉의 Deer 데이터에 대하여 사슴의 앞다리와 뒷다리 길이의 평균에 차이가 있는지를 검정하여라. 또한 이 결과를 제4장의 문제 1번의 결과와 비교하여라.

6. A, B 두 생명보험에 대하여 계약파기비율이 다른지를 조사하고자 한다. 지난 일 년간의 데이터는 다음과 같다. 두 보험에 대한 계약파기비율이 다르다고 할 수 있는지를 유의수준 5% 하에서 가설을 검정하여 보아라.

	총계약자 수	계약파기자 수
A 생명보험사	2,350	580
B 생명보험사	5,210	1,500

7. 다음은 두 개의 다른 제조방법에 의해서 생산된 자동차 배터리의 수명시간을 측정한 결과이다.

A 방법	2.0 2.1 2.5 3.0 3.3 4.2 4.2 4.3 6.8 7.6
B 방법	3.6 3.7 3.9 3.9 3.9 4.0 4.0 4.0 4.1 4.2 4.3

(a) A방법에 의해서 생산된 바테리의 분산이 B방법에 의해서 생산된 바테리의 분산보다 크다고 할 수 있는지를 검정하여라.

(b) 두 분산의 비에 대한 95%의 신뢰구간을 구하여라.

8. 철사의 강도를 조사하기 위하여 종류 A에서 20개의 표본을 추출하여 계산한 결과 평균 강도 $\bar{x}_1$가 32.5ksi이다. 같은 종류의 철사에 전기처리를 한 후에 같은 실험으로 25개의 표본을 추출하여 계산한 결과 평균 강도 $\bar{x}_2$가 36.4ksi의 값을 얻었다. 이 때 철사의 강도는 표준편차가 각각 3과 4인 정규분포를 따른다고 가정하고 다음을 답하여라.

(a) 각 모집단의 평균을 μ_1, μ_2라 하고 각각의 95% 신뢰구간을 구하여라.

(b) $\mu_1 - \mu_2$의 95% 신뢰구간을 구하여라.

(c) 귀무가설 $H_0 : \mu_1 - \mu_2 = 0$과 대립가설 $\mu_1 < \mu_2$에 대해 유의수준 5% 하에서 검정하고, 이때의 $p-$값을 구하여라.

9. 배기량이 동일한 자동차 A와 자동차 B의 연료소비량에 차이가 있는지를 조사하기 위하여 1ℓ의 연료를 넣고 자동차 A는 9번을 자동차 B는 16번의 주행거리(㎞)를 실험하여 다음과 같은 결과를 얻었다.

	평균	분산
자동차 A	14.5	4
자동차 B	13.0	16

이 결과로부터 두 자동차의 연료소비량은 같다고 말할 수 있는지 유의수준 5% 하에서 검정하여라.

10. 벼의 시험재배에서 품종 A와 품종 B의 수확량을 비교하고자 한다. 임의로 24개의 지역을 택하여 두 품종의 벼를 경작하여 다음과 같은 자료를 얻었다.

품종 A	31 34 29 26 32 35 38 34 30 29 32 31
품종 B	26 24 28 29 30 29 32 26 31 29 32 28

(a) A품종이 B품종보다 더 수확량이 많다고 할 수 있는가를 검정하여라.

(b) 두 품종간의 수확량의 차에 대한 95% 신뢰구간을 계산하여라.

11. 두 콜라회사 제품에서 A 성분의 함유량을 조사한 결과 다음과 같았다. 두 회사의 A 성분 함유량이 다른지를 유의수준 5% 하에서 검정하여 보아라.

갑	1 2 3 4 5 6 7
을	1 2 2 1 2 1 1

12. 우편물의 국내외 취급은 우체국을 통하게 되어 있다. 그러나 최근 들어 수출입 상품의 견본 등 지급을 요하는 우편물(소포포함)의 양이 증가함에 따라 이들 지급 우편물의 배달을 전문으로 하는 회사가 생겼다. 어느 중소 업체에서는 이들 두 가지(우체국과 전문회사) 중 어느 곳을 택하는 것이 좋은지 알아보기 위하여 12곳의 거래 회사로 견본을 보내어 배달에 걸린 일수를 기록하였다.

	1	2	3	4	5	6	7	8	9	10	11	12
우체국	4	6	8	3	3	7	4	5	9	10	9	7
전문회사	3	4	6	2	5	8	3	5	10	9	8	5
차이	1	2	2	1	-2	-1	1	0	-1	1	1	2

전문회사에 맡기는 것이 빠르다고 주장하려면 어떠한 가설을 세워야 하는가? 또한 세운 가설을 유의수준 5% 하에서 검정하여라.

13. 적당한 육체적 운동이 당뇨의 양에 영향을 미치는지를 알기 위하여 20명의 당뇨병 환자를 표본으로 추출하여 500m 달리기를 하기 1시간 전과 2시간 후에 당뇨의 양을 측정하였다.

번호	달리기전	달린후	번호	달리기전	달린후
1	1.45	0.19	2	2.37	1.03
3	0.79	0.15	4	0.77	0.35
5	0.93	1.19	6	0.77	0.27
7	1.35	0.67	8	0.33	0.58
9	0.80	0.39	10	1.42	0.68
11	2.50	1.58	12	0.51	0.82
13	0.41	1.58	14	2.83	1.28
15	1.56	0.91	16	1.01	2.02
17	1.93	0.28	18	0.81	0.24
19	1.35	0.12	20	3.48	0.36

적당한 양의 운동이 좋다는 것을 위의 자료로부터 증명하고자 한다. 유의수준 5% 하에서 검정하여라.

14. 여학생들의 신진대사에 대한 조사에서 7시간 이상 수면을 취하는 집단과 7시간 미만 수면을 취하는 집단으로 구분하여 각 집단이 하루에 소비하는 에너지의 양을 측정하여 다음의 결과를 얻었다.

7시간 이상	35.3 35.9 37.2 33.0 31.9 33.7 36.0 35.0
	33.3 36.6 37.9 35.6 29.0 33.7 35.7
7시간 미만	32.4 34.0 34.4 31.8 35.0 34.6 34.6 33.5
	33.6 31.5 33.8

(a) 7시간 이상 수면을 취하는 집단이 7시간 미만 수면을 취하는 집단보다 에너지 소비량의 분산이 크다고 할 수 있는지를 5% 유의수준 하에서 검정하여라.

(b) 두 집단의 표준편차의 비에 대한 95% 신뢰구간을 구하여라.

제 6 장
상관분석

여러 변수들에 대해 얻은 데이터를 분석하는 경우 주요 관심 대상 중의 하나는 변수들 간의 상호 연관성을 분석하는 것이다. 이 장에서는 두 변수 간의 선형적인 연관성을 분석하는 상관분석(correlation analysis)에 대해 기본적인 내용을 소개할 것이다. 또한 측정이론에서 문항의 신뢰도를 평가하는데 사용되는 크론바흐(Cronbach)의 알파(α)에 관련된 내용도 간단히 다룰 것이다.

6.1 상관계수의 개념

가구당 실질소득과 저축률, 섭취한 알코올의 양과 맥박수, 지능지수와 학업성적 등과 같이 서로 관련을 맺고 있는 두 변수에 대한 관찰값들이 쌍으로 주어졌을 때, 연구자는 두 변수들 간의 관계에 관심을 두게 된다. 먼저 이 절에서는 두 연속형 변수들 간의 연관성을 측정하는 데 사용되는 상관계수의 개념에 대해서 살펴보도록 하자.

6.1.1 공분산과 상관계수

평균이 μ_x와 μ_y이고 분산이 σ_x^2와 σ_y^2인 두 확률변수 X와 Y가 있다고 하자. 만약 X의 값이 μ_x보다 클 때는 Y의 값도 μ_y보다 크고, X의 값이 μ_x보다 작을 때는 Y의 값도 μ_y보다 작은 경향이 있다면 $(X-\mu_x)(Y-\mu_y)$는 양의 값을 가질 가능성이 많게 된다. **공분산**(共分散, covariance)

$$\sigma_{xy} = Cov(X,Y) = E\left[(X-\mu_x)(Y-\mu_y)\right] \tag{6.1}$$

은 $(X-\mu_x)(Y-\mu_y)$의 기대값으로 확률변수 X의 증가에 따른 확률변수 Y의 증가 또는 감소의 경향을 나타내는 척도이다. 즉, σ_{xy}가 큰 양의 값을 가진다면 X가 증가할 때 Y도 증가하는 경향이 크다는 것을 나타내고, σ_{xy}가 큰 음의 값을 가진다면 X가 증가할 때 Y는 감소하는 경향이 크다는 것을 나타낸다. 만약, σ_{xy}가 0에 가깝다면 두 확률변수 X와 Y의 증감은 서로 체계적인 경향이 없다는 것을 의미한다.

그러나 이와 같은 공분산은 변수를 측정하는 단위에 의존하며 그 값의 범위가 제한되어 있지 않아서 연관성의 정도를 상대 또는 절대비교하기가 어렵기 때문에, 측정단위와는 무관하며 범위가 제한되어 있는 연관성의 측도를 고려할 필요가 있다.

공분산 σ_{xy}를 각 확률변수의 표준편차(standard deviation)로 나누면 다음과 같은 **상관계수**(相關係數, correlation coefficient)

$$\rho_{xy} = Corr(X,Y) = \frac{\sigma_{xy}}{\sigma_x \sigma_y} \tag{6.2}$$

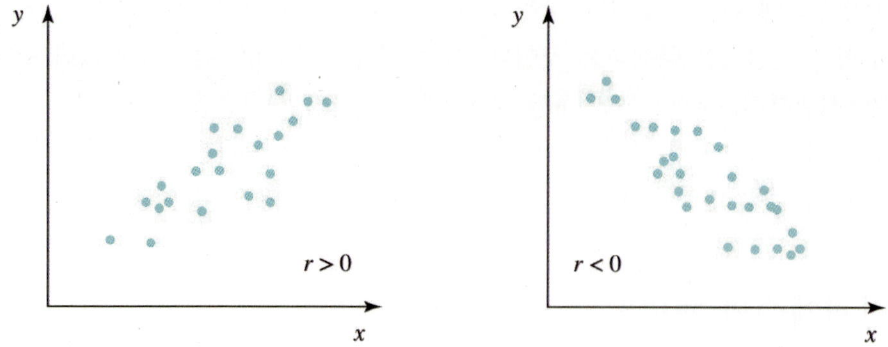

〈그림 6.1〉 상관계수의 부호

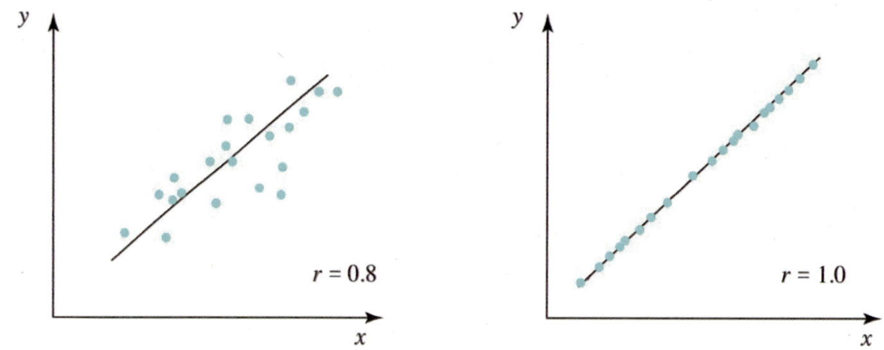

〈그림 6.2〉 상관계수의 크기

를 얻게 되는데, 이는 X와 Y의 선형성의 정도를 나타내는 측도로서 측정단위에 무관하며 그 값은 -1과 1 사이에 있게 된다($-1 \le \rho_{xy} \le 1$).

6.1.2 상관계수의 부호와 크기

상관계수의 부호는 두 변수 사이의 증감관계를 나타낸다. 〈그림 6.1〉의 왼쪽은 상관계수의 부호가 양(+)인 경우를 나타내며, 오른쪽은 상관계수의 부호가 음(−)인 경우를 나타낸다. 즉, 상관계수의 부호가 양(+)일 때에는 변수 X의 값이 증가함에 따라 변수 Y의 값도 증가하는 경향을 나타내며, 부호가 음(−)인 경우에는 변수 X의 값이 증가함에 따라 변수 y의 값이 감소하는 경향을 나타낸다. 위의 <그림 7.1>과 같이 두 변수의 좌표점들을 표시한 그림을 **산점도**(散點圖, scatter plot)라고 부르는데, 이는 데이터의 양상을 시각적으로 살펴보는 데 매우 유용하다.

또한, 상관계수의 절대값의 크기는 직선의 주변에 데이터가 어느 정도 집중되어 있는

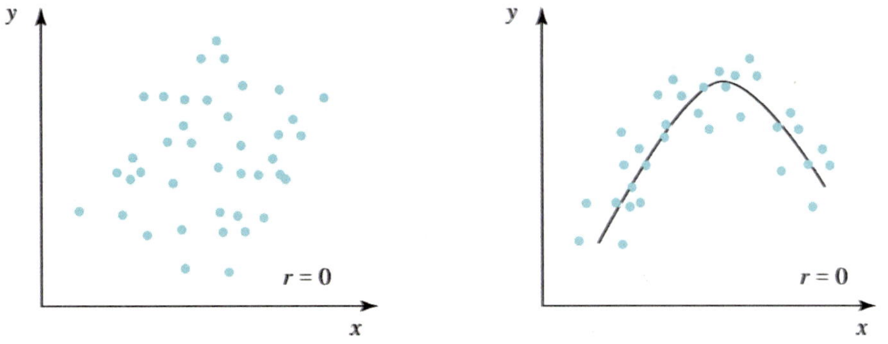

〈그림 6.3〉 상관계수가 0인 경우의 예

지를 나타낸다. 〈그림 6.2〉의 왼쪽은 상관계수의 절대값의 크기가 0.8로 직선의 주변에 데이터가 집중되는 정도가 80%임을 의미하고, 오른쪽은 상관계수의 절대값의 크기가 1로 직선의 주변에 데이터가 집중되는 정도가 100%임(직선 위에 데이터들이 모두 놓여 있음)을 의미한다.

한편, 상관계수가 0이라고 해서 무조건 두 변수 간에 어떠한 관계도 없다고 할 수는 없다. 예를 들어, 〈그림 6.3〉은 상관계수가 모두 0인 형태로서, 그림의 왼쪽은 두 변수 간에 특정한 관계가 없음을 알 수 있으나 그림의 오른쪽은 두 변수 간에 선형관계는 없지만 2차 곡선의 관계가 있음을 알 수 있다. 이와 같이 상관계수는 두 변수간의 선형집중도의 측도라는 특성을 가지고 있으므로 그 해석을 선형의 범주 내로 제한해야 한다.

만약 두 연속형 변수 간에 곡선 또는 비선형적인 관계가 있는 경우에는, 적절한 비선형 모형을 고려하거나 한 변수를 기준으로 몇 개의 구간으로 나누어 상관계수를 구하는 등의 방법을 사용하는 것이 바람직하다. 예를 들어, 위의 〈그림 6.3〉의 오른쪽에서 x가 연령이고 y가 선호도라고 하자. 이때 연령을 적절한 두 개의 구간(예를 들면, 연령이 40 이하인 집단과 40 이상인 집단)으로 나누어 상관계수를 구해봄으로써, 연령이 작은(40 이하인) 집단에서는 연령과 선호도의 관계가 양(+)의 관계를 가지고 있지만 연령이 큰(40 이상인) 집단에서는 연령과 선호도의 관계가 음(−)의 관계를 가지고 있다는 사실을 알 수 있을 것이다.

6.2 상관계수의 추정과 검정

두 변수 X와 Y에 대해서 n개의 쌍으로 관찰된 표본 (x_1, y_1), (x_2, y_2), $\cdots$, (x_n, y_n)을 얻었을 때 상관계수에 대한 추정과 검정에 대하여 살펴보도록 하자.

6.2.1 피어슨의 상관계수

다음과 같은 **표본공분산** s_{xy}와 **표본상관계수** r_{xy} 는 모공분산 σ_{xy}와 모상관계수 ρ_{xy}의 추정치로 사용되며,

$$s_{xy} = \frac{1}{n-1}\sum_{i=1}^{n}(x_i-\bar{x})(y_i-\bar{y}), \tag{6.3}$$

$$r_{xy} = \frac{s_{xy}}{s_x s_y} = \frac{\sum_{i=1}^{n}(x_i-\bar{x})(y_i-\bar{y})}{\sqrt{\sum_{i=1}^{n}(x_i-\bar{x})^2\sum_{i=1}^{n}(y_i-\bar{y})^2}} \tag{6.4}$$

여기에서 표본상관계수 r_{xy}는 피어슨(Pearson)의 **적률상관계수**(product-moment correlation coefficient)라고도 불린다.

이와 같은 표본상관계수 r을 이용하여 모상관계수 ρ에 대한 가설검정을 수행할 수 있다. 먼저, 귀무가설 $H_o : \rho = 0$에 대한 검정통계량은 다음과 같은 통계량으로서 이는 귀무가설 하에서 자유도 $n-2$인 $t-$분포를 따른다.

⟨모상관계수에 대한 검정⟩

$$\text{검정통계량 : } T = \sqrt{n-2}\frac{r}{\sqrt{1-r^2}} \tag{6.5}$$

	귀무가설	대립가설	기각역
(a)	$H_0 : \rho \leq 0$	$1 : \rho > 0$	$T \geq t_\alpha(n-2)$
(b)	$H_0 : \rho \geq 0$	$H_1 : \rho < 0$	$T \leq -t_\alpha(n-2)$
(c)	$H_0 : \rho = 0$	$H_1 : \rho \neq 0$	$\lvert T\rvert \geq t_{\alpha/2}(n-2)$

한편, 이보다 조금 더 일반적인 귀무가설 $H_0 : \rho = \rho_0$(여기에서 ρ_0가 0일 필요는 없다)에 대한 검정은 다음과 같은 휘셔(Fisher)의 $z-$변환

$$z = \left[\log_e(1+r) - \log_e(1-r)\right]/2 \tag{6.6}$$

을 이용할 수 있는데, 이때 통계량 z는 평균이 $\left[\log_e(1+\rho) - \log_e(1-\rho)\right]/2$이고 분산이 $1/\sqrt{n-3}$인 정규분포에 근사적으로 따른다.

6.2.2 스피어만의 순위상관계수

두 확률변수의 분포가 이변량 정규분포로부터 멀리 벗어나 있거나 데이터에 특이값이 존재할 때, 두 변수 간의 연관관계를 측정하기 위해 피어슨 상관계수와 같은 모수적인 통계량보다 비모수적인 방법에 의한 상관계수를 사용하는 것이 바람직한 경우가 많다.

〈표 6.1〉 Student 데이터

ID	Age	Income	Expense	ID	Age	Income	Expense
1	25	170	67	10	19	170	71
2	28	177	62	11	20	179	63
3	20	165	53	12	26	180	75
4	16	150	48	13	23	174	82
5	19	160	58	14	16	179	60
6	21	160	59	15	25	189	82
7	22	173	60	16	17	169	74
8	16	169	57	17	30	180	77
9	20	169	70				

두 변수 X와 Y에 대한 n개의 데이터 (x_i, y_i)를 각 변수별로 순위화 하여 얻은 값을 (Q_i, R_i)라고 하자$(i = 1, \cdots, n)$. 이때 스피어만(Spearman)의 **순위상관계수**(rank correlation coefficient)는 두 변수의 순위만을 이용하는 것으로 다음과 같이 계산된다.

$$r_s = 1 - \frac{6\sum_{i=1}^{n} d_i^2}{n(n^2-1)} \tag{6.7}$$

여기에서 $d_i = Q_i - R_i$는 i번째 데이터 값에서의 순위차이다.

이 외에도 순위데이터의 일치쌍(concordant pair)과 불일치쌍(discordant pair)의 개념을 이용한 켄달(Kedadall)의 타우(τ) 등도 비모수적인 상관계수로서 종종 사용된다.[1]

6.2.3 산점도 (Scatter Plot)

산점도는 변수들 간의 관계를 탐색하는 데 유용하게 사용될 수 있다. 여기에서는 plot() 함수와 scatterplot() 함수를 이용하여 산점도 및 산점도행렬을 작성하는 방법을 간단히 설명한다.

〈표 6.1〉은 17명의 사람들로부터 나이(Age), 월평균 실질소득(Income), 월평균 지출액(Expenses)를 조사한 데이터이다. 다음 〈예 6.1〉은 이 데이터의 변수 Income과 Expenses에 대하여 산점도를 작성한 예이며, 이 예에서와 같이 car 패키지의 scatterplot() 함수를 사용하면 회귀직선, 평활선, 주변 상자그림 등이 추가된 산점도를 쉽게 얻을 수 있다.[2]

[1] 켄달의 타우 등 연관성의 측도에 대해서는 “SAS 범주형 자료분석”(허명회, 1998)를 참조하기 바란다.

[2] plot() 함수에 대하여는 2.7절을 참조하여라. 또한 scatterplot() 함수에서도 plot() 함수의 인수들을 대부분 그대로 사용할 수 있다.

〈예 6.1〉 산점도의 작성

```
> Student = read.csv("L:/My_Work/Data/Student.csv",header=TRUE)
> plot(Expense~Income,data=Student,xlab="Income",ylab="Expense",
+       type="p",pch=20,col="blue",cex=2)
> library(car)
> scatterplot(Expense~Income,data=Student,pch=1,cex=3)
```

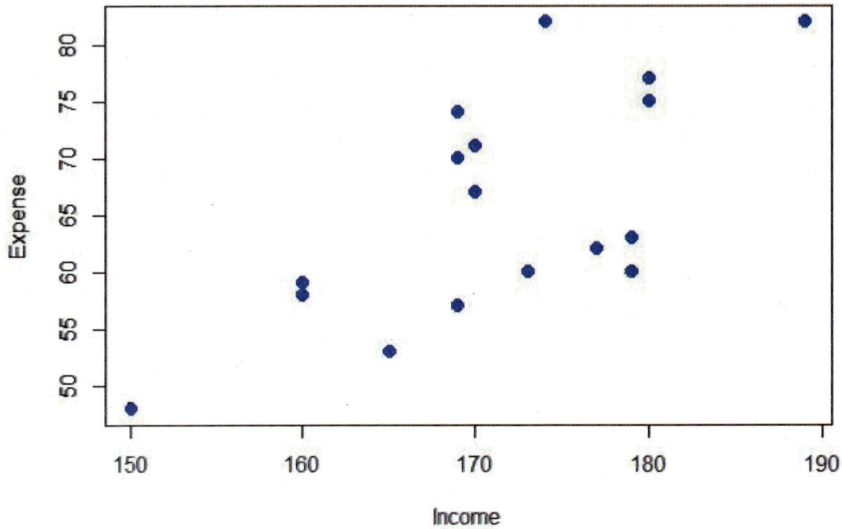

〈그림 6.4〉 plot() 함수에 의한 산점도

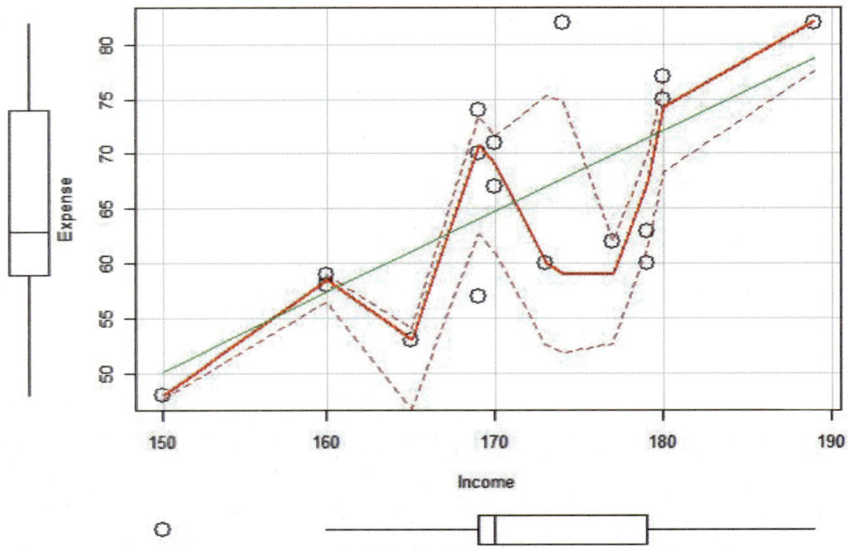

〈그림 6.5〉 scatterplot() 함수에 의한 산점도

〈예 6.2〉 산점도행렬의 작성

```
> plot(Student[c("Age","Income","Expense")],pch=9,cex=2)
> library(car)
> scatterplotMatrix(Student[c("Age","Income","Expense")],pch=8,cex=2,
+                   spread=FALSE,ellipse=TRUE)
```

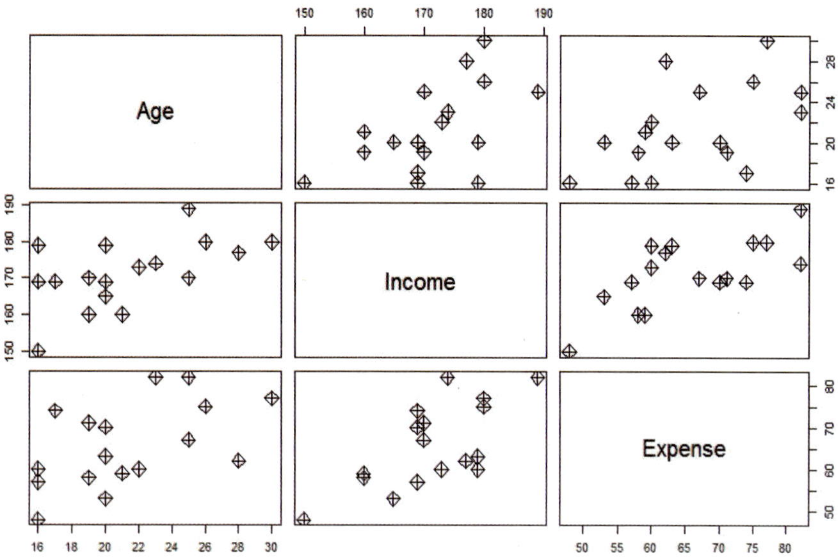

〈그림 6.6〉 plot() 함수에 의한 산점도행렬

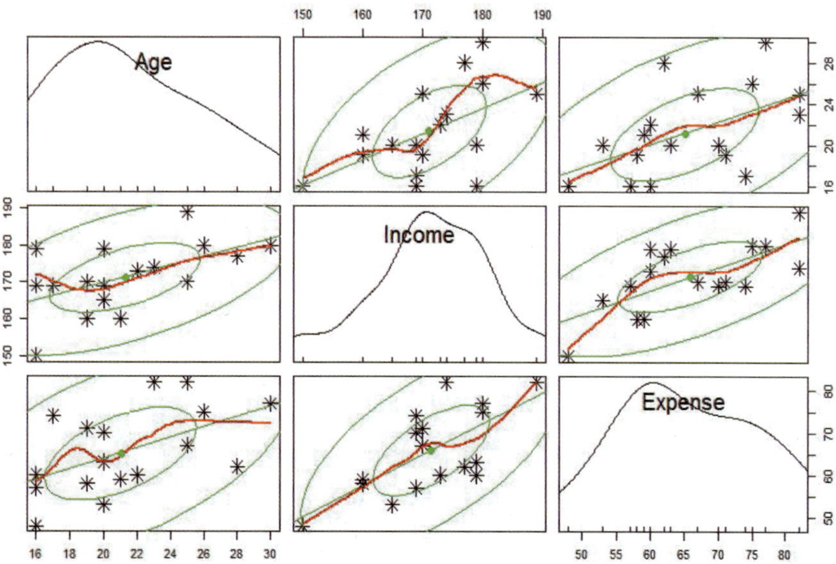

〈그림 6.7〉 scatterplotMatrix() 함수에 의한 산점도행렬

한편, ⟨예 6.2⟩에서와 같이 plot() 함수에 데이터 프레임을 지정하면 산점도행렬이 출력된다. 또는 car 패키지의 scatterplotMatrix() 함수에 데이터 프레임을 지정하여 산점도행렬을 얻을 수도 있다(6.5절 참조).[3]

6.2.4 상관계수의 계산

다음 ⟨예 6.3⟩은 ⟨표 6.1⟩의 데이터에 대하여 상관계수를 출력한 예이다. 이 예에서와 같이 cor() 함수에 데이터 프레임을 지정하면 상관계수들이 정방행렬의 형태로 출력된다(6.5절 참조). 여기에서는 피어슨의 상관계수를 출력하였으며, 전반적으로 모든 변수들 간의 상관계수가 0.5 이상으로 비교적 높다는 것을 볼 수 있다.

⟨예 6.3⟩ 상관계수의 계산

```
> cor(Student[c("Age","Income","Expense")],method=c("pearson"))
#----------------------------------------------------------------------
              Age    Income   Expense
Age     1.0000000 0.5469681 0.5298143
Income  0.5469681 1.0000000 0.6812957
Expense 0.5298143 0.6812957 1.0000000
```

⟨예 6.4⟩ 상관계수에 대한 검정

```
> cor.test(~Income+Expense,data=Student,method=c("pearson"))
#----------------------------------------------------------------------
Pearson's product-moment correlation
data:  Income and Expense
t = 3.6047, df = 15, p-value = 0.002601
alternative hypothesis: true correlation is not equal to 0
95 percent confidence interval:
 0.2983484 0.8753103
sample estimates:
      cor
0.6812957
```

⟨예 6.4⟩는 두 변수 Income(수입)과 Expense(지출) 간의 모상관계수가 0이라는 가설(즉, $H_0 : \rho = 0$ vs $H_1 : \rho \neq 0$)을 검정하는 예이다. 출력결과에서 $t-$값이 3.605이고 이에 대응되는 유의확률(p-value)이 0.003으로서 유의수준 0.05 하에서 유의하다는 것을 볼 수 있다. 따라서 두 변수 간의 모상관계수가 0이 아니라고 말할 수 있다.

[3] 이 예에서 지정된 spread=, ellipse= 등의 인수는 scatterplot() 함수에도 지정할 수 있다.

⟨예 6.5⟩ 상관계수와 $p-$값을 함께 출력하기

```
> library(Hmisc)
> Student.matrix = as.matrix(Student[c("Age","Income","Expense")])
> rcorr(Student.matrix,type="pearson")
#-----------------------------------------------------------------------
         Age Income Expense
Age     1.00   0.55    0.53
Income  0.55   1.00    0.68
Expense 0.53   0.68    1.00
n= 17

P
        Age    Income Expense
Age            0.0231 0.0287
Income  0.0231        0.0026
Expense 0.0287 0.0026
```

⟨예 6.5⟩에서와 같이 Hmisc 패키지의 rcorr() 함수를 사용하면 상관계수와 $p-$값을 정방행렬의 형태로 함께 출력할 수 있다. 단. rcorr() 함수의 입력 객체는 행렬(matrix)이어야 하므로 as.matrix() 함수를 이용하여 행렬 객체를 생성하여 이용해야 한다.

⟨예 6.6⟩ 상관계수의 그래프적 표현

```
> mtcars.cor = cor(mtcars[c("disp","hp","drat")])
> mtcars.cor
#-----------------------------------------------------------------------
           disp         hp       drat
disp  1.0000000  0.7909486 -0.7102139
hp    0.7909486  1.0000000 -0.4487591
drat -0.7102139 -0.4487591  1.0000000
#-----------------------------------------------------------------------
> library(corrplot)
> corrplot(mtcars.cor,method="number",diag=TRUE,type="full")
```

상관계수를 크기와 부호를 그래프로 표현하는 여러 가지 함수들이 있는데, ⟨예 6.6⟩은 corrplot() 함수를 사용하여 그래프를 작성하는 예이다. 이 예에서는 mtcars 데이터의 3개 변수에 대하여 상관계수행렬과 그래프를 출력하였다.[4]

[4]데이터 프레임 mtcars는 datasets 패키지에 내장되어 있다.

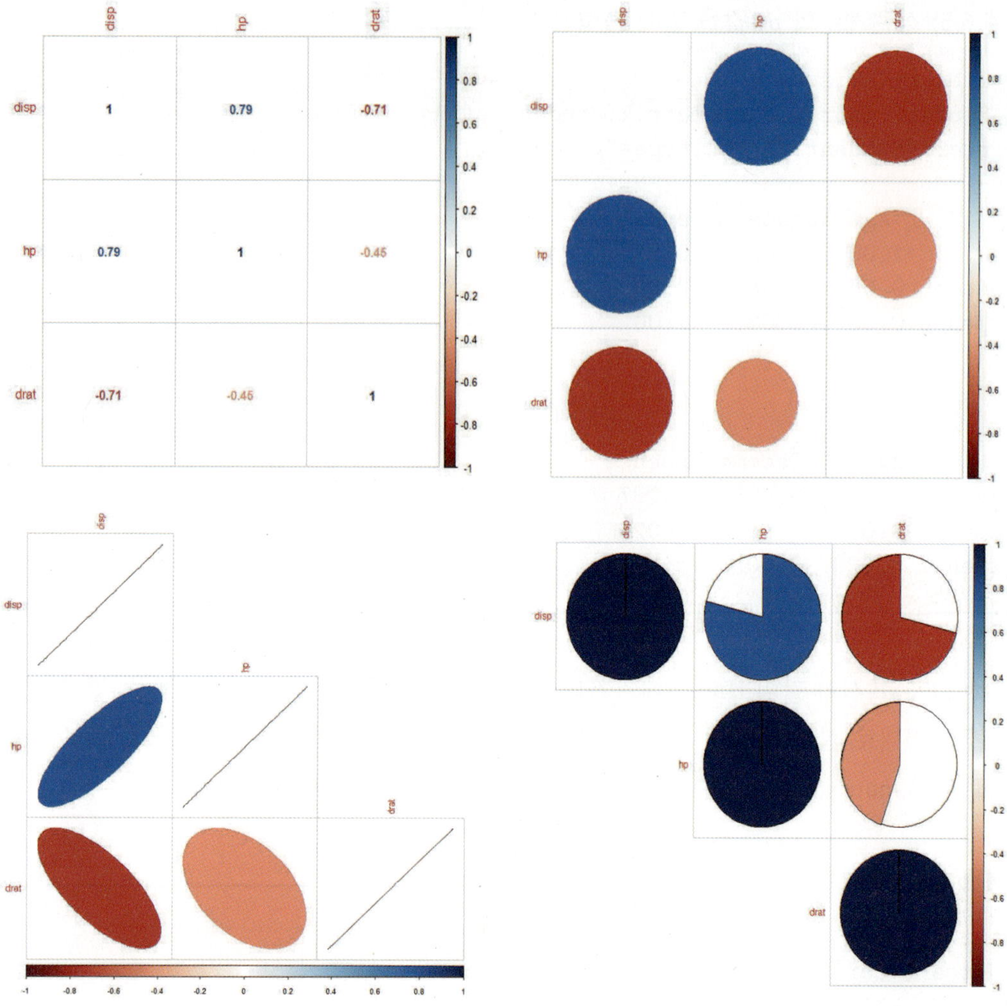

〈그림 6.8〉 상관계수의 그래프적 표현

〈예 6.6〉에서와 같이 corrplot() 함수에서는 method= 인수를 이용하여 그래프의 형태를 지정할 수 있으며, 〈그림 6.8〉의 그래프들은 각각 "number", "circle", "ellipse", "pie" 옵션을 지정하여 얻은 것이다.

6.3 편상관계수

편상관계수(partial correlation coefficient) $\rho(x_1, x_2|z_1, \cdots, z_p)$는 통제변수라고 불리는 변수들 $z_1, \cdots, z_p$가 같은 값으로 통제(고정)되었을 경우 두 변수 x_1과 x_2 사이의 상관계수를 나타내는데, 이는 두 변수가 통제변수와 공유하는 부분을 각각 제거한 후 두 변수 간의

〈표 6.2〉 Satis 데이터

ID	Age	Satis1	Satis2	ID	Age	Satis1	Satis2
1	28	0	70	11	31	40	75
2	23	0	55	12	33	50	80
3	26	5	65	13	39	55	95
4	27	5	65	14	36	60	90
5	25	10	60	15	30	65	75
6	26	20	65	16	36	65	90
7	29	25	70	17	32	80	80
8	31	25	75	18	39	85	95
9	32	25	80	19	31	90	75
10	34	40	85	20	32	95	80

순수한 연관성을 측정하기 위해서 사용된다.

예를 들어, 특정 제품에 대하여 20명의 고객으로부터 연령, 기능 만족도, 디자인 만족도를 조사하여 얻은 데이터(표 6.2)에 대해서 변수 Age(나이)를 통제하였을 때 Satis1(기능 만족도)과 Satis2(디자인 만족도)의 편상관계수를 구하고 그 의미를 해석해 보도록 하자.

〈예 6.7〉 단순 상관계수의 계산

```
> Satis = read.csv("L:/My_Work/Data/Satis.csv",header=TRUE)
> cor(Satis[c("Age","Satis1","Satis2")])
#----------------------------------------------------------------------
              Age     Satis1     Satis2
Age     1.0000000 0.6982138 0.9934652
Satis1 0.6982138 1.0000000 0.7030501
Satis2 0.9934652 0.7030501 1.0000000
#----------------------------------------------------------------------
> cor.test(Satis$Satis1,Satis$Satis2)
#----------------------------------------------------------------------
t = 4.1944, df = 18, p-value = 0.000545
```

먼저, 〈예 6.7〉에서와 같이 세 변수 Age(연령), Satis1(기능 만족도), Satis2(디자인 만족도)에 대해 단순 상관계수를 구해보면 모든 상관계수들이 0.6보다 큰 값을 가지므로 전반적으로 매우 높은 상관이 있다는 것을 알 수 있고, 특히 연령과 디자인 만족도 간에는 0.995로서 거의 1에 가까운 상관계수를 가지고 있음을 알 수 있다.

⟨예 6.8⟩ 편상관계수의 계산

```
> library(ggm)
> pcor(c("Satis1","Satis2","Age"),var(Satis))
#--------------------------------------------------------------------
[1] 0.1150319
#--------------------------------------------------------------------
> Satis.pcor = pcor(c("Satis1", "Satis2", "Age"),var(Satis))
> pcor.test(Satis.pcor,1,20)
#--------------------------------------------------------------------
$tval
[1] 0.477458

$df
[1] 17

$pvalue
[1] 0.6391169
```

⟨예 6.8⟩은 ggm 패키지의 pcor() 함수를 사용하여 편상관계수를 구하고, pcor.test() 함수를 사용하여 $p-$값을 출력한 예이다. pcor() 함수에서는 통상 c() 함수를 사용하여 변수의 이름들이 나열된 벡터를 지정하며, 첫 2개의 변수가 편상관계수를 계산할 대상이 되고 나머지 변수들이 통제변수로 사용된다. 또한 var() 함수를 사용하여 관련 변수들이 포함된 데이터 프레임을 지정해야 한다.

⟨예 6.8⟩에서와 같이 변수 Age를 통제했을 때 Satis1과 Satis2의 편상관계수를 구해 보면, $r(\text{Satis1}, \text{Satis2}|\text{Age}) = 0.115$로서 Stais1과 Satis2의 단순 상관계수 $r(\text{Satis1}, \text{Satis2}) = 0.703$보다 상당히 작음을 알 수 있다. 또한 편상관계수에 대한 $p-$값은 0.639로서 유의수준 5%(또는 10%) 하에서 유의하지 않음을 볼 수 있다. 따라서 통제변수인 Age(나이)가 같은 값을 가지도록 고정된다면 Satis1(기능 만족도)과 Satis2(디자인 만족도) 사이에는 연관성이 크지 않음을 알 수 있다. 즉 나이가 클수록 이 제품에 대해 기능 만족도와 디자인 만족도가 모두 커지는 경향이 있으며(변수 Age가 두 변수 사이의 매개변수 역할을 하며), 나이가 같도록 통제된다면(같은 나이를 가진 사람들만 조사된다면) 기능 만족도와 디자인 만족도 사이에는 연관성이 작다는 것을 알 수 있다.

⟨예 6.9⟩ 연령대별로 구분된 산점도 작성

```
> Satis$Agegroup[Satis$Age<30]=1    # 예 1.23 참조
> Satis$Agegroup[Satis$Age>=30]=2
> Satis$Agegroup = factor(Satis$Agegroup,labels=c("20대","30대"))
```

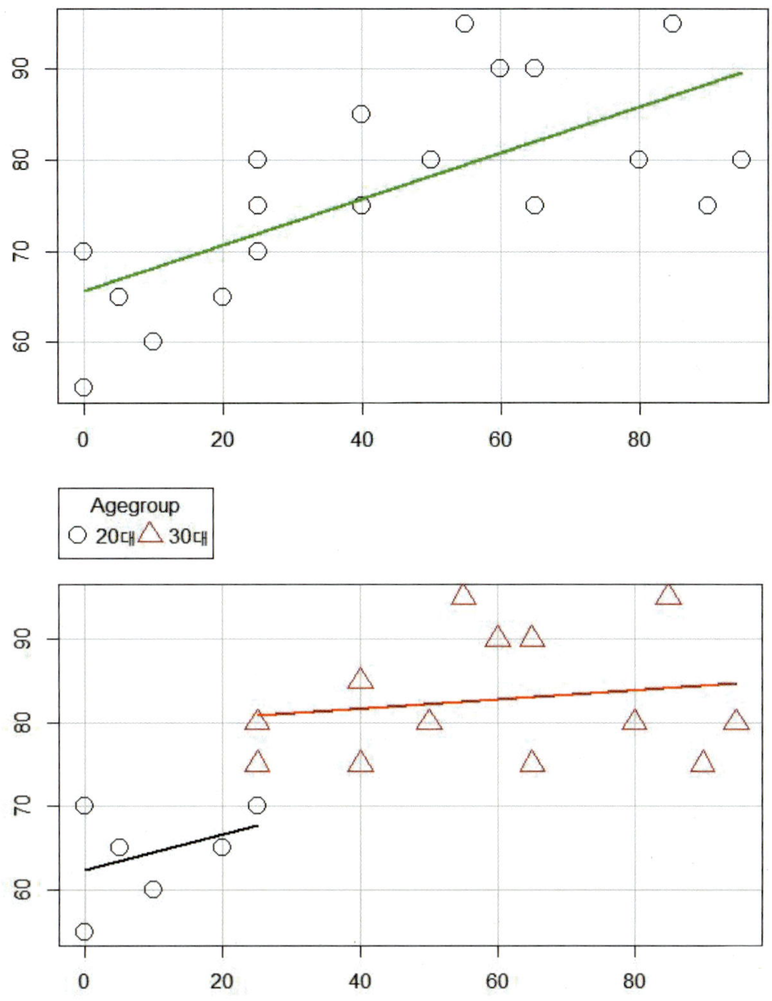

〈그림 6.9〉 연령대별로 구분된 산점도

```
> library(car)
> scatterplot(Satis2~Satis1,data=Satis,cex=2,lwd=2,
+             boxplots=FALSE,smoother=FALSE)
> scatterplot(Satis2~Satis1|Agegroup,data=Satis,cex=2,lwd=2,
+             smoother=FALSE)
```

한편 〈예 6.9〉는 연령대별(20대, 30대)로 변수 Satis1과 Satis2에 대한 산점도를 작성한 것이다. 〈그림 6.9〉를 살펴보면 연령대별로 구분할 경우 두 변수의 상관성이 상당히 낮아짐을 볼 수 있다.

⟨예 6.10⟩ 연령대별 상관계수의 출력

```
> Satis.20 = Satis[which(Satis$Agegroup=="20대"),]
> cor(Satis.20[c("Satis1","Satis2")])
#-------------------------------------------------------------------------
          Satis1    Satis2
Satis1 1.0000000 0.3879701
Satis2 0.3879701 1.0000000
#-------------------------------------------------------------------------
> cor.test(Satis.20$Satis1,Satis.20$Satis2)
#-------------------------------------------------------------------------
t = 0.94125, df = 5, p-value = 0.3898
#-------------------------------------------------------------------------
> Satis.30 = Satis[which(Satis$Agegroup=="30대"),]
> cor(Satis.30[c("Satis1","Satis2")])
#-------------------------------------------------------------------------
          Satis1    Satis2
Satis1 1.0000000 0.1718202
Satis2 0.1718202 1.0000000
#-------------------------------------------------------------------------
> cor.test(Satis.30$Satis1,Satis.30$Satis2)
#-------------------------------------------------------------------------
t = 0.57847, df = 11, p-value = 0.5746
```

⟨예 6.10⟩은 연령대별(20대, 30대)로 변수 Satis1과 Satis2에 대한 단순 상관계수를 출력한 것이다. 출력결과를 살펴보면 각 연령대에서 Satis1(기능 만족도)와 Satis2(디자인 만족도)의 상관계수가 매우 작고, 유의확률(p-value)도 각각 0.390과 0.575로서 유의수준 5%(또는 10%) 하에서 유의하지 않다는 것을 알 수 있다.

6.4 측정도구의 신뢰도 분석

사회과학 분야의 연구에서는 리커트 척도(Likert scales)의 설문문항들을 사용하여 자신감이나 직업만족도 등과 같은 추상적 개념들을 측정하는 경우가 많다. 이때 주요 관심대상 중의 하나는 동일한 개념을 측정하기 위하여 사용된 문항들에 대한 측정의 신뢰도(reliability)이다. 만약 문항들의 신뢰도가 높다면 문항 점수들의 합계(또는 평균)를 구하여 하나의 지표로 사용할 수가 있을 것이고, 그렇지 않다면 이러한 형식의 방법에 문제가 있게 된다.

동일한 개념을 측정하기 위해 만든 N개의 설문문항이 있다고 하자. 그 문항들의 합을

X라고 할 때, 전통적 시험이론에서는 다음과 같은 모형을 고려한다.

$$X = t + e, \tag{6.8}$$

여기에서 t는 참점수(true score)이고 e는 측정오차(measurement error)이며 t와 e는 서로 독립이다. 신뢰도 또는 신뢰계수는 다음과 같이

$$\rho^2(X,t) = \frac{Cov^2(X,t)}{Var(X)Var(t)} \tag{6.9}$$

관측점수 X와 참점수 t의 상관계수의 제곱으로 정의되며, $Cov(X,t) = Cov(t+e,t) = Var(t)$이므로 $\rho^2(X,t) = Var(t)/Var(X)$ 과 같고 따라서 신뢰도는 참점수 t와 관측점수 X의 분산비(ratio of variance)로 해석할 수도 있다.

6.4.1 크론바흐의 알파 계수

이와 같은 신뢰도를 추정하기 위해 많은 방법이 존재하는데,[5] 주로 사용되는 것 중의 하나가 내적일치도(internal consistency)를 의미하는 크론바흐(Cronbach)의 알파 계수이다. 여기에서는 알파 계수의 개념에 대해서 간단히 살펴보도록 하자.

먼저 $X_1^*,\ X_2^*, \cdots, X_N^*$를 $X_1,\ X_2, \cdots, X_N$에 대한 동형의 문항들이라고 하고, $X = \sum_{i=1}^N X_i$와 $X^* = \sum_{i=1}^N X_i^*$를 각각 이들의 합이라고 하자. 알파 계수는 두 동형문항 간의 상관계수 $\alpha = Corr(X, X^*)$로 정의되고, '동형'이 가지는 의미를 문항 변수 각각의 등분산성(equal variances)과 그들 간의 등공분산성(equal covariances)으로 나타낼 때

$$\alpha = \left(\frac{N}{N-1}\right)\left(1 - \frac{\sum_{i=1}^N Var(X_i)}{Var(X)}\right) \tag{6.10}$$

가 된다.

이러한 알파 계수는 신뢰도 ρ의 하한값(lower bound)으로 생각할 수 있고(즉, 각 문항의 동형성에 대한 가정이 유지되지 못하면 알파계수는 신뢰도를 과소추정할 가능성이 있다), 모든 문항이 이항(0 또는 1)으로 측정되는 경우 알파 계수는 KR-20(Kuder-Richardson 20) 계수와 동일한 것으로 알려져 있다.

6.4.2 신뢰도 분석 사례

기업구성원의 의식을 알아보기 위해 628명을 설문조사한 의식조사 데이터(표 6.3)를 사용하여 알파 계수를 계산해 보기로 한다. 조사항목은 다음과 같은 10개의 문항으로 구성되어 있다.

---

[5] 여러 가지 유형의 신뢰도에 대해서는 "타당도와 신뢰도(성태제, 2002)"를 참조하여라.

〈표 6.3〉 Ability 데이터 (첫 10개, $n = 628$)

ID	Q01	Q02	Q03	Q04	Q05	Q06	Q07	Q08	Q09	Q10
1	4	4	4	4	4	4	3	3	3	2
2	4	4	3	3	4	4	2	2	4	2
3	5	4	3	4	4	5	2	3	2	4
4	3	4	2	4	4	4	2	4	2	3
5	4	3	4	3	2	3	2	2	3	2
6	4	4	4	4	5	4	2	2	2	4
7	3	4	4	3	3	3	3	2	2	3
8	4	3	4	3	5	4	3	1	1	2
9	3	4	3	3	3	3	3	3	2	3
10	3	3	3	3	4	4	2	4	3	3

- Q01. 나의 상사는 업무에 대한 전문성이 있고 헌신적으로 일을 한다.
- Q02. 나는 상사가 추진하는 업무추진과정을 보면 그의 능력과 준비성을 인정하게 된다.
- Q03. 나의 상사는 부주의하게 일을 함으로써 나를 곤란하게 만들지는 않는다.
- Q04. 나는 상사와 나의 생각, 느낌, 희망까지 자유롭게 이야기를 나눌 수 있다.
- Q05. 나는 일하면서 겪는 어려움을 상사에게 편안하게 이야기할 수 있으며 그 역시 내 이야기를 잘 들어 줄 것이다.
- Q06. 만일 나와 상사 중에서 한 명이 부서가 바뀌어 함께 일할 수 없게 된다면 우리는 둘 다 상실감을 느낄 것이다.
- Q07. 나의 상사는 나의 업무상 과실에 대해 다른 사람 앞에서 공개적으로 비판한다.
- Q08. 나는 동료들과 함께 있을 때 그들을 의식하지 않고 내 일을 한다.
- Q09. 일을 할 때 다른 사람에게 의지하지 않도록 독립성을 개발해야 한다.
- Q10. 나는 '사공이 많으면 배가 산으로 간다'는 속담에 동의한다.

또한 이들 문항은 3개의 구성개념: '상사의 업무수행능력'(Q01-Q03), '상사와의 공적/개인적 긴밀함'(Q04-Q07), '업무추진의 독자성'(Q08-Q10)을 나타내는 것으로 간주되고, 각 문항은 5점 척도(1=전혀 그렇지 않다, $\cdots$, 5=매우 그렇다)로 측정되어 있다.

〈예 6.11〉 '상사의 업무수행능력'에 대한 신뢰도 분석

```
> Ability = read.csv("L:/My_Work/Data/Ability.csv",header=TRUE)
> library(psych)
> alpha(Ability[c("Q01","Q02","Q03")])
```

```
#------------------------------------------------------------------------
Reliability analysis

raw_alpha std.alpha G6(smc) average_r S/N   ase mean   sd
     0.74      0.73    0.66      0.48 2.8 0.018  3.5 0.66

lower alpha upper     95% confidence boundaries
0.7 0.74 0.77

Reliability if an item is dropped:
    raw_alpha std.alpha G6(smc) average_r S/N alpha se
Q01      0.60      0.61    0.43      0.43 1.5     0.031
Q02      0.58      0.58    0.41      0.41 1.4     0.034
Q03      0.75      0.75    0.60      0.60 3.0     0.020

Item statistics
      n raw.r std.r r.cor r.drop mean   sd
Q01 627  0.83  0.83  0.70   0.59  3.5 0.83
Q02 627  0.84  0.84  0.73   0.62  3.5 0.82
Q03 626  0.75  0.76  0.54   0.47  3.4 0.78

Non missing response frequency for each item
       1    2    3    4    5 miss
Q01 0.01 0.12 0.32 0.47 0.08    0
Q02 0.02 0.09 0.30 0.52 0.07    0
Q03 0.02 0.10 0.40 0.46 0.03    0
```

〈예 6.11〉은 '상사의 업무수행능력'을 측정한 3개 문항(Q01-Q03)에 대해 신뢰도 분석을 수행한 것이며, 여기에서는 psych 패키지의 alpha() 함수를 사용하였다. 이 출력결과에서 살펴 보아야 할 주요 부분은 다음과 같다.

- raw_alpha: 크론바흐(Cronbach)의 알파 계수. 이 예에서는 알파 계수의 값이 0.74로서 내적일관성 신뢰도가 높다는 것을 알 수 있다.
- std_alpha: 모든 변수들을 표준화 할 경우의 알파 계수. 문항들의 척도가 동일하지 않는 경우에 사용될 수 있다.
- Reliability if an item is dropped – raw_alpha: 해당 문항이 제거될 경우의 알파 계수. 예를 들어 문항 Q02가 제거될 경우 알파 계수는 0.58로 낮아지고, 문항 Q03가 제거될 경우 알파 계수는 0.75가 된다. 즉, 이 값이 클수록 해당 문항이 신뢰도를 저해하는 문항이 된다.

- Item statistics – n: 해당 문항에 대하여 결측값이 아닌 개체의 수. 예를 들어 문항 Q01과 Q02는 결측값이 각각 하나씩 존재하며, 문항 Q03은 두 개의 결측값이 존재한다(전체 관측개체는 628개).
- Item statistics – r.drop: 해당 문항과 나머지 문항의 합계와의 상관계수. 예를 들어, 문항 Q01은 이를 제외한 나머지 변수 Q02, Q03의 합점수(q02+q03)와의 상관계수가 0.59이다. 즉, 이 값이 작을수록 해당 문항이 신뢰도를 저해하는 문항이 된다.
- Non missing response frequency for each item: 해당 문항에 대한 응답 빈도. 예를 들어 문항 Q01의 경우 4에 응답한 사람이 47%, 3에 응답한 사람이 32%이다.

출력결과에서 볼 수 있듯이 이 예에서는 신뢰도 분석의 결과가 전반적으로 만족스러운 수준이라고 할 수 있다. 이러한 결과들은 신뢰도가를 저해하는 문항들을 탐색할 때 유용하게 사용되며, 때로는 '해당 문항을 제거했을 때의 알파 계수'가 큰 변수를 제거하고 나머지 변수들만의 합점수를 계산하여 사용하기도 한다.

⟨예 6.12⟩ '상사와의 공적/개인적 긴밀함'에 대한 신뢰도 분석 – 1

```
> alpha(Ability[c("Q04","Q05","Q06","Q07")])
#------------------------------------------------------------------------
Reliability analysis

raw_alpha std.alpha G6(smc) average_r  S/N   ase mean   sd
    -0.22     -0.26  0.0023    -0.055 -0.21 0.075  3.3 0.33

Reliability if an item is dropped:
    raw_alpha std.alpha G6(smc) average_r   S/N alpha se
Q04     -0.50     -0.52   -0.17     -0.13 -0.34    0.102
Q05     -0.48     -0.54   -0.13     -0.13 -0.35    0.098
Q06     -0.72     -0.81   -0.34     -0.17 -0.45    0.115
Q07      0.44      0.45    0.37      0.21  0.82    0.039

Item statistics
      n  raw.r std.r r.cor r.drop mean   sd
Q04 627  0.631 0.578   2.5  0.034  3.3 0.79
Q05 622  0.588 0.583   1.9  0.048  3.8 0.71
Q06 628  0.632 0.653   4.3  0.175  3.8 0.63
Q07 628 -0.025 0.014  -8.7 -0.471  2.4 0.66

Warning message:
Some items were negatively correlated with the total scale and
probably should be reversed.
To do this, run the function again with the 'check.keys=TRUE' option
```

```
#--------------------------------------------------------------------
> cor(Ability[c("Q04","Q05","Q06","Q07")],use="complete.obs")
#--------------------------------------------------------------------
          Q04        Q05        Q06        Q07
Q04  1.0000000  0.1007872  0.3041304 -0.3439680
Q05  0.1007872  1.0000000  0.2414318 -0.2730885
Q06  0.3041304  0.2414318  1.0000000 -0.3476697
Q07 -0.3439680 -0.2730885 -0.3476697  1.0000000
```

〈예 6.12〉는 '상사와의 공적/개인적 긴밀함'을 측정한 4개 문항(Q04-Q07)에 대해서 알파 계수를 계산한 것으로, 출력결과를 살펴보면 알파 계수(raw_alpha)가 −0.22로 계산되었으며, 특히 문항 Q07이 나머지 문항들의 합점수와 큰 음의 상관을 가진다는 것을 알 수 있다(Item statistics: r.drop= −0.471). 또한 cor() 함수를 사용한 출력결과에서도 문항 Q07이 다른 문항들과 음의 상관을 가진다는 것을 볼 수 있다.[6]

그런데 앞에서 제시한 10개의 문항들을 자세히 살펴보면 문항 Q07의 경우 다른 문항들과는 반대의 방향으로 질문하고 있으므로, 문항 Q07에 대해서는 관측값 {5, 4, 3, 2, 1}을 {1, 2, 3, 4, 5}로 바꾸어야 한다는 것을 알 수 있다(예 6.12에서 Warning 메시지가 출력되어 있음을 주목하여라).

〈예 6.13〉 '상사와의 공적/개인적 긴밀함'에 대한 신뢰도 분석 – 2

```
> Alpha$Q07_R = 6-Alpha$Q07
> alpha(Ability[c("Q04","Q05","Q06","Q07_R")])
#--------------------------------------------------------------------
Reliability analysis

raw_alpha std.alpha G6(smc) average_r S/N   ase mean   sd
     0.59       0.6    0.54      0.27 1.5 0.027  3.6 0.47

Reliability if an item is dropped:
      raw_alpha std.alpha G6(smc) average_r  S/N alpha se
Q04        0.54      0.55    0.45      0.29 1.21    0.032
Q05        0.60      0.60    0.50      0.34 1.52    0.028
Q06        0.48      0.49    0.41      0.24 0.96    0.036
Q07_R      0.44      0.45    0.37      0.21 0.82    0.039

Item statistics
        n raw.r std.r r.cor r.drop mean   sd
Q04   627  0.69  0.65  0.47   0.34  3.3 0.79
```

[6] use="complete.obs"를 지정하면 결측값이 없는 개체들만을 이용하여 상관계수를 계산한다(6.5절 참조).

```
Q05    622  0.60  0.60  0.36   0.26  3.8 0.71
Q06    628  0.69  0.70  0.55   0.42  3.8 0.63
Q07_R  628  0.72  0.73  0.61   0.47  3.6 0.66
```

문항 Q07에 대하여 역코딩(reverse coding)을 수해하여 새로운 변수를 생성하고, 이를 이용하여 다시 계산된 알파 계수가 ⟨예 6.13⟩에 출력되어 있다. 출력결과를 살펴보면 알파 계수(raw_alpha)의 값이 0.59로서 비교적 만족스럽고, 각 문항들과 다른 문항들의 합점수와의 상관계수(Item statistics: r.drop)도 모두 양의 부호를 가진다는 것을 알 수 있다.

⟨예 6.14⟩ '업무추진의 독자성'에 대한 신뢰도 분석

```
> alpha(Ability[c("Q08","Q09","Q10")])
#-------------------------------------------------------------------
Reliability analysis

raw_alpha std.alpha G6(smc) average_r  S/N   ase mean   sd
     0.25      0.24    0.19     0.096 0.32 0.051  2.6 0.53

Reliability if an item is dropped:
    raw_alpha std.alpha G6(smc) average_r     S/N alpha se
Q08   -0.0026   -0.0026 -0.0013   -0.0013 -0.0026    0.079
Q09    0.1256    0.1266  0.0676    0.0676  0.1449    0.069
Q10    0.3615    0.3615  0.2206    0.2206  0.5661    0.051

Item statistics
      n raw.r std.r r.cor r.drop mean   sd
Q08 627  0.70  0.68 0.414  0.210  2.4 0.88
Q09 626  0.67  0.64 0.325  0.160  2.6 0.87
Q10 625  0.52  0.56 0.086  0.043  2.6 0.77

Non missing response frequency for each item
       1    2    3    4    5 miss
Q08 0.08 0.59 0.17 0.15 0.01    0
Q09 0.04 0.49 0.28 0.17 0.02    0
Q10 0.07 0.34 0.49 0.09 0.01    0
```

⟨예 6.14⟩는 '업무추진의 독자성'을 측정한 3개 문항(Q08-Q10)에 대해서 알파계수를 계산한 것이다. 출력결과를 살펴보면 알파계수가 0.25로 매우 낮고, 따라서 이들 문항이 하나의 동질적인 개념을 측정한다는 것을 신뢰할 수 없으며 세 문항의 합점수를 사용하는 것은 문제가 된다는 것을 알 수 있다.

6.5 이 장에서 사용된 주요 함수들

여기에서는 이 장에서 사용된 주요 함수들에 대하여 사용형식(usage)과 자주 사용되는 인수(argument)들을 설명한다. 보다 자세한 사항은 R의 도움말을 참조하여라.

⟨cor 함수⟩ ~ stats 패키지

□ cor(x, y, method=c(" "), use=" ", ⋯): 상관계수를 출력한다.

- x, y: 벡터 또는 데이터 프레임이 지정될 수 있으며, y는 생략될 수 있다.
- method=c(" "): 상관계수의 유형으로서 pearson, spearman, kendall을 지정할 수 있다 [기본값: method=c("pearson")].
- use=" ": 결측값을 처리하는 방식을 지정한다; everything(결측값이 없는 변수들에 대해서만 상관계수를 출력한다), all.obs(모든 개체를 사용한다. 결측값이 있는 경우에는 Error 메시지가 출력된다), complete.obs(결측값이 하나도 없는 개체들만 사용한다), pairwise.complete.obs(해당하는 두 변수에 대하여 결측값이 없는 개체들을 사용한다. 상관계수들이 계산될 때의 표본크기들이 서로 다를 수 있다).

⟨corrplot 함수⟩ ~ corrplot 패키지

□ corrplot(corr, method=" ", diag=, type=" "): 상관계수 행렬을 그래프로 출력한다.

- corr: 상관계수 행렬을 지정한다.
- method=" ": 그래프의 형태를 지정한다. 여기에 지정할 수 있는 옵션은 circle(기본값), square, ellipse, number, pie, shade, color이다.
- diag=: 대각원소에 그래프를 그릴 것인지의 여부를 지정한다[기본값: diag=TRUE].
- type=" ": 비대각원소의 어느 쪽에 그래프를 그릴 것인지를 지정한다; full(비대각원소 모두에 그래프를 출력한다), upper(대각원소의 위쪽에만 그래프를 출력한다), lower(대각원소의 아래쪽에만 그래프를 출력한다).

⟨cor.test 함수⟩ ~ stats 패키지

□ cor.test(x, y, ⋯): 두 변수 x, y의 상관계수에 대한 검정을 수행한다.

□ cor.test(formula, data=, ⋯): 데이터 프레임의 두 변수에 대한 검정을 수행한다.

- x, y: 두 개의 벡터(데이터 프레임과 변수)를 나타내는 x, y를 지정한다.
- formula: ~x+y 형식으로 두 변수 x, y를 지정한다.
- data=: 데이터 프레임을 지정한다.
- method=c(" "): 상관계수의 유형으로서 pearson, spearman, kendall을 지정할 수 있다 [기본값: method=c("pearson").
- alternative=c(" "): two.sided(양측검정), less(왼쪽 단측검정), greater(오른쪽 단측검정)을 지정한다[기본값: alternative=c("two.sided")].
- conf.level=: 신뢰수준$(1-\alpha)$을 지정한다[기본값: conf.level=0.95].

⟨pcor 함수⟩ ~ ggm 패키지

□ pcor(u, s): 편상관계수를 출력한다.

- u: 변수의 이름들이 나열된 벡터를 지정하며, 통상 c() 함수가 사용된다. 첫 2개의 변수가 편상관계수를 계산할 대상이 되며, 나머지 변수들이 통제변수로 사용된다. 예를 들어, c("x","y","z1","z2","z3").
- s: 표본 공분산행렬을 지정하며, 통상 var() 함수와 데이터 프레임이 사용된다. 예를 들어, var(Satis).

⟨pcor.test 함수⟩ ~ ggm 패키지

□ pcor.test(r, q, n): 편상관계수에 대한 검정통계량과 $p-$값을 출력한다;

- r: 편상관계수를 지정한다.
- q: 통제변수의 개수를 지정한다.
- n: 표본크기를 지정한다.

⟨scatterplot 함수⟩ ~ car 패키지

□ scatterplot(formula, data=, ⋯): 산점도를 출력한다.

- formula: y~x 형식으로 수직축 변수(y)와 수평축 변수(x)를 지정한다. 또는 y~x|z 형식으로 집단변수(z)를 추가로 지정한다.
- data=: 데이터 프레임을 지정한다.
- reg.line=: 이 인수를 지정하지 않으면 회귀선을 출력하며, 만약 reg.line=FALSE로 지정하면 회귀선을 출력하지 않는다.
- boxplots=" ": 주변 상자그림을 출력할지의 여부를 지정한다[기본값: boxplots="xy"]; x(수평축 변수의 상자그림만 출력), y(수직축 변수의 상자그림만 출력), xy(수평축, 수직축 변수의 상자그림을 모두 출력). 만약 boxplots=FALSE로 지정하면 주변 상자그림을 출력하지 않는다.
- smoother=: 평활선의 종류를 지정한다[기본값: smoother=loessLine]. 만약 smoother=FALSE로 지정하면 평활선을 출력하지 않는다.
- spread=: 평활선의 신뢰구간을 추가할지의 여부를 지정한다[기본값: spread=TRUE].
- ellipse=: 타원 등고선을 추가할지의 여부를 지정한다[기본값: ellipse=FALSE].

⟨scatterplotMatrix 함수⟩ ~ car 패키지

☐ scatterplotMatrix(dataframe, ···): 데이터 프레임의 변수들에 대한 산점도행렬 작성.
☐ scatterplotMatrix(formula, data=, ···): 지정된 변수들에 대한 산점도행렬 작성.

- dataframe: 데이터 프레임을 지정한다.
- formula: ~x1+x2+x3 형식으로 변수들을 지정한다. 또는 ~x1+x2+x3|z 형식으로 집단변수(z)를 추가로 지정한다.
- data=: 데이터 프레임을 지정한다.
- 위에서 설명한 reg.line=, smoother=, spread=, ellipse= 등의 인수와 plot() 함수에서 설명된 인수들을 지정할 수 있다(2.7절 참조).

6.6 연습문제

1. 다음의 데이터는 어떤 약품의 투여량(mg)과 투여된 실험대상이 어떤 청각신호에 반응하는데 걸리는 시간(초)을 기록한 데이터이다.

투여량	1	3	4	7	9	12	13	14
반응시간	3.5	2.4	2.1	1.3	1.2	2.2	2.6	4.2

(a) 표본상관계수 r을 계산하여라.

(b) 이 데이터에 대한 산점도를 작성하고, r이 두 변수 사이의 관계에 대한 적절한 측도인지를 논의하여라.

2. 다음은 눈 속에 포함된 수분 함유량(x)과 용수량(y)을 조사하여 얻은 것이다.

x	y	x	y	x	y
23.1	10.5	37.9	22.8	39.5	23.1
32.8	16.7	30.5	14.1	24.2	12.4
31.8	18.2	25.1	12.9	52.5	24.9
32.0	17.0	12.4	8.8	21.1	10.5
30.4	16.3	35.1	17.4	27.6	16.1
24.0	10.5	31.5	14.9		

(a) 선형적인 연관관계가 있는지를 산점도를 통해서 확인하여라.

(b) 피어슨 상관계수, 스피어만의 순위상관계수, 켄달의 타우를 구하고 그 결과를 비교하여라.

(c) 모상관계수에 관한 귀무가설 '$H_0 : \rho = 0$'에 대하여 검정을 실시하여라.

3. 어떤 종류의 암컷 개미가 일년동안 낳는 알의 수(x)와 더듬이의 초당 진동수(y) 사이의 관계를 연구하기 위해 그 개미집단으로부터 5마리를 랜덤추출하여 다음과 같은 데이터를 얻었다.

개미번호	1	2	3	4	5
x	1	2	3	4	5
y	4	1	0	1	4

이 데이터를 2차원 좌표 (x, y) 상에 표현해 보면 $y = (x-3)^2$의 관계가 있으며, 두 변수 간의 공분산을 계산하면 $s_{xy} = 0$임을 알 수 있다.

(a) 이 사실로부터 피어슨의 상관계수 r의 값을 유추하고, 이 값이 가지는 의미를 해석하여라.

(b) 귀무가설 '$H_0 : \rho = 0$'에 대한 검정결과를 쓰고 서술된 주장을 정당화하여라.

(c) 이 데이터가 이변량 정규분포로부터 얻은 표본이라고 해도 되는가? 대답의 근거는 무엇인가?

(d) 만약 데이터의 정규성이 인정되지 않을 경우 상관계수에 관한 통계적 추론을 위해 어떤 처리방법을 제안할 수 있겠는가?

4. 다음 데이터는 중간관리자 19명을 대상으로 근무태도를 조사한 것이다. 조사항목은 '직장에 대한 만족도'(Q3, Q4, Q5, Q8, Q10)와 '직업에 대한 적극적 태도'(Q1, Q2, Q6, Q7, Q9)를 묻는 10개로 구성되어 있고, 각 문항의 반응은 5점 척도로 측정되었다. 각 조사항목의 내용과 데이터가 다음과 같을 때, 신뢰도 분석을 수행하여라.

- ◦ Q1. 이제까지 내 직장 경력은 좋다.
- ◦ Q2. 상사의 호감을 얻기 위하여 최선을 다한다.
- ◦ Q3. 이 직장이 내가 이제까지 일했던 다른 어느 직장보다 좋다.
- ◦ Q4. 내 직장 일은 지루하다.
- ◦ Q5. 내 직장 일은 성취감을 느끼게 해준다.
- ◦ Q6. 나는 경쟁상황에서 잘 해낸다.
- ◦ Q7. 인사에서 연공서열을 중시하는 것은 옳지 않다.
- ◦ Q8. 나는 직장에서 행복하다.
- ◦ Q9. 나는 밑에 여러 직원을 두는 자리를 싫어한다.
- ◦ Q10. 보수가 더 좋은 직장이 있다면 옮기겠다.

Q1	Q2	Q3	Q4	Q5	Q6	Q7	Q8	Q9	Q10
2	1	5	2	4	2	3	5	5	2
1	1	2	4	2	1	2	2	4	4
2	2	3	3	3	1	1	2	4	2
4	4	4	1	5	5	5	4	1	1
1	2	5	1	5	2	1	5	5	1
5	5	1	5	1	4	5	2	2	5
5	5	5	1	4	4	5	5	1	1
1	1	3	4	3	1	2	3	4	3
3	3	4	2	5	3	3	5	4	2
5	4	1	4	2	5	5	1	1	5
4	5	4	1	5	4	4	5	2	1
2	2	5	1	4	4	4	5	3	1
3	4	5	2	5	3	3	4	3	2
2	2	2	5	2	1	1	2	5	5
4	3	4	2	4	4	4	5	4	1
5	4	1	4	1	5	5	1	1	5
5	5	3	2	2	4	4	3	1	3
4	5	2	5	1	5	5	1	2	5
3	3	2	5	2	3	3	2	3	4

5. 다음 데이터는 저 콜레스테롤 식단의 효과를 분석하기 위하여 임의로 추출된 15명의 지원자들에게 4주간 이 식단을 제공한 후 그들의 콜레스테롤 감소량(y)과 나이(x)를 기록한 데이터이다.

나이	감소량	나이	감소량	나이	감소량
45	30	37	55	22	28
43	52	34	25	58	44
46	45	30	30	60	61
49	38	31	40	52	58
50	62	27	45	26	17

(a) 이 데이터를 이용하여 산점도와 표본상관계수 r을 구하여라.

(b) 이 데이터에서 27세에서 37세 사이의 5명을 제외한 나머지 10명의 데이터를 이용하여 산점도와 표본상관계수 r을 구하여라.

(c) (a)와 (b)에서 각각 구한 표본상관계수를 비교하여 설명하여라.

제 7 장
질적변수들의 연관성

성, 지역, 직업, 종교 등과 같이 어떤 변수가 이산적인 범주(範疇, category)를 값으로 갖는 변수를 **질적변수**(qualitative variable) 또는 **범주형 변수**(categorical variable)라고 하는데, 제2장에서 설명한 바와 같이 질적변수에 대해서는 양적변수와는 다르게 처리해 주어야 한다. 즉 양적변수에 대해서는 일반적으로 평균이나 분산에 기초하여 분석이 수행되지만, 질적변수에 대해서는 주로 빈도와 퍼센트(비율)에 기초하여 분석이 수행된다. 이 장에서는 질적변수의 분석에 널리 이용되는 다항분포와 카이제곱검정을 소개하고, 또한 질적변수의 값에 따라 통계표의 형태로 정리되어 있는 교차표(혹은 분할표)에 대한 기초적인 분석을 소개하도록 하겠다.

7.1 다항분포

한 번의 시행에서 나타날 수 있는 결과가 둘 중의 하나인 시행을 베르눌리 시행이라고 한다는 것을 제3장에서 설명한 바 있다. 이에 반하여 한번의 시행에서 나타날 수 있는 결과가 여러 가지 중의 하나인 시행을 **다항시행**(多項試行, multinomial trial)이라고 한다.

한 번의 다항시행에서 k개의 서로 배반인 사건(또는 범주) 중 i번째 사건이 일어날 확률을 p_i라고 할 때, n번의 서로 독립인 다항시행을 통하여 i번째 사건이 일어날 횟수를 N_i라고 하면, 확률변수 $(N_1,\ N_2,\ \cdots,\ N_k)$는 다음과 같은 **다항분포**(多項分布, multinomial distribution) $m(n,\ p_1,\ p_2,\ \cdots,\ p_k)$를 따르게 된다.

$$P(N_1 = n_1,\ N_2 = n_2,\ \cdots, N_k = n_k) = \frac{n!}{n_1!n_2!\cdots n_k!}p_1^{n_1}p_2^{n_2}\cdots p_k^{n_k} \tag{7.1}$$

단, 여기에서 $n_1 + n_2 + \cdots + n_k = n$이고 $p_1 + p_2 + \cdots + p_k = 1$이다.

이러한 다항분포에서 각 확률변수 $N_i(i = 1,\ 2,\ \cdot,\ k)$는 이항분포 $B(n, p_i)$를 따르게 되므로 N_i에 대한 평균과 분산은 다음과 같다.

$$E(N_i) = np_i,\ \ Var(N_i) = np_i(1-p_i),\ \ i = 1,\ 2,\ \cdots,\ k \tag{7.2}$$

또한 N_i와 N_j의 공분산은 다음과 같다.

$$Cov(N_i, N_j) = -np_ip_j,\ \ i \neq j. \tag{7.3}$$

7.2 교차분석 – 카이제곱검정

두 개의 범주형 변수 A와 B에 대한 교차표(cross table) 혹은 분할표(contingency table)에서, 변수 A가 r개의 범주를 가지고 변수 B가 c개의 범주를 가지고 있다면 $r \times c$ 교차표

〈표 7.1〉 교차표의 형태

변수 A	변수 B					행 합계
	1	$\cdots$	j	$\cdots$	c	
1	n_{11}	$\cdots$	n_{1j}	$\cdots$	n_{1c}	$n_{1.}$
$\vdots$	$\vdots$	$\cdots$	$\vdots$	$\cdots$	$\vdots$	$\vdots$
i	n_{i1}	$\cdots$	n_{ij}	$\cdots$	n_{ic}	$n_{i.}$
$\vdots$	$\vdots$	$\cdots$	$\vdots$	$\cdots$	$\vdots$	$\vdots$
r	n_{r1}	$\cdots$	n_{rj}	$\cdots$	n_{rc}	$n_{r.}$
열 합계	$n_{.1}$	$\cdots$	$n_{.j}$	$\cdots$	$n_{.c}$	n

〈표 7.2〉 '청량음료' 데이터

연령대	청량음료				행 합계
	coke	pepsi	fanta	others	
20대	10	14	4	12	40
30대	13	9	10	8	40
40대	12	8	10	10	40

는 〈표 7.1〉과 같은 형태를 가진다. 이와 같은 교차표에 대해 데이터를 얻는 방법에 따라 동일성 검정과 독립성 검정이라는 두 가지 형태의 통계적 가설검정을 고려할 수 있다.

7.2.1 분포에 대한 동일성 검정

전체 모집단을 r개의 부모집단(subpopulation)으로 분할한 뒤(즉, 변수 A의 범주는 부모집단들을 나타낸다), 부모집단별 관측빈도의 합 $n_{i.}$들을 고정시켜 놓고 변수 B의 범주별 빈도를 얻는 경우를 고려해 보자. 예를 들어, 연령별로 선호하는 청량음료의 비율이 다른가를 알아보기 위해 20대, 30대, 40대 각 40명씩을 조사하여 〈표 7.2〉와 같은 데이터를 얻었다고 하자.

이와 같은 2차원 분할표에서 변수 A의 i번째 관측빈도 $(n_{i1}, n_{i2}, \cdots, n_{ic})$가 다항분포 $m(n_{i.}, p_{i1}, p_{i2}, \cdots, p_{ic})$를 따른다고 할 때(단, $\sum_{j=1}^{c} p_{ij} = 1,\ i = 1, \cdots, r$), 동일성 검정은 r개의 독립적인 다항분포가 모두 동일하다는 다음과 같은 귀무가설을 검정하는 것이다.

$$H_0 : (p_{11}, p_{12}, \cdots, p_{1c}) = \cdots = (p_{r1}, p_{r2}, \cdots, p_{rc}). \tag{7.4}$$

〈표 7.3〉 '교육수준과 소득수준' 데이터

교육수준	소득수준			행 합계
	상	중	하	
대졸	255	105	81	441
고졸	110	92	66	268
중졸	90	113	88	291
열 합계	455	310	235	1,000

여기에서, p_{ij}는 i번째 부모집단에 속하는 개체가 j번째 범주에 속할 확률을 나타낸다. 한편, 행과 열의 수가 모두 2(즉, $r = c = 2$)인 경우에는 5.3절에서 설명한 '두 모비율 차이에 대한 검정'의 경우와 동일한 상황이 된다.

7.2.2 두 범주형 변수의 독립성 검정

전체 빈도의 합 n을 고정시켜 놓고 변수 A와 B의 각 범주별 조합에 따라 분할표를 얻는 경우를 고려해 보자. 예를 들어, 교육수준과 소득수준이 관련되어 있는지를 알아보기 위해 1,000명의 사람으로부터 〈표 7.3〉과 같은 분할표를 얻었다고 하자.

이러한 분할표에 대해 독립성 검정은 두 범주형 변수 A와 B가 확률적으로 독립이어서 아무런 연관관계가 없는지를 검정하는 것이다. 즉, p_{ij}를 어떤 개체가 A의 i번째 범주와 B의 j번째 범주에 속할 확률, $p_{i.}$을 A의 i번째 범주에 속할 확률, $p_{.j}$를 B의 j번째 범주에 속할 확률이라고 할 때 독립성 검정에 대한 귀무가설은 다음과 같다.

$$H_0 : p_{ij} = p_{i.}p_{.j}, \ i = 1, \cdots, r; \ j = 1, \cdots, c. \tag{7.5}$$

7.2.3 카이제곱 검정통계량

동일성 또는 독립성 검정을 수행하기 위해 일반적으로 사용되는 피어슨(Person)의 카이제곱 통계량은 다음과 같다.

$$\chi^2 = \sum_{i=1}^{r} \sum_{j=1}^{c} \frac{(n_{ij} - e_{ij})^2}{e_{ij}}. \tag{7.6}$$

여기에서, n_{ij}는 실제 관측빈도(observed frequency)이고, $e_{ij} = n_{i.}n_{.j}/n$은 귀무가설 하에서의 기대빈도(expected frequency)이다.

〈표 7.4〉 Prefer 데이터 (첫 10개, $n = 300$)

ID	Agegroup	Product	ID	Agegroup	Product
1	30<	B	6	30<	C
2	30>=	B	7	30<	C
3	30<	B	8	30>=	B
4	30<	A	9	30<	C
5	30>=	B	10	30>=	A

〈표 7.5〉 Prefer 데이터의 관측빈도와 기대빈도

(a) 관측빈도 (n_{ij})

	A	B	C	합계
30<	20 (20%)	20 (20%)	60 (60%)	100 (100%)
30≥	70 (35%)	100 (50%)	30 (15%)	200 (100%)
전체	90 (30%)	120 (40%)	90 (30%)	300 (100%)

(b) 기대빈도 (e_{ij})

	A	B	C	합계
30<	30 (30%)	40 (40%)	30 (30%)	100 (100%)
30≥	60 (30%)	80 (40%)	60 (30%)	200 (100%)
전체	90 (30%)	120 (40%)	90 (30%)	300 (100%)

종종 사용되는 다른 검정통계량으로 다음과 같은 우도비(likelihood ratio) 통계량

$$G^2 = 2\sum_{i=1}^{r}\sum_{j=1}^{c}\log\left(\frac{n_{ij}}{e_{ij}}\right) \tag{7.7}$$

을 들 수 있는데, 이는 모형이 데이터에 잘 적합된다는 귀무가설과 그렇지 않다는 대립가설을 검정하기 위한 로그우도비(log likelihood ratio) 검정통계량이다.

식 (7.6)과 (7.7)의 검정통계량은 표본크기가 충분히 큰 경우(통상 모든 셀의 기대빈도가 5 이상인 경우) 귀무가설 하에서 자유도 $(r-1)(c-1)$인 카이제곱분포를 근사적으로 따른다.

한편, 5.3.1절에서 설명한 바와 같이 이항분포 또는 다항분포를 이용한 검정통계량을 유도하여 검정에 사용할 수도 있는데, 이를 **피셔의 정확검정**(Fisher's exact test)이라고 한다. 이 방법은 표본크기가 작은 경우에도 정확한 유의확률을 계산할 수 있는 안전한 방법이다. 단, 표본크기가 큰 경우에는 계산시간 또는 컴퓨터 메모리를 많이 필요로 한다.

피셔의 정확검정과 카이제곱검정의 예를 하나 들어보자. 〈표 7.4〉는 30대 미만 100명과 30대 이상 200명에 대하여 선호하는 상품을 조사하여 얻은 데이터이며, 〈표 7.5〉는

이 데이터에 대하여 관측빈도와 기대빈도를 요약한 것이다. 여기에서 기대빈도(expected frequency)는 30대 미만과 30대 이상 집단에서 선호하는 상품의 분포가 같다면 이와 같은 빈도가 기대된다는 의미이다.

⟨예 7.1⟩ Prefer 데이터에 대한 교차분석

```
> Prefer = read.csv("L:/My_Work/Data/Prefer.csv",header=TRUE)
> Prefer.table = xtabs(~Agegroup+Product,data=Prefer)
> addmargins(Prefer.table,margin=2)    # 관측빈도
#-----------------------------------------------------------------------
        Product
Agegroup   A   B   C Sum
    30<   20  20  60 100
    30>=  70 100  30 200
#-----------------------------------------------------------------------
> addmargins(prop.table(Prefer.table,margin=1),margin=2)
#-----------------------------------------------------------------------
        Product
Agegroup    A    B    C  Sum
    30<  0.20 0.20 0.60 1.00
    30>= 0.35 0.50 0.15 1.00
#-----------------------------------------------------------------------
> fisher.test(Prefer.table)
#-----------------------------------------------------------------------
Fisher's Exact Test for Count Data
data:  Prefer.table
p-value = 1.703e-14
alternative hypothesis: two.sided
#-----------------------------------------------------------------------
> chisq.test(Prefer.table)
#-----------------------------------------------------------------------
Pearson's Chi-squared test
data:  Prefer.table
X-squared = 65, df = 2, p-value = 7.681e-15
#-----------------------------------------------------------------------
> Prefer.chisq = chisq.test(Prefer.table)
> addmargins(Prefer.chisq$expected,margin=2)    # 기대빈도
#-----------------------------------------------------------------------
        Product
Agegroup  A  B  C Sum
    30<  30 40 30 100
    30>= 60 80 60 200
```

⟨예 7.1⟩은 Prefer 데이터 대한 교차분석의 예이다. 이 예에서는 xtabs() 함수를 사용하여 테이블 객체를 생성하였으며, addmargins() 함수를 사용하여 행 합계가 추가된 빈도표를 출력하였다. 또한 prop.table() 함수를 사용하여 행 백분율을 출력하였다. 이를 살펴보면 30대 미만의 경우 C를 선호하는 비율이 60%로서 가장 높으며, 30대 이상의 경우에는 B를 선호하는 비율이 50%로서 가장 높고 그 다음으로 A와 C의 순서임을 알 수 있다.

그 다음 피셔의 정확검정에 대한 출력결과를 살펴보면 유의확률(p-value)이 <0.001로서 매우 작으므로, '두 연령대 그룹에서 선호하는 상품의 분포가 같다'라는 귀무가설이 기각됨을 알 수 있다.

피어슨의 카이제곱검정에 대한 출력결과를 살펴보면 카이제곱 값은 다음과 같이 계산되며,

$$\chi^2 = \frac{(20-30)^2}{30} + \frac{(20-40)^2}{40} + \cdots + \frac{(30-60)^2}{60} = 65.0$$

이에 대응되는 유의확률(p-value)이 <0.001로서 매우 작음을 볼 수 있다. 또한 이 예에서는 chisq.test() 함수의 결과를 Prefer.chisq라는 리스트 객체로 저장하였으며, Prefer.chisq 객체에 저장되어 있는 expected 객체를 호출함으로써 기대빈도를 출력하였다.

⟨예 7.2⟩ Softdrink 데이터에 대한 교차분석

```
> Softdrink = read.csv("L:/My_Work/Data/Softdrink.csv",header=TRUE)
> Softdrink$Agegroup = factor(Softdrink$Agegroup,
+                            labels=c("20대","30대","40대"))
> Softdrink$Drink = factor(Softdrink$Drink,
+                          labels=c("coke","pepsi","fanta","others"))
> Softdrink.table = xtabs(Count~Agegroup+Drink,data=Softdrink)
> addmargins(Softdrink.table,margin=2)
#----------------------------------------------------------------------
        Drink
Agegroup coke pepsi fanta others Sum
    20대   10    14     4     12  40
    30대   13     9    10      8  40
    40대   12     8    10     10  40
#----------------------------------------------------------------------
> addmargins(prop.table(Softdrink.table,margin=1)*100,margin=2)
#----------------------------------------------------------------------
        Drink
Agegroup  coke pepsi fanta others   Sum
    20대  25.0  35.0  10.0   30.0 100.0
    30대  32.5  22.5  25.0   20.0 100.0
    40대  30.0  20.0  25.0   25.0 100.0
#----------------------------------------------------------------------
```

〈표 7.6〉 Softdrink(청량음료) 데이터

Agegroup	Drink	Count	Agegroup	Drink	Count	Agegroup	Drink	Count
1	1	10	2	1	13	3	1	12
1	2	14	2	2	9	3	2	8
1	3	4	2	3	10	3	3	10
1	4	12	2	4	8	3	4	10

```
> fisher.test(Softdrink.table)
#------------------------------------------------------------------------
Fisher's Exact Test for Count Data
data:  Softdrink.table
p-value = 0.3922
alternative hypothesis: two.sided
#------------------------------------------------------------------------
> chisq.test(Softdrink.table)
#------------------------------------------------------------------------
Pearson's Chi-squared test
data:  Softdrink.table
X-squared = 6.2, df = 6, p-value = 0.4012
```

〈표 7.6〉은 〈표 7.2〉의 데이터에 대한 자료입력의 예이다. 이와 같이 요약된 형태의 데이터를 분석할 경우에는 xtabs() 함수에 빈도변수를 지정해 주어야 한다는 것을 2.5.2절에서 설명한 바 있다. 또한 이 예에서는 숫자형으로 입력된 변수 Agegroup과 Drink에 대하여 factor() 함수를 사용하여 요인변수로 변경하였으며, 각 수준에 대하여 레이블(label)을 설정하였다.

피셔의 정확검정에 대한 출력결과를 살펴보면 유의확률(p-value)이 0.392로서(피어슨의 카이제곱검정에 의한 유의확률값은 0.401), 유의수준 5% 하에서 '연령대별 선호하는 청량음료의 분포가 같다'라는 귀무가설을 기각할 수 없다는 것을 알 수 있다. 또한 출력결과에서 관측빈도의 행 백분율을 살펴보면, 연령대별로 선호하는 청량음료의 비율에 큰 차이가 없다는 것을 볼 수 있다.

7.3 카이제곱 적합도 검정

크기 n의 표본을 상호배반인 c개의 범주로 분류하고 범주별 관측빈도 $(n_1, n_2, \cdots, n_c)$를 얻었다고 하자(단, $\sum_{i=1}^{c} n_i = n$). 여기에서 p_i를 각 개체가 범주 i에 소속할 확률이라고

〈표 7.7〉 '완두콩' 데이터

완두콩의 형태(Type)	1	2	3	4	합계
관측빈도	315	108	101	32	556
관측비율	56.7%	19.4%	18.2%	5.8%	100%

할 때(단, $\sum_{i=1}^{c} p_i = 1$), 다음과 같은 귀무가설을 고려해 보자.

$$H_0 : p_1 = p_{10}, p_2 = p_{20}, \cdots, p_c = p_{c0}. \tag{7.8}$$

이때, 관측빈도 $(n_1, n_2, \cdots, n_c)$이 다항분포 $m(n, p_1, p_2, \cdots, p_c)$를 따른다는 사실에 기초하면, 검정통계량

$$\chi^2 = \sum_{i=1}^{c} \frac{(n_i - e_i)^2}{e_i} = \sum_{i=1}^{c} \frac{(n_i - n\,p_{i0})^2}{n\,p_{i0}} \tag{7.9}$$

은 귀무가설 하에서 자유도 $c-1$인 카이제곱분포에 근사적으로 따른다. 여기에서 $e_i = np_{i0}$는 귀무가설 하에서 i번째 범주에 대한 기대빈도(expected frequency)가 된다.

적합도 검정의 예를 하나 들어보도록 하자. 〈표 7.7〉의 데이터는 완두콩의 교배실험을 통해서 얻은 것으로, 총 556개 중 둥근 노란 완두콩(Type=1)이 315개, 둥근 녹색 완두콩(Type=2)이 108개, 모난 노란 완두콩(Type=3)이 101개, 모난 녹색 완두콩(Type=4)이 32개로 관측되었다. 멘델의 법칙에 의하면 네 종류의 완두콩이 나타날 비가 9:3:3:1이고, 실험의 결과가 멘델의 법칙에 따르는지를 알아보고자 한다. 이 경우 귀무가설은 '$H_0 : p_1 = 9/16(56.3\%), p_2 = 3/16(18.8\%), p_3 = 3/16(18.8\%), p_4 = 1/16(6.3\%)$'이다.

〈예 7.3〉 완두콩 데이터에 대한 적합도 검정

```
> Pea = c(315,108,101,32)
> P0 = c(9/16,3/16,3/16,1/16)
> chisq.test(Pea,p=P0)
#----------------------------------------------------------------------
Chi-squared test for given probabilities
data:  Pea
X-squared = 0.47002, df = 3, p-value = 0.9254
#----------------------------------------------------------------------
> Pea.chiaq = chisq.test(Pea,p=P0)
> Pea.chiaq$expected
#----------------------------------------------------------------------
[1] 312.75 104.25 104.25  34.75
```

〈예 6.3〉은 '완두콩' 데이터 대해 카이제곱 적합도 검정을 수행한 것이다. 이 예에서 카이제곱 값은 다음과 같이 계산되며,

$$\chi^2 = \frac{(315-312.75)^2}{312.75} + \frac{(108-104.25)^2}{104.25} + \frac{(101-104.25)^2}{104.25} + \frac{(32-34.75)^2}{34.75} = 0.470$$

이에 대응되는 유의확률(p-value)이 0.925임을 볼 수 있다. 따라서 귀무가설을 채택하여 관측된 완두콩들의 비율은 멘델의 법칙을 따른다고 할 수 있다.

7.4 오즈비 (Odds Ratio)

분할표에서 행과 열의 수가 모두 2(즉, $r = c = 2$)인 경우에는 5.3절에서 설명한 '두 모비율 차이에 대한 검정'의 경우와 동일한 상황이 된는데, 이 절에서는 이러한 경우에 매우 유용하게 사용되는 **오즈비**(odds ratio)에 대하여 간단히 설명한다.

비교연구를 위한 관측연구의 방법은 코호트 연구(chort study)와 사례-대조 연구(case-control study)로 구분될 수 있다.

코호트 연구(chort study)는 특정 요인에 노출된 집단과 노출되지 않은 집단을 추적조사하는 형식의 전향적 연구(prospective study)이다. 이와 같은 방법은 조사(실험)오차를 줄일 수 있고 위험도(risk)를 직접 관측할 수 있다는 장점이 있으나, 추적조사를 해야 하므로 일반적으로 시간이 많이 걸리고 방대한 비용이 들며 연구의 관리가 어렵다는 등의 단점이 있다.

예를 들어, 흡연 집단과 비흡연 집단 각각 10만명씩을 선정하고 20년간 추적조사하여 다음과 같은 결과를 얻었다고 하자.[1]

	폐암 $(Y=1)$	비폐암 $(Y=2)$
흡연 집단 $(X=1)$	0.70% (p_1)	99.30% $(1-p_1)$
비흡연 집단 $(X=2)$	0.05% (p_2)	99.95% $(1-p_2)$

이와 같은 연구에서는 흡연 집단의 폐암 발생률 $p_1 = P(Y=1|X=1)$=0.70%와 비흡연 집단의 폐암 발생률 $p_2 = P(Y=1|X=2)$=0.05%을 알 수 있으므로, 다음과 같은 통계량들을 구할 수 있다.

- 비율의 차이(difference in rates): $\Delta = p_1 - p_2 = 0.65\%$p
- 상대비율(relative in rates): $\theta = p_1/p_2 = 14.0$

[1]출처: 비교연구를 위한 통계적 방법론(허명회, 1995).

또한 오즈비(odds ratio)라고 불리는 다음과 같은 통계량을 구할 수 있는데,

$$OR = \frac{p_1/(1-p_1)}{p_2/(1-p_2)} = 14.09$$

반응 '$Y = 1$'의 출현비율이 작은 경우, 일반적으로 오즈비는 상대비율과 거의 동일한 값을 갖게 된다.

사례-대조 연구(case-control study)는 결과를 먼저 관측하여 사례군과 대조군으로 구분하고 특정 요인을 조사하는 형식의 후향적 연구(retrospective study)이다. 이와 같은 방법은 시간과 비용 측면에서 경제적이라는 장점이 있으나, 회상편향(recall bias), 선택편향(selection bias), 관측편향(observational bias) 등이 개입할 소지가 있다. 또한 위험도(risk)를 직접 관측할 수 없다는 단점이 있다.

예를 들어 폐암이 발생한 사람(사례군)과 발생하지 않은 사람(대조군) 각각 1,000명씩을 선정하고 과거에 흡연한 이력을 조사하여 다음과 같은 자료를 얻었다고 하자.[2]

	폐암 ($Y = 1$)	비폐암 ($Y = 2$)
흡연 ($X = 1$)	780 (n_{11})	200 (n_{12})
비흡연 ($X = 2$)	220 (n_{21})	800 (n_{22})
합계	1,000 (n_1)	1,000 (n_2)

이 자료에서 알 수 있는 것은 폐암군 중의 흡연자의 비율이나 비폐암군 중의 흡연자의 비율일 뿐, 흡연자의 폐암 발생율(p_1)이나 비흡연자의 폐암 발생률(p_2)은 알 수 없다. 따라서 비율의 차나 상대비율 또한 계산할 수 없다.

그러나 사례-대조 연구에서도 오즈비는 다음과 같이 계산될 수 있는데,

$$OR = \frac{n_{11}/n_{12}}{n_{21}/n_{22}} = \frac{n_{11}\,n_{22}}{n_{12}\,n_{21}} = 14.2 \tag{7.10}$$

이러한 오즈비는 흔히 상대비율 p_1/p_2에 대한 추정치(estimated relative rates)로 유용하게 사용된다. 즉 $OR > 1$이면 $p_1 > p_2$, $OR < 1$이면 $p_1 < p_2$, $OR = 1$이면 $p_1 = p_2$의 의미로 해석될 수 있다. 따라서 오즈비는 2×2 분할표에서 두 범주형 변수의 독립성을 표현하는 또 다른 방법이 된다.

다음 ⟨예 7.4⟩는 위의 데이터에 대하여 오즈비를 출력한 예이다. 이 예에서는 먼저 요약데이터의 형태로 데이터 프레임을 만들고, xtabs() 함수를 사용하여 테이블 객체를 생성하였다.

[2]출처: 비교연구를 위한 통계적 방법론(허명회, 1995).

〈예 7.4〉 오즈비의 계산과 독립성 검정

```
> Smoking = data.frame(Y=c(1,1,2,2),X=c(1,2,1,2),
+                      Count=c(780,220,200,800))
> Smoking.table = xtabs(Count~X+Y,data=Smoking)
> addmargins(Smoking.table,margin=1)
#-----------------------------------------------------------------------
     Y
X        1    2
  1    780  200
  2    220  800
  Sum 1000 1000
#-----------------------------------------------------------------------
> fisher.test(Smoking.table,alternative="greater")
#-----------------------------------------------------------------------
Fisher's Exact Test for Count Data

data:  Smoking.table
p-value < 2.2e-16
alternative hypothesis: true odds ratio is greater than 1
95 percent confidence interval:
 11.76064      Inf
sample estimates:
odds ratio
  14.16288
```

〈예 7.4〉에서는 fisher.test() 함수를 사용하여 다음과 같은 가설에 대한 검정을 수행하였다.

$$H_0 : OR \leq 1 \ \ vs \ \ H_1 : OR > 1.$$

피셔의 정확검정에 대한 출력결과를 살펴보면 유의확률(p-value)이 < 0.001로서 귀무가설을 기각할 수 있음을 알 수 있다. 즉, 오즈비가 1보다 크다고 결론지을 수 있다. 또한 계산된 오즈비가 14.163으로서 흡연의 경우가 비흡연의 경우에 비하여 상대위험(relative risk)이 14.2배 높다는 것을 알 수 있다. 그리고 오즈비에 대한 95% 단측 신뢰구간은 $(11.761, \ \infty)$임을 볼 수 있다.

7.5 연관성의 측도

두 범주형 변수 간의 연관성(association)을 나타내는 여러 가지 측도들이 있는데, 이 절에서는 자주 사용되는 몇 가지 측도들을 설명한다.

7.5.1 카이제곱 통계량에 근거한 측도

피어슨의 카이제곱 통계량은 그 값이 클수록 두 범주형 변수의 연관성이 크다는 것을 의미하지만, 값의 크기가 자유도에 의존하며 범위가 제한되어 있지 않아서(즉, $0 \le \chi^2 \le \infty$) 해석하기가 어렵다는 단점이 있다.

다음과 같은 세 가지 연관성 측도들은 카이제곱 통계량의 이와 같은 단점을 일부 보완한 것이다.

- 파이 계수(Phi Coefficient): $\varphi = (\chi^2/n)^{1/2}$, $0 \le \varphi \le \min(\sqrt{r-1}, \sqrt{c-1})$, 단 2×2 분할표에 대해서는 $-1 \le \varphi \le 1$.
- 분할 계수(Contingency Coefficient): $P = \left[\chi^2/(\chi^2+n)\right]^{1/2}$, $0 \le P \le \sqrt{(m-1)/m}$, 단 $m = \min(r, c)$.
- 크라머의 V(Cramer's V): $V = \left[(\chi^2/n)/\min(r-1, c-1)\right]^{1/2}$, $0 \le V \le 1$, 단 2×2 분할표에 대해서는 $-1 \le V \le 1$.

위의 연관성 측도들은 카이제곱검정의 부산물로써 쉽게 계산할 수 있다는 장점이 있으나, 어떤 행태적 특성을 가지고 있지 않아서 해석하기가 곤란하다는 단점을 가지고 있다.

7.5.2 명목형 변수들의 연관성

⟨표 7.5⟩의 Prefer 데이터에서 각 사람이 어떤 상품을 선호하는지를 예측하는 문제를 고려하자. 만약 연령대라는 행이 관측되지 않았다면 상품 B를 선호하는 것으로 예측하는 것이 가장 타당할 것이며, 이러한 예측 하에서 오류의 수는 다음과 같다.

$$\epsilon_1 = 90 + 0 + 90 = 180$$

반면 행의 정보를 이용하는 경우, 30대 미만은 상품 C를 선호하는 것으로, 30대 이상은 상품 B를 선호하는 것으로 예측하는 것이 타당할 것이며, 이러한 예측 하에서 오류의 수는 다음과 같다.

$$\epsilon_2 = \{20 + 20 + 0\} + \{70 + 0 + 30\} = 140$$

따라서 행의 정보를 이용하는 경우가 그렇지 않은 경우에 비하여 얼마나 예측 오류가 감소하는지를 계산하면 다음과 같다.

$$\lambda = 1 - \frac{\epsilon_2}{\epsilon_1} = 1 - \frac{140}{180} = 0.222$$

여기에서 ϵ_1은 행의 정보를 이용하지 않는 경우 열에 대한 예측 오류의 수이며, ϵ_2는 행의 정보를 이용하는 경우 열에 대한 예측 오류의 수이다.

이와 같은 람다(lambda) 계수는 분할표에서 두 명목형 변수들 간의 연관성을 재는 측도이며($0 \leq \lambda \leq 1$), 람다가 1에 가까우면 행 변수가 열 변수를 예측하는 데 중요한 요인이라는 것을 나타내며, 람다가 0에 가까우면 열 변수를 예측하는 데 행 변수가 도움이 되지 않는다는 것을 의미한다.

- 비대칭 람다($C|R$): 행이 주어질 때 열에 대한 예측타당성을 재는 측도이다.
- 비대칭 람다($R|C$): 열이 주어질 때 행에 대한 예측타당성을 재는 측도이다.
- 대칭 람다(Lambda Symmetric): 행과 열의 독립·종속의 구분을 필요로 하지 않는 상황에 적합한 측도이다.

명목형 변수들 간의 연관성 측도로는 엔트로피에 기초한 불확실성 계수(uncertainty coefficient)와 MI(mutual information) 계수 등도 있다.

다음 ⟨예 7.5⟩는 ⟨예 7.1⟩에서 다루었던 Prefer 데이터에 대하여 카이제곱검정을 수행하고 분할표를 작성한 예이다. 이 예에서는 DescTools 패키지의 Desc() 함수를 사용하였다. 먼저 카이제곱검정의 결과들을 살펴보면 피어슨의 카이제곱검정과 우도비검정의 유의확률(p-value)이 모두 <.001로서 매우 작음을 볼 수 있다. 또한 파이 계수=0.465, 분할계수=0.422, 크라머의 V=0.465임을 볼 수 있다.

⟨예 7.5⟩ Prefer 데이터에 대한 카이제곱검정과 분할표 작성

```
> library(DescTools)
> options(scipen=100)   # 예 2.14 참조
> Desc(Prefer.table,plotit=TRUE)
#---------------------------------------------------------------------
Summary:
n: 300, rows: 2, columns: 3

Pearson's Chi-squared test:
  X-squared = 65, df = 2, p-value = 0.000000000000007681
Likelihood Ratio:
  X-squared = 63.854, df = 2, p-value = 0.00000000000001362
Mantel-Haenszel Chi-squared:
  X-squared = 39.867, df = 1, p-value = 0.0000000002719

Phi-Coefficient        0.465
Contingency Coeff.     0.422
Cramer's V             0.465
```

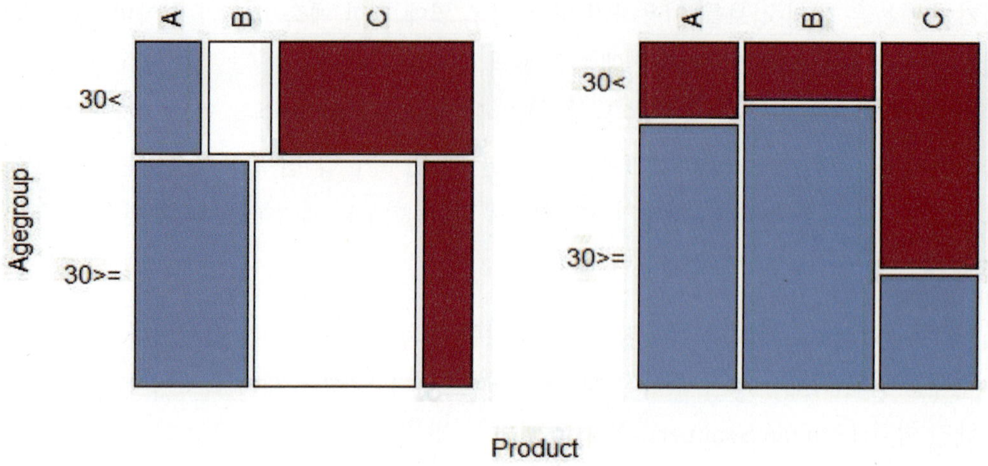

〈그림 7.1〉 Prefer 데이터에 대한 모자이크 도표

```
                Product
                      A        B        C      Sum
Agegroup

30<       freq       20       20       60      100
          perc     6.7%     6.7%    20.0%    33.3%
          p.row   20.0%    20.0%    60.0%        .
          p.col   22.2%    16.7%    66.7%        .

30>=      freq       70      100       30      200
          perc    23.3%    33.3%    10.0%    66.7%
          p.row   35.0%    50.0%    15.0%        .
          p.col   77.8%    83.3%    33.3%        .

Sum       freq       90      120       90      300
          perc    30.0%    40.0%    30.0%   100.0%
          p.row       .        .        .        .
          p.col       .        .        .        .
```

위의 결과에는 빈도(freq), 백분율(perc), 행 백분율(p.row), 열 백분율(p.col)이 출력되어 있다. 또한 Desc() 함수는 테이블(table) 객체에 대하여 〈그림 7.1〉과 같은 모자이크(mosaic) 도표도 출력하는데, 모자이크 도표는 행 퍼센트 또는 열 퍼센트의 상대적 크기를 그래프로 표현한 것이다. 예를 들어 30세 미만의 경우에는 상품 C의 비율이 높고, 30세 이상의 경우에는 상품 B의 비율이 높다는 것을 모자이크 도표를 통해 쉽게 파악할 수 있다.

〈예 7.6〉 Prefer 데이터에 대한 연관성 측도

```
> library(DescTools)
> Assocs(Prefer.table,conf.level=0.95)
#----------------------------------------------------------------------
                           estimate  lwr.ci  upr.ci
Phi Coeff.                   0.4655       -       -
Contingency Coeff.           0.4220       -       -
Cramer V                     0.4655  0.3482  0.5754
Goodman Kruskal Gamma       -0.5676 -0.7223 -0.4128
Kendall Tau-b               -0.3447 -0.4502 -0.2391
Stuart Tau-c                -0.3733 -0.4908 -0.2558
Somers D C|R                -0.4200 -0.5478 -0.2922
Somers D R|C                -0.2828 -0.3754 -0.1902
Pearson Correlation         -0.3651 -0.4594 -0.2628
Spearman Correlation        -0.3651 -0.4594 -0.2628
Lambda C|R                   0.2222  0.1363  0.3081
Lambda R|C                   0.3000  0.1444  0.4556
Lambda sym                   0.2500  0.1456  0.3544
Uncertainty Coeff. C|R       0.0977  0.0516  0.1439
Uncertainty Coeff. R|C       0.1672  0.0889  0.2455
Uncertainty Coeff. sym       0.1234  0.0654  0.1813
Mutual Information           0.1535       -       -
```

〈예 7.6〉은 DescTools 패키지의 Assocs() 함수를 사용하여 연관성 측도들을 출력한 것이다. 출력결과에서 크라머의 V=0.465, $\lambda(C|R)$=0.222 등을 볼 수 있으며, 각 연관성 측도들에 대한 신뢰구간도 출력되어 있다. 예를 들어, $\lambda(C|R)$에 의한 신뢰구간은 (0.136, 0.308)로서 0을 포함하고 있지 않다는 것을 볼 수 있다.

7.5.3 순서형 변수들의 연관성

〈표 7.3〉에 제시된 '교육수준과 소득수준' 데이터를 고려하자. 이 데이터에서 교육수준과 소득수준은 모두 순서를 가지는 것으로 간주할 수 있다. 이와 같이 행 변수와 열 변수가 모두 순서형인 경우에는 다음과 같은 연관성 측도들을 사용할 수 있다.

- 감마 (Gamma): 일치쌍과 비일치쌍의 개념을 이용하여 다음과 같이 정의된다.

$$\gamma = \frac{P-Q}{P+Q} \tag{7.11}$$

여기에서 일치쌍(concordant pair)이란 행과 열 변수의 관측값이 크기 순서에서 같은 방향에 있는 관측개체의 쌍을 의미하며, 비일치쌍(non-concordant pair)이란 행과 열

〈표 7.8〉 Economic 데이터 (첫 10개, $n = 1,000$)

ID	Education	Income	ID	Education	Income
1	2	1	6	1	1
2	3	3	7	2	3
3	3	2	8	2	3
4	1	1	9	3	1
5	2	1	10	1	1

변수의 관측값이 크기 순서에서 반대 방향에 있는 관측개체의 쌍을 의미한다. γ가 0에 가까우면 두 변수간의 연관성이 작은 경우이고, γ가 1(또는 -1)에 가까우면 양(또는 음)의 연관성이 큰 경우라고 할 수 있다($-1 \le \gamma \le 1$).

- 켄달의 타우-b (Kendall's Tau-b): 같은 순위를 가지는 쌍의 경우에 대하여 감마를 수정한 것이다($-1 \le \tau_b \le 1$).[3]

- 스튜어트의 타우-c (Stuart's Tau-c): 같은 순위를 가지는 쌍의 경우와 분할표의 크기를 이용하여 감마를 수정한 것이다($-1 \le \tau_c \le 1$).

- 소머즈의 D (Somers' D): $D(C|R)$과 $D(R|C)$는 켄달의 타우-b를 비대칭적 관계를 고려하여 수정한 것이다.

순서형 변수들 간의 연관성 측도로는 앞 장에서 설명한 피어슨의 상관계수와 스피어만의 순위상관계수도 사용될 수 있다.

한편 행 변수와 열 변수가 모두 순서형인 경우에는 선형적 연관성을 검정하기 위하여 다음과 같은 M-H(Mantel-Haenszel) 카이제곱 통계량이 사용될 수 있다.

$$\text{MH } \chi^2 = (n-1)\, r^2 \tag{7.12}$$

여기에서 n은 관측개체의 수이고, r은 행(x)과 열(y) 변수의 각 수준에 적절한 숫자값을 부여하고 계산된 상관계수이다(예를 들어, x={1, 2, 3}, y={1, 2, 3}). M-H 카이제곱 통계량은 자유도가 1인 카이제곱분포를 따른다.

〈표 7.8〉은 〈표 7.3〉에 제시된 '교육수준과 소득수준' 데이터에 대한 자료입력의 예이다. 다음 〈예 7.7〉는 이 데이터에 대하여 카이제곱검정을 수행하고 분할표를 작성한 예이다.

[3]같은 순위를 가지는 쌍이란 $i_1 = i_2$이거나 $j_1 = j_2$인 쌍 $[(i_1, i_2), (j_1, j_2)]$을 말한다.

⟨예 7.7⟩ Economic 데이터에 대한 카이제곱검정과 분할표 작성

```
> Economic = read.csv("L:/My_Work/Data/Economic.csv",header=TRUE)
> Economic$Education = factor(Economic$Education,
+                              labels=c("상","중","하"))
> Economic$Income = factor(Economic$Income,labels=c("상","중","하"))
> Economic.table = xtabs(~Education+Income,data=Economic)
> library(DescTools)
> Desc(Economic.table,plotit=TRUE)
#------------------------------------------------------------------------
Economic.table (xtabs, table)

Summary:
n: 1'000, rows: 3, columns: 3

Pearson's Chi-squared test:
  X-squared = 54.254, df = 4, p-value = 0.00000000004656
Likelihood Ratio:
  X-squared = 54.972, df = 4, p-value = 0.00000000003293
Mantel-Haenszel Chi-squared:
  X-squared = 42.401, df = 1, p-value = 0.00000000007434

Phi-Coefficient         0.233
Contingency Coeff.      0.227
Cramer's V              0.165

                  Income
                      상       중       하     Sum
Education

상          freq     255      105       81     441
            perc   25.5%    10.5%     8.1%   44.1%
            p.row  57.8%    23.8%    18.4%       .
            p.col  56.0%    33.9%    34.5%       .

중          freq     110       92       66     268
            perc   11.0%     9.2%     6.6%   26.8%
            p.row  41.0%    34.3%    24.6%       .
            p.col  24.2%    29.7%    28.1%       .

하          freq      90      113       88     291
            perc    9.0%    11.3%     8.8%   29.1%
            p.row  30.9%    38.8%    30.2%       .
            p.col  19.8%    36.5%    37.4%       .
```

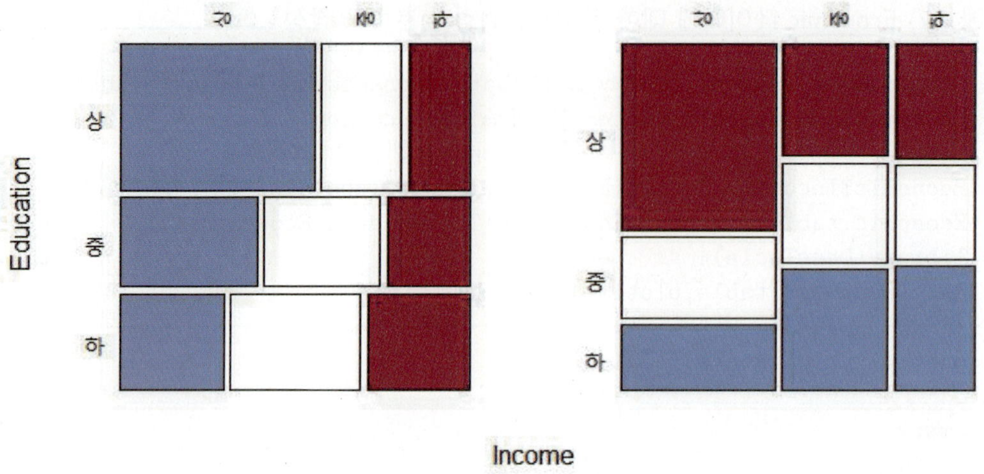

〈그림 7.2〉 Economic 데이터에 대한 모자이크 도표

〈예 7.7〉의 출력결과에서 먼저 M-H 카이제곱검정의 결과를 살펴보면, 카이제곱 값이 42.4이고 이에 대응되는 유의확률(p-value)이 <.001로서 매우 작음을 볼 수 있다. 따라서 행과 열 변수 간에 선형적 추세(linear trend)가 있다고 할 수 있다.

또한 분할표에서 특히 행 백분율(p.row)을 살펴보면 교육수준이 높을수록 소득수준 "상"의 비율이 높고 "하"의 비율이 낮음을 볼 수 있다. 이와 같은 현상은 모자이크 도표 (그림 7.2)를 통해서도 시각적으로 파악할 수 있다.

〈예 7.8〉 Economic 데이터에 대한 연관성 측도

```
> library(DescTools)
> Assocs(Economic.table,conf.level=0.95)
#------------------------------------------------------------------------
                        estimate  lwr.ci  upr.ci
Phi Coeff.                0.2329       -       -
Contingency Coeff.        0.2269       -       -
Cramer V                  0.1647  0.1154  0.2044
Goodman Kruskal Gamma     0.2926  0.2134  0.3718
Kendall Tau-b             0.1935  0.1395  0.2476
Stuart Tau-c              0.1873  0.1351  0.2396
Somers D C|R              0.1924  0.1387  0.2462
Somers D R|C              0.1946  0.1403  0.2489
Pearson Correlation       0.2060  0.1459  0.2646
Spearman Correlation      0.2158  0.1559  0.2741
Lambda C|R                0.0422  0.0000  0.0923
Lambda R|C                0.0268  0.0000  0.0949
```

```
Lambda sym                 0.0344  0.0000  0.0844
Uncertainty Coeff. C|R     0.0259  0.0124  0.0394
Uncertainty Coeff. R|C     0.0256  0.0123  0.0389
Uncertainty Coeff. sym     0.0257  0.0124  0.0391
Mutual Information         0.0397       -       -
```

⟨예 7.8⟩은 Economic 데이터에 대하여 연관성 측도들을 출력한 것이다. 예를 들어, 감마 계수(Goodman Kruskal Gamma)는 0.293으로서 연관성이 크지는 않음을 볼 수 있다. 또한, 감마 계수에 의한 신뢰구간은 (0.213, 0.372)로서 0을 포함하고 있지 않다는 것을 볼 수 있다.

7.6 이 장에서 사용된 주요 함수들

여기에서는 이 장에서 사용된 주요 함수들에 대하여 사용형식(usage)과 자주 사용되는 인수(argument)들을 설명한다. 보다 자세한 사항은 R의 도움말을 참조하여라.

⟨chisq.test 함수⟩ ∼ stats 패키지

☐ chisq.test(x, y, ⋯): 두 변수에 대한 카이제곱정을 수행한다.

☐ chisq.test(table, ⋯): 분할표에 대한 피셔의 정확검정을 수행한다.

☐ chisq.test(vector, p, ⋯): 적합도 검정을 수행한다.

- x, y: 행과 열 벡터(데이터 프레임과 변수)를 지정한다.
- table: 이차원 분할표를 지정한다.
- correct=: 2×2 분할표에만 지정할 수 있으며, 연속성 수정을 수행할지의 여부를 지정한다[기본값: correct=TRUE].
- vector: 적합도 검정에서 빈도가 저장되어 있는 벡터를 지정한다.
- p=: 적합도 검정에서 귀무가설 하에서의 비율이 저장되어 있는 벡터를 지정한다.

⟨fisher.test 함수⟩ ∼ stats 패키지

☐ fisher.test(table, ⋯): 분할표에 대한 피셔의 정확검정을 수행한다.

- table: 이차원 분할표를 지정한다.

- alternative=" ": 2×2 분할표에만 지정할 수 있으며, two.sided(양측검정), less(왼쪽 단측검정), greater(오른쪽 단측검정)을 지정한다[기본값: alternative="two.sided"].
- or=: 2×2 분할표에만 지정할 수 있으며, 귀무가설 하에서의 오즈비를 지정한다[기본값: or=1].
- conf.level=: 2×2 분할표에만 지정할 수 있으며, 신뢰수준$(1-\alpha)$을 지정한다[기본값: conf.level=0.95].

7.7 연습문제

1. 대기오염이 야채 종류에 따라 영향을 미치는 정도가 차이가 나는지 검정하고자 양상추 40, 시금치 40, 토마토 40개를 조사한 결과 다음과 같은 데이터를 얻었다. 귀무가설과 대립가설을 서술하고 유의수준 5% 하에서 검정하여라.

	심각	보통	합계
양상추	32	8	40
시금치	28	12	40
토마토	19	21	40

2. 어느 공항의 주차장에는 5개의 출입구가 있다. 일정시간 동안에 각 입구를 통해 주차장에 들어온 자동차의 수는 다음과 같다. 주차장에 들어온 자동차의 수는 주차장 출입구의 위치와는 관계 없이 동일한지를 유의수준 5% 하에서 검정하여라.

주차장 입구	입구 A	입구 B	입구 C	입구 D	입구 E
자동차 수	238	216	302	294	199

3. 학업성적과 학생의 성별이 어떤 관계가 있는지 알아보기 위하여 대학생 200명을 무작위 추출하여 조사한 결과 다음과 같은 데이터를 얻었다. 학업성적과 학생의 성별이 어떤 관계가 있는지 유의수준 5% 하에서 검정하여라.

	A	B	C	D	합계
여학생	19	44	13	3	79
남학생	19	58	31	13	121
합계	38	102	44	16	200

4. 다음은 13대 대통령선거에서 각 후보들이 5대 도시에서 얻은 득표수를 조사한 뒤 얻은 분할표이다. 지역과 후보자에 대한 지지 간에 관계가 있는지를 유의수준 5%로 검정하고 연관성 측도들을 구하여라.

	후보자			
지역	노태우	김영삼	김대중	김종필
서울	1683	1637	1833	461
부산	641	1117	182	52
대구	800	275	30	23
인천	326	249	177	76
광주	23	2	450	1

5. 다음은 어떤 회사에서 고려하고 있는 3가지 유형의 연금계획에 대한 피고용자들의 4개 직급별 선호도를 600명의 종업원에게 조사한 것이다.

	연금계획		
직급	A	B	C
Clerical	140	40	20
Executive	70	20	10
Factory	160	30	10
Supervisor	80	10	10

(a) 이 분할표가 나타내는 내용을 포괄적으로 요약하여라.

(b) 연구목적에 대한 가설들(귀무가설 및 대립가설)을 구체적으로 세워라.

(c) (나)에 대한 검정결과를 정확히 서술하여라.

(d) 셀(Executive, A)가 두 변수 간의 연관관계에 공헌하는 정도는 어느 정도라고 생각되는가? 그 이유는 무엇인가?(관측빈도와 기대빈도를 비교하여 보아라.)

(e) 두 변수 간에 유의적인 연관관계가 있다면 그 정도에 관한 추론을 시도하여라.

6. 한 가전제품회사에서 두 가지 형태의 새로운 냉장고를 개발하였다. 어느 형태의 냉장고를 소비자들이 더 선호하는가를 알아보기 위해 서울에서 90명, 충청도에서 92명, 전라도에서 118명, 경상도에서 135명을 임의로 추출한 뒤 설문조사를 통해 다음과 같은 결과를 얻었다. 지역에 따른 냉장고의 선호에 차이가 있는지를 유의수준 5%로 검정하여라.

지역	냉장고 A	B
서울	48	42
충청도	43	49
전라도	65	53
경상도	59	76

7. 다음은 지역에 따른 소득수준에 어떠한 차이가 존재하는지를 알아보기 위하여 도시와 농촌에서 800명의 표본을 무작위 추출하여 조사한 데이터이다. 적당한 가설을 설정하고 유의수준 5% 하에서 검정하여라.

	소득수준				
	상	중상	중하	하	합계
도시	76	53	59	48	236
농촌	124	147	141	152	564
합계	200	200	200	200	800

8. 어떤 자동차보험상품에 대한 보험청구회수는 평균(μ)이 2인 포아송분포를 따른다고 알려져 있다. 이를 확인하기 위해 보험가입자 200명을 랜덤추출하여 청구회수를 조사해 보았더니 다음과 같았다. 자동차보험 청구회수가 포아송분포를 따른다는 가정 하에 기대도수를 계산하여라. 또한 자동차보험청구회수가 포아송분포를 따른다고 할 수 있는지를 유의수준 5% 하에서 검정하여라.

청구회수	0	1	2	3	4	5 이상
관측도수	22	53	58	39	20	8
$f(x) = (e^{-\mu}\mu^{x})/x!$	0.135	0.271	0.271	0.180	0.090	0.053

9. 가정용 세탁기의 색상에 대한 주부들의 선호도를 조사하기 위하여 어느 세탁기 회사에서 최근 260명의 구매자가 구입한 세탁기의 색상을 정리해 보니 다음과 같았다. 세탁기 색상에 대한 주부들의 선호도에 차이가 있는지를 유의수준 5% 하에서 검정하여라.

세탁기 색상	흰색	상아색	올리브색	회색	합계
관측도수	69	75	67	49	260

제 8 장
회귀분석

앞장에서는 두 변수 사이의 선형적 연관성을 측정하는 상관계수에 대해서 설명하였는데, 이 장에서는 한 변수가 다른 변수들에 의해 어떻게 설명 또는 예측되는지를 분석하는 회귀분석에 대해서 다루어 보도록 하자.

8.1 단순 회귀분석

아래 ⟨그림 8.1⟩은 아버지의 키 그룹별로 대응되는 아들 그룹의 평균 키를 표시하고, 이러한 관계를 잘 나타낼 수 있는 직선을 그려 넣은 것이다. 이러한 생각은 영국의 유전학자 갈톤(F. Galton, 1889)에 의해서 이루어진 것으로, 그는 사람의 키에 관한 유전연구를 통해 회귀(回歸, regression)라는 생각을 발전시켰다.

⟨그림 8.1⟩을 살펴보면 아버지의 키가 60인치인 그룹에 속하는 아들들의 평균 키는 약 65인치로서 아버지들의 평균 키보다 약간 크고, 아버지의 키가 74인치인 그룹에 속하는 아들들의 평균 키는 약 71인치로서 아버지들의 평균 키보다 약간 작아 진다는 것을 알 수 있다. 따라서 아들들의 키는 그들의 평균 키에 되돌아가려는 경향이 있음을 발견할 수 있게 되는데, 갈톤은 이와 같은 함수관계를 회귀(regression)라는 용어로 표현하였다. 한편 피어슨(K. Pearson, 1903)은 아버지의 키(x)와 아들의 키(y)에 관한 기록을 수집하여 $y = 33.73 + 0.516x$와 같은 일차함수 관계식을 얻었다.

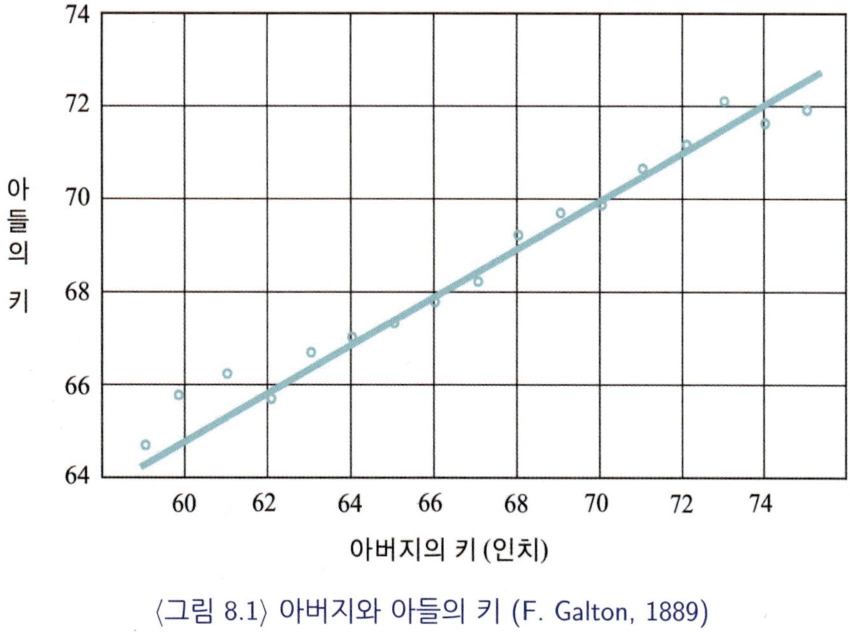

⟨그림 8.1⟩ 아버지와 아들의 키 (F. Galton, 1889)

회귀분석이란 한 변수가 다른 변수들에 의해서 어떻게 설명(explanation) 또는 예측(prediction)되는 지를 알아보기 위한 통계적 방법이다. 이때 예측되는 변수를 **종속변수**(從屬變數, dependent variable) 또는 **반응변수**(反應變數, response variable)라고 하고, 종속변수를 예측하는 데 사용되는 변수들을 **독립변수** (獨立變數, dependent variable) 또는 **설명변수**(說明變數, explanatory variable)라고 한다.

회귀분석에서는 일반적으로 선형방정식에 의해서 종속변수와 독립변수들의 관계를 표현하는데, 이를 **선형회귀**(線形回歸, linear regression)분석이라고 한다. 또한 독립변수가 하나인 경우를 **단순회귀**(單純回歸, simple regression)분석이라고 하고, 이에 비해 독립변수가 여러 개인 경우를 **다중회귀**(多重回歸, multiple regression)분석이라고 한다. 이 절에서는 먼저 가장 간단한 단순 선형회귀분석에 대해서 알아보도록 하자.

8.1.1 단순 회귀분석 모형

단순 회귀분석 모형은 다음 식과 같이 종속변수 y를 독립변수 x의 일차함수식으로 설명하려는 것이다.

$$y = \alpha + \beta x + \epsilon \tag{8.1}$$

여기에서 α와 β는 데이터로부터 추정되어야 할 미지의 모수로서 **회귀계수**(regression coefficient)들이며, ϵ은 **오차항**(error term)으로써 독립변수 x로는 설명할 수 없는 종속변수 y의 변이 및 선형회귀모형의 함수적 형태에서 기인하는 오류 등을 포함한다. 일반적으로 오차항 ϵ은 기대값 0과 분산 σ^2을 가지며 정규분포(normal distribution)를 따르는 것으로 가정된다.

단순 선형회귀모형의 회귀계수 α와 β를 추정하기 위해서 일반적으로 오차들의 제곱합이 최소가 되도록 회귀계수를 추정하는 **최소제곱법**(least square method)을 사용한다. 즉, n개의 관찰개체로부터 표본 (x_1, y_1), (x_2, y_2), $\cdots$, (x_n, y_n)을 얻었을 때 α와 β의 최소제곱추정치는 다음과 같은 **오차제곱합**

$$\sum_{i=1}^{n} \epsilon_i^2 = \sum_{i=1}^{n} (y_i - \alpha - \beta x_i)^2 \tag{8.2}$$

을 최소화하는 것이다.

이제 오차제곱합을 α와 β에 대해서 각각 편미분하여 얻은 식을 0으로 놓고 풀면 최소제곱추정량을 얻을 수 있는데, 결론적으로 회귀계수 α와 β의 최소제곱추정치 $\hat{\alpha}$와 $\hat{\beta}$는 다음과 같은 수식에 의해서 계산될 수 있다.

$$\hat{\beta} = \sum_{i=1}^{n} (x_i - \bar{x})(y_i - \bar{y}) / \sum_{i=1}^{n} (x_i - \bar{x})^2, \tag{8.3}$$

$$\hat{\alpha} = \bar{y} - \hat{\beta}\bar{x}. \tag{8.4}$$

단순 선형회귀모형에서는 특히 기울기 β에 큰 관심을 두게 되는데, 이는 독립변수 x가 1단위 증가할 때 종속변수 y가 변화하는 양을 나타낸다. 따라서 회귀계수가 양의 값으로 추정되었다는 것은 독립변수의 값이 증가하면 종속변수의 값이 증가한다는 의미이고, 반대로 회귀계수가 음인 경우에는 독립변수의 값이 증가하면 종속변수의 값이 오히려 감소한다는 의미를 가진다.

그러나 회귀계수 β에 관한 이러한 해석은 '독립변수 x가 종속변수 y에 유의한 영향을 주고 있다'라는 가설이 받아들여지지 않으면 아무런 의미가 없게 된다. 따라서 '$H_0 : \beta = 0$'이라는 가설을 검정하는 문제는 결과의 해석에 앞서 종속변수에 대한 독립변수의 유의성을 검토하기 위해 필요한 단계이다. 기울기 β에 대한 이와 같은 가설을 검정하기 위한 검정통계량은 다음 식 (8.5)와 같고, 이는 귀무가설이 사실일 때 자유도 $n-2$인 $t-$분포를 따른다.

〈회귀직선의 기울기 β에 대한 검정〉

$$\text{검정통계량}: \ T = \frac{\hat{\beta} - \beta_0}{\sqrt{\hat{\sigma}^2 / \sum_{i=1}^{n}(x_i - \bar{x})^2}} \tag{8.5}$$

귀무가설과 대립가설	기각역
$(a)\ H_0 : \beta \le \beta_0 \quad vs \quad H_1 : \beta > \beta_0$	$T \ge t_\alpha(n-2)$
$(b)\ H_0 : \beta \ge \beta_0 \quad vs \quad H_1 : \beta < \beta_0$	$T \le -t_\alpha(n-2)$
$(c)\ H_0 : \beta = \beta_0 \quad vs \quad H_1 : \beta \ne \beta_0$	$\lvert T\rvert \ge t_{\alpha/2}(n-2)$

β에 대한 $100(1-\alpha)\%$ 신뢰구간:

$$\left(\hat{\beta} \pm t_{\alpha/2}(n-2)\frac{\hat{\sigma}}{\sqrt{\sum_{i=1}^{n}(x_i - \bar{x})^2}}\right) \tag{8.6}$$

위의 식 (8.5)에서 $\hat{\sigma}^2$은 오차분산 σ^2의 추정치로서 다음과 같이 계산된다.

$$\hat{\sigma}^2 = \frac{\sum_{i=1}^{n}(y_i - \hat{y}_i)^2}{n-2} \tag{8.7}$$

8.1.2 단순 회귀분석 사례

〈표 8.1〉의 데이터는 유사한 제품을 생산하는 12개 기업에 대해 1년 광고비(Adver)와 매출액(Sales)을 조사하여 얻은 것이다. 이 데이터에 대해 매출액을 반응변수로 하고 광고비를 설명변수로 하여 선형 회귀분석을 수행해 보도록 하자.

〈표 8.1〉 Sales 데이터

Company	Adver	Sales	Company	Adver	Sales	Company	Adver	Sales
1	11	23	5	56	93	9	38	65
2	19	32	6	62	99	10	39	70
3	23	36	7	29	49	11	46	71
4	26	46	8	30	50	12	49	89

〈예 8.1〉 단순 회귀분석

```
> Sales = read.csv("L:/My_Work/Data/Sales.csv",header=TRUE)
> library(car)
> scatterplot(Sales~Adver,data=Sales,cex=3,lwd=2,smoother=FALSE)
> Sales.fit = lm(Sales~Adver,data=Sales)
> summary(Sales.fit)
#----------------------------------------------------------------------
Call:
lm(formula = Sales ~ Adver, data = Sales)

Residuals:
    Min      1Q  Median      3Q     Max
-5.7539 -2.0502 -0.1639  1.4285  7.4546

Coefficients:
            Estimate Std. Error t value       Pr(>|t|)
(Intercept)  3.28480    2.88935   1.137          0.282
Adver        1.59716    0.07483  21.343 0.00000000114 ***
---
Signif. codes:  0 '***' 0.001 '**' 0.01 '*' 0.05 '.' 0.1 ' ' 1

Residual standard error: 3.834 on 10 degrees of freedom
Multiple R-squared:  0.9785,Adjusted R-squared:  0.9764
F-statistic: 455.5 on 1 and 10 DF,  p-value: 0.000000001136
```

〈예 8.1〉은 lm() 함수를 사용하여 회귀분석을 수행한 것이다. 여기에서는 lm() 함수의 결과를 리스트 객체 Sales.fit에 저장한 후, summary() 함수를 사용하여 주요 결과를 출력하였다. 또한 scatterplot() 함수를 사용하여 산점도와 회귀직선을 출력하였다(그림 8.2).

〈예 8.1〉의 출력결과에는 모형적합에 대한 통계량 및 회귀계수 추정치(estimate) 등이 출력되어 있는데, 여기에서는 먼저 회귀계수 추정치를 중심으로 결과를 살펴보도록 하자.

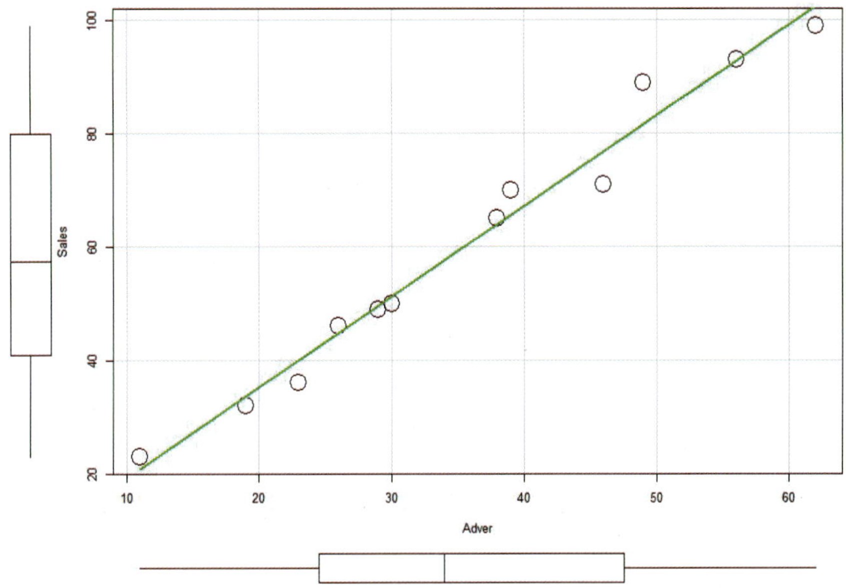

〈그림 8.2〉 산점도와 회귀직선

모형적합 통계량에 대한 결과들은 8.3절에서 자세히 설명할 것이다.

먼저 모수 α와 β에 대한 추정치는 각각 $\hat{\alpha} = 3.285$와 $\hat{\beta} = 1.597$임을 알 수 있고, 따라서 추정된 회귀식을 다음과 같이 쓸 수 있다.

$$\hat{y} = 3.285 + 1.597x$$

여기에서 $\hat{\beta} = 1.597$은 '광고비(x)가 1단위 증가하면 매출액(y)이 1.597단위 정도 증가한다'는 것을 의미한다.

한편,기울기 β에 대한 t-통계량의 값은 $T = 21.34$이고 유의확률($p-$값)은 유의수준 5%(또는 10%)보다 작기 때문에 통계적으로 유의함을 알 수 있다. 따라서 귀무가설 '$H_0 : \beta = 0$'을 기각하여 '광고비(x)가 매출액(y)에 유의한 영향을 준다'고 추론할 수 있다.

〈예 8.2〉 산점도와 회귀직선의 출력

```
> plot(Sales$Sales~Sales$Adver,cex=3,lwd=1)
> abline(lm(Sales~Adver,data=Sales),lwd=2,col="green")
```

〈예 8.2〉는 산점도와 회귀직선을 출력하는 또 다른 예이다. 여기에서는 plot() 함수를 사용하여 산점도를 작성하고, abline() 함수를 사용하여 회귀직선을 추가하였다(8.7절 참조). 그 결과는 〈그림 8.2〉와 유사하다.

8.1.3 반응변수에 대한 예측

추정된 회귀직선을 이용한 관측치에 대한 예측은 두 가지 형태로 나눌 수 있다. 하나는 설명변수의 특정한 값이 주어졌을 때 반응변수 y의 평균값 $E(y)$를 예측하는 것이며, 또 다른 하나는 설명변수의 특정한 값에 대한 개별적인 y값을 예측하는 것이다.

(1) y의 평균값에 대한 예측 및 신뢰구간

독립변수 $x = x_0$의 특정한 값일 경우 y의 평균값(기대값) $E(y|x_0) = \alpha + \beta x_0$는 $\hat{y} = \hat{\alpha} + \hat{\beta}x_0$로 추정되며, 이 때 $E(y|x_0)$에 대한 $100(1-\alpha)\%$ 신뢰구간(confidence interval)은 다음과 같이 구할 수 있다.

$$(\hat{\alpha} + \hat{\beta}x_0) \pm t_{\alpha/2}(n-2)\sqrt{\hat{\sigma}^2\left(\frac{1}{n} + \frac{(x_0-\bar{x})^2}{\sum_{i=1}^{n}(x_i-\bar{x})^2}\right)}. \tag{8.8}$$

이러한 신뢰구간을 구하는 식을 살펴보면, 신뢰구간의 폭은 $x_0 = \bar{x}$일 때에 가장 짧고 x_0가 $\bar{x}$에서 멀어질수록 길어짐을 알 수 있다.

(2) y의 개별 관측치에 대한 예측 및 예측구간

앞에서 구한 신뢰구간은 y의 평균값에 대한 문제이다. 예를 들어, 광고비가 $x_0 = 50$일 때 매출액 y를 예측하는 문제를 생각해 보자. 앞에서 설명한 y의 평균값에 대한 경우는 광고비가 $x_0 = 50$인 회사들의 평균 매출액의 신뢰구간을 구한 것이다.

그러나 어떤 회사의 광고비가 50일 때 그 회사의 개별 매출액을 예측하는 경우는 어떻게 해야 할까? 이와 같이 개별 관측치에 대한 신뢰구간을 예측구간(prediction interval)이라고 하며, 개별 관측치에 대한 $100(1-\alpha)\%$ 예측구간은 다음과 같다.

$$(\hat{\alpha} + \hat{\beta}x_0) \pm t_{\alpha/2}(n-2)\sqrt{\hat{\sigma}^2\left(1 + \frac{1}{n} + \frac{(x_0-\bar{x})^2}{\sum_{i=1}^{n}(x_i-\bar{x})^2}\right)}. \tag{8.9}$$

⟨예 8.3⟩ 예측값 및 신뢰구간

```
> predict(Sales.fit,interval="confidence"level=0.95)
#-------------------------------------------------------------------
        fit      lwr      upr
1  20.85351 16.05811 25.64890
2  33.63075 29.91550 37.34599
3  40.01937 36.77266 43.26607
4  44.81083 41.86491 47.75675
5  92.72549 88.53328 96.91770
...
```

```
#------------------------------------------------------------------------
> predict(Sales.fit,interval="prediction",level=0.95)
#------------------------------------------------------------------------
       fit      lwr       upr
1   20.85351 11.05742  30.64959
2   33.63075 24.31568  42.94581
3   40.01937 30.88107  49.15767
4   44.81083 35.77502  53.84665
5   92.72549 83.21013 102.24085
...
#------------------------------------------------------------------------
> Sales.new = data.frame(Adver=c(20,30,40))
> predict(Sales.fit,newdata=Sales.new,interval="prediction")
#------------------------------------------------------------------------
       fit      lwr      upr
1 35.22790 25.96121 44.49459
2 51.19945 42.25849 60.14042
3 67.17101 58.25080 76.09121
```

⟨예 8.3⟩은 predict() 함수를 사용하여 Sales 데이터에서 설명변수 Adver의 각 값에 대응하는 반응변수 Sales의 예측값 및 신뢰구간을 출력하는 예이다. 예를 들어 예측구간(interval='prediction')의 출력결과에서 첫 번째 관측치에 대한 예측값은 $\hat{y} = 3.285 + 1.597 \times 11 = 20.854$로 계산되며, 95% 예측구간은 (11.057, 30.650)이다.

한편 새로운 관측치에 대하여 예측값을 구하고자 할 경우, 위의 예에서와 같이 설명변수의 값이 저장되어 있는 새로운 데이터를 생성한 후 predict() 함수에 지정하면 된다. 예를 들어, 광고비(Adver)가 20일 때 매출액의 예측값은 $\hat{y} = 3.285 + 1.597 \times 20 = 35.228$이며 95% 예측구간은 (25.961, 44.495)로 계산된다.

8.2 잔차분석

앞에서 설명한 선형 회귀모형에는 선형성, 등분산성, 독립성, 정규성 등 모형에 관한 여러 가정들이 포함되어 있다. 일반적으로 최소제곱법은 모형에 부여된 가정으로부터의 작은 이탈에는 꽤 둔감한 편이어서 이에 따른 결과를 사용하는 것이 나쁘지 않은 경우가 많다. 그러나 모형의 가정에 대한 총체적인 오류가 있다면 이는 결론을 심각하게 오도할 수가 있다. 따라서 회귀분석의 결과를 해석하기에 앞서 회귀모형의 여러 가정들에 대해 타당성을 전반적으로 검토하는 것이 바람직하다. 선형 회귀모형에는 일반적으로 오차항 ϵ에 대한 다음과 같은 가정들이 포함되어 있다.

- 특이값 없음 (No Outliers) : $E(\epsilon_i) = 0, \quad i = 1, \cdots, n$
- 등분산성 (Equal Variance) : $Var(\epsilon_i) = \sigma^2, \quad i = 1, \cdots, n$
- 독립성 (Independence) : $Cov(\epsilon_i, \epsilon_j) = 0, \quad i \neq j$
- 정규성 (Normality) : $\epsilon_i \ \sim \ N(0, \sigma^2)$

이 절에서는 오차항에 대한 이와 같은 가정을 중심으로 모형의 타당성을 검토하는 방법을 간략히 설명할 것이다.[1]

8.2.1 표준화잔차와 잔차도표

실제 관측치 y_i와 추정된 회귀직선에 의한 적합값 $\hat{y}_i$의 차이인 **잔차**(residual)

$$e_i = y_i - \hat{y}_i = y_i - (\hat{\alpha} + \hat{\beta} x_i) \tag{8.10}$$

는 추정된 회귀직선으로 설명될 수 없는 부분을 나타내며, 이러한 잔차는 오차의 실현치로 생각할 수 있으므로 이것을 이용하여 오차항 ϵ_i에 대한 가정의 충족여부를 검토할 수 있다.

이때 잔차 e_i는 평균이 0이고 분산이 $\sigma^2(1 - h_{ii})$인 정규분포에 따른다. 즉,

$$e_i \ \sim \ N(0, \sigma^2(1 - h_{ii})), \quad \left(\text{단, } h_{ii} = \frac{1}{n} + \frac{(x_i - \bar{x})^2}{\sum_{i=1}^{n} (x_i - \bar{x})^2} \right) \tag{8.11}$$

이와 같이 잔차 e_i는 오차 ϵ_i와는 달리 분산이 서로 다를 뿐만 아니라 서로 독립적이지도 않으며 특히 표본크기에 의존하는 성질을 가지고 있다.

이러한 단점을 부분적으로 보완한 것이 **표준화잔차**(studentized residual)

$$t_i = \frac{e_i}{\hat{\sigma}\sqrt{1 - h_{ii}}} \tag{8.12}$$

로서, 이는 잔차 e_i를 그의 추정된 분산 $\hat{\sigma}^2(1 - h_{ii})$의 제곱근(즉, 표준오차)로 나눈 것이다. 표준화잔차는 표본의 크기가 충분히 클 때 근사적으로 서로 독립이며 정규분포를 따른다는 사실이 알려져 있다. 또한 표준화잔차를 그래프로 표현한 여러 가지 도표는 회귀모형에 대한 심각한 오류가 있는 경우 그 내용과 정도를 잘 보여주기 때문에 모형검토의 과정에서 중요한 도구로 사용될 수 있다.

〈예 8.4〉 표준화잔차의 탐색

```
> Fitted = as.vector(fitted(Sales.fit))
> Residual = as.vector(residuals(Sales.fit))
> Rstandard = as.vector(rstandard(Sales.fit))
```

[1]잔차분석에 대하여 보다 자세한 설명을 원하는 독자는 “예제를 통한 회귀분석”(김기영·전명식·강현철·이성건, 2015)를 참조하기 바란다.

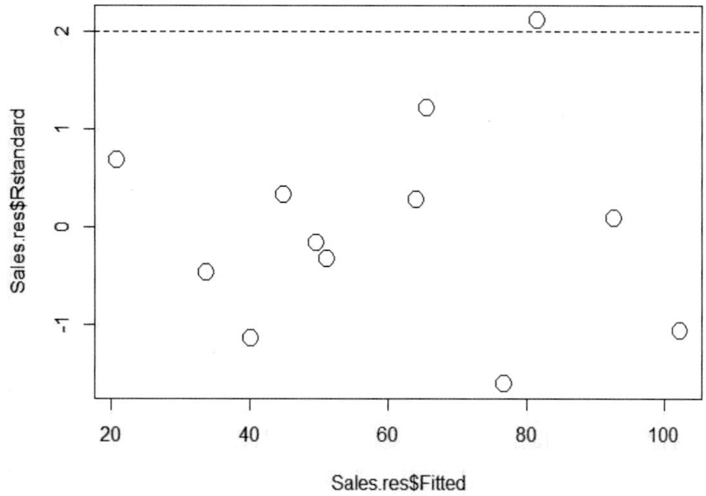

〈그림 8.3〉 표준화잔차 대 적합값 도표

```
> Sales.res = data.frame(Fitted,Residual,Rstandard)
> Sales.res
#-------------------------------------------------------------------------
      Fitted   Residual   Rstandard
1   20.85351  2.1464948  0.67656590
2   33.63075 -1.6307468 -0.47238753
3   40.01937 -4.0193675 -1.13348534
4   44.81083  1.1891669  0.33045829
...
#-------------------------------------------------------------------------
> plot(Sales.res$Rstandard~Sales.res$Fitted,cex=2)
> abline(h=c(-3,-2,2,3),lty=2)
```

잔차도표는 여러 가지 방식으로 작성할 수 있으나 세로축에 표준화잔차(또는 잔차)를 그리고 가로축에 적합값 $\hat{y}_i$ 또는 독립변수의 값 x_i를 그린 것이 주로 사용된다. 가정된 회귀모형에 큰 문제가 없는 경우 표준화잔차는 0을 중심으로 -2와 2(또는 -3과 3) 사이에서 특별한 규칙적 형태를 따르지 않고 랜덤하게 분포하는 모습을 나타나게 된다.

〈예 8.4〉에서는 회귀분석에서 제공하는 여러 함수들과 as.vector() 함수를 이용하여 적합값(fitted), 잔차(residuals), 표준화잔차(rstandard)를 벡터 객체로 저장한 후, 이들을 모아서 Sales.res라는 데이터 프레임을 생성하였다. 그리고 plot() 함수를 이용하여 '표준화잔차 대 적합값' 도표를 작성하였다. 〈그림 8.3〉을 살펴보면 절대값이 큰(2 또는 3을 벗어나는) 표준화잔차가 눈에 띄지 않으며 특별한 패턴을 보이고 있지 않다는 것을 알 수 있다.

8.2.2 정규성의 검토

잔차에 대한 정규성을 검토하는 방법 중 하나는 정규확률도표(normal probability plot: Q-Q plot)를 그려보는 것으로, 정규확률도표에서 관측치가 일직선을 이루고 있으면 정규성이 충족된다고 볼 수 있다. 그러나 정규확률도표는 정규성을 평가하는 하나의 방편으로 절대적인 기준은 아니다. 따라서 통상적으로는 잔차의 히스토그램이나 점도표를 그려보아 정규성 문제를 검토하기도 한다(정규성을 검정하기 위해 샤피로-윌크 또는 콜모그로프-스미르노프 통계량을 이용할 수도 있는데 이는 10.1절을 참조하기 바란다). 만약 정규성 가정을 충족하지 못한다면 이를 해결하기 위한 방법으로 변수변환 등을 고려해 볼 수도 있다.

다음 ⟨예 8.5⟩는 표준화잔차에 대하여 히스토그램과 정규확률도표를 작성한 예이다. 먼저 hist() 함수를 사용하여 히스토그램을 작성한 후, 그래프에 선도표를 추가하는 lines() 함수와 밀도함수를 생성하는 density() 함수를 사용하여 ⟨그림 8.4⟩를 작성하였다. 또한 car 패키지의 qqPlot() 함수를 사용하여 ⟨그림 8.5⟩와 같은 정규확률도표를 작성하였다.

⟨예 8.5⟩ 표준화잔차의 히스토그램과 정규확률도표 작성

```
> hist(Sales.res$Rstandard,breaks=seq(-3,3,by=0.5),probability=TRUE)
> lines(density(Sales.res$Rstandard),col="blue",lty=1,lwd=2)
> library(car)
> qqPlot(Sales.res$Rstandard)
```

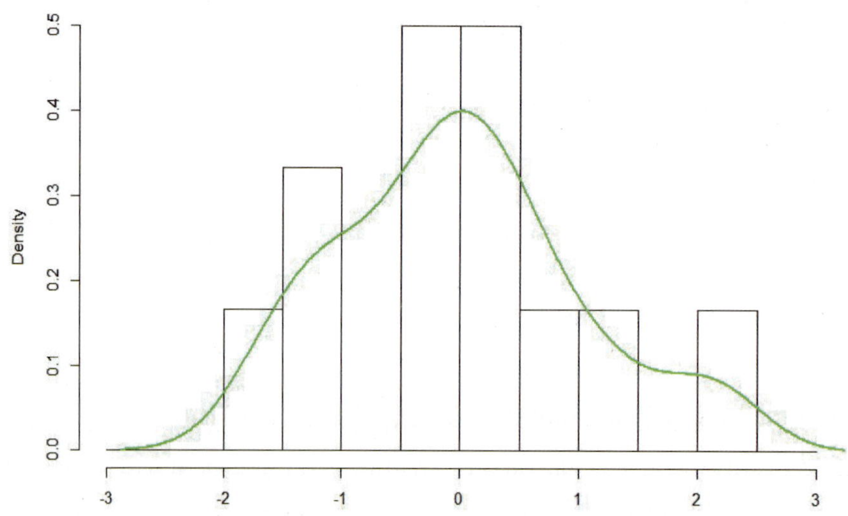

⟨그림 8.4⟩ 표준화잔차에 대한 히스토그램

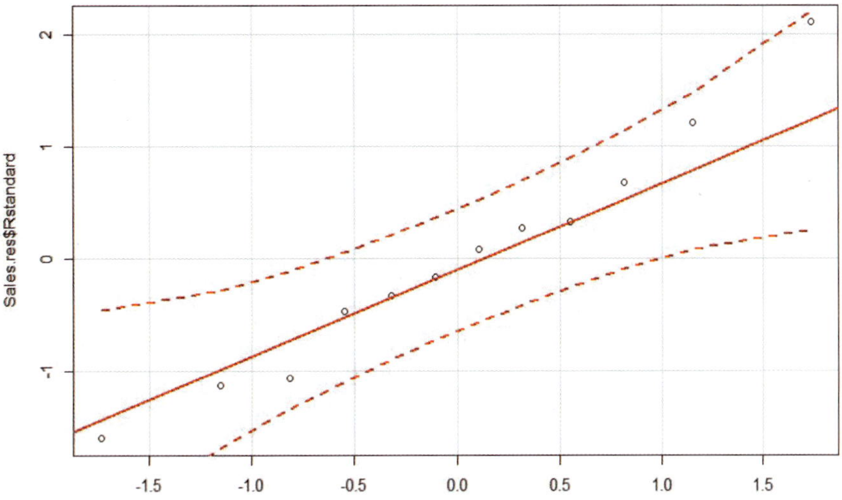

〈그림 8.5〉 정규확률도표 (Q-Q Plot)

〈그림 8.4〉의 히스토그램을 살펴보면 표준화잔차들이 0을 중심으로 좌우 대칭적인 모습을 보이고 있고, 정규분포와 유사한 형태를 가짐을 알 수 있다. 또한 〈그림 8.5〉의 정규확률도표에서도 표준화잔차들이 대체적으로 일직선을 이루고 있어서 정규성 가정에 큰 문제가 없음을 알 수 있다.

8.2.3 등분산성의 검토

등분산성(equal variance, homogeneity)은 오차항 ϵ_i의 분산이 σ^2으로 동일하다는 가정으로, 〈그림 8.6〉의 왼쪽 그림의 경우와 같이 잔차가 랜덤하게 흩어져 있으면 등분산성의 가정을 만족한다고 볼 수 있다. 그러나 $\hat{y}_i$(또는 x_i)의 값에 따라 잔차의 흩어져 있는 정도가 달라진다면 등분산의 가정이 위배되었다고 할 수 있다. 예를 들어, 〈그림 8.6〉의 오른쪽 그림과 같이 잔차도표가 나팔 형태의 경향을 보인다면 등분산성의 가정이 만족스럽지 않다고 할 수 있다. 등분산성의 가정이 만족스럽지 않은 경우 일반적으로 변수변환이나 가중최소제곱법(weighted least squares method) 등을 이용하여 해결하기도 한다.

8.2.4 독립성의 검토

오차항의 독립성을 검토하기 위해 주로 사용하는 것으로 더빈-왓슨(Durbin-Watson) 통계량을 들 수 있는데, 이는 1차 자기상관(autocorrelation)을 검정하기 위한 통계량이다.

$$DW = \sum_{i=2}^{n}(e_i - e_{i-1})^2 / \sum_{i=1}^{n} e_i^2 \tag{8.13}$$

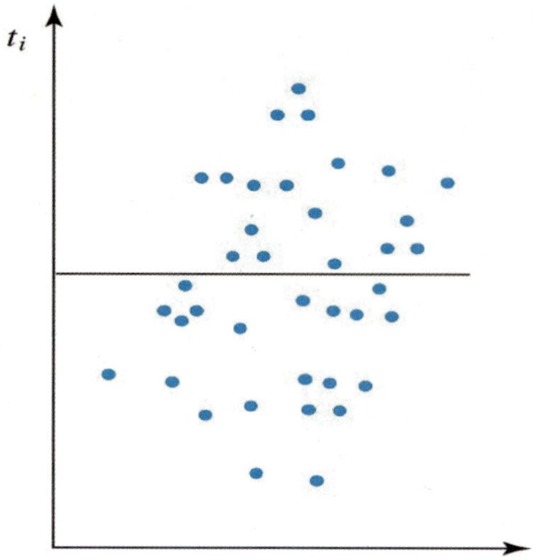

(a) 등분산의 경우

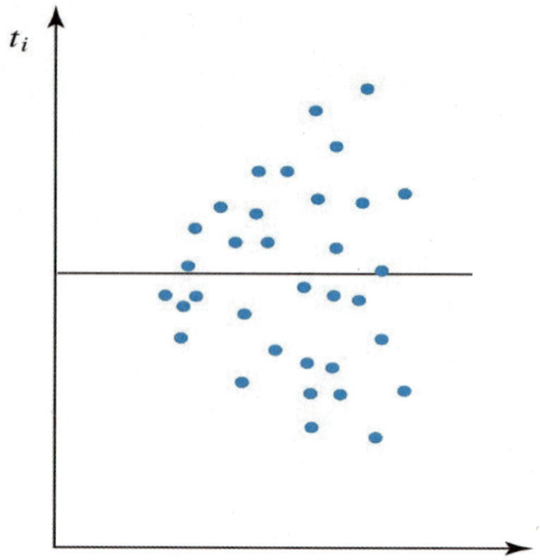

(b) 이분산의 경우

〈그림 8.6〉 잔차도표: 등분산성과 이분산성

일반적으로 DW의 값이 2에 가까우면 인접한 오차항들은 독립성을 만족하고 0에 가까우면 양(+)의 자기상관이 있으며, 4에 가까우면 음(-)의 자기상관이 있음을 의미한다.

이러한 자기상관성은 흔히 시간에 따라 관측된 시계열데이터에서 많이 발생하는데, 자기상관성이 있는 것으로 판단되면 ARMA(자기회귀 이동평균)와 같은 시계열데이터분석 방법을 이용하는 것이 바람직하다.

〈예 8.6〉 더빈-왓슨(Durbin-Watson) 통계량의 출력

```
> library(lmtest)
> dwtest(Sales.fit)
#------------------------------------------------------------------
Durbin-Watson test

data:  Sales.fit
DW = 2.4703, p-value = 0.738
alternative hypothesis: true autocorrelation is greater than 0
```

〈예 8.6〉에서와 같이 lmtest 패키지의 dwtest() 함수를 사용하면 더빈-왓슨 통계량을 출력할 수 있다. 출력결과를 살펴보면 $DW = 2.470$으로 비교적 2에 가까워서 독립성 가정에 큰 문제가 없음을 알 수 있다. 또한 유의확률(p-value)이 유의수준 5%보다 크므로 '자기상관계수=0'이라는 귀무가설이 채택됨을 알 수 있다.

한편, 다음 ⟨예 8.7⟩에서와 같이 lm() 함수를 통해 얻어진 리스트 객체에 plot() 함수를 적용하면 회귀진단과 관련된 몇 가지 그래프들을 쉽게 얻을 수 있다. plot() 함수의 which 인수에는 1에서 6까지의 숫자를 지정할 수 있는데, 이 예에서는 2와 5를 지정하여 ⟨그림 8.7⟩과 ⟨그림 8.8⟩을 출력하였다.

⟨예 8.7⟩ 회귀분석 객체에 plot() 함수 적용하기

```
> plot(Sales.fit,which=2,cex=3)
> plot(Sales.fit,which=5,cex=3)
```

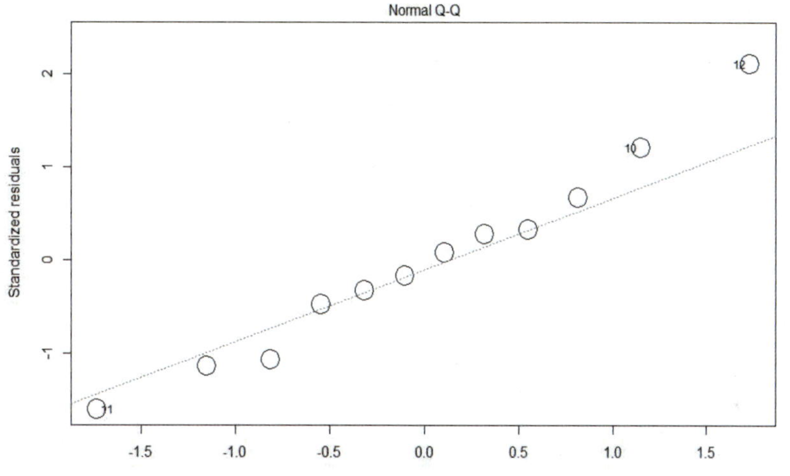

⟨그림 8.7⟩ plot() 함수를 이용한 정규확률도표 (which=2)

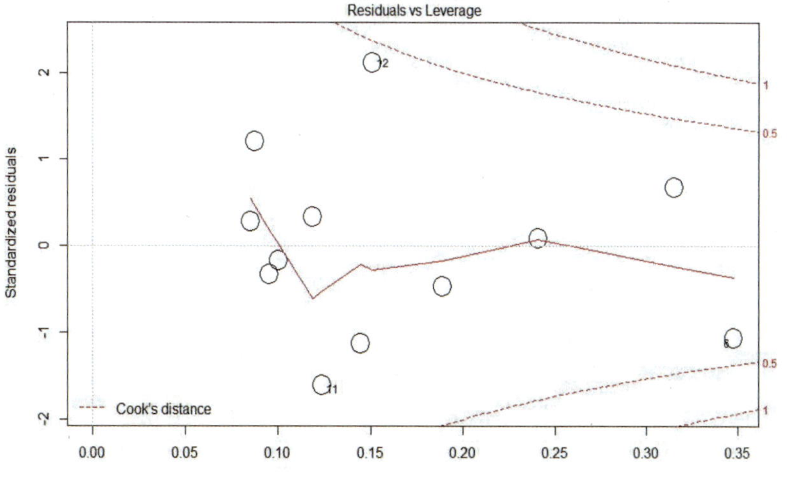

⟨그림 8.8⟩ plot() 함수를 이용한 표준화잔차 도표 (which=5)

8.3 다중 회귀분석

사회적 또는 자연적 현상을 설명하는데 있어서 반응변수 y의 변화가 하나의 설명변수만으로 충분히 설명되는 경우는 거의 없다고 할 수 있다. 따라서 설명변수를 적절히 여러 개 선택하여 이들의 함수로서 반응변수를 설명한다면 보다 정확한 예측을 할 수 있을 것이다.

반응변수 y와 p개의 설명변수 $x_1,\ x_2, \cdots, x_p$가 있을 때, **다중 선형회귀모형**은 다음과 같이 표현된다.

$$y = \alpha + \beta_1 x_1 + \beta_2 x_2 + \cdots + \beta_p x_p + \epsilon. \tag{8.14}$$

여기에서 $\alpha,\ \beta_1,\ \beta_2, \cdots,\ \beta_p$는 추정되어야 할 $p+1$개의 회귀계수이며, ϵ은 기대값 0, 분산 σ^2을 갖는 오차항이다.

다중 회귀모형에서도 회귀계수들의 추정치 $a,\ b_1,\ b_2, \cdots,\ b_p$는 오차제곱합을 최소로 하는 최소제곱법에 의해서 구할 수 있고, 또한 각 회귀계수들에 대한 검정도 단순 선형회귀모형에서와 유사하게 t 통계량을 이용하여 수행할 수 있다.

8.3.1 분산분석표와 F-검정

반응변수 y의 변이를 다음과 같이 분할할 수 있는데, 이를 제곱합의 분할이라고 한다.

$$\begin{aligned} \sum_{i=1}^{n}(y_i - \bar{y})^2 &= \sum_{i=1}^{n}(\hat{y}_i - \bar{y})^2 + \sum_{i=1}^{n}(y_i - \hat{y})^2 \\ TSS &= SSR + SSE \end{aligned} \tag{8.15}$$

여기에서 좌변을 **전체제곱합**(TSS, Total Sum of Squares), 우변의 첫째 항을 **회귀제곱합**(SSR, Sum of Squares due to Regression) 또는 **모형제곱합**(SSM, Sum of Squares due to Model), 우변의 둘째 항을 **잔차제곱합**(SSE, Sum of Squares due to Error)이라고 한다. 이때 각 제곱합의 **자유도**는 $n-1$(전체제곱합), p(회귀제곱합), $n-p-1$(잔차제곱합)이고, 각 제곱합을 자유도로 나눈 것을 **평균제곱합**(Mean of Squares)이라고 한다. 그리고 이와 같은 내용을 정리한 표를 **분산분석표**(ANOVA table)라고 한다.

〈표 8.2〉 분산분석표: 다중 회귀분석

요인	자유도	제곱합	평균제곱합	F-통계량
회귀	p	SSR	$MSR = SSR/p$	$F = MSR/MSE$
잔차	$n-p-1$	SSE	$MSE = SSE/(n-p-1)$	
전체	$n-1$	TSS		

다중 회귀분석에서는 p개의 설명변수 $x_1, x_2, \cdots, x_p$가 반응변수 y를 설명하는 데 있어서 통계적으로 유의하게 기여하는지의 여부를 검정할 필요가 있는데, 이는 귀무가설 $H_0 : \beta_1 = \beta_2 = \cdots = \beta_p = 0$를 검정하는 문제가 된다. 이 가설을 검정하기 위한 검정통계량은 다음 식 (8.16)과 같으며, 이는 귀무가설 하에서 자유도 $(p,\ n-p-1)$인 F−분포에 따른다.

〈다중 회귀분석에서 가설 $H_0 : \beta_1 = \beta_2 = \cdots = \beta_p = 0$ 에 대한 검정〉

$$\text{검정통계량: } F = \frac{MSR}{MSE} = \frac{SSR/p}{SSE/(n-p-1)} \tag{8.16}$$

$$\text{기각역: } F > F_\alpha(p,\ n-p-1)$$

8.3.2 결정계수 (R-Square)

회귀식의 적합도(goodness of fit)를 측정하는 한 가지 측도는 전체제곱합 중에서 회귀제곱합이 차지하는 비율, 즉 총 변이를 회귀식이 얼마나 설명하는가를 나타내는 **결정계수**(決定係數, coefficient of determination; R^2)이다. 결정계수는 다음과 같이 정의되며

$$R^2 = \frac{SSR}{TSS} = 1 - \frac{SSE}{TSS} \tag{8.17}$$

이 값이 1에 가까울수록 추정된 회귀식이 데이터를 잘 설명하고 있다고 할 수 있다($0 \le R^2 \le 1$). 단순 회귀분석의 경우 결정계수는 설명변수 x와 반응변수 y의 상관계수의 제곱과 같다.

8.3.3 다중 회귀분석 사례

여기에서 이용할 데이터는 700명의 고객을 대상으로 어떤 제품에 대해 조사하여 얻은 것으로 X1(디자인 만족도), X2(사용 편리성 만족도), X3(성능 만족도), X4(고장 및 견고성 만족도), Y(구입 의향) 등의 변수들이 포함되어 있다(표 8.3 참조). 이 예에서는 변수 Y를 반응변수로 하고 X1, X2, X3, X4를 설명변수로 하여 다중 회귀분석을 수행해 보도록 하자.

〈예 8.8〉 상관분석

```
> Satisfaction = read.csv("L:/My_Work/Data/Satisfaction.csv",header=T)
> cor(Satisfaction[c("Y","X1","X2","X3","X4")],method="pearson")
#-----------------------------------------------------------------
```

〈표 8.3〉 Satisfaction 데이터 (첫 10개, $n = 700$)

ID	Y	X1	X2	X3	X4	ID	Y	X1	X2	X3	X4
1	5	5	5	6	5	6	9	5	5	5	5
2	5	5	5	5	5	7	6	6	5	5	6
3	5	5	6	5	5	8	5	6	6	6	6
4	5	6	6	5	6	9	4	4	5	5	5
5	5	5	6	5	5	10	5	5	5	5	5

```
           Y        X1        X2        X3        X4
Y  1.0000000 0.2947151 0.2875427 0.3182080 0.2068783
X1 0.2947151 1.0000000 0.3971500 0.4460196 0.3123881
X2 0.2875427 0.3971500 1.0000000 0.5817116 0.3609503
X3 0.3182080 0.4460196 0.5817116 1.0000000 0.4296128
X4 0.2068783 0.3123881 0.3609503 0.4296128 1.0000000
#-------------------------------------------------------------
> cor.test(~Y+X1,data=Satisfaction)
#-------------------------------------------------------------
t = 8.1482, df = 698, p-value = 0.000000000000001707
#-------------------------------------------------------------
> cor.test(~Y+X2,data=Satisfaction)
#-------------------------------------------------------------
t = 7.9318, df = 698, p-value = 0.000000000000008594
#-------------------------------------------------------------
> cor.test(~Y+X3,data=Satisfaction)
#-------------------------------------------------------------
t = 8.8679, df = 698, p-value < 0.00000000000000022
#-------------------------------------------------------------
> cor.test(~Y+X4,data=Satisfaction)
t = 5.5865, df = 698, p-value = 0.00000003322
```

〈예 8.8〉은 회귀분석에 앞서 반응변수 Y와 설명변수들 간의 상관계수를 출력한 것이다. 반응변수와 설명변수의 단순 상관계수는 대체로 0.2에서 0.3 정도이며, 유의확률(p-value)이 모두 0.001 이하로서 설명변수들은 모두 반응변수 Y와 유의한 상관계수를 가진다는 것을 볼 수 있다. 또한 설명변수들 사이에는 0.3 이상의 상관계수를 가진다는 것을 볼 수 있다.

이와 같이 반응변수와 설명변수 또는 설명변수들 간의 상관계수를 살펴보는 것은 이후의 결과를 해석하는 데 있어 유용하다.

〈예 8.9〉 다중 회귀분석

```
> Satisfaction.fit = lm(Y~X1+X2+X3+X4,data=Satisfaction)
> summary(Satisfaction.fit)
#------------------------------------------------------------------
Call:
lm(formula = Y ~ X1 + X2 + X3 + X4, data = Satisfaction)
Residuals:
    Min      1Q  Median      3Q     Max
-3.4394 -0.5129 -0.0569  0.5606  5.4093

Coefficients:
            Estimate Std. Error t value  Pr(>|t|)
(Intercept)  1.29180    0.34736   3.719  0.000216 ***
X1           0.23524    0.05770   4.077 0.0000509 ***
X2           0.16661    0.06551   2.543  0.011193 *
X3           0.23091    0.06750   3.421  0.000661 ***
X4           0.05851    0.05010   1.168  0.243311
---
Signif. codes:  0 '***' 0.001 '**' 0.01 '*' 0.05 '.' 0.1 ' ' 1

Residual standard error: 1.3 on 695 degrees of freedom
Multiple R-squared:  0.1412,Adjusted R-squared:  0.1362
F-statistic: 28.56 on 4 and 695 DF,  p-value: < 0.00000000000000022
```

〈예 8.9〉는 Satisfaction 데이터에 대해 다중 회귀분석을 수행한 것이다. 출력결과에서 먼저 결정계수(R-squared)가 $R^2 = 0.141$임을 볼 수 있고, 따라서 4개의 설명변수로 반응변수의 변이 중 약 14% 정도를 설명할 수 있다는 것을 알 수 있다. 또한 $F-$값은 28.56이고 이에 대응되는 유의확률(p-value)은 <0.001로서 유의수준 5%보다 작으므로 귀무가설 $H_0 : \beta_1 = \beta_2 = \beta_3 = \beta_4 = 0$을 기각하여 '네 개의 설명변수 중 적어도 하나 이상의 변수는 반응변수를 설명하는 데 유의하게 기여한다'고 할 수 있다. 그리고 회귀계수 추정치(Estimate)를 이용하여 회귀추정식을 표현하면 다음과 같다.

$$\hat{Y} = 1.292 + 0.235X_1 + 0.167X_2 + 0.231X_3 + 0.059X_4$$

각 회귀계수에 대한 $t-$통계량 및 $p-$값을 살펴보면 변수 X1(디자인 만족도), X2(편리성 만족도), X3(성능 만족도)에 대한 $p-$값은 유의수준 5%보다 작으므로 반응변수를 설명하는 데 유의하게 기여한다고 할 수 있다. 그러나 변수 X4(견고성 만족도)에 대한 $p-$값은 0.243으로 유의수준 5%보다 크므로 귀무가설 $H_0 : \beta_4 = 0$를 기각할 수 없고, 따라서 이 변수는 반응변수를 설명하는 데 유의하게 기여하지 않는다는 것을 알 수 있다.

다중 선형회귀분석에서 회귀계수 β_k는 설명변수 x_k를 제외한 다른 모든 설명변수의 값이 동일할 때(즉, 다른 모든 설명변수의 값이 같도록 통제되어 있을 때) x_k가 1단위 증가하면 반응변수 y가 β_k 만큼 증가한다는 것을 의미한다. 즉, 다중 회귀분석에서는 어떤 설명변수들을 함께 고려하는냐에 따라서 결과가 달라질 수 있다. 이러한 의미에서 회귀계수를 편회귀계수(partial regression coefficient)라고 하기도 한다. 그러나 앞에서 다루었던 상관분석(또는 단순 회귀분석)에서는 변수 x_k와 y의 연관성(또는 인과성)을 측정할 때 다른 변수와의 관계를 고려하지 않는다.

⟨예 8.8⟩의 출력결과에서 설명변수 X4(견고성 만족도)와 반응변수 Y(구입 의향)는 상관계수가 0.207이고 $p-$값이 <0.001로 유의하다는 것을 볼 수 있다. 그러나 X4(견고성 만족도)와 다른 설명변수들 간에 밀접한 연관성이 존재하고(예를 들어, '성능 만족도'와 '견고성 만족도'의 상관계수가 0.430이므로 '성능 만족도'가 높아지면 '견고성 만족도'도 높아진다는 것을 알 수 있다), 이러한 연관성을 고려할 때 다른 설명변수들의 값이 모두 같도록 통제된다면 변수 X4(견고성 만족도)는 반응변수 Y(구입 의향)에 유의한 영향을 주지 않는다고 해석할 수 있다.

8.3.4 표준화 회귀계수

단순 회귀분석에서 다루었던 Sales 데이터의 예에서 광고비와 매출액의 단위가 모두 천만원이라고 해보자(이때 추정된 회귀식은 '$\hat{y} = 3.285 + 1.597x$'이었다). 그런데 만약 매출액의 단위는 그대로 둔 상태에서 광고비의 단위를 백만원으로 바꾸어 입력한 후 회귀분석을 수행하면 어떻게 될까? 이 경우에는 추정된 회귀식이 '$\hat{y} = 3.285 + 0.1597x$'가 된다.

이와 같이 설명변수의 단위를 바꾸면 해당 변수의 회귀계수의 크기도 변하게 되지만, 그 변수의 회귀계수 자체에 대한 해석에는 아무런 차이가 없다(즉, '광고비가 1단위(천만원) 증가하면 매출액이 1.597단위(천오백만원 정도) 증가한다'는 해석은 '광고비가 백만원 증가하면 매출액이 백오십만원 정도 증가한다'는 해석과 의미상 다를 바가 없다). 그러나 이와 같이 회귀계수의 크기가 설명변수의 단위에 의존하기 때문에 그 크기를 절대비교할 수도 없고(즉, 회귀계수 자체만을 가지고 그 값이 얼마나 큰(작은) 것인지를 판단할 수 없고), 설명변수들의 단위가 서로 다른 경우에는 회귀계수들을 상대비교하는 것에도 문제가 된다.

이런 경우 유용하게 사용될 수 있는 **표준화 회귀계수**(standardized coefficient)는 반응변수 및 각 설명변수들을 다음과 같이 표준화하여

$$z_k = \frac{x_k - \bar{x}_k}{s_k} \tag{8.18}$$

설명변수들의 단위를 모두 없앤 후에, 표준화된 변수들 z_1, z_2, $\cdots$, z_p를 이용하여 얻은 회귀계수이다. 따라서 표준화 변수는 원래 변수의 측정단위나 변이의 영향을 제거하는 효과를 가지기 때문에 표준화 회귀계수는 설명변수들 간의 효과를 직접 비교하는 데 이용될 수 있다.

⟨예 8.10⟩ 표준화 회귀계수의 출력

```
> library(betas)
> betas.lm(Satisfaction.fit)
#--------------------------------------------------------------------
         beta    se.beta
X1 0.16434600 0.04031131
X2 0.11284775 0.04436865
X3 0.15935026 0.04658289
X4 0.04634723 0.03968961
```

⟨예 8.10⟩에서와 같이 betas 패키지의 betas.lm() 함수를 사용하면 표준화 회귀계수를 쉽게 구할 수 있다. 표준화 회귀계수들의 크기를 비교해보면 X4(견고성 만족도)가 가장 작음을 알 수 있다. 이 예의 경우 네 개의 설명변수들에 대한 측정단위가 모두 같고 표준편차도 큰 차이가 없으므로 원 회귀계수들을 비교해도 유사한 결과를 얻을 수 있지만, 만약 설명변수들의 측정단위가 서로 다르거나 표준편차에 큰 차이가 있는 경우에는 원 회귀계수의 크기에 의해 효과를 비교하는 것은 바람직하지 않을 수 있으므로 주의해야 한다.

8.4 변수선택과 다중공선성

회귀분석이란 앞에서 설명한 바와 같이 반응변수가 다른 몇 개의 설명변수들에 의해 어떻게 설명 또는 예측되는지를 알아보는 통계적 방법인데, 일반적으로 반응변수에 영향을 미치거나 원인이 될만한 설명변수의 수는 매우 많을 수 있다.

8.4.1 변수선택 방법

가능한 모든 후보변수들을 설명변수로 사용하여 예측모형을 만드는 경우에는, 데이터를 계속 수집하고 관리하는 데 많은 노력과 비용이 필요하게 될 뿐만 아니라 소위 다중공선성(multicollinearity)과 같은 문제가 발생하게 되어 일부 회귀계수 추정치의 분산과 예측값의 분산이 매우 커지게 되므로 이를 신뢰할 수 없게 된다. 따라서 불필요한 변수들이 들어 있는 완전모형(full model)보다는 필요한 변수들만 들어 있는 축소모형(reduced model)을 통해 모형을 보다 간명하게 하는 것이 바람직하다.

선형 회귀분석의 장점 중 하나는 모형화 과정 안에서 필요한 설명변수를 선택하는 절차를 포함시킬 수 있다는 것이다. 일반적으로 사용되는 변수선택 절차는 다음과 같다.

⟨참조⟩ 변수선택 절차

- 모든 가능한 회귀: 모든 가능한 축소모형에 대해 회귀분석을 수행한 후, 특정한 기준에 따라 모형을 선택할 수 있는 방법이다. 이 방법은 복잡한 계산을 해야 하므로(모든 가능한 축소모형은 2^p개 이다) 독립변수의 개수(p)가 작은 경우에만 실용성을 가지나, 특정한 모형선택 기준에 따라 가장 좋은 축소모형을 찾을 수 있다는 장점이 있다.
- 전진 선택법(Forward Selection): 설명변수를 하나씩 추가하면서 탐색하는 방법이다. 이 방법은 계산시간이 빠르다는 장점이 있지만, 한 번 선택된 변수는 절대로 제거되지 않으며 중요한 변수가 모형에 진입하지 못할 수도 있다는 단점이 있다.
- 후진 제거법(Backward Selection): 모든 변수를 포함하는 완전모형으로부터 시작하여 불필요한 변수를 하나씩 제거해 나가는 방법이다. 이 방법은 중요한 변수가 모형에서 제외될 가능성이 적으므로 비교적 안전한 방법이라 할 수 있으나, 한 번 제외된 변수는 다시 선택되지 못한다는 단점이 있다.
- 단계적 방법(Stepwise Method): 전진 선택법과 후진 제거법을 절충한 것으로서, 매 단계마다 선택과 제거를 반복하면서 중요한 변수를 찾아내는 방법이다.

앞에서 설명한 결정계수(R^2)는 일종의 설명력(explained variance)을 의미하므로, 일반적으로 설명변수의 수가 많을수록 결정계수도 커지게 된다. 따라서 결정계수를 변수선택의 기준으로 사용하는 것은 모형의 간명성(간결성)이라는 관점에서 볼 때 바람직하지 않다. 이와 같은 단점을 보완한 변수선택(모형선택) 기준은 다음과 같은 것들이 있다.

- Adjusted R-Square($Adj\text{-}R^2$, 수정결정계수) $= 1-(n-1)(1-R^2)/(n-p-1)$
- MSE(Mean Squared Error) $=$ SSE$/(n-p) = \sum_{i=1}^{n}(y_i-\hat{y}_i)^2/(n-p)$
- AIC(Akaike's Information Criterion) $= n\log(\text{SSE}/n)+2(p+1)$
- SBC(Schwarz's Bayesian Criterion) $= n\log(\text{SSE}/n)+p\log(n)$
- Mallows $C_p = (\text{SSE}/\hat{\sigma}^2)+(2p-n)$

위의 기준들 중에서 $Adj\text{-}R^2$는 0과 1 사이의 값을 가지며 1에 가까울수록 좋은 모형임을 나타낸다. 또한 MSE, AIC, SBC, Mallows C_p는 일반적으로 값이 작을수록 좋은 모형임을 나타낸다. 이와 같은 기준들은 오차제곱합 SSE와 변수의 개수 p를 동시에 작게 하는 축소 모형을 선택하고자 하는 것으로, 모형의 설명력과 간명성을 동시에 고려하는 것이라고 할 수 있다.

그러나 이와 같은 모형선택기준은 변수선택의 절대적인 판단기준이라기 보다는 하나의 참고정보라고 할 수 있다. 따라서 연구자는 이들 기준들에 따라 적절한 것으로 판단되는 소수 몇 개의 모형을 선발한 다음 잔차 및 영향력 분석, 다중공선성, 데이터 해석 상의 실제적인 의미 등을 종합적으로 고려하여 최종적인 모형을 선택하는 것이 바람직하다.

다음 〈예 8.11〉 ~ 〈예 8.13〉에서 사용된 step() 함수는 AIC를 기준으로 하여 변수선택 절차를 쉽게 적용할 수 있는 함수이다.

〈예 8.11〉 전진 선택법

```
> M.full = lm(Y~X1+X2+X3+X4,data=Satisfaction)
> M.int = lm(Y~1,data=Satisfaction)
> M.forward = step(M.int,scope=list(upper=M.full),direction="forward")
#----------------------------------------------------------------------
Start:  AIC=470.89
Y ~ 1

       Df Sum of Sq    RSS    AIC
+ X3    1   138.493 1229.3 398.16
+ X1    1   118.799 1249.0 409.28
+ X2    1   113.087 1254.7 412.48
+ X4    1    58.538 1309.2 442.27
<none>              1367.8 470.89

Step:  AIC=398.16
Y ~ X3

       Df Sum of Sq    RSS    AIC
+ X1    1    39.858 1189.4 377.09
+ X2    1    21.693 1207.6 387.70
+ X4    1     8.259 1221.0 395.44
<none>              1229.3 398.16

Step:  AIC=377.09
Y ~ X3 + X1

       Df Sum of Sq    RSS    AIC
+ X2    1    12.441 1177.0 371.72
+ X4    1     3.812 1185.6 376.84
<none>              1189.4 377.09
```

```
Step:  AIC=371.72
Y ~ X3 + X1 + X2

       Df Sum of Sq    RSS    AIC
<none>              1177.0 371.72
+ X4    1    2.3047 1174.7 372.35
#----------------------------------------------------------------------
> summary(Forward)
#----------------------------------------------------------------------
Call:
lm(formula = Y ~ X3 + X1 + X2, data = Satisfaction)

Residuals:
    Min      1Q  Median      3Q     Max
-3.4242 -0.5102 -0.0648  0.5758  5.4106

Coefficients:
            Estimate Std. Error t value Pr(>|t|)
(Intercept)  1.40201    0.33437   4.193 3.11e-05 ***
X3           0.25044    0.06541   3.829  0.00014 ***
X1           0.24363    0.05727   4.254 2.38e-05 ***
X2           0.17630    0.06500   2.712  0.00685 **
---
Signif. codes:  0 '***' 0.001 '**' 0.01 '*' 0.05 '.' 0.1 ' ' 1

Residual standard error: 1.3 on 696 degrees of freedom
Multiple R-squared:  0.1395,Adjusted R-squared:  0.1358
F-statistic: 37.61 on 3 and 696 DF,  p-value: < 2.2e-16
```

⟨예 8.11⟩에서는 먼저 4개의 설명변수가 모두 포함되는 모형과 절편항만 포함되는 모형을 각각 적합한 후 그 결과를 리스트 객체 M.full과 M.int에 저장하였다. 그 다음 step() 함수를 사용하여 전진(forward) 선택법을 수행하였는데, 이 예에서는 M.int 객체에 지정된 모형에서 출발하여 M.full 객체에 지정된 모형까지 탐색하도록 하였다.

출력결과에서 절편항만 있는 모형의 AIC는 470.89임을 볼 수 있다. 첫 번째 단계에서는 변수 X3을 선택할 때 AIC가 가장 작아지므로 이 변수가 선택된다. 두 번째 단계에서는 변수 X1을 추가로 선택할 때 AIC가 가장 작아지므로 이 변수가 추가된다. 세 번째 단계에서는 변수 X2를 추가로 선택할 때 AIC가 가장 작아지므로 이 변수가 추가된다. 네 번째 단계에서는 현재의 AIC=371.72보다 AIC가 더 작아지는 경우가 없으므로 변수선택 절차가 종료된다.

〈예 8.12〉 후진 제거법

```
> M.backward = step(M.full,scope=list(lower=M.int),direction="backward")
#----------------------------------------------------------------------
Start:  AIC=372.35
Y ~ X1 + X2 + X3 + X4
       Df Sum of Sq    RSS    AIC
- X4    1    2.3047 1177.0 371.72
<none>              1174.7 372.35
- X2    1   10.9335 1185.6 376.84
- X3    1   19.7778 1194.4 382.04
- X1    1   28.0924 1202.7 386.90

Step:  AIC=371.72
Y ~ X1 + X2 + X3
       Df Sum of Sq    RSS    AIC
<none>              1177.0 371.72
- X2    1    12.441 1189.4 377.09
- X3    1    24.789 1201.8 384.31
- X1    1    30.606 1207.6 387.70
```

〈예 8.12〉는 step() 함수를 사용하여 후진(backward) 제거법을 수행한 것이다. 이 예에서는 M.full 객체에 지정된 모형에서 출발하여 M.int 객체에 지정된 모형까지 탐색하도록 하였다.

출력결과에서 4개의 설명변수가 모두 포함된 모형의 AIC는 372.35임을 볼 수 있다. 첫 번째 단계에서는 변수 X4를 제거할 때 AIC가 가장 작아지므로 이 변수가 제거된다. 두 번째 단계에서는 어떤 변수를 제거하여도 현재의 AIC=371.72보다 AIC가 더 작아지는 경우가 없으므로 변수선택 절차가 종료된다.

〈예 8.13〉 단계적 방법

```
> M.stepwise1 = step(M.int,scope=list(lower=M.int,upper=M.full),
+                    direction="both")
> M.stepwise2 = step(M.full,scope=list(lower=M.int,upper=M.full),
+                    direction="both")
```

〈예 8.13〉은 단계적 방법을 수행한 예이다. 이 예에서 첫 번째 명령문에 의해서는 전진 선택법을 수행하면서 매 단계에서 다시 제거할 변수를 탐색하며, 두 번째 명령문에 의해서는 후진 제거법을 수행하면서 매 단계에서 다시 선택할 변수를 탐색하게 된다.

〈표 8.4〉 Multico 데이터

ID	Y	X1	X2	X3	X4	ID	Y	X1	X2	X3	X4
1	4.0	4.0	4.0	4.0	4.0	11	3.0	4.0	4.0	3.0	3.5
2	4.0	4.0	4.0	3.0	3.5	12	4.0	3.0	3.0	3.0	3.0
3	4.0	4.0	3.0	4.5	4.0	13	4.0	4.0	4.0	4.0	4.0
4	4.0	4.0	4.0	3.0	3.5	14	4.0	4.0	4.0	3.0	3.5
5	5.0	5.0	5.0	4.0	4.5	15	4.0	4.0	4.0	3.0	3.5
6	4.0	4.0	5.0	3.0	3.5	16	4.0	4.0	3.0	2.5	3.0
7	4.0	4.0	4.0	3.0	3.5	17	4.0	4.0	3.0	3.0	3.5
8	5.0	5.0	4.0	4.0	4.5	18	4.0	4.0	5.0	5.0	4.5
9	4.0	4.0	4.0	3.5	4.0	19	5.0	4.0	4.0	5.0	4.5
10	4.0	4.0	5.0	3.0	3.5	20	5.0	5.0	4.0	4.0	4.5

이 데이터의 대해서는 전진 선택법, 후진 제거법, 단계적 방법에 의한 변수선택의 결과가 모두 동일하게 나타났다(물론 항상 그런 것은 아니다). 선택된 설명변수 X1, X2, X3를 적용한 회귀분석의 결과는 〈예 8.11〉에 제시된 바와 같다.

8.4.2 다중공선성

다중공선성(multicollinearity)이란 설명변수들 간의 완전한 또는 거의 완전한 선형종속(linear dependency)의 관계를 의미한다. 예를 들어, 〈표 8.4〉와 같이 반응변수 Y와 4개의 설명변수 X_1, X_2, X_3, X_4가 주어져 있는 경우 다음과 같은 다중 선형회귀모형

$$Y = \alpha + \beta_1 X_1 + \beta_2 X_2 + \beta_3 X_3 + \beta_4 X_4 + \epsilon$$

을 고려해 보자.

만약 설명변수들 간에 완전한 다중공선성(선형종속)이 존재하는 경우, 즉

$$a_0 + a_1 X_1 + a_2 X_2 + a_3 X_3 + a_4 X_4 = 0 \tag{8.19}$$

을 만족하는 어떤 상수 a_0, a_1, a_2, a_3, a_4가 존재하는 경우(단, $a_0 = a_1 = \cdots = a_4 = 0$은 아님), 이는 4개의 설명변수들 중 다른 3개의 설명변수를 알게되면 나머지 하나의 설명변수를 완벽히 알 수 있어 불필요한 정보가 중복되어 있다는 것을 의미하며 수치적으로도 통상적인 최소제곱추정치(least square estimator)를 구할 수 없게 된다.

또한 완전한 다중공선성이 존재하는 경우가 아니더라도 식 (7.19)의 좌변이 거의 0에 가까워서 설명변수들 간에 상당이 높은 선형종속의 관계가 존재하게 되면, 최소제곱추정치

가 이론상으로는 존재하나 실제로 구하기가 어려울 뿐만 아니라 최소제곱추정치의 분산이 매우 커져서 구해진 추정치를 신뢰할 수 없게 된다.

(1) 다중공선성의 진단

다중공선성의 진단을 위해 가장 널리 사용되는 통계량은 분산확대인자(variance inflation factor)와 상태지수(condition index)이다. 여기에서는 이들 통계량과 관련된 내용을 예를 들어 설명한다.

다음 ⟨예 8.14⟩는 ⟨표 8.4⟩의 Multico 데이터에 대하여 다중 회귀분석을 수행하고, car 패키지의 vif() 함수를 사용하여 분산확대인자를 출력한 것이다.

⟨예 8.14⟩ 분산확대인자(VIF)의 출력

```
> Multico = read.csv("L:/My_Work/Data/Multico.csv",header=TRUE)
> Multico.fit = lm(Y~X1+X2+X3+X4,data=Multico)
> summary(Multico.fit)
#-----------------------------------------------------------------------
Call:
lm(formula = Y ~ X1 + X2 + X3 + X4, data = Multico)

Residuals:
     Min       1Q   Median       3Q      Max
-0.96728 -0.19709  0.03272  0.14845  0.56422

Coefficients:
            Estimate Std. Error t value Pr(>|t|)
(Intercept)  1.15106    0.85824   1.341    0.200
X1           0.43056    0.50429   0.854    0.407
X2          -0.12461    0.15848  -0.786    0.444
X3           0.01183    0.49096   0.024    0.981
X4           0.44483    0.96606   0.460    0.652

Residual standard error: 0.3735 on 15 degrees of freedom
Multiple R-squared:  0.5401,Adjusted R-squared:  0.4174
F-statistic: 4.404 on 4 and 15 DF,  p-value: 0.01491
#-----------------------------------------------------------------------
> library(car)
> vif(Multico.fit)
#-----------------------------------------------------------------------
       X1        X2        X3        X4
 6.927097  1.440306 17.688462 31.442395
```

먼저 회귀분석의 결과를 살펴보면 결정계수(R^2)가 0.540으로 비교적 높고(즉, 4개의 설명변수가 반응변수의 전체 변이 중 약 54%를 설명하고 있다) F 통계량에 대한 $p-$값이 0.015로써 귀무가설 '$H_0 \ : \ \beta_1 = \beta_2 = \beta_3 = \beta_4 = 0$'을 5% 유의수준 하에서 기각할 수 있다(즉, 적어도 하나 이상의 설명변수가 반응변수 y를 설명하는 데 기여하고 있다).

그러나 회귀계수에 대한 $t-$검정의 결과를 살펴보면 각 설명변수에 대한 $p-$값이 0.407, 0.444, 0.981, 0.652로써 어느 변수에 대해서도 통계적으로 유의하지 않다. 이와 같이 $F-$검정의 결과와 $t-$검정의 결과가 불일치하는 현상은 다중공선성이 매우 심각한 경우 회귀계수 추정치의 분산이 매우 커져서 나타나는 일반적인 현상 중 하나이다. 회귀분석을 수행할 때 다중공선성으로 인해 흔히 나타나는 현상으로 다음과 같은 것들을 들 수 있다.

- 중요하다고 생각되는 회귀계수에 대한 검정결과가 유의하지 않게 나타난다.
- 회귀계수 추정치의 부호가 경험적 또는 이론적 기대와 상반된다.
- 하나 이상의 설명변수를 추가(제거)하면 회귀계수 추정치에 큰 변화가 생긴다.
- 몇 개의 관측개체를 추가(제거)하면 회귀계수 추정치에 큰 변화가 생긴다.

이와 같은 다중공선성의 문제를 진단하기 위해 가장 많이 사용되는 것으로 공차한계와 분산확대인자를 들 수 있다. 먼저 **공차한계**(tolerance)는

$$\text{Tolerance} = 1 - R_k^2 \tag{8.20}$$

로서(여기에서 R_k^2은 X_k를 반응변수로 하고 나머지 변수들을 설명변수로 하여 회귀분석을 수행하였을 때의 결정계수), 이 값이 작다는 것은 변수 X_k의 변이가 다른 설명변수들에 의해 설명되는 비율이 높다는 것을 의미한다.

분산확대인자(VIF, variance inflation factor)는 공차한계의 역수, 즉

$$\text{VIF} = 1/(1 - R_k^2) \tag{8.21}$$

로서, 보통 분산확대인자가 10보다 크면(즉, 해당 변수의 변이가 다른 설명변수들에 의해서 90%이상 설명되면) 다중공선성이 심각한 것으로 간주하기도 한다.

⟨예 8.14⟩에서 vif() 함수에 의하여 출력되어 있는 분산확대인자들을 살펴보면 변수 X_3과 X_4의 것이 10보다 큼을 볼 수 있는데, 이는 두 변수가 다른 변수들에 의하여 선형적인 관계로 묶여 있음을 말해준다.

다중공선성을 탐색하는 다른 측도로서 **상태지수**(condition index)

$$\text{CI}_k = \lambda_1/\lambda_k \tag{8.22}$$

가 있다(여기에서 λ_k는 설명변수들의 공분산행렬에 대한 k 번째 고유값을 나타낸다). 보통 상태지수가 10보다 크면 다중공선성이 어느 정도 존재하는 것으로, 그리고 상태지수가 100보다 크면 매우 심각한 것으로 간주하기도 한다.

〈예 8.15〉 상태지수의 출력

```
> library(perturb)
> colldiag(Multico[c("X1","X2","X3","X4")])
#-------------------------------------------------------------------------
Condition
Index      Variance Decomposition Proportions
           intercept X1    X2    X3    X4
1     1.000 0.000    0.000 0.001 0.000 0.000
2    13.011 0.025    0.003 0.137 0.045 0.001
3    18.963 0.151    0.021 0.690 0.006 0.000
4    28.191 0.760    0.100 0.002 0.011 0.007
5   120.382 0.063    0.876 0.171 0.937 0.992
```

〈예 8.15〉는 perturb 패키지의 colldiag() 함수를 사용하여 상태지수를 출력한 것이다. 다중공선성은 설명변수들 간의 연관성에 관한 문제이므로 colldiag() 함수에는 설명변수들만 지정해야 하며, 상태지수는 $p+1$개가 출력된다(여기에서 p는 설명변수의 개수).

〈예 8.15〉의 출력결과에서 가장 큰 상태지수(condition index)는 120.382로서 상당히 크다는 것을 볼 수 있다. 한편, 상태지수와 함께 출력되어 있는 **분산비율**(variance decomposition proportions)은 다중공선성이 심각한 경우 설명변수들 간의 관계를 탐색할 수 있는 유용한 정보를 제공한다. 예를 들어 이 결과에서 가장 큰 상태지수 120.382에 대응되는 분산비율을 살펴보면 변수 X_1, X_3, X_4에 대한 분산비율들이 매우 크므로, 이 세 변수들이 밀접한 선형관계를 가지고 있다는 것을 알 수 있다(사실 Multico 데이터는 '$0.5X_1 + 0.5X_3 \simeq X_4$'가 되도록 가공하여 만든 것이다).

(2) 다중공선성에 대한 대책

다중공선성이 심각한 경우 이를 해결하는 방법으로 다음과 같은 것들을 고려할 수 있다.

- 다중공선성에 관련되어 있는 일부 변수를 제거한다. 이 방법은 실제적으로 가장 많이 사용되는 방법으로 8.4.1절에서 설명한 전진 선택법, 후진 제거법, 단계적 방법 등 변수선택 방법이 사용되기도 한다.
- 더 넓은 범위의 독립변수들의 값에서 새로운 관측치를 얻어낸다. 이 경우 추가로 비용과 시간이 드는 것을 감수해야 한다.

- 능형회귀(ridge regression) 또는 주성분회귀(principal components regression) 등 편의 추정법을 사용한다. 이 방법을 이용하기 위해서는 상당한 수준의 전문지식이 요구되므로 사용 시 주의를 요한다.

〈예 8.16〉 설명변수 X_1과 X_3만을 사용한 경우

```
> Multico.fit1 = lm(Y~X1+X3,data=Multico)
> summary(Multico.fit1)
#--------------------------------------------------------------------
Coefficients:
             Estimate Std. Error t value Pr(>|t|)
(Intercept)    0.9231     0.7759   1.190  0.25054
X1             0.5972     0.1935   3.087  0.00669 **
X3             0.2208     0.1179   1.873  0.07831 .
---
Signif. codes:  0 '***' 0.001 '**' 0.01 '*' 0.05 '.' 0.1 ' ' 1

Residual standard error: 0.3582 on 17 degrees of freedom
Multiple R-squared:  0.5206,Adjusted R-squared:  0.4642
F-statistic: 9.231 on 2 and 17 DF,  p-value: 0.001932
#--------------------------------------------------------------------
> library(car)
> vif(Multico.fit1)
#--------------------------------------------------------------------
      X1       X3
1.108333 1.108333
```

〈예 8.16〉은 변수 X_1과 X_3만을 사용하여 회귀분석을 수행한 결과이다. 출력결과를 살펴보면 결정계수는 0.521로 약간 작아졌으나(완전모형의 결정계수는 0.540이었다), 수정결정계수는 0.464로 오히려 좋아졌다는 것을 볼 수 있다(완전모형의 수정결정계수는 0.417이었다). 또한 두 변수에 대한 $t-$검정의 $p-$값이 각각 0.007, 0.078로서 유의수준 10% 하에서 유의하다는 것을 알 수 있다.

8.5 가변수 – 질적 설명변수의 처리

지금까지는 설명변수들이 양적인 경우만을 설명하였는데, 이 절에서는 질적 설명변수를 포함하는 경우를 다루어 보도록 하자. 예를 들어, 〈표 8.5〉의 Dummy 데이터는 한 제품에 대해 46명의 소비자로부터 선호도(Y)를 조사하여 얻은 것으로, 이 데이터에는 나이(Age)와 지역구분(Region; 1='대도시', 2='중소도시', 3='읍면')이 포함되어 있다.

〈표 8.5〉 Dummy 데이터 (첫 10개, $n = 46$)

ID	Y	Age	Region	ID	Y	Age	Region
1	46	21	1	6	70	22	2
2	39	21	3	7	39	22	2
3	62	21	3	8	35	22	1
4	38	21	2	9	41	22	3
5	39	21	3	10	41	23	2

이 데이터에 대하여 다음과 같은 모형

$$Y = \alpha + \beta_1\, Age + \beta_2\, Region + \epsilon$$

을 고려하는 것은 타당하지 않은데, 그 이유는 변수 Region이 질적변수로서 크기를 가지고 있지 않으므로 β_2를 기울기로 해석할 수 없기 때문이다.

이제 다음과 같은 모형을 고려해 보도록 하자.

$$\begin{cases} Y = \alpha + \beta\, Age + \gamma_1 + \epsilon, & \text{if Region=1} \\ Y = \alpha + \beta\, Age + \gamma_2 + \epsilon, & \text{if Region=2} \\ Y = \alpha + \beta\, Age + \gamma_3 + \epsilon. & \text{if Region=3} \end{cases} \tag{8.23}$$

이때 $\gamma_3 = 0$으로 두면 식 (8.23)을 다음과 같이 하나의 모형식으로 표현할 수 있는데,

$$Y = \alpha + \beta\, Age + \gamma_1 D_1 + \gamma_2 D_2 + \epsilon \tag{8.24}$$

여기에서 D_1과 D_2는 소위 **가변수**(dummy variable)로서 다음과 같이 정의된다.

$$D_1 = \begin{cases} 1, & \text{if region=1} \\ 0, & \text{otherwise} \end{cases} \qquad D_2 = \begin{cases} 1, & \text{if region=2} \\ 0, & \text{otherwise} \end{cases}$$

식 (8.24)에서 γ_1은 나이가 동일한 경우 '광역시'와 '읍면' 간의 선호도 차이에 대한 기대값을 나타내고, γ_2는 나이가 동일한 경우 '중소도시'와 '읍면' 간의 선호도 차이에 대한 기대값을 나타낸다.

〈예 8.17〉 가변수를 이용한 회귀분석

```
> Dummy = read.csv("L:/My_Work/Data/Dummy.csv",header=TRUE)
> Dummy$D1 = 0
> Dummy$D1[Dummy$Region==1] = 1
```

```
> Dummy$D2 = 0
> Dummy$D2[Dummy$Region==2] = 1
> head(Dummy,n=5)
#-----------------------------------------------------------------------
  ID  Y Age Region D1 D2
1  1 46  21      1  1  0
2  2 39  21      3  0  0
3  3 62  21      3  0  0
4  4 38  21      2  0  1
5  5 39  21      3  0  0
#-----------------------------------------------------------------------
> Dummy.fit = lm(Y~Age+D1+D2,data=Dummy)
> summary(Dummy.fit)
#-----------------------------------------------------------------------
Coefficients:
            Estimate Std. Error t value Pr(>|t|)
(Intercept)  14.3338     9.7754   1.466  0.15001
Age           1.8303     0.3595   5.091 7.91e-06 ***
D1          -16.1295     4.7546  -3.392  0.00152 **
D2           -5.3092     4.4734  -1.187  0.24196
---
Signif. codes:  0 ‘***’ 0.001 ‘**’ 0.01 ‘*’ 0.05 ‘.’ 0.1 ‘ ’ 1

Residual standard error: 12.1 on 42 degrees of freedom
Multiple R-squared:  0.4502,Adjusted R-squared:  0.4109
F-statistic: 11.46 on 3 and 42 DF,  p-value: 1.27e-05
```

이제 앞의 식 (8.24)와 같은 모형을 고려하여 Dummy 데이터에 대해 분석을 수행해 보도록 하자. 한 질적변수의 범주가 c개일 때 가변수는 일반적으로 $c-1$개가 필요하므로, 먼저 지역구분을 나타내는 질적변수 Region으로부터 처리하여 가변수 D_1과 D_2를 생성시켜야 한다. ⟨예 8.17⟩에서 가변수를 생성하는 부분을 살펴보기 바란다.

그런 다음 반응변수를 Y(선호도), 설명변수를 Age, D1, D2로 지정하면 된다. ⟨예 8.17⟩에서 출력된 계수 추정치를 기초로 회귀추정식을 표현하면 다음과 같다.

$$\begin{cases} \hat{Y} = 14.334 + 1.830\,Age - 16.130 = -1.796 + 1.830\,Age, & \text{if Region=1,} \\ \hat{Y} = 14.334 + 1.830\,Age - 5.309 = 9.025 + 1.830\,Age, & \text{if Region=2,} \\ \hat{Y} = 14.334 + 1.830\,Age, & \text{if Region=3.} \end{cases}$$

이 결과에서 양적변수 Age(나이)에 대한 계수 추정치가 1.830이므로 나이가 증가할수록 선호도가 증가한다고 할 수 있다. 즉, 앞에서 설명한 바와 같이 양적 설명변수의 계수는 기울기의 의미를 가진다.

변수 D1의 계수는 대도시(Region=1)와 읍면(Region=3) 지역의 선호도에 대한 평균 차이를 나타낸다. 즉, 대도시 지역이 읍면에 비하여 평균 선호도가 16.1점 정도 작은 것으로 추정된다(p-value=0.002).

변수 D2의 계수는 중소도시(Region=2)와 읍면(Region=3) 지역의 선호도에 대한 평균 차이를 나타낸다. 즉, 중소도시 지역이 읍면 지역에 비하여 평균 선호도가 5.3점 정도 작은 것으로 추정된다. 그러나 변수 D2에 대한 t–검정의 유의확률이 0.242이므로, 나이가 동일한 경우 중소도시와 읍면 지역의 선호도 차이는 유의하지 않다고 할 수 있다. 이 경우 가변수 D2를 모형에서 제외하고(즉, 중소도시와 읍면 지역을 병합하여) 다시 분석을 수행해 볼 수도 있을 것이다.

⟨예 8.18⟩ 요인변수를 이용한 회귀분석

```
> Dummy$Region = factor(Dummy$Region)
> Dummy.fit1 = lm(Y~Age+Region,data=Dummy)
> summary(Dummy.fit1)
#----------------------------------------------------------------------
Coefficients:
            Estimate Std. Error t value Pr(>|t|)
(Intercept)  -1.7956    10.6218  -0.169  0.86657
Age           1.8303     0.3595   5.091 7.91e-06 ***
Region2      10.8202     4.2636   2.538  0.01495 *
Region3      16.1295     4.7546   3.392  0.00152 **
---
Signif. codes:  0 ‘***’ 0.001 ‘**’ 0.01 ‘*’ 0.05 ‘.’ 0.1 ‘ ’ 1

Residual standard error: 12.1 on 42 degrees of freedom
Multiple R-squared:  0.4502,Adjusted R-squared:  0.4109
F-statistic: 11.46 on 3 and 42 DF,  p-value: 1.27e-05
#----------------------------------------------------------------------
> anova(Dummy.fit1)
#----------------------------------------------------------------------
Analysis of Variance Table

Response: Y
          Df Sum Sq Mean Sq F value    Pr(>F)
Age        1 3224.7  3224.7 22.0152 2.875e-05 ***
Region     2 1812.7   906.3  6.1877  0.004414 **
Residuals 42 6151.9   146.5
---
Signif. codes:  0 ‘***’ 0.001 ‘**’ 0.01 ‘*’ 0.05 ‘.’ 0.1 ‘ ’ 1
```

한편, lm() 함수를 사용할 때 가변수를 생성하지 않고 보다 쉽게 처리할 수 있는 방법이 있다. 예를 들어 ⟨예 8.18⟩에서와 같이 factor() 함수를 사용하여 변수 Region을 요인변수로 선언한 후, lm() 함수에 Region을 설명변수로 지정하면 가변수를 이용하는 것과 동일한 결과를 얻을 수 있다. 다만, 이 경우에는 항상 첫 번째 범주를 기준으로 가변수가 생성되어 사용된다(가변수를 데이터 프레임에 실제로 추가하지는 않는다).

⟨예 8.18⟩의 결과를 ⟨예 8.17⟩의 결과와 비교하여 보면 해석 상에는 아무런 차이가 없음을 알 수 있다. 먼저 양적변수 Age의 계수 추정치는 1.830으로 동일하다. 또한 읍면 지역이 대도시 지역에 비해 평균 선호도가 16.1점 크고, 중소도시 지역이 대도시 지역에 비해 평균 선호도가 10.8점 크며, 읍면 지역이 중소도시 지역에 비해 평균 선호도가 5.3점 크다는 해석에는 차이가 없다. 추정된 회귀식 역시 앞에서와 동일하게 된다. 즉,

$$\begin{cases} \hat{Y} = -1.796 + 1.830\,Age, & \text{if Region=1,} \\ \hat{Y} = -1.796 + 1.830\,Age + 10.820 = 9.025 + 1.830\,Age, & \text{if Region=2,} \\ \hat{Y} = -1.796 + 1.830\,Age + 16.130 = 14.334 + 1.830\,Age, & \text{if Region=3.} \end{cases}$$

8.6 변수변환과 비선형 회귀분석

지금까지는 설병변수와 반응변수 사이에 선형적인 관계가 있다는 가정 하에 선형 회귀분석을 수행하였다. 그러나 때로는 설명변수와 반응변수 사이에 곡선적 또는 복잡한 비선형적인 관계를 가질 수도 있는데, 이러한 경우에는 적절한 함수의 형태를 고려하여 분석을 수행하는 것이 바람직하다. 이 절에서는 변수변환에 의한 곡선추정과 비선형 회귀분석에 대해서 간단히 다루어 보도록 하자.

8.6.1 변수변환에 의한 곡선 추정

다음 ⟨표 8.6⟩의 Mobile 데이터는 한 이동통신 회사의 1984년부터 1997년까지 연도별 가입자수(Yt)이다. 이 데이터에 대한 산점도(그림 8.9)를 살펴보면 가입자수가 급격히 증가하고 있다는 것을 알 수 있다.

따라서 연도별 가입자수에 대한 모형으로 선형 회귀모형보다는 다음과 같은 지수함수(exponential function) 형태의 모형이 더 적절할 것으로 생각할 수 있다.

$$Y_T = \alpha\,\exp(\beta_1 T) = \alpha\,e^{\beta_1 T}, \quad T = 1, 2, \cdots, 14 \tag{8.25}$$

한편, 식 (7.25)의 양변에 로그(log)를 취하면 다음과 같은 식을 얻을 수 있는데,

$$Y_T^* = \alpha^* + \beta_1 T, \quad (\text{단, } Y_T^* = \log Y_T,\ \alpha^* = \log\alpha) \tag{8.26}$$

⟨표 8.6⟩ Mobile 데이터

Year	T	Yt	Year	T	Yt	Year	T	Yt
1984	1	27	1989	6	397	1994	11	9600
1985	2	47	1990	7	800	1995	12	16410
1986	3	71	1991	8	1662	1996	13	28900
1987	4	103	1992	9	2719	1997	14	45700
1988	5	204	1993	10	4718			

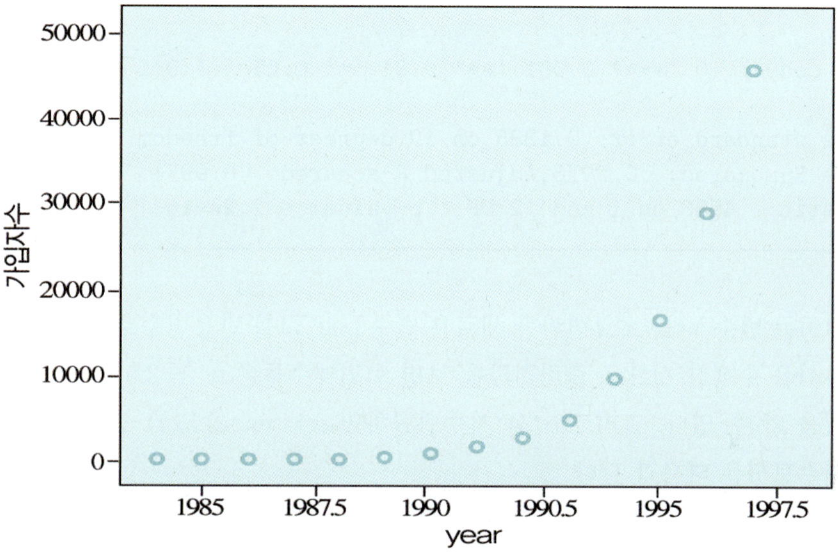

⟨그림 8.9⟩ 연도별 가입자수

이와 같이 특별한 비선형함수들은 간단한 변환에 의해 선형함수로 바꿀 수 있으므로 미리 새로운 변수 $Y_T^* = \log(Y_T)$를 생성한 후 선형 회귀분석을 수행하여 α^*와 β_1을 추정하면 된다. 이제 Mobile 데이터에서 변수 Log_Yt를 반응변수로 하고 T(시점)을 설명변수로 하여 지수모형에 대한 분석을 수행해 보도록 하자.

⟨예 8.19⟩ 지수모형에 의한 회귀분석

```
> Mobile = read.csv("L:/My_Work/Data/Mobile.csv",header=TRUE)
> library(car)
> scatterplot(Yt~Year,data=Mobile,cex=2,lwd=2,smoother=FALSE)
> Mobile$Log_Yt = log(Mobile$Yt)
> Mobile.fit = lm(Log_Yt~T,data=Mobile)
```

```
> summary(Mobile.fit)
#-----------------------------------------------------------------------
Call:
lm(formula = Log_Yt ~ T, data = Mobile)
Residuals:
     Min       1Q   Median       3Q      Max
-0.26451 -0.08797  0.01557  0.09866  0.17825

Coefficients:
            Estimate Std. Error t value Pr(>|t|)
(Intercept)  2.52371    0.07535   33.49 3.19e-13 ***
T            0.59388    0.00885   67.11  < 2e-16 ***
---
Signif. codes:  0 ‘***’ 0.001 ‘**’ 0.01 ‘*’ 0.05 ‘.’ 0.1 ‘ ’ 1

Residual standard error: 0.1335 on 12 degrees of freedom
Multiple R-squared:  0.9973,Adjusted R-squared:  0.9971
F-statistic:  4503 on 1 and 12 DF,  p-value: < 2.2e-16
```

⟨예 8.19⟩는 변수 Yt를 로그변환한 새로운 변수 Log_Yt를 반응변수로 하는 모형에 대하여 회귀분석을 수행한 것으로 출력결과를 보면 회귀계수들은 $\hat{\alpha^*} = 2.524$와 $\hat{\beta}_1 = 0.594$로 추정된 것을 알 수 있다. 그리고 $\hat{\alpha^*}$을 지수변환하면 $\hat{\alpha} = \exp(2.524) = 12.475$가 되므로, 추정된 지수모형은 다음과 같다.

$$\hat{Y}_T = 12.475\ \exp(0.594\,T) = 12.475\ e^{0.594\,T}$$

⟨예 8.20⟩ 지수모형의 예측값에 대한 그래프 작성

```
> Mobile$Hat_Yt = 12.475*exp(0.594*Mobile$T)
> cor(Mobile$Yt,Mobile$Hat_Yt)^2   # R-Square
#-----------------------------------------------------------------------
[1] 0.9938821
#-----------------------------------------------------------------------
> plot(Yt~Year,data=Mobile,type="p",cex=2)
> points(Hat_Yt~Year,data=Mobile,pch=8,cex=3,col="red")
> lines(Hat_Yt~Year,data=Mobile,lwd=2,col="blue")
```

⟨예 8.20⟩은 예측값 $\hat{Y}_T$을 계산하고,[2] ‘Y_T 대 Year의 산점도’, ‘$\hat{Y}_T$ 대 Year의 산점도’, ‘$\hat{Y}_T$ 대 Year의 연결선 그래프’를 겹쳐서 그래프를 적성한 예이다(그림 8.10 참조).

[2]Log_Yt의 예측값에 지수변환을 취하여 Mobile$Hat_Yt = as.vector(exp(fitted(Mobile.fit)))와 같이 계산할 수도 있다.

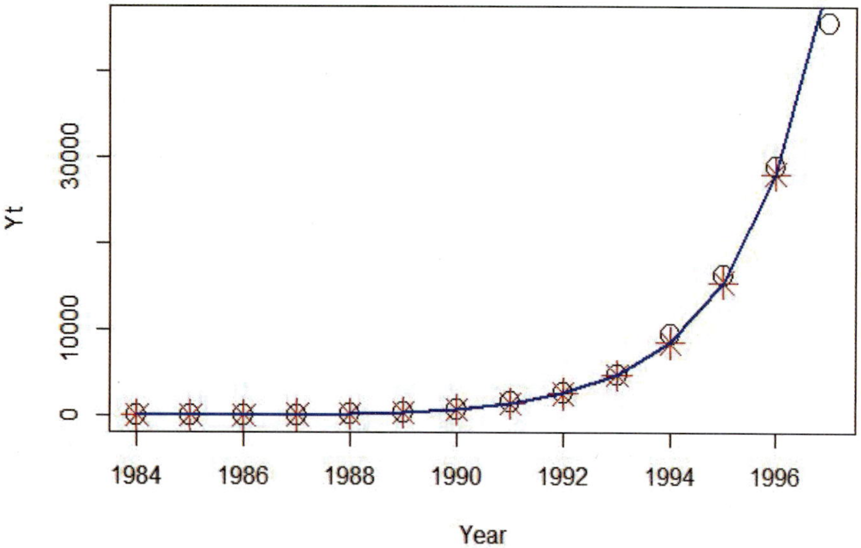

〈그림 8.10〉 연도별 가입자수와 지수모형의 예측값

8.6.2 비선형 회귀분석

어떤 비선형(nonlinear) 함수들은 앞에서와 같이 선형변환이 가능하지 않은 경우도 있다. 예를 들어, 중장기 수요예측에서 자주 사용되는 다음과 같은 함수들은 상한값 m이 알려져 있는 않은 경우 선형변환이 가능하지 않다.[3]

- $Y_T = \dfrac{m\ \exp(\alpha + \beta T)}{1 + \exp(\alpha + \beta T)}$: 로지스틱(Logistic) 곡선
- $Y_T = m\ \exp\left[-\exp(\alpha + \beta T)\right]$: 곰페르츠(Gomperts) 곡선
- $Y_T = m\ \Phi(\alpha + \beta T)$: 프로빗(Probit) 곡선

따라서 이와 같은 경우에는 변환에 의해 선형함수로 바꿀 수가 없기 때문에 비선형 회귀분석을 수행하여 모수를 추정해야 한다.

〈예 8.21〉 비선형 회귀분석

```
> Mobile.nls = nls(Yt~(m*exp(a+b*T))/(1+exp(a+b*T)),data=Mobile,
+                  start=list(m=100000,a=0,b=1),trace=TRUE)
> options(scipen=100)
> summary(Mobile.nls)
#------------------------------------------------------------------------
Formula: Yt ~ (m * exp(a + b * T))/(1 + exp(a + b * T))
```

[3]이들 성장곡선 모형의 특성에 대해서는 "강현철·최종후 (2001). 확산모형과 성장곡선모형을 이용한 중장기 수요예측에 관한 연구, 〈응용통계연구〉, 제14권 제2호, 233-243"을 참조하기 바란다.

```
Parameters:
      Estimate   Std. Error t value            Pr(>|t|)
m 128935.71535  10131.96123   12.73   0.0000000634775379 ***
a     -9.72793      0.08730 -111.43 < 0.0000000000000002 ***
b      0.65212      0.01372   47.54   0.0000000000000438 ***
---
Signif. codes:  0 ‘***’ 0.001 ‘**’ 0.01 ‘*’ 0.05 ‘.’ 0.1 ‘ ’ 1

Residual standard error: 191.8 on 11 degrees of freedom

Number of iterations to convergence: 10
Achieved convergence tolerance: 0.0000001419
#---------------------------------------------------------------------
> cor(Mobile$Yt,predict(Mobile.nls))^2   # R-Square
#---------------------------------------------------------------------
[1] 0.9998366
```

⟨예 8.21⟩은 Mobile 데이터에 nls() 함수를 사용하여 로지스틱 곡선을 적합한 것이다. 비선형 회귀분석을 수행하기 위해서는 이와 같이 비선형 모형을 직접 입력해야 한다.

위의 결과를 살펴보면 각 모수에 대한 추정치가 $\hat{m} = 128936$, $\hat{\alpha} = -9.728$, $\hat{\beta} = 0.652$임을 알 수 있으며, 따라서 모형추정식은 다음과 같다.

$$\hat{Y}_T = \frac{128936\ \exp(-9.728 + 0.652\,T)}{1 + \exp(-9.728 + 0.652\,T)}$$

또한 cor() 함수를 사용하여 결정계수를 구하였는데 $R^2 = cor(Y_T, \hat{Y}_T) = 99.9\%$임을 볼 수 있다.

한편, 비선형 회귀분석에서는 적절하지 않은 시작값(초기값)을 지정하는 경우 해를 구하지 못하거나 모수가 제대로 추정되지 않을 수 있다. 따라서 각 모수에 대해 적절한 시작값을 지정하는 것이 특히 중요하다. nls() 함수에서는 start= 인수를 사용하여 시작값을 지정할 수 있다.

⟨예 8.22⟩ 로지스틱 곡선모형의 예측값에 대한 그래프 작성

```
> Year = seq(1984,2010)
> T = Year-1983
> Pred_Yt = (128936*exp(-9.728+0.652*T))/(1+exp(-9.728+0.652*T))
> Pred = data.frame(Year,T,Pred_Yt)
> plot(Yt~Year,data=Mobile,cex=2,xlim=c(1984,2010),ylim=c(0,140000))
> lines(Pred_Yt~Year,data=Pred,lwd=2,col="blue")
```

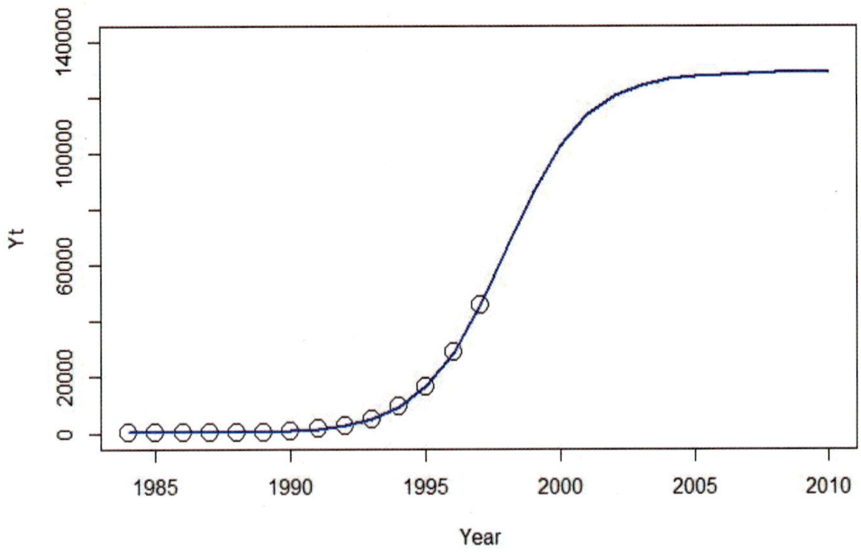

〈그림 8.11〉 연도별 가입자수와 로지스틱 곡선모형의 예측값

〈예 8.22〉는 로지스틱 곡선모형의 예측값 $\hat{Y}_t$을 계산하고, 'Y_T 대 Year의 산점도'와 '$\hat{Y}_T$ 대 Year의 연결선 그래프'를 겹쳐서 그래프를 작성한 예이다(그림 8.11 참조).

8.7 이 장에서 사용된 주요 함수들

여기에서는 이 장에서 사용된 주요 함수들에 대하여 사용형식(usage)과 자주 사용되는 인수(argument)들을 설명한다. 보다 자세한 사항은 R의 도움말을 참조하여라.

〈abline 함수〉 ~ graphics 패키지

□ abline(a=, b=, h=, v=, reg=, coef=, ⋯): 현재의 그래프에 직선을 추가한다.

- a=, b=: 절편이 a이고 기울기가 b인 직선을 추가한다.
- coef=: 절편과 기울기로 이루어진 벡터를 지정한다. 예를 들어, coef=c(3.285,1.597).
- h=: 지정된 값을 지나가는 수평선을 추가한다.
- v=: 지정된 값을 지나가는 수직선을 추가한다.
- reg=: 회귀직선을 추가한다. 일반적으로 lm() 함수로 생성되는 객체가 지정된다. 예를 들어, reg=lm(Sales~Adver,data=Sales).
- lty, lwd, col, main 등 plot() 함수에서 설명한 인수들을 지정할 수 있다(2.7절 참조).

⟨lines 함수⟩, ⟨points 함수⟩ ~ graphics 패키지

☐ lines(x, y, type=, ⋯): 현재의 그래프에 연결선을 추가한다.
lines(formular, data=, type=, ⋯): 데이터 프레임을 지정하는 방식.

☐ points(x, y, ⋯): 현재의 그래프에 점(기호)을 추가한다.
points(formular, data=, ⋯): 데이터 프레임을 지정하는 방식.

- x, y: 수평축 좌표(x)와 수직축 좌표(y) 값이 저장되어 있는 벡터를 지정한다.
- formular: y~x의 형식으로 수직축 좌표(y)와 수평축 좌표(x)를 지정한다.
- data=: 데이터 프레임을 지정한다.
- type, lty, pch, col 등 plot() 함수에서 설명한 인수들을 지정할 수 있다(2.7절 참조).

---

lm() 함수 ~ stats 패키지

☐ lm(formular, data=, subset=, ⋯): 선형 회귀분석을 수행한다.

- formular: y~x1+x2+x3 형식으로 ~ 기호 왼쪽에 반응변수를, 오른쪽에 설명변수들을 지정한다.
- data=: 데이터 프레임을 지정한다.
- subset=: 데이터의 일부만을 선택하여 회귀분석을 수행하는 경우 조건식을 지정한다.
- 회귀분석의 결과를 저장한 객체에 대하여 적용할 수 있는 주요 함수들은 다음과 같다.
  - ⋆ summary(): 회귀분석의 주요 결과들을 출력한다.
  - ⋆ anova(): 분산분석표를 출력한다.
  - ⋆ coef(): 추정된 회귀계수를 출력한다.
  - ⋆ confint(object, level=): 회귀계수에 대한 신뢰구간을 출력한다. level= 인수에는 신뢰수준을 지정할 수 있다[기본값: level=0.95].
  - ⋆ fitted(): 반응변수의 적합값($\hat{y}_i$)을 출력한다.
  - ⋆ residuals(): 잔차($y_i - \hat{y}_i$)를 출력한다.
  - ⋆ rstandard(): 표준화잔차를 출력한다.
  - ⋆ plot(object, which=, ⋯): 잔차도표들을 출력한다. which= 인수에는 1에서 6까지의 숫자를 지정할 수 있다.

---

nls() 함수 ∼ stats 패키지

□ nls(formular, data=, start=, trace=, ⋯): 비선형 회귀분석을 수행한다.

- formular: y∼f(x1,x2,x3)와 같은 형식으로 ∼ 기호 왼쪽에 반응변수를, 오른쪽에 비선형 함수식을 지정한다.
- data=: 데이터 프레임을 지정한다.
- start=: 모수들에 대한 시작값(초기값)을 지정한다. 일반적으로 list() 함수를 이용하여 start=list(m=100000,a=0,b=1)과 같이 지정한다.
- trace=: 반복적 절차의 내용을 출력할지의 여부를 지정한다[기본값: trace=FALSE].

---

predict() 함수 ∼ stats 패키지

□ predict(object, newdata=, interval=" ", level=): 예측값과 신뢰구간을 출력한다.

- object: lm() 함수 등에 의해서 생성된 객체를 지정한다.
- newdata=: 설명변수들의 값이 저장되어 있는 새로운 데이터 프레임을 지정한다. 이 인수를 지정하지 않으면 기존의 데이터가 사용된다.
- interval=" ": 반응변수의 평균값에 대한 신뢰구간의 경우에는 confidence를, 개별 예측값에 대한 신뢰구간의 경우에는 prediction을 지정한다[기본값: interval="none"].
- level=: 신뢰수준을 지정한다[기본값: level=0.95].

⟨legend 함수⟩ ∼ graphics 패키지

□ legend(x, y, legend=, ⋯): 현재의 그래프에 범례를 추가한다.

- x, y: 범례가 위치할 수평축 좌표(x)와 수직축 좌표(y)을 지정한다.
- legend=: 범례가 저장되어 있는 벡터를 지정한다. 예를 들어, legend=c("New","Old").
- bty=" ": 범례의 외곽에 상자를 그릴 것인지의 여부를 지정한다. bty="o"는 상자를 표시하도록, bty="n"은 상자를 표시하지 않도록 한다.
- lty=" ": 범례에 들어갈 선의 종류를 벡터로 지정한다. 예를 들어, lty=c(1,2).
- col=" ": 범례에 대한 색깔을 벡터로 지정한다. 예를 들어, col=c("black","blue").

---

step() 함수 ~ stats 패키지

☐ step(object, scope=, direction=c(" "), k=): AIC 기준의 변수선택을 수행한다.

- object: 변수선택을 시작할 모형이 설정되어 있는 객체를 지정한다.
- scope=: 변수선택의 범위를 나타내는 모형을 지정한다. 일반적으로 list() 함수를 이용하여 scope=list(lower=M.int,upper=M.full)과 같이 지정한다.
- direction=c(" "): 단계적 방법(both), 후진 제거법(backward), 전진 선택법(forward)을 지정한다[기본값: direction=c("backward")].
- k=: 변수선택의 기준을 지정한다. 예를 들어 k=2로 지정하면 AIC가 사용되고, k=log(n)으로 지정하면 SBC(BIC)가 사용된다[기본값: k=2].

8.8 연습문제

1. 음주운전자의 혈액 중 알코올 농도를 측정하기 위해 교통경찰관이 사용하는 디지털 측정기의 신뢰성을 알아보려고 한다. 15명의 음주 운전자에 대해 혈액채취(y)와 디지털 측정기(x)에 의해 각각 알코올 농도를 측정하여 다음과 같은 데이터를 얻었다. x에 의한 y의 회귀직선식을 구하고 잔차분석을 실시하여라.

x	y	x	y	x	y
0.150	0.154	0.090	0.082	0.110	0.078
0.100	0.085	0.090	0.072	0.120	0.097
0.900	0.079	0.090	0.080	0.100	0.088
0.140	0.144	0.095	0.090	0.060	0.053
0.080	0.078	0.040	0.050	0.080	0.072

2. 어떤 복합비료의 양 x가 농작물의 수확량 y와 어떠한 관계를 가지고 있는지를 보기 위하여 다음과 같은 데이터를 얻었다.

$n = 15,\ \bar{x} = 10.8,\ \bar{y} = 122.7,$

$\sum(x_i - \bar{x})^2 = 70.6,\ \sum(y_i - \bar{y})^2 = 98.5,\ \sum(x_i - \bar{x})(y_1 - \bar{y}) = 68.3.$

(a) 최소제곱법에 의한 회귀방정식을 구하여라.

(b) 오차제곱합을 구하고 σ^2을 추정하여라.

(c) x가 한 단위 증가할 때에 $E(Y)$의 증가분이 1.5단위 미만이라는 주장을 할 수 있는가를 유의수준 5% 하에서 검정하여라.

(d) $x = 12$에서 수확량의 기대값에 대한 95% 신뢰구간을 구하여라.

3. 환경변화가 혈압에 미치는 장기적인 변화를 연구하기 위하여 안데스산맥의 고지대에서 도시로 이주해온 인디오들로부터 여러 특성들을 측정하였다. 다음의 데이터는 그 중 최고혈압(y)과 신체적 특성들인 나이(x1), 이주후 경과기간(x2, 단위: 년), 몸무게(x3, 단위: kg), 복부 피부두께(x4, 단위: mm)등에 관한 결과이다. 다중 회귀분석을 수행하여라(필요한 경우 변수선택을 실시하여라).

X1	X2	X3	X4	Y	X1	X2	X3	X4	Y
21	1	71.0	12.7	170	38	18	59.5	7.7	114
22	6	56.5	8.0	120	38	11	61.0	4.0	136
24	5	56.0	4.3	125	38	11	57.0	3.0	126
24	1	61.0	4.3	148	39	21	57.5	5.0	124
25	1	65.0	20.7	140	39	24	74.0	15.7	128
27	19	62.0	5.7	106	39	14	72.0	13.3	134
28	5	53.0	8.0	120	41	25	62.5	8.0	112
28	25	53.0	0.0	108	41	32	68.0	11.3	128
31	6	65.0	10.0	124	41	5	63.4	13.7	134
32	13	57.0	6.0	134	42	12	68.0	10.7	128
33	13	66.5	8.3	116	43	25	69.0	6.0	140
33	10	59.1	10.3	114	43	26	73.0	5.7	138
34	15	64.0	7.0	130	43	10	64.0	7.0	118
35	18	69.5	7.0	118	44	19	65.0	7.7	110
35	2	64.0	6.7	138	44	18	71.0	4.3	142
36	12	56.5	11.7	134	45	10	60.2	3.3	134
36	15	57.0	6.0	120	47	1	55.0	4.0	116
37	16	55.0	7.0	120	50	43	70.0	11.7	132
37	17	57.0	11.7	114	54	40	87.0	11.3	152
38	10	58.0	13.0	124					

4. 다음 데이터는 10명의 학생의 IQ와 1학년 평균평점표이다.

IQ	100	120	110	105	85	95	130	100	105	90
평균평점	3.0	3.8	3.1	2.9	2.6	2.9	3.6	2.8	3.1	2.4

(a) 이 데이터를 이용하여 회귀직선을 구하여라.

(b) 회귀직선의 기울기에 대하여 95% 신뢰구간을 구하여라.

(c) IQ가 125인 학생의 평균평점의 95% 예측구간을 구하여라.

(d) 상관계수 r을 구하고 이것의 의미를 설명하여라.

(e) 결정계수 R^2을 구하고 이것의 의미를 설명하여라.

5. 다음의 데이터는 쌍둥이인 남자 어른 9쌍의 키(m)를 조사한 결과이다.

형(x)	1.89 1.77 1.71 1.74 1.92 1.83 1.77 1.77 1.77
아우(y)	1.83 1.77 1.67 1.80 1.86 1.77 1.74 1.80 1.74

(a) 산점도를 작성하여 선형관계가 있음을 확인하여라.

(b) 아우의 키를 종속변수로 하여 회귀직선을 구하여라.

(c) 분산의 추정치 s^2을 구하여라.

(d) 형의 키가 1.68m일 때 동생의 키에 대한 95%의 예측구간을 구하여라.

(e) 형의 키와 아우의 키에 관한 상관계수 r을 구하여라.

6. 다음 사례는 미국의 대입학력고사(SAT: scholastic aptitude test) 관련데이터에서 나온 것이다. 측정된 변수는 대입지망자의 어학능력점수(VER), 수리능력점수(MATH) 및 평균학점(GPA)의 3개이다. GPA를 반응변수로 하고 VER과 MATH를 설명변수로 하여 회귀분석을 실시하여라.

번호	1	2	3	4	5	6	7	8	9	10
	11	12	13	14	15	16	17	18	19	20
VER	623	593	584	669	578	520	578	695	613	726
	490	537	558	578	646	557	597	669	519	653
MATH	509	611	738	701	635	583	614	634	693	800
	701	681	602	665	573	674	602	653	529	668
GPA	2.6	2.8	3.0	2.9	2.9	2.8	3.0	3.3	2.3	3.9
	1.2	2.1	2.3	3.0	2.0	3.2	2.4	2.0	3.0	2.8

7. 어떤 학생이 최근 26년간의 국민총생산에 대한 데이터를 단순 선형회귀모형에 적합시켜 회귀직선 $\hat{y} = 264.3 + 18.77x$를 얻었다고 한다. 여기에서 x는 연도를 코드화한 값이다. 다음의 결과로부터 선형회귀모형의 가정 중에서 심각하게 위배되는 것을 지적하여 보아라.

연도	1	2	3	4	5	6	7	8	9	10
y	309.9	323.7	324.1	355.3	383.4	395.1	412.8	407.0	438.0	446.1
$\hat{y}$	283.1	301.9	320.6	339.4	358.2	376.9	395.7	414.5	433.2	452.0
잔차	26.8	21.8	3.5	15.9	2 5.2	18.2	17.1	-7.5	4.8	-5.9
연도	11	12	13	14	15	16	17	18	19	20
y	452.5	447.3	475.9	487.7	497.2	529.8	551.0	581.1	617.8	658.1
$\hat{y}$	470.8	489.5	508.3	527.1	545.8	564.6	583.4	602.1	620.9	639.7
잔차	-18.3	-42.2	-32.4	-39.4	-48.6	-34.8	-32.4	-21.0	-3.1	18.4
연도	21	22	23	24	25	26				
y	675.2	706.6	725.6	722.5	745.4	790.7				
$\hat{y}$	658.4	677.2	696.0	714.7	733.5	752.3				
잔차	16.8	29.4	29.6	7.8	11.9	38.4				

8. 〈표 8.5〉의 Dummy 데이터에 대해 다음 프로그램을 수행하여 출력결과를 살펴보아라.

```
> Dummy.fit2 = lm(Y~Age+D1+D2+Age:D1+Age:D2,data=Dummy)
> Dummy.fit2 = lm(Y~Age+Region+Age:Region,data=Dummy)
> summary(Dummy.fit2)
> anova(Dummy.fit2)
```

(a) 이 프로그램에서 Age:Region(또는 Age:D1, Age:D2)가 의미하는 바는 무엇인가?

(b) 기울기의 동일성을 가정할 수 있는지 검정하여 보아라.

9. 〈표 8.6〉의 Mobile 데이터에 대하여 변수변환 및 비선형 회귀분석을 이용하여 다음과 같은 모형들을 적합시켜라.

- $y_t = \beta_0 + \beta_1 t + \beta_2 t^2$: 2차모형(Quadratic model)
- $y_t = \beta_0 + \beta_1 \log(t)$: 대수모형(Logarithmic model)
- $y_t = \beta_0 + \beta_1/t$: 역모형(Inverse model)
- $y_t = \beta_0 t^{\beta_1}$: 파워모형(Power model)
- $y_t = \exp(\beta_0 + \beta_1 t)$: 성장모형(Growth model)
- $y_t = m \exp\left[-\exp(\alpha + \beta t)\right]$: 곰페르츠(Gomperts) 모형
- $y_t = m\ \Phi(\alpha + \beta t)$: 프로빗(Probit) 모형

제 9 장
분산분석

제5장에서 두 독립적인 정규모집단의 모평균의 차이를 검정하기 위해 t−검정을 다룬 바 있는데, 이 장에서 설명할 **분산분석**(分散分析, ANOVA; analysis of variance)은 t−검정을 확장하여 두 개 이상의 정규모집단의 경우에 적용할 수 있는 분석방법이다. 여기에서는 일변량(univariate) 분산분석을 중심으로 여러 가지 형태의 분산분석 모형에 대해서 다루어 보도록 하자.[1]

9.1 실험연구의 제 개념

분산분석은 실험연구(experimental research)에서 주로 발생하게 되는데, 여기서는 실험연구에서 나타나는 여러가지 개념과 용어에 대해서 간단히 살펴보도록 하자.

〈실험연구에서 사용되는 용어〉

- 반응변수(反應變數, response variable): 처리에 의해 변화하면서 연구대상이 되는 변수로서 종속변수(從屬變數, dependent variable)라고도 한다.
- 요인(要因, factor): 반응변수에 영향을 주는 변수로서 설명변수(說明變數, exploratory variable) 또는 독립변수(獨立變數, independent variable)라고도 한다.
- 수준(水準, level): 실험에서 요인이 가질 수 있는 특정한 값을 의미한다.
- 처리(處理, treatment): 실험단위에 적용되는 특정한 실험조건을 의미한다.

예를 들어, 네 종류(F1, F2, F3, F4)의 비료에 따른 농작물의 평균 수확량에 차이가 있는지를 알아보기 위해, 동일한 면적을 가진 16개의 경작지로부터 〈표 9.1〉과 같은 데이터를 얻었다고 하자. 이때 '비료의 종류'를 실험통계 용어로 요인이라 하고, 선택된 비료의 종류 'F1, F2, F3, F4'를 비료의 종류라는 요인의 각 수준이라고 한다. 또한 '수확량'을 반응변수라고 한다.

다른 예로서, 금속공학에서 담금질이 알루미늄 합금의 강도(強度)에 어떤 영향을 미치는지를 알아보기 위한 실험을 생각하여 보자. 연구자는 담금질에 사용되는 세 가지 용액들(기름, 소금물, 기름과 소금물의 혼합용액)간의 비교에 관심이 있다고 하자. 이때 '담금질 용액'은 반응변수 '알루미늄 합금의 강도'에 영향을 줄 것으로 생각되는 요인이고, '기름', '소금물', '기름과 소금물의 혼합용액'은 담금질 용액이라는 요인의 각 처리수준이 된다.

[1]보다 복잡한 형태의 분산분석 모형과 분석에 대해서는 "강현철·한상태·허명회(2004). ≪예제로 배우는 SAS 분산분석 입문≫, 자유아카데미" 또는 "한상태·강현철·허명회(2009). ≪SPSS 분산분석≫, 한나래출판사"를 참조하기 바란다.

〈표 9.1〉 Harvest 데이터

ID	Fertil	Yield	ID	Fertil	Yield	ID	Fertil	Yield	ID	Fertil	Yield
1	F1	148	5	F2	166	9	F3	214	13	F4	436
2	F1	76	6	F2	153	10	F3	327	14	F4	423
3	F1	134	7	F2	255	11	F3	304	15	F4	380
4	F1	98	8	F3	264	12	F4	335	16	F4	465

이와 같이 분산분석은 여러 처리(수준)들에 의한 반응변수의 평균 차이를 비교하는 문제로 생각할 수 있는데, 이때 반응변수의 평균 차이를 **효과**(效果, effect)라고 한다. 두 처리 간의 효과를 비교하는 문제는 제5장에서 소개한 $t-$검정을 이용하여 해결할 수 있으나 분산분석을 이용해도 동일한 결과를 얻게 된다.

실험연구에서 지켜야 할 세 가지 중요한 원칙으로 다음과 같이 확률화, 반복화, 블록화를 들 수 있다.

- **확률화**(randomization): 실험단위의 배치 및 실험 순서가 임의로(랜덤으로) 결정되어야 한다는 것으로, 이는 실험의 객관성을 보장하며 실험에서 고려되지 않고 있는 다른 요인들의 영향을 상쇄하는 역할을 한다. 예를 들어 광고에 대한 소비자의 호감도에는 광고의 종류뿐만 아니라 성, 연령, 소득과 같은 요인들도 영향을 미칠 수 있으므로, 이러한 모든 요인들을 고려하여 통제하는 것이 이상적이다. 그러나 실제로는 실험 상의 어려움, 경제성, 관련 지식의 부족 등의 이유로 몇 개의 가능한 요인만 통제되게 되는데, 이러한 경우 확률화는 실험 외적인 요인들의 영향을 상쇄하는 기능을 갖는다.

- **반복화**(replication): 같은 처리 내에서 여러 번의 실험을 수행하는 것으로, 이는 통계적 오차를 제어하고 추정 가능하게 하는 역할을 한다. 즉, 실험단위들은 서로 동일하지 않으므로 실험오차가 개입하게 되며 각 반응값은 확률변수로서 변이를 가지기 때문에 반복이 없는 단 한번의 측정은 통계적인 의미가 없게 된다.

- **블록화**(blocking): 실험단위들이 서로 이질적인 경우 교락되어 있는 요인들을 통제하여 실험의 정도(precision)를 향상시키고자 하는 원리이다.[2] 예를 들어, 성, 연령, 소득 등이 동일한(유사한) 소비자들을 하나의 블록으로 묶어 실험을 수행한 후 이를 고려하여 분석을 수행함으로서 실험 및 분석의 정도를 높일 수 있게 된다.

[2]어떤 두 변수에 대하여 반응변수에 미치는 효과를 구별될 수 없을 때 두 변수가 교락(confounding) 되어 있다고 한다.

한편, 실제로 실험을 수행하는 과정에 따라서 통계적 모형이나 적용되는 분석방법이 달라지게 된다. 예를 들어 300명의 소비자를 모은 후에 100명씩 3개의 그룹으로 나누고 각 그룹에게 하나의 광고만을 보여주는 경우, 이를 **독립표본**(independent sample)에 의한 실험이라고 한다. 5.1절에서 설명한 독립표본 $t-$검정의 상황은 간단한 독립표본 실험의 예이다.

반면에 5.2절에서 설명한 바와 같이 **대응표본**(paired sample)을 구성하여 실험을 수행할 수도 있는데, 예를 들어 100명의 소비자를 모은 후에 A, B, C 광고를 모두 보여주고 각 소비자들로부터 3번의 반응값을 얻는 경우를 생각할 수 있다(이 경우 소비자 각각이 일종의 블록이 된다). 특히 동일한 실험단위에 대해 시간의 흐름에 따라서 반복적으로 측정된 데이터를 반복측정(repeated measurement) 데이터라고도 한다.

제5장에서도 설명한 바와 같이 이러한 대응표본 실험은 독립표본 실험에 비해 필요한 실험단위의 수를 줄일 수 있고 실험 및 분석의 정도를 높일 수 있게 된다. 그러나 한 실험단위에 대해 여러 번의 실험이 수행되어야 하므로 시간이 많이 소요될 수 있고, 먼저 수행된 처리가 다음의 처리에 영향을 주는 소위 이월효과(carry-over effect)가 생길 수 있으므로 실험 수행시 주의를 기울여야 한다. 대응표본에 의한 실험에서는 동일한 실험단위로부터 얻은 반응값들 간에 서로 상관이 생기게 되므로 이러한 상관성을 고려하여 분석이 수행되어야 하는데, 다변량(multivariate) 분산분석이나 복합대칭성(또는 구형성)을 고려한 일변량적 분석이 사용될 수 있다.[3]

9.2 일원분류 분산분석

일원배치(one-way layout)란 하나의 요인에 대해 여러 처리수준들 간의 실험결과를 비교·분석하고자 하는 것으로, 특히 실험을 하는데 있어서 각 처리의 순서를 랜덤하게 이루어지도록 하므로 **완전임의화계획법**(CRD, completely randomized design)이라고도 한다.

9.2.1 일원분류 분산분석 모형과 $F-$검정

처리수준이 k개인 일원설계로부터 얻어진 데이터의 구조는 다음 ⟨표 9.2⟩와 같이 나타낼 수 있는데, 이러한 데이터를 분석하기 위한 **일원분류**(一元分類, one-way) 분산분석 모형은 식 (9.1)과 같이 표현할 수 있다.

[3]다변량 및 반복측정 분산분석에 대해서는 “박용규·송혜양(1998). ≪반복측정과 교차계획 자료의 분석법≫, 자유아카데미” 또는 “성내경(1997). ≪반복측정 실험과 분석≫, 자유아카데미”를 참조하기 바란다.

〈표 9.2〉 일원분류 분산분석의 데이터 구조

처리	1	$\cdots$	i	$\cdots$	k
반응값	y_{11} $\vdots$ y_{1j} $\vdots$ y_{1n_1}	$\cdots$	y_{i1} $\vdots$ y_{ij} $\vdots$ y_{in_i}	$\cdots$	y_{k1} $\vdots$ y_{kj} $\vdots$ y_{kn_k}
평균	$\bar{y}_{1.} = \sum_{j=1}^{n_1} y_{1j}/n_1$		$\bar{y}_{i.} = \sum_{j=1}^{n_i} y_{ij}/n_i$		$\bar{y}_{k.} = \sum_{j=1}^{n_k} y_{kj}/n_k$
제곱합	$\sum_{j=1}^{n_1}(y_{1j} - \bar{y}_{1.})^2$		$\sum_{j=1}^{n_i}(y_{ij} - \bar{y}_{i.})^2$		$\sum_{j=1}^{n_k}(y_{kj} - \bar{y}_{k.})^2$

〈일원분류 분산분석 모형〉

$$\begin{aligned} y_{ij} &= \mu_i + \epsilon_{ij} \\ &= \mu + \alpha_i + \epsilon_{ij}, \quad i = 1, \cdots, k;\ j = 1, \cdots, n_i. \end{aligned} \tag{9.1}$$

- y_{ij} : i번째 처리를 받은 n_i개의 개체 중 j번째 개체에 대한 반응변수의 값
- μ : 전체 모평균
- μ_i : i번째 처리의 모평균
- $\alpha_i(=\mu_i - \mu)$: i번째 처리의 효과
- ϵ_{ij} : 오차항으로서 서로 독립인 확률변수, $\epsilon_{ij} \sim N(0, \sigma^2)$

여기에서 ϵ_{ij}는 오차항(誤差項, error term)으로서 기대값 0과 분산 σ^2을 가지며 서로 독립인 확률변수이다[즉, $\epsilon_{ij} \sim N(0, \sigma^2)$]. 오차항에 대해 이러한 분포가정을 하는 이유는 효과에 대한 통계적 추론을 하기 위해서이다.

일원분류 분산분석 모형에서의 주 관심은 모든 처리수준에서의 모평균이 모두 같다는 다음과 같은 가설

$$H_0 : \mu_1 = \mu_2 = \cdots = \mu_k = \mu \text{ (또는 } H_0 : \alpha_1 = \alpha_2 = \cdots = \alpha_k = 0) \tag{9.2}$$

을 검정하는 것이라고 할 수 있는데(예를 들면, 비료의 종류에 따라서 수확량의 모평균이

동일하다고 할 수 있는지를 검정하는 경우), 이러한 가설을 검정하는 $F-$통계량은 전체제곱합에 대한 다음과 같은 분할로부터 유도된다.

$$\begin{array}{ccccc} \sum_{i=1}^{k}\sum_{j=1}^{n_i}(y_{ij}-\bar{y}_{..})^2 & = & \sum_{i=1}^{k}n_i(\bar{y}_{i.}-\bar{y}_{..})^2 & + & \sum_{i=1}^{k}\sum_{j=1}^{n_i}(y_{ij}-\bar{y}_{i.})^2 \\ TSS & = & SST & + & SSE \end{array} \tag{9.3}$$

이 식에서 좌변의 항을 **전체제곱합**(TSS, total sum of squares)이라고 하며, 이는 반응값들의 총변동(total variation)을 나타낸다. 한편 우변의 첫 항은 **처리제곱합**(SST, sum of squares for treatment)으로서 처리간제곱합(between sum of squares)이라고도 하며, 우변의 두 번째 항은 **잔차제곱합**(SSE, sum of squares for residual)으로서 처리내제곱합(within sum of squares)이라고도 한다.

이와 같은 제곱합의 분할에서 처리제곱합은 반응값들의 전체 변동 중에서 처리에 의해서 생기는 변동을 나타내므로, 전체제곱합에 비해 처리제곱합이 크다면 처리수준들 간에 평균 차이가 존재할 것으로 추론할 수 있게 된다.

일반적으로 제곱합을 자유도로 나누면 어떤 미지의 분산의 추정량이 되는데 이를 **평균제곱**(mean squares)이라고 한다. 즉 처리평균제곱과 잔차평균제곱은 각각 다음과 같으며

$$\begin{aligned} MST &= SST/(k-1), \\ MSE &= SSE/(n-1). \end{aligned} \tag{9.4}$$

잔차평균제곱 MSE는 오차분산 σ^2의 불편추정량이 된다[즉, $E(MSE) = \sigma^2$. 단, $n = \sum_{i=1}^{k} n_i$].

이와 같은 내용을 표로 요약하여 나타낸 것을 **분산분석표**(分散分析表, ANOVA table)라고 하는데(표 9.3 참조), 여기에서 두 평균제곱의 비인 F 통계량은 모든 처리효과가 같다는 가설(즉, $H_0 : \alpha_1 = \alpha_2 = \cdots = \alpha_k = 0$)을 검정하는 검정통계량으로서 귀무가설 H_0 하에서 자유도가 $(k-1,\ n-k)$인 $F-$분포를 따른다. 따라서 계산된 F 값이 기각치 $F_\alpha(k-1,\ n-k)$보다 크면 귀무가설 H_0를 기각하게 된다.

〈표 9.3〉 분산분석표 – 일원분류

요인	자유도	제곱합	평균제곱합	F 통계량
처리	$k-1$	SST	$MST = SST/(k-1)$	$F = \frac{MST}{MSE}$
오차	$n-k$	SSE	$MSE = SSE/(n-k)$	
전체	$n-1$	TSS		

〈일원분류 분산분석에서 가설 '$H_0 : \alpha_1 = \alpha_2 = \cdots = \alpha_k (= 0)$'에 대한 검정법〉

∘ 검정통계량: $F = \dfrac{MST}{MSE} = \dfrac{SST/(k-1)}{SSE/(n-k)}$

∘ 기각역: $F > F_\alpha(k-1,\ n-k)$

9.2.2 일원분류 분산분석 사례

다음 〈예 9.1〉은 〈표 9.1〉의 Harvest 데이터에 대해 aov() 함수를 사용하여 일원분류 분산분석을 수행한 예이다(9.6절 참조).

〈예 9.1〉 일원분류 분산분석

```
> Harvest = read.csv("L:/My_Work/Data/Harvest.csv",header=TRUE)
> library(doBy)
> summaryBy(Yield~Fertil,data=Harvest,FUN=c(mean,sd,min,max))
#----------------------------------------------------------------------
  Fertil Yield.mean Yield.sd Yield.min Yield.max
1     F1    114.0000 32.94440        76       148
2     F2    191.3333 55.51877       153       255
3     F3    277.2500 49.55384       214       327
4     F4    407.8000 50.91856       335       465
#----------------------------------------------------------------------
> Harvest.fit = aov(Yield~Fertil,data=Harvest)
> summary(Harvest.fit)
#----------------------------------------------------------------------
            Df Sum Sq Mean Sq F value   Pr(>F)
Fertil       3 209804   69935    30.9 6.31e-06 ***
Residuals   12  27158    2263
---
Signif. codes:  0 '***' 0.001 '**' 0.01 '*' 0.05 '.' 0.1 ' ' 1
```

〈예 9.1〉 doBy 패키지의 summaryBy() 함수를 사용하여 요인 Fertil의 각 수준별 몇 가지 통계량을 출력하였다. 출력결과에서 평균은 F4>F3>F2>F1 순서이며, 표준편차는 수준별로 큰 차이가 없음을 볼 수 있다.

분산분석의 결과를 살펴보면 F 통계량의 값이 30.9이고 이에 대응되는 유의확률이 <0.001로서 매우 작다는 것을 알 수 있다. 따라서 귀무가설 $H_0 : \mu_1 = \mu_2 = \mu_3 = \mu_4$[또는 $H_0 : \alpha_1 = \alpha_2 = \alpha_3 = \alpha_4 (= 0)$]를 기각하여, 비료의 종류에 따라 수확량의 모평균에 차이가 있다고 할 수 있다.

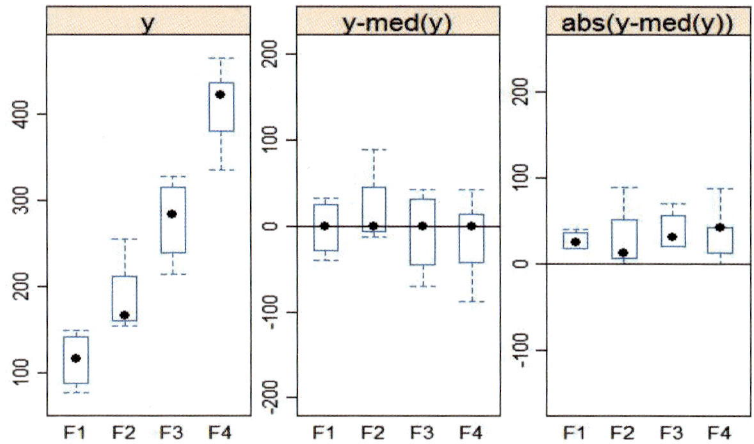

〈그림 9.1〉 hovPlot() 함수에 의한 상자그림

〈예 9.2〉 상자그림 작성과 분산의 동일성에 대한 검정

```
> boxplot(Yield~Fertil,data=Harvest,col="green",notch=FALSE)
> bartlett.test(Yield~Fertil,data=Harvest)
#------------------------------------------------------------------------
Bartlett test of homogeneity of variances
data:  Yield by Fertil
Bartlett's K-squared = 0.69534, df = 3, p-value = 0.8743
#------------------------------------------------------------------------
> library(HH)
> hovPlot(Yield~Fertil,data=Harvest)
> hov(Yield~Fertil,data=Harvest)
#------------------------------------------------------------------------
hov: Brown-Forsyth
data:  Yield
F = 0.11271, df:Fertil = 3, df:Residuals = 12, p-value = 0.951
alternative hypothesis: variances are not identical
```

〈예 9.2〉는 상자그림을 작성하고 분산의 동일성에 대한 검정을 수행한 것이다(boxplot 함수에 의한 상자그림은 제시하지 않았다). 예를 들어, bartlett.test() 함수는 Bartlett의 방법에 의한 분산의 동일성 검정을 수행하는데, 결과를 살펴보면 유의확률(p–값)이 0.874로서 분산의 동일성에 대한 가정을 받아들일 수 있다는 것을 알 수 있다.

한편, HH 패키지의 hovPlot() 함수는 수준별 평균과 분산을 살펴보기 위한 상자그림들을 출력하며, hov() 함수는 Brown-Forsyth의 방법에 의한 분산의 동일성 검정을 수행한다.

앞에서 설명한 바와 같이 분석분석에서는 각 처리수준에서의 모분산들이 동일하다는 가정을 하고 있기 때문에, 만약 분산의 동일성(homogeneity of variances) 가정을 받아들일 수 없는 경우에는 제10장에서 설명할 비모수적 분석방법을 이용하는 것이 바람직하다.

9.2.3 사후분석 – 다중비교

⟨예 9.1⟩에서와 같이 F–검정에 의해 귀무가설 '$H_0 : \alpha_1 = \alpha_2 = \cdots = \alpha_k (= 0)$'이 기각되어 처리수준의 효과가 모두 같지는 않다고 판정되면, 어느 수준들 간의 차이가 유의한지를 알아보는 **다중비교**(multiple comparison)에 관심을 갖게 된다.

다중비교를 위해 주로 사용되는 방법은 Fisher의 최소유의차(least significant difference)를 이용하는 방법, Duncan의 다중범위검정(multiple range test), Tukey의 정직유의차(honestly significant difference), Scheffe의 방법(SHEFFE) 등이 있다. 이 중 Tukey의 HSD 방법은 Fisher의 LSD 방법이나 Duncan의 MRT 방법에 비해 조금 더 보수적인(즉, 귀무가설 '$H_0 : \mu_i = \mu_j$'를 덜 기각하는 경향이 있는) 방법으로 알려져 있다.[4]

⟨예 9.3⟩ 다중비교 – Tukey의 HSD 방법

```
> TukeyHSD(Harvest.fit,"Fertil",conf.level=0.95)
#------------------------------------------------------------------------
  Tukey multiple comparisons of means
    95% family-wise confidence level
Fit: aov(formula = Yield ~ Fertil, data = Harvest)
$Fertil
           diff        lwr      upr     p adj
F2-F1  77.33333 -30.54001 185.2067 0.1991198
F3-F1 163.25000  63.37869 263.1213 0.0019366
F4-F1 293.80000 199.05376 388.5462 0.0000045
F3-F2  85.91667 -21.95667 193.7900 0.1376122
F4-F2 216.46667 113.32002 319.6133 0.0002219
F4-F3 130.55000  35.80376 225.2962 0.0070580
#------------------------------------------------------------------------
> plot(TukeyHSD(Harvest.fit,"Fertil"))
```

⟨예 9.3⟩은 TukeyHSD() 함수를 사용하여 다중비교를 수행한 예이다. 결과에는 표본평균의 차이(diff)와 모평균의 차이에 대한 신뢰구간(lwr, upr)을 출력하며, 모평균의 차이에 대한 유의확률(p adj)이 출력된다.

[4]다중비교 방법들에 대한 자세한 설명은 "강현철·한상태·허명회(2004). ≪예제로 배우는 SAS 분산분석 입문≫, 자유아카데미" 또는 "손중권·김영훈(1992). ≪분산분석을 통한 다중비교 방법론≫, 자유아카데미"를 참조하기 바란다.

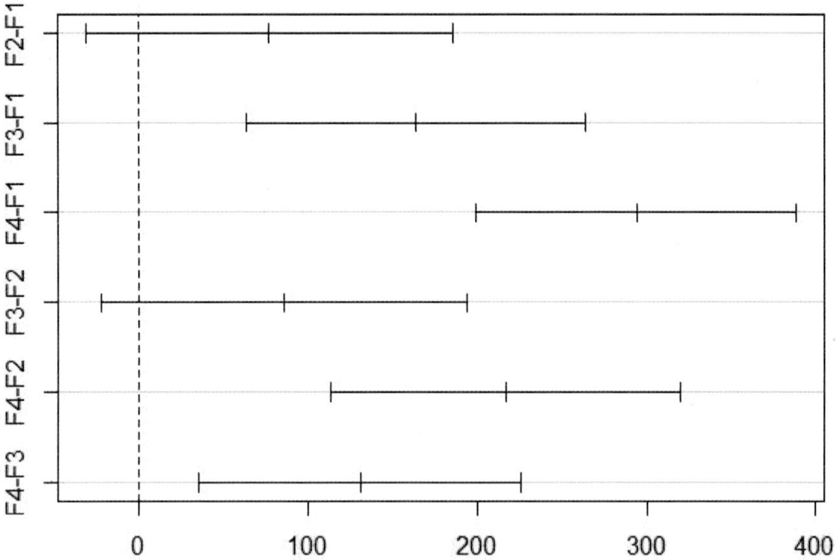

〈그림 9.2〉 모평균의 차이에 대한 신뢰구간 도표

또한 TukeyHSD() 함수에 plot() 함수를 적용하면 〈그림 9.2〉와 같이 모평균의 차이에 대한 신뢰구간 도표가 출력된다.

예를 들어, 〈예 9.3〉의 출력결과에서 비료의 종류 F4와 F3은 표본평균의 차이가 130.55이며, $p-$값이 0.007이고 모평균의 차이에 대한 95% 신뢰구간이 (35.80, 225.30)으로서 0을 포함하고 있지 않으므로 유의수준 50% 하에서 귀무가설 $H_0 : \mu_4 = \mu_3$를 기각할 수 있다. 즉, 비료의 종류 F4와 F3 사이에는 수확량의 모평균에 차이가 있다고 할 수 있다. 반면에 F3와 F2의 경우에는 표본평균의 차이가 85.92이며, $p-$값이 0.138이고 모평균의 차이에 대한 95% 신뢰구간이 (−21.96, 193.79)로서 0을 포함하고 있으므로 유의수준 5% 하에서 귀무가설 $H_0 : \mu_3 = \mu_2$를 기각할 수 없다. 즉 두 모평균에 차이가 있다고 할 수 없다.

〈예 9.4〉 다중비교 – agricolae 패키지

```
> library(agricolae)
> LSD.test(Harvest.fit,"Fertil",group=FALSE,alpha=0.05,console=TRUE)
> duncan.test(Harvest.fit,"Fertil",group=TRUE,alpha=0.05,console=TRUE)
> scheffe.test(Harvest.fit,"Fertil",group=FALSE,alpha=0.05,console=TRUE)
> HSD.test(Harvest.fit,"Fertil",group=TRUE,alpha=0.05,console=TRUE)
#----------------------------------------------------------------------
Study: Harvest.fit ~ "Fertil"
```

```
HSD Test for Yield
Mean Square Error:  2263.185

Fertil,  means
      Yield      std r Min Max
F1 114.0000 32.94440 4  76 148
F2 191.3333 55.51877 3 153 255
F3 277.2500 49.55384 4 214 327
F4 407.8000 50.91856 5 335 465

alpha: 0.05 ; Df Error: 12
Critical Value of Studentized Range: 4.19866
Harmonic Mean of Cell Sizes  3.870968
Honestly Significant Difference: 101.5222

Means with the same letter are not significantly different.

Groups, Treatments and means
a       F4   407.8
b       F3   277.2
bc      F2   191.3
c       F1   114
```

한편 agricolae 패키지에는 다중비교를 위한 다양한 함수들이 포함되어 있는데, ⟨예 9.4⟩는 Fisher의 LSD, Duncan의 방법, Scheffe의 방법, Tukey의 HSD 방법을 수행한 예이다 (여기에서는 HSD 방법의 결과만 제시하였다).

특히 agricolae 패키지에서는 group= 인수를 사용하여 다중비교 결과의 출력 형식을 변경할 수 있는데, group=FALSE를 지정하면 ⟨예 9.3⟩에서와 같이 각 수준들의 쌍별 비교의 형식으로 결과가 출력된다. 반면에, group=TRUE를 지정하면 위의 결과에서와 같이 표본평균의 크기에 따라 처리수준을 나열한 후 유의한 차이를 보이지 않는 처리수준들을 그룹화하여 출력한다. 여기에서 그룹화를 표시하기 위해 사용된 문자 자체는 아무런 의미가 없으며, 다만 같은 문자로 그룹화되어 표시된 수준들 간에는 평균의 차이가 유의하지 않음를 나타낸다(Means with the same letter are not significantly different).

위와 같은 출력 형식은 표본평균의 크기를 한 눈에 비교할 수 있으므로 편리하다. 그러나 각 수준별 표본크기가 다른 경우에는 표본크기들의 조화평균(harmonic mean)으로 모든 수준의 표본크기를 보정하는 공식을 사용하기 때문에 올바르지 않은 결과가 제시될 수가 있다. 따라서 각 수준별 표본크기가 크게 다르지 않은 경우에만 이와 같은 처리 방식을 사용하는 것이 바람직하다.

〈표 9.4〉 이원분류 분산분석의 데이터 구조 – 반복이 없는 경우

처리	B_1	$\cdots$	B_j	$\cdots$	B_b	평균
A_1	y_{11}	$\cdots$	y_{1j}	$\cdots$	y_{1b}	$\bar{y}_{1.}$
$\vdots$	$\vdots$	$\cdots$	$\vdots$	$\cdots$	$\vdots$	$\vdots$
A_i	y_{i1}	$\cdots$	y_{ij}	$\cdots$	y_{ib}	$\bar{y}_{i.}$
$\vdots$	$\vdots$	$\cdots$	$\vdots$	$\cdots$	$\vdots$	$\vdots$
A_a	y_{a1}	$\cdots$	y_{aj}	$\cdots$	y_{ab}	$\bar{y}_{a.}$
평균	$\bar{y}_{.1}$	$\cdots$	$\bar{y}_{.j}$	$\cdots$	$\bar{y}_{ab}$	$\bar{y}_{..}$ (총평균)

〈표 9.5〉 '주행거리' 데이터

	자동차			
휘발유	B1	B2	B3	B4
A1	9.9	8.0	8.4	7.6
A2	9.7	8.1	8.6	8.1
A3	9.1	7.9	7.6	9.0

9.3 이원분류 분산분석 – 반복이 없는 경우

앞절에서 설명한 일원분류 분산분석은 하나의 요인에 대해 여러 처리수준에 따른 효과가 차이가 있는지를 검정하는 분석방법이다. 그러나 실험을 통해 얻어지는 데이터들은 한 가지 요인뿐만 아니라 여러 요인이 관계되는 경우가 많다.

이원분류 분산분석은 반응값에 영향을 주는 두 개의 요인에 대해 그 영향을 알아보고자 할 때 사용하는 기법으로, 각 수준의 조합에서 반복이 없는 경우와 있는 경우로 나눌 수 있다. 먼저 이 절에서는 반복이 없는 이원분류 분석분석에 대해서 다루어 보도록 하자.

9.3.1 반복이 없는 이원분류 분산분석 모형과 F−검정

두 개의 처리를 A와 B로 표현하고 요인 A의 수준이 a개, 요인 B의 수준이 b개라 할 때 이원분류 분산분석의 데이터 구조는 위의 〈표 9.4〉와 같이 요약할 수 있다. 예를 들면, 〈표 9.5〉의 '주행거리' 데이터에서 요인 휘발유의 종류(A1, A2, A3)와 자동차의 종류(B1, B2, B3, B4)에 따라 주행거리가 어떻게 달라지는지를 알고자 하는 경우. 이러한 데이터 형태의 이원배치 설계에서는 요인 A의 효과와 요인 B의 효과가 반응값에 영향을 주게 되는데, 이때 분산분석 모형은 다음과 같이 표현할 수 있다.

〈이원분류 분산분석 모형 – 반복이 없는 경우〉

$$y_{ij} = \mu + \alpha_i + \beta_j + \epsilon_{ij}, \quad i = 1, \cdots, a; \ j = 1, \cdots, b. \tag{9.5}$$

- y_{ij} : 요인 A의 i번째 처리와 요인 B의 j번째 처리를 받은 반응변수의 값
- μ : 전체 모평균
- α_i : 요인 A의 i번째 처리의 효과
- β_j : 요인 B의 j번째 처리의 효과
- ϵ_{ij} : 오차항으로서 서로 독립인 확률변수, $\epsilon_{ij} \sim N(0, \sigma^2)$

이때 관심이 되는 가설은 '요인 A에 대해서 각 수준에서의 효과가 같다'(예를 들면, 휘발유의 종류에 따라 주행거리의 평균에 차이가 없다)는 가설

$$H_0 : \alpha_1 = \alpha_2 = \cdots = \alpha_a (= 0) \tag{9.6}$$

과 '요인 B에 대해서 각 수준에서의 효과가 같다'(예를 들면, 자동차의 종류에 따라 주행거리의 평균에 차이가 없다)는 가설

$$H_0 : \beta_1 = \beta_2 = \cdots = \beta_b (= 0) \tag{9.7}$$

이라고 할 수 있다.

이와 같은 가설들에 대한 검정통계량은 일원분류 분산분석에서와 유사하게 전체제곱합(TSS)에 대한 다음과 같은 분할로부터 유도된다.

$$\begin{aligned} \sum_{i=1}^{a}\sum_{j=1}^{b}(y_{ij} - \bar{y}_{..})^2 &= b\sum_{i=1}^{a}(\bar{y}_{i.} - \bar{y}_{..})^2 \\ &+ a\sum_{j=1}^{b}(\bar{y}_{.j} - \bar{y}_{..})^2 \\ &+ \sum_{i=1}^{a}\sum_{j=1}^{b}(y_{ij} - \bar{y}_{i.} - \bar{y}_{.j} + \bar{y}_{..})^2. \end{aligned} \tag{9.8}$$

이 식에서 우변의 첫 번째 항을 요인 A의 제곱합(SSA), 두 번째 항을 요인 B의 제곱합(SSB), 그리고 세 번째 항을 잔차제곱합(SSE)이라고 하며, 이들로부터 〈표 9.6〉과 같은 분산분석표가 만들어진다.

〈표 9.6〉에서 두 개의 F−통계량 F_A와 F_B는 대응되는 귀무가설 (9.7)과 (9.8) 하에서 각각 자유도가 $[(a-1), (a-1)(b-1)]$, $[(b-1), (a-1)(b-1)]$인 F−분포를 따르므로, 이에 기초하여 두 가설에 대한 검정이 수행된다.

〈표 9.6〉 분산분석표 – 반복이 없는 이원분류

요인	자유도	제곱합	평균제곱합	F-통계량
A	$a-1$	SSA	$MSA = \dfrac{SSA}{a-1}$	$F_A = \dfrac{MSA}{MSE}$
B	$b-1$	SSB	$MSB = \dfrac{SSB}{b-1}$	$F_B = \dfrac{MSB}{MSE}$
잔차	$(a-1)(b-1)$	SSE	$MSE = \dfrac{SSE}{(a-1)(b-1)}$	
전체	$ab-1$	TSS		

〈반복이 없는 이원분류 분산분석에서의 검정법〉

- 귀무가설 '$H_0 : \alpha_1 = \alpha_2 = \cdots = \alpha_a (= 0)$'의 경우
  검정통계량: $F_A = MSA/MSE$
  기각역: $F_A > F_\alpha(a-1, (a-1)(b-1))$
- 귀무가설 '$H_0 : \beta_1 = \beta_2 = \cdots = \beta_b (= 0)$'의 경우
  검정통계량: $F_B = MSB/MSE$
  기각역: $F_B > F_\alpha(b-1, (a-1)(b-1))$

9.3.2 임의화완전블록설계

반복이 없는 이원배치는 소위 임의화완전블록설계(RCBD: randomized complete block design)에서 흔히 발생하는데, 완전임의화블록설계에서는 동질적인 실험단위들을 블록으로 간주하여 블록의 효과를 제거한 다음 처리 효과의 유의성을 검정하기 때문에 통계분석이 더 정밀해진다. 예를 들어, 〈표 9.5〉의 '주행거리' 데이터에서 요인 '자동차의 종류'는 효과 비교의 주 관심 대상인 처리요인이고, '휘발유의 종류'는 처리 효과의 비교를 더 정밀하게 수행하기 위해 통제된 블록으로 간주할 수도 있을 것이다.

임의화완전블록설계의 다른 예를 하나 더 들어 보도록 하자. 〈표 9.7〉은 5명의 소비자에게 4개의 제품(A1, A2, A3, A4)을 모두 사용해 보도록 한 다음 선호도를 10점 만점으로 측정한 것이다(각 반응값이 20명의 독립적인 소비자들로부터 얻어진 것이 아니라는 점에 주의하기 바란다). 여기에서 각 소비자를 블록으로 간주할 수 있는데, 일반적으로 블록은 효과 비교의 관심 대상이 아니며 처리 효과의 비교를 더 정밀하게 수행하기 위한 목적으로

〈표 9.7〉 Usage 데이터 (첫 10개, $n = 20$)

Customer	Product	Prefer	Customer	Product	Prefer
1	A1	5	2	A2	3
1	A2	2	2	A3	7
1	A3	4	2	A4	4
1	A4	6	3	A1	9
2	A1	7	3	A2	4

사용된다. 즉, 소비자를 블록으로 사용하는 것은 블록(소비자)에 따른 차이가 처리(제품)들 간의 효과 차이를 불명확하게 만들 수 있기 때문에 블록의 효과를 제거하여 더 정밀한 분석을 수행하고자 하는 것이다.

9.3.3 반복이 없는 이원분류 분산분석 사례

다음 〈예 9.5〉는 〈표 9.7〉의 Usage 데이터에 대해서 반복이 없는 이원분류 분산분석을 수행한 예이다. 이 예에서 변수 Customer는 숫자형으로 입력되어 있으므로, 요인 변수로 변경해야 한다는 것을 주의하기 바란다.

〈예 9.5〉 반복이 없는 이원분류 분산분석

```
> Usage = read.csv("L:/My_Work/Data/Usage.csv",header=TRUE)
> Usage$Customer = factor(Usage$Customer)
> Usage.fit = aov(Prefer~Customer+Product,data=Usage)
> summary(Usage.fit)
#----------------------------------------------------------------------
            Df Sum Sq Mean Sq F value  Pr(>F)
Customer     4   4.70   1.175   0.355 0.83560
Product      3  78.55  26.183   7.914 0.00354 **
Residuals   12  39.70   3.308
---
Signif. codes:  0 '***' 0.001 '**' 0.01 '*' 0.05 '.' 0.1 ' ' 1
#----------------------------------------------------------------------
> library(agricolae)
> duncan.test(Usage.fit,"Product",group=TRUE,alpha=0.05,console=TRUE)
#----------------------------------------------------------------------
Study: Usage.fit ~ "Product"

Duncan's new multiple range test
for Prefer
```

```
Mean Square Error:  3.308333

Product,  means
   Prefer      std r Min Max
A1    7.8 1.923538 5   5  10
A2    3.2 1.303840 5   2   5
A3    5.8 1.303840 5   4   7
A4    3.0 2.000000 5   1   6
alpha: 0.05 ; Df Error: 12

Critical Range
       2        3        4
2.506424 2.623506 2.694445

Means with the same letter are not significantly different.

Groups, Treatments and means
a       A1   7.8
a       A3   5.8
b       A2   3.2
b       A4   3
```

결과 중 먼저 summary() 함수에 의해 출력된 분산분석표를 살펴보면 변수 Product(제품)에 대한 $F-$값은 7.91이고 유의확률($p-$값)은 0.004로서 유의수준 5%(또는 10%) 하에서 유의함을 알 수 있다(즉, 제품의 종류에 따른 모평균의 차이는 통계적으로 유의하다). 반면에 변수 Customer(소비자)에 대한 유의확률($p-$값)은 0.836으로서 유의하지 않게 나타났다. 또한 표본평균 및 Duncan의 방법에 의한 다중비교 결과를 살펴보면 제품 'A1'과 'A3'의 경우가 'A2'와 'A4'에 비해서 선호도의 평균이 높다는 것을 알 수 있다.

9.4 이원분류 분산분석 – 반복이 있는 경우

일반적으로 각 수준의 조합에서 단 1회의 실험을 실시하는 것보다 여러 번의 실험을 반복하는 것이 실험결과의 신뢰도를 높일 수 있게 된다.

9.4.1 반복이 있는 이원분류 분산분석 모형과 $F-$검정

먼저 요인 A의 수준이 a개이고 요인 B의 수준이 b개이며, 각 수준의 조합에서의 반복 회수가 r인 이원분류 분산분석을 고려해 보자. 이때 이원분류 분산분석의 데이터 구조는 ⟨표 9.8⟩과 같이 요약할 수 있다.

〈표 9.8〉 이원분류 분산분석의 데이터 구조 – 반복이 있는 경우

처리	B_1	$\cdots$	B_j	$\cdots$	B_b	평균
	y_{111}		y_{1j1}		y_{1b1}	
	y_{112}		y_{1j2}		y_{1b2}	
A_1	$\vdots$	$\cdots$	$\vdots$	$\cdots$	$\vdots$	$\bar{y}_{1..}$
	y_{11r}		y_{1jr}		y_{1br}	
	$\bar{y}_{11.}$		$\bar{y}_{1j.}$		$\bar{y}_{1b.}$	
$\vdots$	$\vdots$	$\cdots$	$\vdots$	$\cdots$	$\vdots$	$\vdots$
	y_{i11}		y_{ij1}		y_{ib1}	
	y_{i12}		y_{ij2}		y_{ib2}	
A_i	$\vdots$	$\cdots$	$\vdots$	$\cdots$	$\vdots$	$\bar{y}_{i..}$
	y_{i1r}		y_{ijr}		y_{ibr}	
	$\bar{y}_{i1.}$		$\bar{y}_{ij.}$		$\bar{y}_{ib.}$	
$\vdots$	$\vdots$	$\cdots$	$\vdots$	$\cdots$	$\vdots$	$\vdots$
	y_{a11}		y_{aj1}		y_{ab1}	
	y_{a12}		y_{aj2}		y_{ab2}	
A_a	$\vdots$	$\cdots$	$\vdots$	$\cdots$	$\vdots$	$\bar{y}_{a..}$
	y_{a1r}		y_{ajr}		y_{abr}	
	$\bar{y}_{a1.}$		$\bar{y}_{aj.}$		$\bar{y}_{ab.}$	
평균	$\bar{y}_{.1.}$	$\cdots$	$\bar{y}_{.j.}$	$\cdots$	$\bar{y}_{.b.}$	$\bar{y}_{...}$ (총평균)

〈이원분류 분산분석 모형 – 반복이 있는 경우〉

$$\begin{aligned} y_{ijk} &= \mu + \alpha_i + \beta_j + \gamma_{ij} + \epsilon_{ijk}, \\ & \quad i = 1, \cdots, a;\; j = 1, \cdots, b;\; k = 1, \cdots, r, \end{aligned} \tag{9.9}$$

- y_{ij} : 처리 A_i와 B_j의 조합에 대해 r번째 반복에서 얻은 반응변수의 값
- μ : 전체 모평균
- α_i : 요인 A의 i번째 처리의 효과
- β_j : 요인 B의 j번째 처리의 효과
- γ_{ij} : 처리 A_i와 B_j의 상호작용 효과
- ϵ_{ijk} : 오차항으로서 서로 독립인 확률변수, $\epsilon_{ijk} \sim N(0, \sigma^2)$

〈표 9.9〉 분산분석표 – 반복이 있는 이원분류

요인	자유도	제곱합	평균제곱합	F-통계량
A	$a-1$	SSA	$\text{MSA}=\dfrac{\text{SSA}}{a-1}$	$F_A=\dfrac{\text{MSA}}{\text{MSE}}$
B	$b-1$	SSB	$\text{MSB}=\dfrac{\text{SSB}}{b-1}$	$F_B=\dfrac{\text{MSB}}{\text{MSE}}$
상호작용	$(a-1)(b-1)$	SSAB	$\text{MSAB}=\dfrac{\text{SSAB}}{(a-1)(b-1)}$	$F_{AB}=\dfrac{\text{MSAB}}{\text{MSE}}$
오차	$ab(r-1)$	SSE	$\text{MSE}=\dfrac{\text{SSE}}{ab(r-1)}$	
전체	$abr-1$	TSS		

반복이 있는 이원분류 분산분석에서는 요인 A와 B의 효과에 대한 가설 이외에 상호작용(interaction, 교호작용)의 효과가 존재하는가 하는 다음과 같은 가설에 관심을 두게 되는데,

$$H_0 : \gamma_{ij} = 0, \quad i = 1, \cdots, a; \; j = 1, \cdots, b. \tag{9.10}$$

상호작용에 대해서는 다음 예에서 자세히 설명할 것이다.

반복이 있는 이원분류 분산분석에서도 앞에서와 유사하게 전체제곱합(TSS)을 다음과 같이 분할할 수 있는데,

$$\begin{aligned}\sum_{i=1}^{a}\sum_{j=1}^{b}\sum_{k=1}^{r}(y_{ijk}-\bar{y}_{...})^2 \quad &= br\sum_{i=1}^{a}(\bar{y}_{i..}-\bar{y}_{...})^2 \\ &+ar\sum_{j=1}^{b}(\bar{y}_{.j.}-\bar{y}_{...})^2 \\ &+r\sum_{i=1}^{a}\sum_{j=1}^{b}(y_{ij.}-\bar{y}_{i..}-\bar{y}_{.j.}+\bar{y}_{...})^2 \\ &+\sum_{i=1}^{a}\sum_{j=1}^{b}\sum_{k=1}^{r}(y_{ijk}-\bar{y}_{ij.})^2\end{aligned} \tag{9.11}$$

이 식에서 우변의 첫 번째 항을 요인 A의 제곱합(SSA), 두 번째 항을 요인 B의 제곱합(SSB), 세 번째 항을 상호작용의 제곱합(SSAB), 그리고 네 번째 항을 잔차제곱합(SSE)이라고 한다. 반복이 있는 이원분류 분산분석에 대한 분산분석표는 〈표 9.9〉와 같고, 여기서 세 개의 $F-$통계량 F_A, F_B, F_{AB}는 대응되는 귀무가설 하에서 각각 자유도가 $[(a-1),(abr-1)]$, $[(b-1),(abr-1)]$, $[(a-1)(b-1),(abr-1)]$인 $F-$분포를 따르고, 가설 (9.6), (9.7), (9.10)에 대한 검정통계량으로 사용된다.

〈표 9.10〉 Market 데이터 (첫 12개, $n = 27$)

ID	City	Design	Sales	ID	City	Design	Sales	ID	City	Design	Sales
1	Large	A	23	5	Large	B	19	9	Large	C	21
2	Large	A	20	6	Large	B	20	10	Middle	A	22
3	Large	A	21	7	Large	C	19	11	Middle	A	20
4	Large	B	22	8	Large	C	18	12	Middle	A	19

〈반복이 있는 이원분류 분산분석에서의 검정법〉

- 귀무가설 '$H_0 : \alpha_1 = \alpha_2 = \cdots = \alpha_a (= 0)$'의 경우
  검정통계량 : $F_A = MSA/MSE$
  기각역 : $F_A > F_\alpha(a-1, abr-1)$
- 귀무가설 '$H_0 : \beta_1 = \beta_2 = \cdots = \beta_b (= 0)$'의 경우
  검정통계량 : $F_B = MSB/MSE$
  기각역 : $F_B > F_\alpha(b-1, abr-1)$
- 귀무가설 '$H_0 : \gamma_{ij} = 0, \quad i = 1, \cdots, a; \ j = 1, \cdots, b.$'의 경우
  검정통계량 : $F_{AB} = MSAB/MSE$
  기각역 : $F_{AB} > F_\alpha((a-1)(b-1), abr-1)$

9.4.2 반복이 있는 이원분류 분산분석 사례

한 회사에서는 새로운 제품에 대한 디자인을 설계함에 있어서 A, B, C 세 가지 중의 하나를 선택하려고 한다. 이를 위해 지역을 대, 중, 소도시로 구분하여 각각 9개씩(총 27개)의 매장을 선정하고, 새로운 제품을 시범적으로 판매하여 〈표 9.10〉과 같은 데이터를 얻었다. 여기서 도시구분(City)과 디자인(Design)은 두 개의 요인이고 각 수준의 조합에서의 반복횟수는 3이다.

다음 〈예 9.6〉은 Market 데이터에 대해 이원분류 분산분석을 수행한 예이다. 여기에서는 먼저 doBy 패키지의 summaryBy() 함수를 사용하여 각 요인들의 수준별 평균과 표준편차를 출력하였다. 또한 boxplot() 함수를 사용하여 상자그림들을 출력하였다.

또한 상호작용 효과를 모형에 포함시키기 위하여 aov() 함수에서 City:Design과 같이 콜론(:) 기호를 사용하여 formular 인수에 상호작용을 추가하였다.

〈예 9.6〉 반복이 있는 이원분류 분산분석

```
> Market = read.csv("L:/My_Work/Data/Market.csv",header=TRUE)
> library(doBy)
> summaryBy(Sales~City,data=Market,FUN=c(mean,sd))
#-----------------------------------------------------------------------
    City Sales.mean Sales.sd
1  Large   20.33333 1.581139
2 Middle   21.44444 2.127858
3  Small   20.22222 2.587362
#-----------------------------------------------------------------------
> summaryBy(Sales~Design,data=Market,FUN=c(mean,sd))
#-----------------------------------------------------------------------
  Design Sales.mean Sales.sd
1      A   19.66667 2.179449
2      B   21.77778 1.986063
3      C   20.55556 1.878238
#-----------------------------------------------------------------------
> summaryBy(Sales~City+Design,data=Market,FUN=c(mean,sd))
#-----------------------------------------------------------------------
    City Design Sales.mean Sales.sd
1  Large      A   21.33333 1.527525
2  Large      B   20.33333 1.527525
3  Large      C   19.33333 1.527525
4 Middle      A   20.33333 1.527525
5 Middle      B   23.66667 1.527525
6 Middle      C   20.33333 1.527525
7  Small      A   17.33333 1.154701
8  Small      B   21.33333 1.527525
9  Small      C   22.00000 2.000000
#-----------------------------------------------------------------------
> boxplot(Sales~City,data=Market)
> boxplot(Sales~Design,data=Market)
> boxplot(Sales~Design+City,data=Market)
#-----------------------------------------------------------------------
> Market.fit = aov(Sales~City+Design+City:Design,data=Market)
> summary(Market.fit)
#-----------------------------------------------------------------------
            Df Sum Sq Mean Sq F value  Pr(>F)
City         2   8.22   4.111   1.708 0.20937
Design       2  20.22  10.111   4.200 0.03184 *
City:Design  4  46.22  11.556   4.800 0.00821 **
Residuals   18  43.33   2.407
---
Signif. codes:  0 '***' 0.001 '**' 0.01 '*' 0.05 '.' 0.1 ' ' 1
```

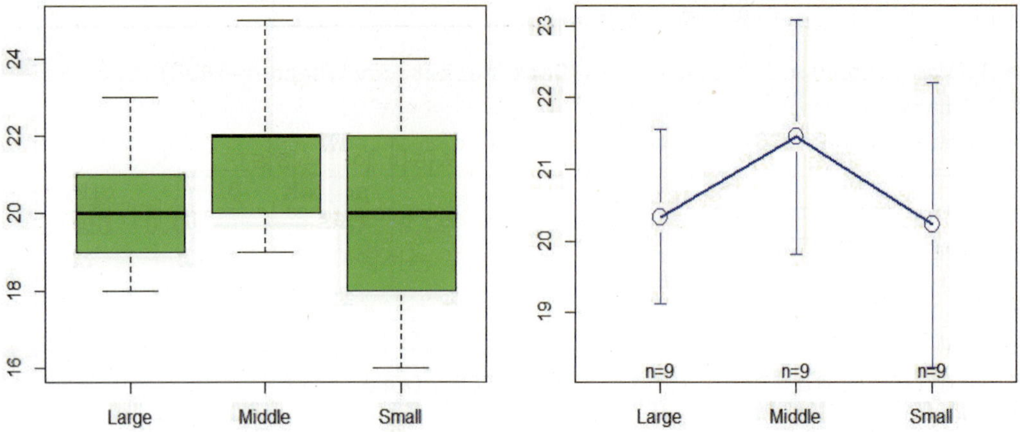

〈그림 9.3〉 변수 City의 수준별 상자그림과 평균-신뢰구간 도표

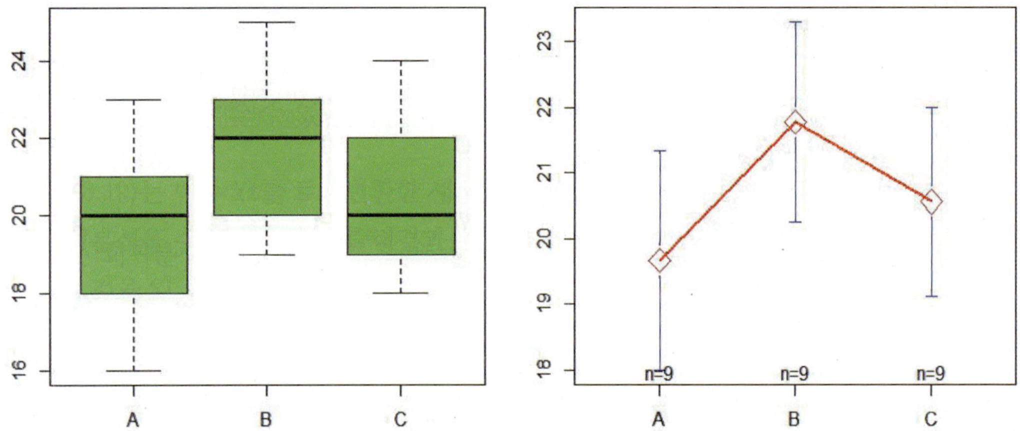

〈그림 9.4〉 변수 Design의 수준별 상자그림과 평균-신뢰구간 도표

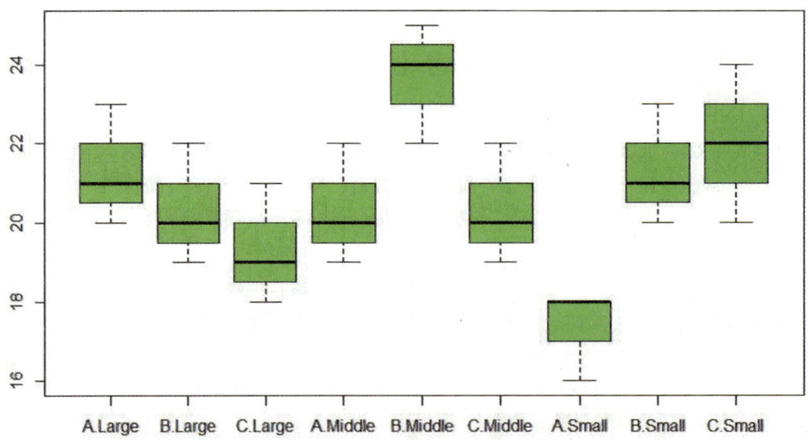

〈그림 9.5〉 Design*City의 수준 조합별 상자그림

〈예 9.7〉 평균-신뢰구간 도표의 작성

```
> library(gplots)
> plotmeans(Sales~City,data=Market,pch=1,cex=2,lwd=2,col="blue")
> plotmeans(Sales~Design,data=Market,pch=5,cex=2,lwd=2,col="red")
```

앞에서도 설명한 바와 같이 반복이 있는 이원분류 분산분석에서는 각 요인별 수준의 조합에서 생기는 상호작용의 효과를 분리하여 검정할 수 있는데, **상호작용**(interaction)의 효과가 있다는 것은 요인 A의 수준 변화에 따라서 요인 B의 효과가 변한다는 것을 의미한다.

〈예 9.6〉의 출력결과 중 분산분석표를 살펴보면, 상호작용 City:Design에 대응되는 유의확률(p-값)이 0.008로서 매우 작다는 것을 알 수 있는데, 따라서 이 경우 상호작용의 효과는 통계적으로 유의하다고 할 수 있다.

상호작용의 의미를 보다 자세히 살펴보도록 하자. 〈예 9.6〉의 출력결과와 〈그림 9.5〉에서 디자인과 도시구분의 각 수준별 조합에 따른 평균들을 살펴보면, 대도시에서는 디자인 A의 만족도가 가장 높은 반면에 중도시에서는 B가 그리고 소도시에서는 C의 판매량이 가장 많다는 것을 알 수 있다. 따라서 도시구분에 따라서 디자인의 효과가 변화하고 있으며, 이 경우 두 요인에 의한 상호작용의 효과가 존재한다고 할 수 있다.

〈예 9.8〉 상호작용 효과에 대한 평균 프로파일 도표 작성

```
> attach(Market)
> interaction.plot(City,Design,Sales,type="b",pch=c(0,1,2),cex=1.5,
+                  lwd=2,col=c(1,2,3),leg.bty="o",leg.bg="beige")
> detach(Market)
```

이러한 상호작용의 효과는 평균 프로파일 도표를 이용하면 보다 쉽게 파악할 수 있다. 〈예 9.8〉은 interaction.plot() 함수를 사용하여 상호작용 효과에 대한 평균 프로파일 도표를 작성한 예이다. 작성된 그래프는 〈그림 9.6〉에 제시되어 있는데, 이 그래프를 통해 도시구분에 따라 디자인의 효과가 달라진다는 것을 쉽게 살펴볼 수 있다. 만약 상호작용의 효과가 존재하지 않는다면 평균 프로파일 도표가 일정한 간격을 두고 평행선을 이루는 형태를 가지게 될 것이다.

반복이 있는 이원분류 분산분석에 있어서는 상호작용 유무에 따라 개별 요인의 효과에 대한 해석에 주의를 기울여야 한다. 예를 들어, 이 예에서의 경우 변수 City(도시구분)에 대한 $F-$검정의 결과 유의확률이 0.209라고 해서 City의 주효과가 유의하지 않다고

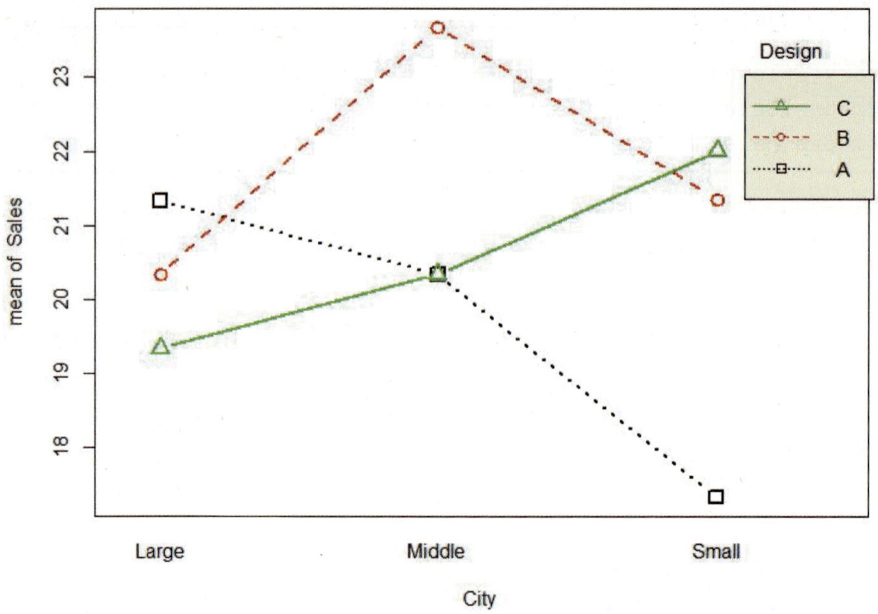

〈그림 9.6〉 상호작용 효과에 대한 평균 프로파일 도표

성급히 결론을 내려서는 안된다. 즉, 변수 City의 수준에 따라 변수 Design의 효과가 달라지므로 City의 효과는 Design의 수준을 조건으로 하여 평가해야 한다. 또한 변수 Design에 대해서도 단순히 '디자인 B가 A 보다 평균 판매량이 높다'와 같이 해석할 것이 아니라 각 도시구분별로 디자인의 효과를 비교해야 할 것이다.

9.5 공분산분석

다음 '심리점수' 데이터는 20명의 사람을 10명씩 두 개의 집단으로 나눈 다음, 집단 A(비교집단)에는 기존의 방법으로 교육을 실시하고 집단 B(실험집단)에는 새로운 방법으로 교육을 실시한 후 특별한 심리검사를 통해 점수를 얻은 것이다.

〈표 9.11〉 '심리점수' 데이터

집단	변수										
집단 A	나이	31	28	25	34	39	26	30	26	31	23
(비교집단)	심리점수	30	0	10	40	55	20	65	5	40	0
집단 B	나이	36	33	31	29	41	36	32	32	27	32
(실험집단)	심리점수	65	50	90	25	99	60	25	80	5	99

이제 집단 A와 집단 B의 심리검사 점수를 각각 y_1과 y_2라고 할 때, 5.1절에서 다룬 바 있는 $t-$검정(또는 9.2절의 일원분류 분산분석)을 고려하면 다음과 같은 모형을 생각할 수 있다.

$$\begin{cases} y_{1j} = \mu_1 + \epsilon_{1j} = \mu + \alpha_1 + \epsilon_{1j}, & j = 1, \cdots, 10 \\ y_{2j} = \mu_2 + \epsilon_{2j} = \mu + \alpha_2 + \epsilon_{2j}, & j = 1, \cdots, 10 \end{cases} \tag{9.12}$$

이와 같은 모형 하에서는 두 집단의 모평균의 차이 $\mu_1 - \mu_2 = \alpha_1 - \alpha_2$에 대한 추정치로 표본평균의 차이 $\bar{y}_1 - \bar{y}_2$가 사용될 수 있다는 것을 5.1절 및 6.2절에서 설명한 바 있다.

그런데 ⟨표 9.11⟩의 데이터를 자세히 살펴보면 나이가 증가함에 따라 심리검사 점수도 커지는 경향이 있다는 것을 알 수 있고, 또한 집단 B에 속한 사람들의 나이가 집단 A에 속한 사람들의 나이보다 다소 많다는 것을 알 수 있다. 즉, 나이가 심리검사 점수와 밀접한 관련이 있으며 두 집단에서 나이의 평균 차이가 존재하는 것으로 생각되므로 이러한 사실을 고려하여 분석을 수행해야 한다는 것을 알 수 있다.

9.5.1 공분산분석 모형

이제 변수 나이(x)의 효과를 고려하여 다음과 같은 모형을 생각하자.

$$\begin{cases} y_{1j} = \mu_1 + \beta\ x_{1j} + \epsilon_{1j} = \mu + \alpha_1 + \beta\ x_{1j} + \epsilon_{1j} \\ y_{2j} = \mu_2 + \beta\ x_{2j} + \epsilon_{2j} = \mu + \alpha_2 + \beta\ x_{2j} + \epsilon_{2j} \end{cases} \tag{9.13}$$

이와 같은 모형을 **공분산분석**(analysis of covariance) 모형이라고 하는데, 여기서 연속형 변수 x는 반응변수의 순수한 차이를 알아내기 위해서 고려하는 일종의 블록으로 **공변량**(covariate)이라고 한다.

공분산분석 모형 (9.13)은 다음과 같은 가정을 포함하고 있다. (1) 공변량 x와 반응변수 y는 선형적인(체계적인 증감의) 관계가 있다. 선형성은 산점도 등을 이용하여 검토할 수 있는데, 만약 x와 y의 관계가 선형적이 아니라면 공변량을 적절한 구간으로 나누어(예를 들면, 연령대별로 구분하여) 블록으로 간주하거나 적절한 비선형 모형을 고려해서 분석해야 한다. (2) 공변량에 대한 기울기가 두 집단에서 동일하다. 만약 이를 가정할 수 없다면 서로 다른 기울기를 가지는 일반선형모형을 고려하여 분석해야 한다(기울기의 동일성에 대한 검정 및 서로 다른 기울기를 가지는 일반선형모형에 대해서는 다음 9.5.3절에서 다룰 것이다).

이와 같은 공분산분석 모형 하에서는 $\mu_1 - \mu_2 = \alpha_1 - \alpha_2$(공변량 x가 같도록 고정된 경우 두 집단의 모평균 차이)에 대한 추정치로 다음을 사용할 수 있는데,

$$(\bar{y}_1 - \hat{\beta}\ \bar{x}_1) - (\bar{y}_2 - \hat{\beta}\ \bar{x}_2) = (\bar{y}_1 - \bar{y}_2) - \hat{\beta}(\bar{x}_1 - \bar{x}_2) \tag{9.14}$$

〈표 9.12〉 Ancova 데이터 (일부, $n = 20$)

ID	Group	Age	Score	ID	Group	Age	Score
1	1	31	30	11	2	36	65
2	1	28	0	12	2	33	50
3	1	25	10	13	2	31	90
…	…	…	…	…	…	…	…
10	1	23	0	20	2	32	99

따라서 만약 공변량을 고려하지 않으면 $\hat{\beta}(\bar{x}_1 - \bar{x}_2)$만큼 추정의 편의(bias)가 발생한다는 것을 알 수 있다.

9.5.2 공분산분석 사례

이제 〈표 9.12〉의 Ancova(심리점수) 데이터에 대해 공분산분석을 수행하고 그 결과를 살펴보도록 하자.

〈예 9.9〉 공분산분석

```
> Ancova = read.csv("L:/My_Work/Data/Ancova.csv",header=TRUE)
> Ancova$Group = factor(Ancova$Group,labels=c("대조군","실험군"))
> Ancova.fit = lm(Score~Age+Group,data=Ancova)
> summary(Ancova.fit)
#-----------------------------------------------------------------
Call:
lm(formula = Score ~ Age + Group, data = Ancova)
Residuals:
    Min      1Q  Median      3Q     Max
-30.957 -12.952  -5.165   6.578  43.043

Coefficients:
            Estimate Std. Error t value Pr(>|t|)
(Intercept)  -98.624     35.980  -2.741  0.01393 *
Age            4.270      1.204   3.547  0.00248 **
Group실험군    17.926     10.900   1.645  0.11842
---
Signif. codes:  0 '***' 0.001 '**' 0.01 '*' 0.05 '.' 0.1 ' ' 1

Residual standard error: 22.36 on 17 degrees of freedom
Multiple R-squared:  0.582,Adjusted R-squared:  0.5328
F-statistic: 11.83 on 2 and 17 DF,  p-value: 0.0006031
```

```
#----------------------------------------------------------------------
> anova(Ancova.fit)   # Type 1 SS
#----------------------------------------------------------------------
Analysis of Variance Table

Response: Score
          Df  Sum Sq Mean Sq F value    Pr(>F)
Age        1 10483.4 10483.4 20.9607 0.0002671 ***
Group      1  1352.7  1352.7  2.7046 0.1184201
Residuals 17  8502.5   500.1
---
Signif. codes:  0 ‘***’ 0.001 ‘**’ 0.01 ‘*’ 0.05 ‘.’ 0.1 ‘ ’ 1
#----------------------------------------------------------------------
> drop1(Ancova.fit,~.,test="F")   # Type 3 SS
#----------------------------------------------------------------------
Single term deletions

Model:
Score ~ Age + Group
       Df Sum of Sq     RSS    AIC F value   Pr(>F)
<none>              8502.5 127.05
Age     1    6291.6 14794.1 136.12 12.5796 0.002479 **
Group   1    1352.7  9855.2 128.00  2.7046 0.118420
---
Signif. codes:  0 ‘***’ 0.001 ‘**’ 0.01 ‘*’ 0.05 ‘.’ 0.1 ‘ ’ 1
```

⟨예 9.9⟩는 lm 함수를 사용하여 공분산분석을 수행한 예이다. 이 예에서 변수 Group은 숫자형으로 입력되어 있으므로, 요인 변수로 변경해야 한다는 것을 주의하기 바란다.

출력결과에서 먼저 분산분석표를 살펴보도록 하자. ⟨예 9.9⟩에는 anova 함수에 의한 유형1 제곱합(Type 1 SS)과 drop1 함수에 의한 유형3 제곱합(Type 3 SS)이 출력되어 있는데,[5] 공분산분석을 위해서 보아야 할 부분은 유형3 제곱합(Type 3 SS)이다.[6] 이 결과를 살펴보면 변수 Age(나이)의 $F-$값에 대한 유의확률은 0.003으로서 유의수준 5%(또는 10%) 하에서 유의하나, 변수 Group(집단)의 $F-$값에 대한 유의확률은 0.118로서 유의하지 않다는 것을 알 수 있다. 즉, 나이가 같도록 고정(통제)된다면 두 집단에 대한 심리검사 점수의 평균 차이는 유의하지 않다고 할 수 있다.

[5] drop1() 함수에서 ~ . 표현식은 현재 적합된 모형을 나타낸다. 또한 test="F"는 $F-$검정의 결과를 출력하도록 지정하는 것이다.

[6] 분산분석에서는 4가지 유형의 제곱합을 얻을 수 있는데, 이들 제곱합에 대해서는 "강현철·한상태·허명회(2004). ≪예제로 배우는 SAS 분산분석 입문≫, 자유아카데미" 또는 "한상태·강현철·허명회(2009). ≪SPSS 분산분석≫, 한나래출판사"를 참조하기 바란다.

또한 summary 함수에 의하여 출력된 모수 추정치(parameter estimate)를 살펴보면 공변량 Age에 대한 기울기가 $\hat{\beta} = 4.270$으로 추정되었다는 것을 알 수 있으며, 두 집단에 대한 모형추정식은 다음과 같다.

$$\begin{aligned}\hat{y}_1 &= \hat{\mu}_1 + \hat{\beta}\, x = \hat{\mu} + \hat{\alpha}_1 + \hat{\beta}\, x \\ &= (-98.624 + 0) + 4.270x = -98.624 + 4.270x \\ \hat{y}_2 &= \hat{\mu}_2 + \hat{\beta}\, x = \hat{\mu} + \hat{\alpha}_2 + \hat{\beta}\, x \\ &= (-98.624 + 17.926) + 4.270x = -80.698 + 4.270x\end{aligned}$$

여기서 $\mu_2 - \mu_1$(나이가 같은 경우 집단에 따른 심리검사 점수의 모평균 차이)에 대한 추정값은 $\hat{\mu}_2 - \hat{\mu}_1 = \hat{\alpha}_2 - \hat{\alpha}_1 = 17.926$이다.

⟨예 9.10⟩ 독립표본 $t-$검정

```
> library(doBy)
> summaryBy(Score~Group,data=Ancova,FUN=c(mean,sd,min,max))
#------------------------------------------------------------------------
   Group Score.mean Score.sd Score.min Score.max
1 대조군        26.5 23.21996         0        65
2 실험군        59.8 33.23586         5        99
#------------------------------------------------------------------------
> t.test(Score~Group,data=Ancova,alternative=c("less"))
#------------------------------------------------------------------------
Welch Two Sample t-test

data:  Score by Group
t = -2.5973, df = 16.095, p-value = 0.00969
alternative hypothesis: true difference in means is less than 0
95 percent confidence interval:
     -Inf -10.9241
sample estimates:
mean in group 대조군 mean in group 실험군
              26.5                 59.8
```

한편 ⟨예 9.10⟩은 심리점수에 대해 변수 Group(집단)만을 고려하여 독립표본 $t-$검정을 수행한 것이데, 여기에서 $t-$값에 대한 유의확률이 0.0097로서 유의수준 5% 하에서 유의하다는 것을 알 수 있다. 따라서 공변량인 나이를 고려하지 않고 단순히 $t-$검정을 수행한다면 잘못된 결론을 유도할 수 있음을 알 수 있다. 또한 모평균의 차이에 대한 추정값이 $59.8 - 26.5 = 33.4$로서 공분산분석에서의 추정값 17.962보다 훨씬 크게 추정된다는 것을 알 수 있다.

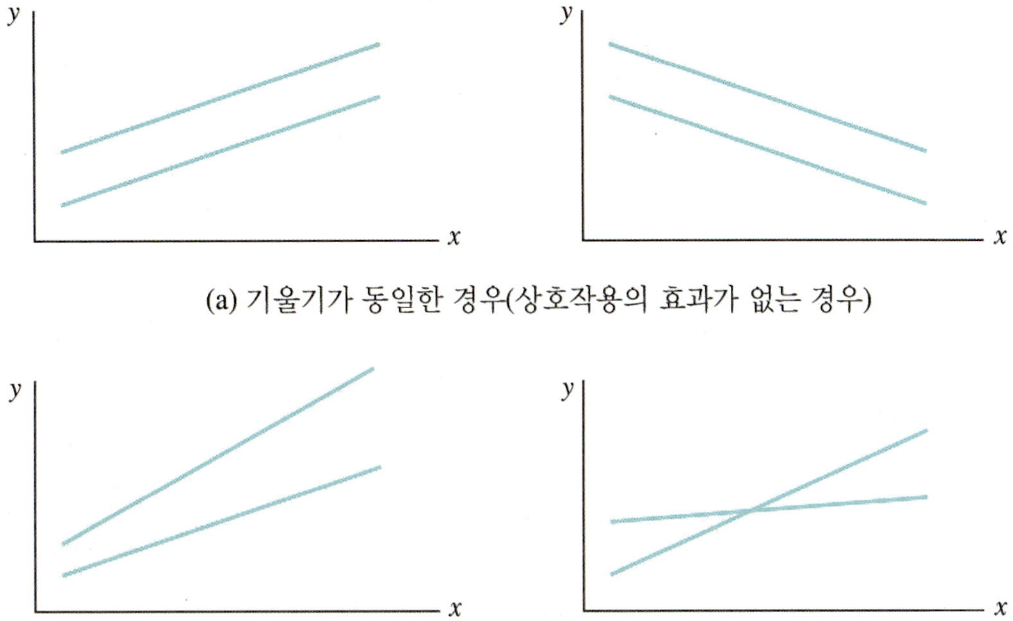

(a) 기울기가 동일한 경우(상호작용의 효과가 없는 경우)

(b) 기울기가 동일하지 않은 경우(상호작용의 효과가 있는 경우)

〈그림 9.7〉 기울기가 동일한 경우와 그렇지 않은 경우

9.5.3 기울기의 동일성에 대한 검정

앞에서 식 (9.13)과 같은 공분산분석 모형이 성립하기 위해서는 기울기에 대한 동일성을 가정할 수 있어야 한다고 하였는데, 만약 이러한 가정이 성립되지 않으면 어떻게 될까?

위의 〈그림 9.7〉은 두 집단에서 공변량 x에 대한 기울기가 같은 경우와 다른 경우의 몇 가지 예를 든 것이다. 만약 (a)에서와 같이 기울기가 동일하다면 공변량 x의 값에 관계없이 반응값 y의 차이가 일정하므로, 이 차이를 해석하는 것이 의미가 있을 것이다. 그러나 그림 (b)에서와 같이 기울기가 동일하지 않다면 다음과 같은 모형을 고려해야 하는데,

$$\begin{cases} y_{1j} = \mu_1 + \beta_1\ x_{1j} + \epsilon_{1j} = \mu + \alpha_1 + \beta_1\ x_{1j} + \epsilon_{1j} \\ y_{2j} = \mu_2 + \beta_2\ x_{2j} + \epsilon_{2j} = \mu + \alpha_2 + \beta_2\ x_{2j} + \epsilon_{2j} \end{cases} \tag{9.15}$$

이 경우 공변량 x의 값에 따라 반응값 y의 차이가 변하게 되므로 기울기가 동일할 때와 같은 방식으로 해석을 할 수 없다. 기울기의 동일성(즉, $H_0 : \beta_1 = \beta_2$)에 대한 검정은 공변량과 요인(처리)의 상호작용 효과를 이용하여 검정할 수 있는데, 여기서는 앞의 예에 대해서 이를 검정해 보도록 하자.

〈예 9.11〉 기울기의 동일성에 대한 검정

```
> Ancova.fit1 = lm(Score~Age+Group+Age:Group,data=Ancova)
> summary(Ancova.fit1)
#-----------------------------------------------------------------------
Call:
lm(formula = Score ~ Age + Group + Age:Group, data = Ancova)
Residuals:
    Min      1Q  Median      3Q     Max
-30.247 -11.630  -3.519   6.139  43.753

Coefficients:
                Estimate Std. Error t value Pr(>|t|)
(Intercept)      -82.675     47.418  -1.744   0.1004
Age                3.726      1.599   2.330   0.0332 *
Group실험군      -23.963     79.448  -0.302   0.7668
Age:Group실험군    1.333      2.503   0.533   0.6017
---
Signif. codes:  0 '***' 0.001 '**' 0.01 '*' 0.05 '.' 0.1 ' ' 1

Residual standard error: 22.85 on 16 degrees of freedom
Multiple R-squared:  0.5892,Adjusted R-squared:  0.5122
F-statistic: 7.651 on 3 and 16 DF,  p-value: 0.002155
#-----------------------------------------------------------------------
> drop1(Ancova.fit1,~.,test="F")
#-----------------------------------------------------------------------
Single term deletions

Model:
Score ~ Age + Group + Age:Group
          Df Sum of Sq     RSS    AIC F value  Pr(>F)
<none>                  8354.4 128.70
Age        1   2833.71 11188.1 132.54  5.4270 0.03325 *
Group      1     47.50  8401.9 126.81  0.0910 0.76683
Age:Group  1    148.07  8502.5 127.05  0.2836 0.60169
---
Signif. codes:  0 '***' 0.001 '**' 0.01 '*' 0.05 '.' 0.1 ' ' 1
```

기울기의 동일성에 대한 검정을 수행하기 위해서는 〈예 9.11〉에서와 같이 콜론(:) 기호를 이용하여 formular 인수에 상호작용 효과를 나타내는 Age:Group을 추가해 주면 된다.

앞의 〈예 9.11〉의 출력결과에서 먼저 살펴보아야 할 부분은 분산분석표 중 상호작용 효과 Age*Group에 대한 $F-$검정의 결과이다. 이 예에서는 유의확률이 0.602로서 상호작용 효과가 유의하지 않으므로(즉, $H_0 : \beta_1 = \beta_2$를 기각할 수 없으므로), 기울기의 동일성을 가정할 수 있다. 따라서 이제 상호작용의 효과를 모형에서 제거하여 식 (9.13)과 같은 공분산분석 모형을 통해 이 데이터를 분석할 수 있다.

이 예에서는 기울기의 동일성을 가정할 수 있으므로 모수 추정치(parameter estimate)에 대한 해석이 큰 의미는 없지만, ⟨예 9.11⟩의 결과를 이용하여 모형 (9.15)에 대한 추정식을 표현하면 다음과 같다.

$$\begin{aligned}\hat{y}_1 &= \hat{\mu}_1 + \hat{\beta}_1\, x = \hat{\mu} + \hat{\alpha}_1 + \hat{\beta}_1\, x \\ &= (-82.675 + 0) + (3.726 + 0)x = -82.675 + 3.726x \\ \hat{y}_2 &= \hat{\mu}_2 + \hat{\beta}_2\, x = \hat{\mu} + \hat{\alpha}_2 + \hat{\beta}_2\, x \\ &= (-82.675 - 23.963) + (3.726 + 1.333)x = -106.638 + 5.059x\end{aligned}$$

이 추정식에서 $\hat{\alpha}_1 - \hat{\alpha}_2 = 23.963$은 공변량 x가 0으로 고정되었을 때 반응값 y의 차이에 대한 추정값을 나타내므로 이에 대한 해석은 큰 의미가 없다.

⟨공변량이 있는 일반선형모형 (집단이 k개인 경우)⟩

$$y_{ij} = \mu_i + \beta_i\, x_{ij} + \epsilon_{ij} = \mu + \alpha_i + \beta_i\, x_{ij} + \epsilon_{ij}, \quad i = 1, \cdots, k;\ j = 1, \cdots, n_i$$

$$\Big\Downarrow\ \beta_1 = \beta_2 = \cdots = \beta_k (= \beta)$$

공분산분석

$$y_{ij} = \mu_i + \beta\, x_{ij} + \epsilon_{ij} = \mu + \alpha_i + \beta\, x_{ij} + \epsilon_{ij}, \quad i = 1, \cdots, k;\ j = 1, \cdots, n_i$$

$$\Big\Downarrow\ \beta = 0$$

일원분류 분산분석

$$y_{ij} = \mu_i + \epsilon_{ij} = \mu + \alpha_i + \epsilon_{ij}, \quad i = 1, \cdots, k;\ j = 1, \cdots, n_i$$

즉, 모든 집단에 대해서 공변량에 대한 기울기가 동일하다면 (9.13)과 같은 모형을 통해 공분산분석을 수행할 수 있지만, 기울기의 동일성을 가정할 수 없다면 (9.15)와 같은 일반선형모형을 통해 각 집단에서의 기울기를 추정하고 기울기의 대한 차이 및 전반적 현상을 해석하는 것이 바람직하다(또는 공변량을 적절한 구간으로 나눈 다음 블록으로 간주하여 분석을 수행할 수도 있을 것이다). 또한 이 절에서는 집단이 두 개인 경우의 예를 들어 설명하였는데, 집단이 k개인 경우에도 분석을 수행하는 과정은 동일하다.

9.6 이 장에서 사용된 주요 함수들

여기에서는 이 장에서 사용된 주요 함수들에 대하여 사용형식(usage)과 자주 사용되는 인수(argument)들을 설명한다. 보다 자세한 사항은 R의 도움말을 참조하여라.

aov() 함수 ∼ stats 패키지

□ aov(formular, data=,···): 분산분석을 수행한다.

- formular: y∼x1+x2 형식으로 ∼ 기호 왼쪽에 반응변수를, 오른쪽에 설명변수들을 지정한다. 또한 y∼x1+x2+x1:x2 형식으로 콜론(:) 기호를 이용하여 상호작용 효과를 지정할 수 있다.
- data=: 데이터 프레임을 지정한다.
- 분산분석 결과를 저장한 객체에 대하여 적용할 수 있는 주요 함수들은 다음과 같다.
  - ⋆ summary(): 분산분석의 주요 결과들을 출력한다.
  - ⋆ anova(): 유형1의 제곱합에 근거한 분산분석표를 출력한다.
  - ⋆ drop1(): 유형3의 제곱합에 근거한 분산분석표를 출력한다.
  - ⋆ coef(): 계수 추정치들을 출력한다.
  - ⋆ confint(object, level=): 계수에 대한 신뢰구간을 출력한다. level= 인수에는 신뢰수준을 지정할 수 있다[기본값: level=0.95].
  - ⋆ fitted(): 반응변수의 적합값($\hat{y}_i$)을 출력한다.
  - ⋆ residuals(): 잔차($y_i - \hat{y}_i$)를 출력한다.
  - ⋆ rstandard(): 표준화잔차를 출력한다.
  - ⋆ plot(object, which=, ···): 잔차도표들을 출력한다. which= 인수에는 1에서 6까지의 숫자를 지정할 수 있다.

⟨interaction.plot 함수⟩ ∼ stats 패키지

□ interaction.plot(x.factor, g.factor, response, fun=, ···): 집단별 평균과 신뢰구간을 그래프로 작성한다.

- x.factor: x-축에 표시할 요인 변수를 지정한다.
- g.factor: 선을 구분하는 데 사용할 요인 변수를 지정한다.

- response: 반응변수를 지정한다.
- fun=: 그래프에 표현할 기술통계량을 지정한다[기본값: fun=mean].
- type, pch, cex, lwd, col 등 plot() 함수에서 설명한 인수들을 지정할 수 있다(2.7절 참조).
- leg.bty(범례의 외곽에 상자를 그릴 것인지의 여부), leg.bg(범례의 바탕색) 등 legend() 함수에서 설명한 인수들을 지정할 수 있다(8.7절 참조).

⟨plotmeans 함수⟩ ~ gplots 패키지

☐ plotmeans(formular, data=, ⋯): 집단별 평균과 신뢰구간을 그래프로 작성한다.

- formular: y~x 형식으로 ~ 기호 왼쪽에 반응변수를, 오른쪽에 집단변수를 지정한다.
- data=: 데이터 프레임을 지정한다.
- pch, cex, lwd, col 등 plot() 함수에서 설명한 인수들을 지정할 수 있다(2.7절 참조).

⟨summaryBy 함수⟩ ~ doBy 패키지

☐ summaryBy(formular, data=, FUN=, ⋯): 집단별 기술통계량을 출력한다.

- formular: y~x1+x2+x3 형식으로 ~ 기호 왼쪽에 반응변수를, 오른쪽에 집단변수들을 지정한다.
- data=: 데이터 프레임을 지정한다.
- FUN=: 기술통계량을 출력할 함수들을 지정하며, 숫자형 벡터에 사용 가능한 대부분의 함수들을 지정할 수 있다. 예를 들어, FUN=c(mean,sd,min,max).

9.7 연습문제

1. 합성섬유의 장력강도가 면(cotton)의 함유량에 따라 어떻게 다른 지를 알아보기 위해 실험을 한 결과 다음과 같은 데이터를 얻었다. 면의 함유량에 따라 평균 장력강도에 차이가 있다고 할 수 있는가? 필요한 분석을 수행하여라.

15%	20%	25%	30%	35%
7	12	14	19	7
7	17	18	25	10
15	12	18	22	11
11	18	19	19	15
9	18	19	23	11

2. 어떤 회사의 이사회에서는 5종류의 기계 A, B, C, D, E 중 한 개를 구입하기로 하였다. 이를 위해 완전숙련공을 고용하여 단위시간동안 각 기계에 의한 생산량을 조사하여 다음과 같은 데이터를 얻었다. 분산분석법을 이용하여 이들의 평균생산량이 동일한지를 검정하여라.

기계 종류	생산량
A	67 72 75 42 53
B	72 52 63 55 48
C	60 82 65 77 75
D	48 61 57 64 50
E	64 65 70 68 53

3. 어떤 직물의 인장강도는 가공시의 처리액의 농도에 따라 차이가 있다고 한다. 이를 알아보기 위해 4종류의 처리액의 농도 3.0%, 3.5%, 4.0%, 4.5%에 대하여 각각 5회식 반복하여 인장강도를 측정한 결과 다음 값을 얻었다. 분산분석표를 작성하고 농도에 따른 인장강도에 차이가 있는지를 검정하여라.

A_1	A_2	A_3	A_4
46.8	51.2	50.2	21.4
58.0	62.4	38.2	22.1
51.4	30.6	46.8	28.2
61.0	46.0	26.7	42.7
45.8	48.8	22.7	25.2

4. 어느 생물학자는 에탄올이 수면에 미치는 영향을 알고자 비슷한 체중의 20마리의 쥐를 가지고 실험을 하였다. 20마리의 쥐를 무작위로 5마리씩 4그룹으로 나누고, 각 그룹의 쥐에 에탄올을 각각 1㎎, 2㎎, 3㎎, 0㎎(에탄올 포함하지 않음)을 주사하고, 24시간

동안 눈까풀의 깜빡거림을 특수장치를 이용하여 측정하였다. 이 때 눈까풀의 깜빡거림 횟수가 작을 수록 졸리움을 뜻한다고 한다. 이 때 에탄올의 양은 수면에 영향을 미친다고 할 수 있는지를 검정하여라.

0mg	86 79 73 72 89
1mg	57 70 57 55 54
2mg	50 43 47 49 42
3mg	30 38 27 38 38

5. 어느 농장에서 서식하고 있는 딱정투구벌레에 대한 연구를 하던 도중 벌레들이 선호하는 색상이 있는지를 알아보기 위해 다음과 같은 실험을 실시하였다. 네 가지 색상의 판자를 각각 여섯 개씩 준비하여, 그 위에 끈끈이를 바르고 여섯 지점에 각 네 가지 판자를 일 주일 동안 설치하여 잡힌 벌레의 수를 관측하였다. 딱정투구벌레가 색상을 선호하는 정도가 다르다고 말할 수 있는지를 검정하여라.

레몬색	45 59 48 46 38 47
흰색	21 12 14 17 13 17
녹색	37 32 15 25 39 41
파란색	16 11 20 21 14 7

6. 일원배치법에 의한 불완전한 분산분석표가 다음과 같이 주어져 있다.

요인	자유도	제곱합	평균제곱합	F−값
처리	4	24.7		
오차				
전체	34	62.4		

(a) 위의 분산분석표를 완성하여라.

(b) 실험에 사용된 개체의 수는 얼마인가?

(c) 모평균에 차이가 있는지를 유의수준 5% 하에서 검정하여라.

7. 정규분포 $N(\mu_1, \sigma^2)$로부터 크기 8의 표본을 취하여 관측치(처리 I)를 얻었고, 또 다른 정규분포 $N(\mu_2, \sigma^2)$로부터 크기 8인 표본을 취하여 관측치(처리 II)를 얻었다. 두 정규분포의 모분산은 동일하며 또한 두 개의 표본은 서로 독립이라고 가정할 때 이들 표본에 의한 일원배치표는 다음과 같다.

처리	관측치	합	평균
처리 I	31 20 18 17 9 8 10 7	120	15
처리 II	18 17 14 11 10 7 5 6	88	11

위의 일원배치표를 이용하여 귀무가설 '$H_0 : \mu_1 = \mu_2$'와 이에 대응하는 대립가설 '$H_1 : \mu_1 \neq \mu_1$'에 대하여 $t-$검정을 수행한 결과와 분산분석을 수행한 결과를 비교하여라.

8. 어느 제조회사는 복잡한 생산품을 조립하는 4가지 방법 중에서 가장 시간이 적게 소요되는 방법이 있는지를 알고 싶어한다. 16명의 종업원을 무작위로 4명씩 4개의 집단으로 나누어서 5번의 실험을 하였다. 다음 데이터는 각 실험마다 4명의 소요시간의 합이다. 이 데이터에 의하여 각 방법에 차이가 있는지를 검정하여라. 단, 종업원들의 생산능력은 동일한 방법으로는 같다고 가정한다.

방법	소요시간(단위 : 분)				
A	55	49	42	21	22
B	61	113	30	89	63
C	42	97	81	95	92
D	168	137	169	85	154

9. 다음의 데이터는 다이어트 음식 3종류의 콜레스테롤 함량을 4개의 다른 실험실에서 측정한 결과이다. 분산분석표를 작성하고 다이어트 음식과 실험실에 따라 콜레스테롤 함량에 차이가 있는지를 검정하여라.

	음식 I	음식 II	음식 III
A 실험실	3.4	2.6	2.8
B 실험실	3.0	2.7	3.1
C 실험실	3.3	3.0	3.4
D 실험실	3.5	3.1	3.7

10. 세 종류의 기계와 세 사람의 기능공이 제품의 품질에 미치는 영향을 조사하기 위하여 다음과 같은 데이터를 얻었다. 분산분석표를 작성하고 기계와 기능공에 따라 제품의 품질에 차이가 있는지를 검정하여라.

	기능공 I	기능공 II	기능공 III
기계 A	11	15	20
기계 B	14	23	16
기계 C	11	14	15

11. 여섯 종류의 사료를 쥐에게 먹였을 때 쥐의 체중증가에 어떤 영향을 주는지를 알아보기 위해 단백질의 요소에 대한 세 수준(A: 쇠고기, 곡류, 돼지고기)과 단백질의 수준에 대한 두 수준(B: 높음, 낮음)을 고려한 후 실험을 하였다. 다음의 데이터는 실험을 통해서 얻어진 쥐의 체중증가량을 기록한 결과이다. 요인 A, B 및 상호작용의 효과가 있는지를 분석하여라.

단백질의 요소(A)	단백질의 수준(B)	
	B1(높음)	B2(낮음)
A1(쇠고기)	73, 102, 118, 104, 81	90, 76, 90, 64, 86
	107, 100, 87, 117, 111	51, 72, 90, 95, 78
A2(곡류)	98, 74, 56, 111, 95	107, 95, 97, 80, 98
	88, 82, 77, 86, 92	74, 74, 67, 89, 58
A3(돼지고기)	94, 79, 96, 98, 102	49, 82, 73, 86, 81
	102, 108, 91, 120, 105	97, 106, 70, 61, 82

12. 다음은 세 가지 치료법(A, B, C)에 대해 처리 전(X)과 후(Y)의 어떤 수치를 제시한 것이다.

치료법 A		치료법 B		치료법 C	
X	Y	X	Y	X	Y
11	6	6	0	16	13
8	0	6	2	13	10
5	2	7	3	11	18
14	8	8	1	9	5
19	11	18	18	21	23
6	4	8	4	16	12
10	13	19	14	12	5
6	1	8	9	12	16
11	8	5	1	7	1
3	0	15	9	12	20

(a) 치료법을 요인(설명변수)으로 하고 처리 후의 수치(Y)를 반응변수로 하여 일원분류 분산분석을 수행하여라.

(a) 처리 전의 수치(X)를 공변량으로 추가하여 공분산분석을 수행하고 (a)의 결과와 비교하여 보아라(이때 기울기의 동일성에 대한 검정을 먼저 실시한 후 분석을 수행하여라).

제 10 장
비모수적 검정

대부분의 통계적 추론에서는 모집단의 분포에 대한 정규성(normality)을 가정한 경우가 많다. 예를 들어, 제5장에서 설명한 $t-$검정이나 제9장의 분산분석에서는 데이터값들이 정규분포에 따르는 모집단으로부터 얻어졌다는 가정 하에서 검정통계량과 그의 분포를 도출하였다. 그러나 이와 같은 정규성 가정이 불합리한 경우가 많이 있으며, 경우에 따라서는 특정한 확률분포를 가정하기 어려울 때도 있다. 이러한 경우에 데이터의 분포에 대한 강한 가정없이 이용할 수 있는 방법으로서 모수를 매개로 하지 않는 **비모수적 방법**(nonparametric method), 또는 모집단의 분포로부터 자유로운 분포무관 방법(distribution free method)을 고려할 수 있다.

비모수적 방법은 모수적 방법과 비교하여 다음과 같은 몇 가지 특성을 가지고 있다; (1) 일반적으로 모수적 방법에 비해 분포에 대한 가정이 완화되거나 또는 가정이 거의 없으며, 표본의 크기가 작은 경우에도 안정적이다. (2) 대부분의 비모수적 방법들은 부호 또는 상대크기의 순위 등 직관적이고 이해하기 쉬운 정보를 사용한다. (3) 많은 경우에 모수적 방법과 비교하여 표본이 정규분포에 따를 때에도 효율이 크게 떨어지지 않으며, 표본의 분포가 정규분포로부터 멀리 이탈한 경우에는 비모수적 방법의 효율이 훨씬 좋다.

이 장에서는 정규성에 대한 검정과 모집단의 위치모수(location parsmeter)와 척도모수(scale parameter) 등에 관한 여러 가지 비모수적 검정에 대해서 예를 통해 설명할 것이다.[1]

10.1 정규성에 대한 검토

통계적 추론에서는 일반적으로 모집단에 대해 특정한 분포를 가정한 후 이에 기초하여 통계량의 분포를 유도한다. 따라서 통계적 추론에 앞서 데이터의 분포를 살펴보는 것은 매우 중요하다고 할 수 있는데, 이 절에서는 데이터의 분포를 검토하는 몇 가지 방법들을 간단히 소개한다.

10.1.1 정규성 검정

대부분의 통계적 추론에서는 모집단의 분포에 대해 정규성을 가정하고 있다. 표본크기가 큰 경우에는 중심극한정리와 같은 이론에 의해서 분포 가정이 크게 문제가 되지 않는 경우가 많지만, 표본크기가 작을 때는 잘못된 분포 가정이 결과를 크게 왜곡시키는 경우가 종종 있다. 따라서 특정 분석을 수행하기에 앞서 주어진 데이터가 정규분포를 따른다고 할 수 있는지를 검토해야 할 필요가 종종 있다.

---

[1]비모수적 경정방법에 대한 보다 자세한 설명은 “송문섭·박창순 (1993). ≪비모수 통계학 개론≫, 자유아카데미” 또는 “이재창·송일성 (1990). ≪SAS 비모수 통계분석≫, 자유아카데미”를 참조하기 바란다.

〈표 10.1〉 Supplement 데이터

ID	Pre	Post	Diff	ID	Pre	Post	Diff
1	63.1	41.4	-21.7	7	48.3	50.1	1.8
2	46.5	55.3	8.8	8	40.5	43.8	3.3
3	40.1	49.7	9.6	9	36.9	37.6	0.7
4	48.5	51.6	3.1	10	40.5	50.8	10.3
5	33.2	37.3	4.1	11	42.2	43.6	1.4
6	38.8	39.6	0.8	12	34.9	37.4	2.5

〈표 10.1〉의 데이터는 어떤 건강보조음료의 효능을 알아보기 위하여 12명의 사람으로부터 실험 전(Pre)과 후(Post)의 신체특성의 차이를 계산한 것이다(즉, Diff=Post-Pre).

〈예 10.1〉 정규성 검정과 분포의 탐색

```
> Supplement = read.csv("L:/My_Work/Data/Supplement.csv",header=TRUE)
> library(DescTools)
> Desc(Supplement$Diff,plotit=TRUE)
#-----------------------------------------------------------------------
Supplement$Diff (numeric)

  length       n     NAs  unique      0s    mean  meanSE
      12      12       0     = n       0   2.058   2.377

     .05     .10     .25  median     .75     .90     .95
  -9.380   0.710   1.250   2.800   5.275   9.520   9.915

   range      sd   vcoef     mad     IQR    skew    kurt
  32.000   8.233   4.000   2.520   4.025  -1.808   2.959
#-----------------------------------------------------------------------
> shapiro.test(Supplement$Diff)
#-----------------------------------------------------------------------
Shapiro-Wilk normality test

data:  Supplement$Diff
W = 0.70577, p-value = 0.0009581
#-----------------------------------------------------------------------
> boxplot(Supplement$Diff,horizontal=TRUE,notch=TRUE,col="green")
> hist(Supplement$Diff,probability=TRUE)
> lines(density(Supplement$Diff),col="blue",lty=1,lwd=2)
```

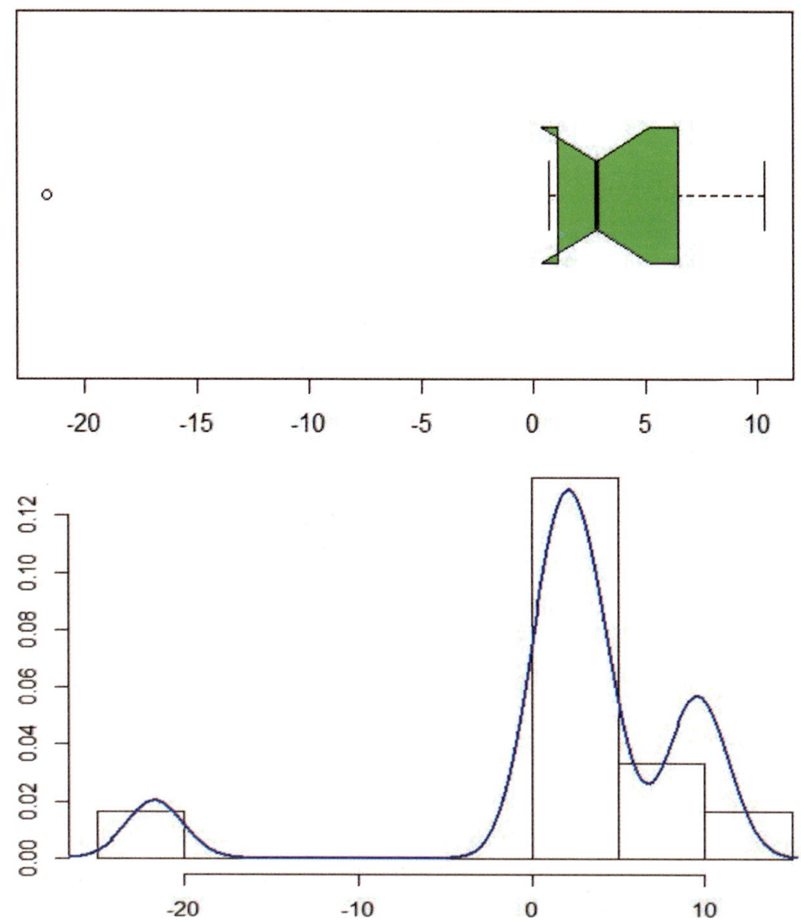

〈그림 10.1〉 변수 Diff에 대한 상자그림과 히스토그램

〈예 10.1〉에서는 DescTools 패키지의 Desc() 함수를 사용하여 기술통계량을 출력하고, shapiro.test() 함수를 사용하여 샤피로-윌크(Shapiro-Wilk) 통계량에 의해 정규성에 대한 검정을 수행하였다. 정규성 검정(test of normality)에서 귀무가설은 "H_0: 모집단의 분포가 정규분포이다"[즉, $H_0 : x_1, x_2, \cdots, x_n \sim N(\mu, \sigma^2)$]가 된다. 따라서 샤피로-윌크 통계량에 의한 유의확률(p-값)이 유의수준(α)보다 작으면 모집단의 분포가 정규분포라는 가설을 받아들일 수 없게 된다. 〈예 10.1〉에서 shapiro.test() 함수의 출력결과를 살펴보면 유의확률(p-값)이 매우 작아서 이 데이터가 정규분포를 따른다는 가설을 받아들이기가 어렵다는 것을 알 수 있다.

또한 상자그림과 히스토그램을 살펴보면 데이터의 분포가 오른쪽으로 치우쳐져 있고 왼쪽에 매우 작은 극단값(-21.7)이 존재한다는 것을 알 수 있다.

〈참조〉 정규성 검정을 위한 방법들

정규성 가설에 대한 모수적 검정은 오랫동안 많은 연구자들에 의해 개발되어 왔고, 근래에는 분포가정 하에서의 이론적 분포함수 $F_0(x_i)$와 주어진 데이터로부터 구한 경험적 분포함수 $\hat{F}(x_i)$의 차이를 고려한 적합도검정(goodness-of-fit test)도 활발한 연구가 이루어지고 있다. 고전적인 일표본 콜모고로프-스미르노프 검정을 포함한 정규분포에 대한 적합도검정으로는 크래머-미제스(Cramér-von Mises), 왓슨(Watson), 앤더슨-달링(Anderson-Darling) 검정 등이 있고 이들 방법의 수행절차는 다음과 같다.

먼저 표본 $x_1, x_2, \cdots, x_n$을 사용하여 μ와 σ^2의 추정치로 표본평균 $\bar{x}$와 표본분산 s^2을 계산한다. 그런 다음 표본의 순서통계량 $x_{(1)} \leq \ x_{(2)} \leq \ \cdots, \ \leq \ x_{(n)}$에 대해서 $z_{(i)} = \Phi(t_i)$, $i = 1, \cdots, n$을 얻는다. 여기서 $\Phi(\cdot)$는 표준정규분포의 누적분포함수이고 $t_i = (x_{(i)} - \bar{x})/s$이다. 이와 같은 $z_{(i)}$에 기초한 크래머-미제스 통계량(T_{CM}), 왓슨 통계량(T_W), 앤더슨-달링 통계량(T_{AD})은

$$T_{CM} = \sum_{i=1}^{n} \left\{ \frac{z_{(i)} - (2i-1)}{2n} \right\}^2 + \frac{1}{12}, \tag{10.1}$$

$$T_W = T_{CM} - n\left(\bar{z} - \frac{1}{2}\right)^2, \tag{10.2}$$

$$T_{AD} = -n - \frac{1}{n}\sum_{i=1}^{n}(2i-1)\log\left(z_{(i)}\right) + (2n-2i+1)\log\left(1 - z_{(i)}\right) \tag{10.3}$$

가 된다. 여기에서 $\bar{z}$는 $z_{(i)}$들의 평균이다.

한편, $D^+ = \max_i \left\{i/n - z_{(i)}\right\}$, $D^- = \max_i \left\{z_{(i)} - (i-1)/n\right\}$라고 할 때 콜모고로프-스미르노프 통계량($T_{KS}$)은

$$T_{KS} = \sqrt{n}D = \max(D^+, D^-) \tag{10.4}$$

가 된다. 귀무가설 하에서 이 통계량들의 정확한 분포는 알 수 없지만 대표본에서의 점근분포(asymptotic distribution)는 제시되어 있으므로 이 분포를 이용하여 통계량에 대한 유의확률을 구하게 되고, 따라서 이 값이 유의수준 α보다 크게 되면 귀무가설을 채택하게 된다.

정규성에 대한 모수적인 검정 중에서 보편적으로 가장 널리 사용되는 검정법은 샤피로-윌크(Shapiro-Wilk) 검정이다. 이 방법은 표준정규분포를 따르는 순서통계량을 독립변수로 하고 관측된 표본의 순서통계량을 종속변수로 하는 회귀모형 $x_{(i)} = \mu + \sigma E(z_{(i)}) + \epsilon_i$, $i = 1, \cdots, n$을 고려한 다음 σ^2의 가중최소제곱 추정치 $\hat{\sigma}_w^2$와 표본분산 s^2의 비를 사용한

$$W = \frac{\left(\sum_{i=1}^{n} a_i x_{(i)}\right)^2}{\sum_{i=1}^{n}(x_i - \bar{x})} \tag{10.5}$$

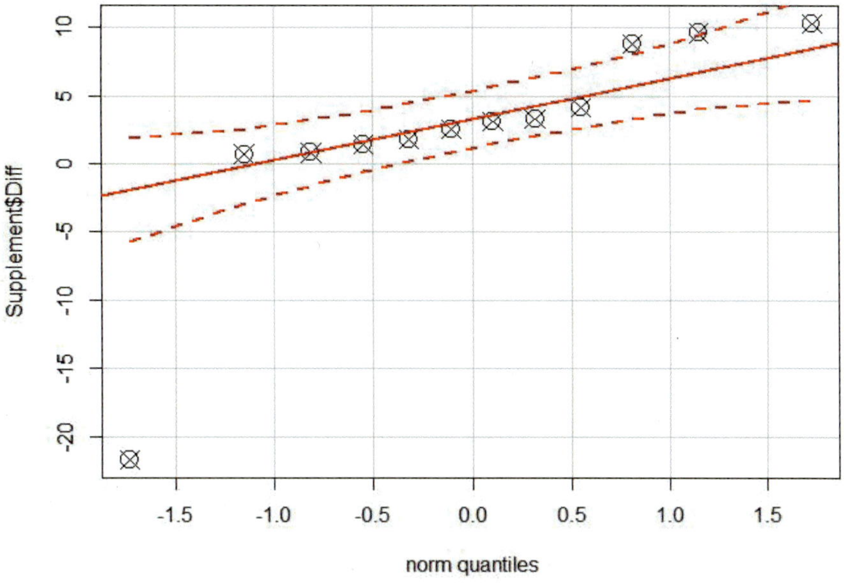

〈그림 10.2〉 변수 Diff에 대한 정규확률도

를 검정통계량으로 사용한다. 여기에서 a_i는 $\hat{\sigma}_w^2$을 얻기 위한 최적의 가중치를 나타내며 $\bar{x}$는 표본평균이다. 샤피로-윌크 통계량 W는 0과 1사이의 값을 가지게 되고 W가 1에 가까우면 귀무가설을 채택하게 된다.

10.1.2 정규확률도

데이터의 정규성 여부를 알아보기 위해 주로 많이 사용하는 방법 중의 하나는 확률도(probability plot)를 그려보는 것이다.

〈예 10.2〉 정규확률도의 작성

```
> qqnorm(Supplement$Diff,pch=16,cex=2,col="orange")
> qqline(Supplement$Diff,lwd=2,col="red")
> library(car)
> qqPlot(Supplement$Diff,pch=13,cex=2)
```

〈예 10.2〉는 정규확률도를 작성한 예이다. 여기에서 사용된 qqnorm() 함수는 정규분포에 대한 분위수-분위수(quantile-quintile) 그래프를 출력하며, qqline() 함수는 작성되어 있는 그래프에 직선을 추가한다. 한편, car 패키지의 qqPlot() 함수를 사용하면 정규분포 Q-Q 플롯을 쉽게 출력할 수 있다.

확률도(probability plot)는 가정된 분포와 표본의 정보에 기초한 분포가 얼마나 일치하는 지를 나타내 주는 그림으로, 데이터 값을 나타내는 점들이 확률도 상에서 직선형태로부터 크게 이탈되어 있으면 데이터의 분포가 가정된 분포와 다르다는 것을 의미한다.

⟨그림 10.2⟩에 제시된 정규확률도를 통해서도 Supplement 데이터에 하나의 이상값이 존재한다는 것을 알 수 있다.

10.2 단일 모집단에 대한 검정

모집단으로부터 추출된 n개의 표본에 대한 정규성 가정이 충족된다면 모평균에 대한 검정은 4.3절에서 소개한 단일표본 t-검정을 이용하면 된다. 만약 정규성 가정이 위배되더라도 표본의 크기가 충분히 크다면 중심극한정리에 의해 표본평균은 정규분포를 따르게 되므로 t-검정을 사용하는 데에는 큰 문제가 없다.

그러나 표본의 크기가 작고 표본이 정규분포를 따른다는 확신이 서지 않는다면 어떻게 해야 할 까? 이런 경우, 모수적 방법보다는 비모수적 방법의 적용을 고려하는 것이 오히려 설득력을 가지게 된다. 이제 단일 모집단에 대해 부호 및 순위를 이용하는 비모수적 검정방벙을 다루어 보도록 한다.

10.2.1 부호검정 (Sign Test)

위치모수 θ를 가지는 임의의 확률분포를 따르는 모집단으로부터 n개의 표본 $x_1, x_2, \cdots, x_n$을 얻었다고 하자. 사전에 알려져 있는 위치모수값 θ_0에 대해 귀무가설 '$H_0 : \theta = \theta_0$'와 대립가설 '$H_1 : \theta \neq \theta_0$'를 검정하는 문제를 고려해 보자.

부호검정(sign test)은 가장 오래된 비모수적 검정법으로 위의 귀무가설 H_0를 검정하기 위해 각 표본에 대해 $d_i = x_i - \theta_0$의 부호만을 이용하는 것이다. 변수 d_i가 양(+)의 값을 가지는 것들의 개수를 n^+, 그리고 음(−)의 값을 가지는 것들의 개수를 n^-라고 할 때, 검정통계량으로

$$M = \min(n^+,\ n^-) \tag{10.6}$$

를 사용한다. 귀무가설이 사실이라면 M은 이항분포 $B(n, 0.5)$를 따르고, m을 표본으로부터 구한 통계량값이라 하면 단측검정에 대한 유의확률은

$$P(M \le m) = \sum_{k=0}^{m} \binom{n}{k} 0.5^k (1-0.5)^{n-k} = \sum_{k=0}^{m} \binom{n}{k} 0.5^n \tag{10.7}$$

로 계산된다. 또한 양측검정에 대한 유의확률은 위의 단측검정에 대한 확률을 2배로 하면 된다.

그런데 n이 클 경우에는 유의확률을 계산하는 것은 쉽지가 않다(왜냐하면 이항계수를 구할 때 계승(factorial)의 처리가 어렵기 때문이다). 이 경우 이항분포의 정규근사

$$Z = \frac{M + 0.5 - 0.5n}{0.5\sqrt{n}} \tag{10.8}$$

를 이용하여 유의확률을 표준정규분포로부터 구할 수 있다.

⟨예 10.3⟩ 부호검정 (Sign Test)

```
> library(DescTools)
> SignTest(Supplement$Diff,mu=0,alternative=c("greater"))
#-----------------------------------------------------------------------
One-sample Sign-Test

data:  Supplement$Diff
S = 11, number of differences = 12, p-value = 0.003174
alternative hypothesis: true median is greater than 0
98.1 percent confidence interval:
 0.8 Inf
sample estimates:
median of the differences
                      2.8
#-----------------------------------------------------------------------
> t.test(Supplement$Diff,mu=0,alternative=c("greater"))
#-----------------------------------------------------------------------
One Sample t-test

data:  Supplement$Diff
t = 0.86605, df = 11, p-value = 0.2025
alternative hypothesis: true mean is greater than 0
95 percent confidence interval:
 -2.209947       Inf
sample estimates:
mean of x
 2.058333
```

⟨표 10.1⟩의 Supplement 데이터에 대하여 실험 후의 수치가 실험 전의 수치보다 커졌는지를 검정해 보자. 즉, 귀무가설 '$H_0 : \theta = 0$'와 대립가설 '$H_1 : \theta > 0$'를 고려하자. ⟨예 10.3⟩은 DescTools 패키지의 SignTest() 함수를 사용한 예이다.

먼저 부호검정의 결과를 살펴보면 단측검정 유의확률($p-$값)이 0.003이므로 귀무가설 '$H_0 : \theta = 0$'를 유의수준 5% 하에서 기각할 수 있다.

〈표 10.2〉 변수 Diff에 대한 부호, 절대순위, 부호순위

Obs	diff(d_i)	sign	rank(R_i)	signed rank	
1	-21.7	−	12	-12	
2	8.8	+	9	9	
3	9.6	+	10	10	
4	3.1	+	6	6	
5	4.1	+	8	8	
6	0.8	+	2	2	$W^+ = 66$
7	1.8	+	4	4	$S = 66 - 39 = 27$
8	3.3	+	7	7	
9	0.7	+	1	1	
10	10.3	+	11	11	
11	1.4	+	3	3	
12	2.5	+	5	5	

한편, 이 데이터에 대한 $t-$검정의 결과를 살펴보면 단측검정 유의확률이 0.203임을 볼 수 있는데, 따라서 $t-$검정에 의하면 귀무가설을 기각할 수 없게 된다.

사실, 이 데이터를 살펴보면 12개의 표본 중 첫 번째 표본의 경우만 실험 후의 수치가 실험 전보다 작으며(-21.7), 수치의 차이가 다른 표본들에 비해서 매우 크다는 것을 알 수 있다. 즉 첫 번째 표본은 일종의 이상값(outlier)으로 간주할 수 있는데, 이 경우 $t-$검정의 결과는 첫 번째 표본에 큰 영향을 받는다는 것을 알 수 있다. 반면에 부호검정에서는 부호만을 이용하기 때문에 이러한 이상값에 큰 영향을 받지 않는다.

10.2.2 부호순위검정 (Signed Rank Test)

부호검정은 부호만을 고려하여 검정통계량을 계산하지만, 윌콕슨(Wilcoxon)의 **부호순위검정**(signed rank test)은 부호와 함께 순위(rank)를 고려하여 데이터가 가지고 있는 정보를 더 많이 사용한다. 이와 같은 부호순위검정은 정규성을 가정하는 $t-$검정에 비해 데이터의 분포형태가 단지 대칭이라는 완화된 가정하에서 사용될 수 있는 비모수적 검정 방법이다. 윌콕슨 부호순위 통계량을 구하는 절차는 다음과 같다(표 10.1 참조).

(1) 각 표본에 대해 $d_i = x_i - \theta_0$를 계산한다.

(2) d_i의 절대값 $|d_i|$를 오름차순으로 나열하여 작은 것부터 순위 R_i^+를 부여한 다음 각 표본의 순위에 d_i의 부호를 붙인다. 이때 $d_i = 0$인 표본은 제외한다.

(3) 양의 부호를 가지는 순위의 합 W^+를 검정통계량으로 사용하고 W^+의 분포표에서 유의확률을 구한다.

표본크기(n)가 충분히 큰 경우에는 정규근사 방법을 이용하여 유의확률을 계산할 수도 있는데, 귀무가설 $H_0 : \theta = \theta_0$ 하에서 검정통계량 W^+의 평균과 분산은 각각

$$E(W^+) = \frac{n(n+1)}{4}, \quad Var(W^+) = \frac{n(n+1)(2n+1)}{24} \tag{10.9}$$

이 되므로 W^+를 표준화시킨 통계량

$$Z = \frac{W^+ - n(n+1)/4}{\sqrt{n(n+1)(2n+1)/24}} \tag{10.10}$$

을 사용하면 되고 유의확률은 표준정규분포에서 구하면 된다. 한편, 부호순위검정의 통계량으로 다음과 같은 S가 사용되기도 한다.

$$S = W^+ - \frac{n(n+1)}{4} \tag{10.11}$$

〈예 10.4〉 부호순위검정 (Signed Rank Test)

```
> wilcox.test(Supplement$Diff,mu=0,alternative=c("greater"))
#------------------------------------------------------------------------
Wilcoxon signed rank test

data:  Supplement$Diff
V = 66, p-value = 0.01709
alternative hypothesis: true location is greater than 0
```

〈예 10.4〉는 wilcox.test() 함수를 사용하여 부호순위검정을 수행한 예이다. 출력결과를 살펴보면 통계량 W^+의 값이 66으로 출력되어 있고, 단측검정 유의확률($p-$값)이 0.017이므로 귀무가설 '$H_0 : \theta = 0$'를 유의수준 5% 하에서 기각할 수 있다.

10.3 두 모집단에 대한 검정

독립적인 두 모집단으로부터 표본이 추출된 경우 제5장에서 설명한 독립표본 $t-$검정은 두 모집단의 분포가 모두 정규분포에 따른다는 가정 하에 유도된 방법이다. 따라서 특히 표본크기가 작을 때 정규성이나 등분산성 등의 가정이 만족스럽지 않은 경우에는 이러한 방법을 수행하는 것이 바람직하지 않을 수 있다. 이 절에서는 두 모집단으로부터 표본을 얻었을 때 모수적 방법에서 요구되는 정규성 등의 가정에 의존하지 않는 비모수적 검정을 다루어 보도록 하자.

〈표 10.3〉 Mice 데이터

ID	Drug	Days	ID	Drug	Days	ID	Drug	Days
1	A	1	5	A	4	9	B	10
2	A	1	6	B	3	10	B	10
3	A	3	7	B	4	11	B	26
4	A	3	8	B	4			

10.3.1 독립표본의 경우 – 순위합검정

위치모수가 θ_1, θ_2인 두 개의 독립적인 모집단으로부터 추출된 표본을 각각 $x_1, x_2, \cdots, x_{n_1}$과 $y_1, y_2, \cdots, y_{n_2}$라고 할 때, 윌콕슨의 순위합검정(rank sum test)은 순위를 기초로 두 모집단의 위치모수에 대한 가설검정을 수행하는 것으로서, 정규성과 같은 분포가정을 필요로 하지 않는다. 윌콕슨의 순위합 검정통계량 W를 계산하는 방법은 다음과 같다.

(1) 두 표본의 관측치를 혼합하여 크기 순으로 배열하고 차례로 순위를 매긴다.
(2)) x들의 순위합 W_X와 y들의 순위합을 W_Y를 계산한다.
(3) W_X와 W_Y 중 더 작은 값을 순위합 통계량 W로 하고, W의 분포표에서 유의확률을 구한다.

표본크기(n)가 충분히 큰 경우에는 정규근사 방법을 이용하여 유의확률을 계산할 수도 있는데, W의 평균과 분산은 귀무가설 하에서 각각

$$E(W) = \frac{n_2(n_1+n_2+1)}{2}, \quad Var(W) = \frac{n_1 n_2(n_1+n_2+1)}{12}. \tag{10.12}$$

가 되므로 다음과 같이 표준화된 통계량

$$Z = \frac{W - n_2(n_1+n_2+1)/2}{\sqrt{n_1 n_2(n_1+n_2+1)/12}} \tag{10.13}$$

를 이용하면 된다.

한편, 맨-휘트니(Mann-Whitney)의 U 통계량은 다음과 같으며($W = W_x$인 경우)

$$U = W - \frac{n_1(n_1+1)}{2} \tag{10.14}$$

맨-휘트니의 U 통계량을 사용해도 윌콕슨의 W 통계량을 이용하는 것과 동일한 결과를 얻게 된다.

〈표 10.3〉의 데이터는 두 개의 약품(drug: A, B)을 각각 5마리와 6마리의 쥐에게 투여한 후 생존시간(days)을 측정한 것이다. 다음 〈예 10.5〉는 wilcox.test() 함수를 사용하여 순위합검정을 수행한 예이다.

〈예 10.5〉 순위합검정 (Rank Sum Test)

```
> Mice = read.csv("L:/My_Work/Data/Mice.csv",header=TRUE)
> wilcox.test(Days~Drug,data=Mice,alternative=c("two.sided"))
#-----------------------------------------------------------------
Wilcoxon rank sum test with continuity correction

data:  Days by Drug
W = 3, p-value = 0.03163
alternative hypothesis: true location shift is not equal to 0
#-----------------------------------------------------------------
> t.test(Days~Drug,data=Mice,alternative=c("two.sided"))
#-----------------------------------------------------------------
Two Sample t-test

data:  Days by Drug
t = -1.9786, df = 5.2863, p-value = 0.1017
alternative hypothesis: true difference in means is not equal to 0
95 percent confidence interval:
 -16.176046   1.976046
sample estimates:
mean in group A mean in group B
            2.4             9.5
```

위의 출력결과를 살펴보면 W의 분포로부터 구한 양측검정 유의확률($p-$값)은 0.032로서 유의수준 5%에서 귀무가설을 기각하여 '두 약품에 대한 평균 생존시간이 동일하지 않다'고 결론지을 수 있다.

한편, 이 데이터에 대해 독립표본 $t-$검정을 수행하면 유의확률 0.102를 얻을 수 있는데, 따라서 $t-$검정에 의하면 유의수준 5% 하에서 귀무가설을 기각할 수 없게 된다.

10.3.2 대응표본의 경우 – 부호순위검정

정규모집단으로부터 n개의 대응표본 (x_1, y_1), $(x_2, y_2), \cdots$, (x_n, y_n)을 얻었을 때, 두 반응값의 평균에 대한 가설 '$H_0 : \mu_x = \mu_y$'의 검정은 $H_0 : \mu_d = 0$(여기서 $\mu_d = \mu_x - \mu_y$)을 검정하는 것과 같기 때문에, 두 반응값의 차이 $d_i = x_i - y_i (i = 1, \cdots, n)$를 이용하여 일표본에 대한 모평균의 검정(일표본 $t-$검정)을 수행하면 된다는 것을 5.2절에서 설명한 바 있다. 마찬가지로 대응표본에 의한 비모수적 검정은 d_i의 부호 및 순위를 고려하면 일표본에서 위치모수를 검정하는 문제와 동일하므로 10.2절의 검정방법을 그대로 이용하면 된다.

〈예 10.6〉 부호순위검정 (Signed Rank Test)

```
> wilcox.test(Supplement$Pre,Supplement$Post,paired=TRUE,
+            alternative=c("less"))
#---------------------------------------------------------------
Wilcoxon signed rank test

data:  Supplement$Pre and Supplement$Post
V = 12, p-value = 0.01709
alternative hypothesis: true location shift is less than 0
```

〈예 10.6〉은 〈표 10.1〉의 Supplement 데이터에 대하여 부호순위검정을 수행한 예이다. 출력결과를 살펴보면 단측검정 유의확률($p-$값)이 0.017이므로 귀무가설 '$H_0 : \theta = 0$'를 유의수준 5% 하에서 기각할 수 있다.

10.3.3 척도모수의 동일성 검정

분산의 동일성에 대한 가설 $H_0 : \sigma_1^2 = \sigma_2^2$와 $H_1 : \sigma_1^2 \neq \sigma_2^2$를 검정하기 위해서는 5.5절에서 설명한 바와 같이 모수적 방법인 $F-$검정을 사용하면 되지만, 이러한 $F-$검정의 기본 가정에도 역시 정규성이 포함되어 있다. 여기에서는 비모수적인 방법에 의해 두 척도모수의 동일성을 검정하는 문제를 생각해 보도록 하자.

가설 $H_0 : \sigma_1^2 = \sigma_2^2$를 검정하는 것은 $H_0 : \eta(= \sigma_1^2/\sigma_2^2) = 1$을 검정하는 것과 같으며, 두 모집단의 위치모수의 차 $\theta_1 - \theta_2$가 알려져 있는 경우에 이 가설을 검정하기 위해 사용할 수 있는 대표적인 검정방법으로는 앤사리-브래들리(Ansari-Bradley) 검정을 들 수 있다. 앤사리-브래들리 검정을 수행하는 절차를 알아보면 다음과 같다.

두 모집단으로부터 얻은 표본들의 관측치를 혼합하여 작은 값부터 크기순으로 나열한 뒤 제일 작은 값과 큰 값에는 순위 1을, 두 번째 작은 값과 큰 값에는 순위 2를 부여한다. 이런 방식으로 모든 관측치에 순위를 매긴다. 그런 다음 R_i를 i번째 관측치 x_i에 부여된 순위라 하고 이들 순위를 다 합한 $T_{AB} = \sum_{i=1}^{n_1} R_i$를 검정통계량으로 사용한다.

유의수준 α% 하에서의 검정규칙은 다음과 같다. 단측검정의 경우 $H_1 : \eta > 1$에 대해서 $T_{AB} \geq t_{AB,n_1,n_2}(\alpha/2)$이면 귀무가설을 기각하고, $H_1 : \eta < 1$에 대해서 $T_{AB} < t_{AB,n_1,n_2}(1 - \alpha/2)$이면 귀무가설을 기각한다. 양측검정의 경우에는 귀무가설을 $T_{AB} \geq t_{AB,n_1,n_2}(\alpha/2)$ 또는 $T_{AB} < t_{AB,n_1,n_2}(1 - \alpha/2)$이면 기각하게 된다. 여기서 $t_{AB,n_1,n_2}(\alpha/2)$는 표본의 크기가 n_1,n_2일 때 귀무가설 하에서 검정통계량의 분포에서 상위 100α 백분위수를 나타내고 이 값은 T_{AB}의 분포표에서 찾으면 된다.

〈표 10.4〉 Perfume 데이터 (첫 10개, $n = 16$)

ID	Company	Weight	ID	Company	Weight
1	A	117.10	6	A	124.50
2	A	121.30	7	A	119.50
3	A	127.80	8	A	115.10
4	A	121.90	9	B	123.50
5	A	117.40 10	B	125.30	

표본크기(n)가 충분히 큰 경우에는 정규근사 방법을 이용하여 유의확률을 계산할 수도 있는데, n이 짝수인 경우에는 다음 통계량을

$$T^*_{AB} = \frac{T_{AB} - n_1(n+2)/4}{\sqrt{n_1 n_2 (n+2)(n-2)/48(n-1)}}, \tag{10.15}$$

그리고 n이 홀수인 경우에는 다음 통계량을

$$T^*_{AB} = \frac{T_{AB} - n_1(n+1)^2/4n}{\sqrt{n_1 n_2 (n+2)(n^2+3)/48n^2}} \tag{10.16}$$

사용하여 검정하면 된다.

〈예 10.7〉 앤사리-브래들리 검정

```
> Perfume = read.csv("L:/My_Work/Data/Perfume.csv",header=TRUE)
> ansari.test(Weight~Company,data=Perfume,alternative=c("two.sided"))
#--------------------------------------------------------------------
Ansari-Bradley test

data:  Weight by Company
AB = 35, p-value = 0.9173
alternative hypothesis: true ratio of scales is not equal to 1
```

두 회사(company; A, B)에서 제조한 계피향료의 무게를 조사한 데이터(표 10.4)에 대하여 무게(weight)의 분산이 같은지를 알아보고자 한다. 〈예 10.6〉은 ansari.test() 함수를 사용하여 앤사리-브래들리 검정을 수행한 것이다. 출력결과를 살펴보면 검정통계량은 35로 계산이 되었고 양측검정 유의확률($p-$값)이 0.917이므로 유의수준 5%에서 귀무가설을 기각하게 된다. 따라서 두 회사에서 제조한 향료 무게의 분산은 동일하지 않다는 결론을 얻을 수 있다.

앤사리-브래들리 검정 이외에도 무드 검정(Mood test), 시겔-튜키 검정(Siegel-Turkey test), 정규점수 검정(normal scores test) 등의 검정법이 제안되어 있고, 두 위치모수의 차이가 알려져 있지 않은 경우에 적용할 수 있는 검정으로는 모제스 검정(Moses test)이 있다.

10.4 독립 $k-$표본에 대한 검정

두 독립표본에 의한 윌콕슨의 순위합검정을 $k(\geq 2)$개의 독립표본에 의한 위치모수의 차이를 검정하는 문제로 확장한 것이 **크러스칼-왈리스**(Kruskal-Wallis) 검정이다. 즉 크러스칼-왈리스 검정은 앞 장에서 설명한 일원분류 분산분석에 대응되는 비모수적 검정 방법이라고 할 수 있으며, 등분산성 또는 정규성과 같은 가정을 필요로 하지 않는다.

n_j개의 표본 x_{i1}, x_{i2}, $\cdots$, x_{in_j}가 위치모수 θ_j를 가지는 k개의 모집단에서 각각 추출되었다고 하자($j = 1, 2, \cdots, k$). 이 경우 관심이 되는 가설 중 하나는 $H_0 : \theta_1 = \theta_2 = \cdots \theta_k$이고, 이를 검정하기 위한 크러스칼-왈리스 통계량은 다음의 절차에 따라 계산된다. 먼저, 모든 표본들의 관측치를 혼합하여 제일 작은 것부터 제일 큰 것까지 크기순으로 나열한 뒤 순위를 매긴다. R_{ij}를 x_{ij}의 순위라 하면 각 집단별 순위 합 $R_{\cdot j} = \sum_{i=1}^{n_j} x_{ij}$을 구한 다음

$$T_{KW} = \frac{12}{n(n+1)} \sum_{j=1}^{k} \frac{R_{\cdot j}^2}{n_j} - 3(n+1) \tag{10.17}$$

을 검정통계량으로 사용한다.

유의수준 α% 하에서 $T_{KW} \geq c(\alpha)$이면 귀무가설을 기각하게 되는데, $c(\alpha)$는 귀무가설 하의 T_{KW}분포에서 100α가 되는 백분위수로 크러스칼-왈리스 분포표에서 구할 수 있다. 그러나 분포표에 제시되어 있는 값들은 극히 제한적이어서 대개의 경우에는 $\min(n_1, \cdots, n_k)$가 충분히 클 때 귀무가설 H_0 하에서 크러스칼-왈리스 통계량 T_{KW}가 자유도 $k-1$인 카이제곱분포를 따른다는 사실을 이용하여 검정하게 된다.

〈예 10.8〉 크러스칼-왈리스 검정

```
> Fly = read.csv("L:/My_Work/Data/Fly.csv",header=TRUE)
> kruskal.test(Effect~Type,data=Fly)
#-----------------------------------------------------------------
Kruskal-Wallis rank sum test

data:  Effect by Type
Kruskal-Wallis chi-squared = 4.3626, df = 2, p-value = 0.1129
```

〈표 10.5〉 Flye 데이터

ID	Type	Effect	ID	Type	Effect	ID	Type	Effect
1	A	72	7	B	55	13	C	64
2	A	65	8	B	59	14	C	74
3	A	67	9	B	68	15	C	61
4	A	75	10	B	70	16	C	58
5	A	62	11	B	53	17	C	51
6	A	73	12	B	50	18	C	69

〈표 10.5〉는 세 종류의 파리약(Type; A, B, C)의 살충효과(Effect, %)를 조사한 데이터이다. 즉, 파리약의 각 종류별로 6번씩의 독립적인 실험을 통해 자료를 수집하였다. 〈예 10.8〉은 이 데이터에 대하여 파리약의 종류에 따른 살충효과의 차이가 있는지를 알아보고자 크러스칼-왈리스 검정을 수행한 것이다.

위의 출력결과를 살펴보면 크러스칼-왈리스 검정통계량의 값은 4.363이고 유의확률(p-값)이 0.113이므로 유의수준 5% 하에서 귀무가설 $H_0 : \theta_1 = \theta_2 = \cdots \theta_k$을 기각할 수가 없다는 것을 알 수 있다. 따라서 파리약의 종류에 따른 살충효과의 위치모수들에는 유의한 차이가 없다고 할 수 있다.

10.5 이 장에서 사용된 주요 함수들

여기에서는 이 장에서 사용된 주요 함수들에 대하여 사용형식(usage)과 자주 사용되는 인수(argument)들을 설명한다. 보다 자세한 사항은 R의 도움말을 참조하여라.

〈ansari.test 함수〉 ∼ stats 패키지

☐ ansari.test(formula, data=, ⋯): 두 척도모수 동일성에 대한 비모수검정을 수행한다.

- formula: y∼grp 형식으로 반응변수(y)와 집단변수(grp)를 지정한다.
- data=: 데이터 프레임을 지정한다.
- alternative=c(): two.sided(양측검정), less(왼쪽 단측검정), greater(오른쪽 단측검정)을 지정한다[기본값: alternative=c("two.sided")].
- conf.level=: 신뢰수준($1-\alpha$)을 지정한다[기본값: conf.level=0.95].

⟨kruskal.test 함수⟩ ~ stats 패키지

☐ kruskal.test(formula, data=, ⋯): 크러스칼-왈리스 검정을 수행한다.

- formula: y~grp 형식으로 반응변수(y)와 집단변수(grp)를 지정한다.
- data=: 데이터 프레임을 지정한다.

⟨wilcox.test 함수⟩ ~ stats 패키지

☐ wilcox.test(formula, data=, var.equal=, ⋯): 독립표본에 대한 순위합검정을 수행한다.
☐ wilcox.test(x, y, paired=TRUE, ⋯): 대응표본에 대한 부호순위검정을 수행한다.

- formula: y~grp 형식으로 반응변수(y)와 집단변수(grp)를 지정한다.
- data=: 데이터 프레임을 지정한다.
- x, y: 대응변수 x와 y를 지정한다.
- alternative=c(" "): two.sided(양측검정), less(왼쪽 단측검정), greater(오른쪽 단측검정)을 지정한다[기본값: alternative=c("two.sided")].
- mu=: 귀무가설 하에서의 모평균의 차이(δ_0)를 지정한다[기본값: mu=0].
- paired=: 대응표본 검정을 수행할 것인지의 여부를 지정한다[기본값: paired=FALSE]. TRUE로 지정하면 부호순위검정을, FALSE로 지정하면 순위합검정을 수행한다.
- conf.level=: 신뢰수준($1-\alpha$)을 지정한다[기본값: conf.level=0.95].

10.6 연습문제

1. 17명의 정상인에 대해 피부생체조직의 아연집중도를 조사하여 다음의 데이터를 얻었다(단위: μ/g). 아연집중도는 정규분포를 따른다고 할 수 있는지를 알아보기 위해 적합도 검정을 실시하여라.

아연집중도	437 358 72 43 107 223 60 72 54 35 70 20 34 24 24 51 23

2. 한 페인트 제조업자는 새로운 첨가제를 넣어서 만든 자사 페인트가 기존의 다른 페인트보다 더 빨리 마른다고 주장한다. 이를 확인해 보기 위해 12개씩의 페인트를 임의로 추출하여 마르는 시간을 조사해 보았더니 다음과 같은 데이터를 얻었다. $t-$검정과 윌콕슨의 순위합검정을 이용하여 이 데이터를 분석하여라.

기존의 페인트	6.6 5.8 7.8 5.7 6.0 8.4 8.8 8.4 7.3 5.8 5.8 6.5
새로운 페인트	6.4 5.8 7.4 5.5 6.3 7.8 8.6 8.2 7.0 4.9 5.9 6.5

3. 문제 2의 데이터에 대하여 앤사리-브래들리 검정을 이용하여 두 페인트의 건조시간의 분산에 차이가 있는지를 검정하여라.

4. 다음은 세 그룹의 학생들에게 시험을 치른 다음 얻은 성적에 관한 데이터이다. 일원분류 분산분석과 크러스칼-왈리스 검정을 이용하여 이 데이터를 분석하여라.

A 그룹	772 764 600 564
B 그룹	792 612 592
C 그룹	752 680 624 580 572

부록
통계분포표

부표 1. 이항분포

부표 2. 포아송분포

부표 3. 표준정규분포

부표 4. $t-$분포

부표 5. 카이제곱분포

부표 6. $F-$분포

부표 1. 이항분포

$$P(X \leq x) = \sum_{k=0}^{x} \binom{n}{k} p^k (1-p)^{n-k}$$

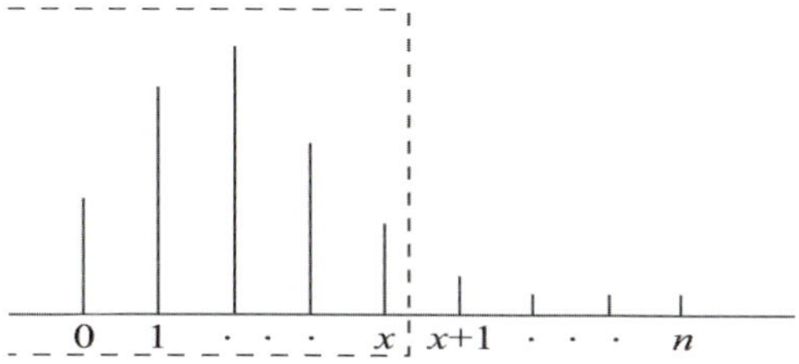

(a) $n = 5$

$x \setminus p$	0.01	0.05	0.10	0.20	0.30	0.40	0.50	0.60	0.70	0.80	0.90	0.95	0.99
0	.951	.774	.590	.328	.168	.078	.031	.010	.002	.000	.000	.000	.000
1	.999	.977	.919	.737	.528	.337	.188	.087	.031	.007	.000	.000	.000
2	1.00	.999	.991	.942	.837	.683	.500	.317	.163	.058	.009	.001	.000
3	1.00	1.00	1.00	.993	.969	.913	.813	.663	.472	.263	.081	.023	.001
4	1.00	1,00	1.00	1.00	.998	.990	.969	.922	.832	.672	.410	.226	.049

(b) $n = 10$

$x \setminus p$	0.01	0.05	0.10	0.20	0.30	0.40	0.50	0.60	0.70	0.80	0.90	0.95	0.99
0	.904	.599	.349	.107	.028	.006	.001	.000	.000	.000	.000	.000	.000
1	.996	.914	.736	.376	.149	.046	.011	.002	.000	.000	.000	.000	.000
2	1.00	.988	.930	.678	.383	.167	.055	.012	.002	.000	.000	.000	.000
3	1.00	.999	.987	.879	.650	.382	.172	.055	.011	.001	.000	.000	.000
4	1.00	1.00	.998	.967	.850	.633	.377	.166	.047	.006	.000	.000	.000
5	1.00	1.00	1.00	.994	.953	.834	.623	.367	.150	.033	.002	.000	.000
6	1.00	1.00	1.00	.999	.989	.945	.828	.618	.350	.121	.013	.001	.000
7	1.00	1.00	1.00	1.00	.998	.988	.945	.833	.617	.322	.070	.012	.000
8	1.00	1.00	1.00	1.00	1.00	.998	.989	.954	.851	.624	.264	.086	.004
9	1.00	1.00	1.00	1.00	1.00	1.00	.999	.994	.972	.893	.651	.401	.096

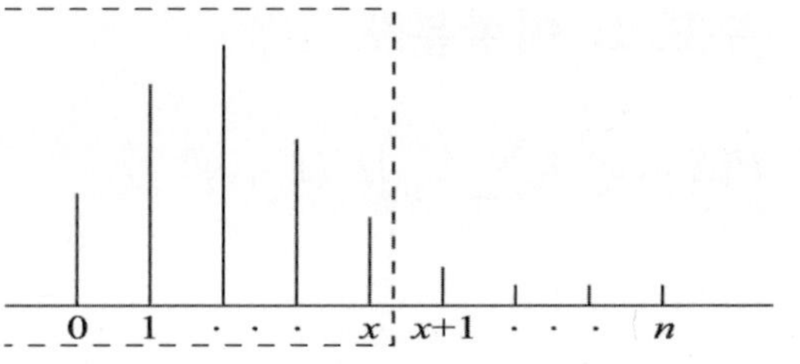

(c) $n = 15$

$x \setminus p$	0.01	0.05	0.10	0.20	0.30	0.40	0.50	0.60	0.70	0.80	0.90	0.95	0.99
0	.860	.463	.206	.035	.005	.000	.000	.000	.000	.000	.000	.000	.000
1	.990	.829	.549	.167	.035	.005	.000	.000	.000	.000	.000	.000	.000
2	1.00	.964	.816	.398	.127	.027	.004	.000	.000	.000	.000	.000	.000
3	1.00	.995	.944	.648	.297	.091	.018	.002	.000	.000	.000	.000	.000
4	1.00	.999	.987	.836	.515	.217	.059	.009	.001	.000	.000	.000	.000
5	1.00	1.00	.998	.939	.722	.403	.151	.034	.004	.000	.000	.000	.000
6	1.00	1.00	1.00	.982	.869	.610	.304	.095	.015	.001	.000	.000	.000
7	1.00	1.00	1.00	.996	.950	.787	.500	.213	.050	.004	.000	.000	.000
8	1.00	1.00	1.00	.999	.985	.905	.696	.390	.131	.018	.000	.000	.000
9	1.00	1.00	1.00	1.00	.996	.966	.849	.597	.278	.061	.002	.000	.000
10	1.00	1.00	1.00	1.00	.999	.991	.941	.783	.485	.164	.013	.001	.000
11	1.00	1.00	1.00	1.00	1.00	.998	.982	.909	.703	.352	.056	.005	.000
12	1.00	1.00	1.00	1.00	1.00	1.00	.996	.973	.873	.602	.184	.036	.000
13	1.00	1.00	1.00	1.00	1.00	1.00	1.00	.995	.965	.833	.451	.171	.010
14	1.00	1.00	1.00	1.00	1.00	1.00	1.00	1.00	.995	.965	.794	.537	.140

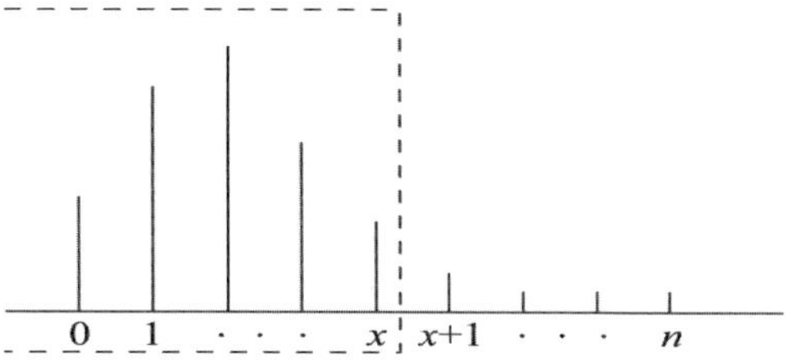

(d) $n = 20$

$x \setminus p$	0.01	0.05	0.10	0.20	0.30	0.40	0.50	0.60	0.70	0.80	0.90	0.95	0.99
0	.818	.358	.122	.012	.001	.000	.000	.000	.000	.000	.000	.000	.000
1	.983	.736	.392	.069	.008	.001	.000	.000	.000	.000	.000	.000	.000
2	.999	.925	.677	.206	.035	.004	.000	.000	.000	.000	.000	.000	.000
3	1.00	.984	.867	.411	.107	.016	.001	.000	.000	.000	.000	.000	.000
4	1.00	.997	.957	.630	.238	.051	.006	.000	.000	.000	.000	.000	.000
5	1.00	1.00	.989	.804	.416	.126	.021	.002	.000	.000	.000	.000	.000
6	1.00	1.00	.998	.913	.608	.250	.058	.006	.000	.000	.000	.000	.000
7	1.00	1.00	1.00	.968	.772	.416	.132	.021	.001	.000	.000	.000	.000
8	1.00	1.00	1.00	.990	.887	.596	.252	.057	.005	.000	.000	.000	.000
9	1.00	1.00	1.00	.997	.952	.755	.412	.128	.017	.001	.000	.000	.000
10	1.00	1.00	1.00	.999	.983	.872	.588	.245	.048	.003	.000	.000	.000
11	1.00	1.00	1.00	1.00	.995	.943	.748	.404	.113	.010	.000	.000	.000
12	1.00	1.00	1.00	1.00	.999	.979	.868	.584	.228	.032	.000	.000	.000
13	1.00	1.00	1.00	1.00	1.00	.994	.942	.750	.392	.087	.002	.000	.000
14	1.00	1.00	1.00	1.00	1.00	.998	.979	.874	.584	.196	.011	.000	.000
15	1.00	1.00	1.00	1.00	1.00	1.00	.994	.949	.762	.370	.043	.003	.000
16	1.00	1.00	1.00	1.00	1.00	1.00	.999	.984	.893	.589	.133	.016	.000
17	1.00	1.00	1.00	1.00	1.00	1.00	1.00	.996	.965	.794	.323	.075	.001
18	1.00	1.00	1.00	1.00	1.00	1.00	1.00	.999	.992	.931	.608	.264	.017
19	1.00	1.00	1.00	1.00	1.00	1.00	1.00	1.00	.999	.988	.878	.642	.182

부표 2. 포아송분포

$$P(X \leq x) = \sum_{k=0}^{x} \frac{e^{-\mu}\mu^k}{k!}$$

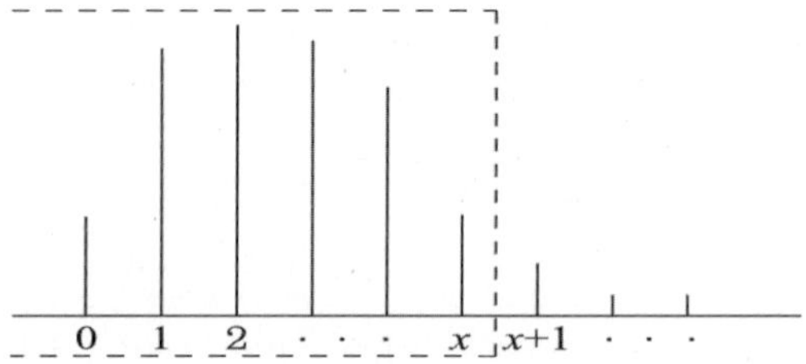

$x \setminus \mu$	0.1	0.2	0.3	0.4	0.5	0.6	0.7	0.8	0.9	1.0
0	0.905	0.819	0.741	0.670	0.607	0.549	0.497	0.449	0.407	0.368
1	0.995	0.982	0.963	0.938	0.910	0.878	0.844	0.809	0.772	0.736
2	1.000	0.999	0.996	0.992	0.986	0.977	0.966	0.953	0.937	0.920
3	1.000	1.000	1.000	0.999	0.998	0.997	0.994	0.991	0.987	0.981
4	1.000	1.000	1.000	1.000	1.000	1.000	0.999	0.999	0.998	0.996
5	1.000	1.000	1.000	1.000	1.000	1.000	1.000	1.000	1.000	0.999
6	1.000	1.000	1.000	1.000	1.000	1.000	1.000	1.000	1.000	1.000

$x \setminus \mu$	1.1	1.2	1.3	1.4	1.5	1.6	1.7	1.8	1.9	2.0
0	0.333	0.301	0.273	0.247	0.223	0.202	0.183	0.165	0.150	0.135
1	0.699	0.663	0.627	0.592	0.558	0.525	0.493	0.463	0.434	0.406
2	0.900	0.879	0.857	0.833	0.809	0.783	0.757	0.731	0.704	0.677
3	0.974	0.966	0.957	0.946	0.934	0.921	0.907	0.891	0.875	0.857
4	0.995	0.992	0.989	0.986	0.981	0.976	0.970	0.964	0.956	0.947
5	0.999	0.998	0.998	0.997	0.996	0.994	0.992	0.990	0.987	0.983
6	1.000	1.000	1.000	0.999	0.999	0.999	0.998	0.997	0.997	0.995
7	1.000	1.000	1.000	1.000	1.000	1.000	1.000	0.999	0.999	0.999
8	1.000	1.000	1.000	1.000	1.000	1.000	1.000	1.000	1.000	1.000

$x \setminus \mu$	2.2	2.4	2.6	2.8	3.0	3.2	3.4	3.6	3.8	4.0
0	0.111	0.091	0.074	0.061	0.050	0.041	0.033	0.027	0.022	0.018
1	0.355	0.308	0.267	0.231	0.199	0.171	0.147	0.126	0.107	0.092
2	0.623	0.570	0.518	0.469	0.423	0.380	0.340	0.303	0.269	0.238
3	0.819	0.779	0.736	0.692	0.647	0.603	0.558	0.515	0.473	0.433
4	0.928	0.904	0.877	0.848	0.815	0.781	0.744	0.706	0.668	0.629
5	0.975	0.964	0.951	0.935	0.916	0.895	0.871	0.844	0.816	0.785
6	0.993	0.988	0.983	0.976	0.966	0.955	0.942	0.927	0.909	0.889
7	0.998	0.997	0.995	0.992	0.988	0.983	0.977	0.969	0.960	0.949
8	1.000	0.999	0.999	0.998	0.996	0.994	0.992	0.988	0.984	0.979
9	1.000	1.000	1.000	0.999	0.999	0.998	0.997	0.996	0.994	0.992
10	1.000	1.000	1.000	1.000	1.000	1.000	0.999	0.999	0.998	0.997
11	1.000	1.000	1.000	1.000	1.000	1.000	1.000	1.000	0.999	0.999
12	1.000	1.000	1.000	1.000	1.000	1.000	1.000	1.000	1.000	1.000

$x \setminus \mu$	4.2	4.4	4.6	4.8	5.0	5.2	5.4	5.6	5.8	6.0
0	0.015	0.012	0.010	0.008	0.007	0.006	0.005	0.004	0.003	0.002
1	0.078	0.066	0.056	0.048	0.040	0.034	0.029	0.024	0.021	0.017
2	0.210	0.185	0.163	0.143	0.125	0.109	0.095	0.082	0.072	0.062
3	0.395	0.359	0.326	0.294	0.265	0.238	0.213	0.191	0.170	0.151
4	0.590	0.551	0.513	0.476	0.440	0.406	0.373	0.342	0.313	0.285
5	0.753	0.720	0.686	0.651	0.616	0.581	0.546	0.512	0.478	0.446
6	0.867	0.844	0.818	0.791	0.762	0.732	0.702	0.670	0.638	0.606
7	0.936	0.921	0.905	0.887	0.867	0.845	0.822	0.797	0.771	0.744
8	0.972	0.964	0.955	0.944	0.932	0.918	0.903	0.886	0.867	0.847
9	0.989	0.985	0.980	0.975	0.968	0.960	0.951	0.941	0.929	0.916
10	0.996	0.994	0.992	0.990	0.986	0.982	0.977	0.972	0.965	0.957
11	0.999	0.998	0.997	0.996	0.995	0.993	0.990	0.988	0.984	0.980
12	1.000	0.999	0.999	0.999	0.998	0.997	0.996	0.995	0.993	0.991
13	1.000	1.000	1.000	1.000	0.999	0.999	0.999	0.998	0.997	0.996
14	1.000	1.000	1.000	1.000	1.000	1.000	1.000	0.999	0.999	0.999
15	1.000	1.000	1.000	1.000	1.000	1.000	1.000	1.000	1.000	0.999
16	1.000	1.000	1.000	1.000	1.000	1.000	1.000	1.000	1.000	1.000

$x \setminus \mu$	6.5	7.0	7.5	8.0	8.5	9.0	9.5	10.0	10.5	11.0
0	0.002	0.001	0.001	0.000	0.000	0.000	0.000	0.000	0.000	0.000
1	0.011	0.007	0.005	0.003	0.002	0.001	0.001	0.000	0.000	0.000
2	0.043	0.030	0.020	0.014	0.009	0.006	0.004	0.003	0.002	0.001
3	0.112	0.082	0.059	0.042	0.030	0.021	0.015	0.010	0.007	0.005
4	0.224	0.173	0.132	0.100	0.074	0.055	0.040	0.029	0.021	0.015
5	0.369	0.301	0.241	0.191	0.150	0.116	0.089	0.067	0.050	0.038
6	0.527	0.450	0.378	0.313	0.256	0.207	0.165	0.130	0.102	0.079
7	0.673	0.599	0.525	0.453	0.386	0.324	0.269	0.220	0.179	0.143
8	0.792	0.729	0.662	0.593	0.523	0.456	0.392	0.333	0.279	0.232
9	0.877	0.830	0.776	0.717	0.653	0.587	0.522	0.458	0.397	0.341
10	0.933	0.901	0.862	0.816	0.763	0.706	0.645	0.583	0.521	0.460
11	0.966	0.947	0.921	0.888	0.849	0.803	0.752	0.697	0.639	0.579
12	0.984	0.973	0.957	0.936	0.909	0.876	0.836	0.792	0.742	0.689
13	0.993	0.987	0.978	0.966	0.949	0.926	0.898	0.864	0.825	0.781
14	0.997	0.994	0.990	0.983	0.973	0.959	0.940	0.917	0.888	0.854
15	0.999	0.998	0.995	0.992	0.986	0.978	0.967	0.951	0.932	0.907
16	1.000	0.999	0.998	0.996	0.993	0.989	0.982	0.973	0.960	0.944
17	1.000	1.000	0.999	0.998	0.997	0.995	0.991	0.986	0.978	0.968
18	1.000	1.000	1.000	0.999	0.999	0.998	0.996	0.993	0.988	0.982
19	1.000	1.000	1.000	1.000	0.999	0.999	0.998	0.997	0.994	0.991
20	1.000	1.000	1.000	1.000	1.000	1.000	0.999	0.998	0.997	0.995
21	1.000	1.000	1.000	1.000	1.000	1.000	1.000	0.999	0.999	0.998
22	1.000	1.000	1.000	1.000	1.000	1.000	1.000	1.000	0.999	0.999
23	1.000	1.000	1.000	1.000	1.000	1.000	1.000	1.000	1.000	1.000

부표 3. 표준정규분포

$$P(0 < Z < z) = \int_0^z \frac{1}{\sqrt{2\pi}} e^{-t^2/2} dt$$

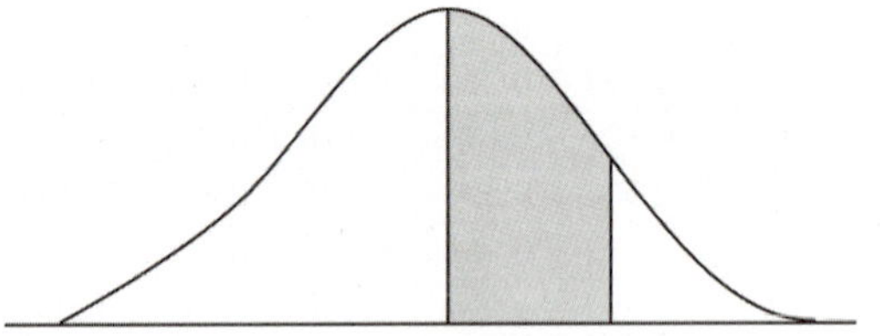

z	.00	.01	.02	.03	.04	.05	.06	.07	.08	.09
0.0	.0000	.0040	.0080	.0120	.0160	.0199	.0239	.0279	.0319	.0359
0.1	.0398	.0438	.0478	.0517	.0557	.0596	.0636	.0675	.0714	.0753
0.2	.0793	.0832	.0871	.0910	.0948	.0987	.1026	.1064	.1103	.1141
0.3	.1179	.1217	.1255	.1293	.1331	.1368	.1406	.1443	.1480	.1517
0.4	.1554	.1591	.1628	.1664	.1700	.1736	.1772	.1808	.1844	.1879
0.5	.1915	.1950	.1985	.2019	.2054	.2088	.2123	.2157	.2190	.2224
0.6	.2257	.2291	.2324	.2357	.2389	.2422	.2454	.2486	.2517	.2549
0.7	.2580	.2611	.2642	.2673	.2704	.2734	.2764	.2794	.2823	.2852
0.8	.2881	.2910	.2939	.2967	.2995	.3023	.3051	.3078	.3106	.3133
0.9	.3159	.3186	.3212	.3238	.3264	.3289	.3315	.3340	.3365	.3389
1.0	.3413	.3438	.3461	.3485	.3508	.3531	.3554	.3577	.3599	.3621
1.1	.3643	.3665	.3686	.3708	.3729	.3749	.3770	.3790	.3810	.3830
1.2	.3849	.3869	.3888	.3907	.3925	.3944	.3962	.3980	.3997	.4015
1.3	.4032	.4049	.4066	.4082	.4099	.4115	.4131	.4147	.4162	.4177
1.4	.4192	.4207	.4222	.4236	.4251	.4265	.4279	.4292	.4306	.4319
1.5	.4332	.4345	.4357	.4370	.4382	.4394	.4406	.4418	.4429	.4441
1.6	.4452	.4463	.4474	.4484	.4495	.4505	.4515	.4525	.4535	.4545
1.7	.4554	.4564	.4573	.4582	.4591	.4599	.4608	.4616	.4625	.4633
1.8	.4641	.4649	.4656	.4664	.4671	.4678	.4686	.4693	.4699	.4706
1.9	.4713	.4719	.4726	.4732	.4738	.4744	.4750	.4756	.4761	.4767
2.0	.4772	.4778	.4783	.4788	.4793	.4798	.4803	.4808	.4812	.4817
2.1	.4821	.4826	.4830	.4834	.4838	.4842	.4846	.4850	.4854	.4857
2.2	.4861	.4864	.4868	.4871	.4875	.4878	.4881	.4884	.4887	.4890
2.3	.4893	.4896	.4898	.4901	.4904	.4906	.4909	.4911	.4913	.4916
2.4	.4918	.4920	.4922	.4925	.4927	.4929	.4931	.4932	.4934	.4936
2.5	.4938	.4940	.4941	.4943	.4945	.4946	.4948	.4949	.4951	.4952
2.6	.4953	.4955	.4956	.4957	.4959	.4960	.4961	.4962	.4963	.4964
2.7	.4965	.4966	.4967	.4968	.4969	.4970	.4971	.4972	.4973	.4974
2.8	.4974	.4975	.4976	.4977	.4977	.4978	.4979	.4979	.4980	.4981
2.9	.4981	.4982	.4982	.4983	.4984	.4984	.4985	.4985	.4986	.4986
3.0	.4987	.4987	.4987	.4988	.4988	.4989	.4989	.4989	.4990	.4990

α	0.005	0.01	0.025	0.05	0.10
z_α	2.576	2.326	1.960	1.645	1.282

부표 4. t–분포

$P(t > t_{\alpha}) = \alpha$: t–분포의 우측 확률점

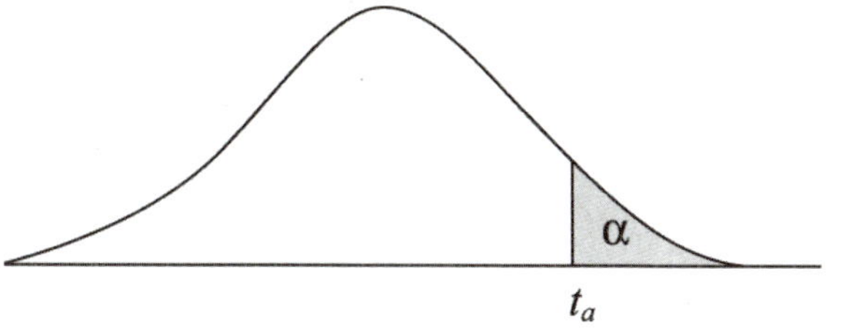

df(자유도)	$t_{0.100}$	$t_{0.050}$	$t_{0.025}$	$t_{0.010}$	$t_{0.005}$
1	3.078	6.314	12.71	31.82	63.66
2	1.886	2.920	4.303	6.965	9.925
3	1.638	2.353	3.182	4.541	5.841
4	1.533	2.132	2.776	3.747	4.604
5	1.476	2.015	2.571	3.365	4.032
6	1.440	1.943	2.447	3.143	3.707
7	1.415	1.895	2.365	2.998	3.499
8	1.397	1.860	2.306	2.896	3.355
9	1.383	1.833	2.262	2.821	3.250
10	1.372	1.812	2.228	2.764	3.169
11	1.363	1.796	2.201	2.718	3.106
12	1.356	1.782	2.179	2.681	3.055
13	1.350	1.771	2.160	2.650	3.012
14	1.345	1.761	2.145	2.624	2.977
15	1.341	1.753	2.131	2.602	2.947
16	1.337	1.746	2.120	2.583	2.921
17	1.333	1.740	2.110	2.567	2.898
18	1.330	1.734	2.101	2.552	2.878
19	1.328	1.729	2.093	2.539	2.861
20	1.325	1.725	2.086	2.528	2.845
21	1.323	1.721	2.080	2.518	2.831
22	1.321	1.717	2.074	2.508	2.819
23	1.319	1.714	2.069	2.500	2.807
24	1.318	1.711	2.064	2.492	2.797
25	1.316	1.708	2.060	2.485	2.787
26	1.315	1.706	2.056	2.479	2.779
27	1.314	1.703	2.052	2.473	2.771
28	1.313	1.701	2.048	2.467	2.763
29	1.311	1.699	2.045	2.462	2.756
∞	1.282	1.645	1.960	2.326	2.576

부표 5. 카이제곱분포

$P(\chi^2 > \chi^2_\alpha) = \alpha$: 카이제곱분포의 우측 확률점

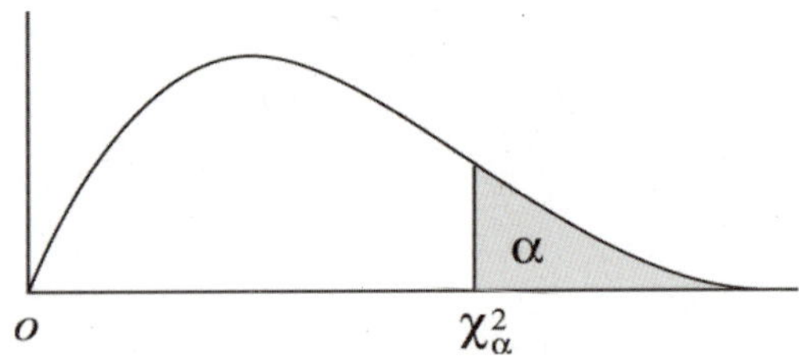

df(자유도)	$\chi^2_{0.995}$	$\chi^2_{0.990}$	$\chi^2_{0.975}$	$\chi^2_{0.950}$	$\chi^2_{0.900}$
1	0.0000	0.0002	0.0010	0.0039	0.0158
2	0.0100	0.0201	0.0506	0.1026	0.2107
3	0.0717	0.1148	0.2158	0.3518	0.5844
4	0.2070	0.2971	0.4844	0.7107	1.0636
5	0.4117	0.5543	0.8312	1.1455	1.6103
6	0.6757	0.8721	1.2373	1.6354	2.2041
7	0.9893	1.2390	1.6899	2.1673	2.8331
8	1.3444	1.6465	2.1797	2.7326	3.4895
9	1.7349	2.0879	2.7004	3.3251	4.1682
10	2.1559	2.5582	3.2470	3.9403	4.8652
11	2.6032	3.0535	3.8157	4.5748	5.5778
12	3.0738	3.5706	4.4038	5.2260	6.3038
13	3.5650	4.1069	5.0088	5.8919	7.0415
14	4.0747	4.6604	5.6287	6.5706	7.7895
15	4.6009	5.2293	6.2621	7.2609	8.5468
16	5.1422	5.8122	6.9077	7.9616	9.3122
17	5.6972	6.4078	7.5642	8.6718	10.0852
18	6.2648	7.0149	8.2307	9.3905	10.8649
19	6.8440	7.6327	8.9065	10.1170	11.6509
20	7.4338	8.2604	9.5908	10.8508	12.4426
21	8.0337	8.8972	10.2829	11.5913	13.2396
22	8.6427	9.5425	10.9823	12.3380	14.0415
23	9.2604	10.1957	11.6886	13.0905	14.8480
24	9.8862	10.8564	12.4012	13.8484	15.6587
25	10.5197	11.5240	13.1197	14.6114	16.4734
26	11.1602	12.1981	13.8439	15.3792	17.2919
27	11.8076	12.8785	14.5734	16.1514	18.1139
28	12.4613	13.5647	15.3079	16.9279	18.9392
29	13.1211	14.2565	16.0471	17.7084	19.7677
30	13.7867	14.9535	16.7908	18.4927	20.5992
40	20.7065	22.1643	24.4330	26.5093	29.0505
50	27.9907	29.7067	32.3574	34.7643	37.6886
60	35.5345	37.4849	40.4817	43.1880	46.4589
70	43.2752	45.4417	48.7576	51.7393	55.3289
80	51.1719	53.5401	57.1532	60.3915	64.2778
90	59.1963	61.7541	65.6466	69.1260	73.2911
100	67.3276	70.0648	74.2219	77.9295	82.3581

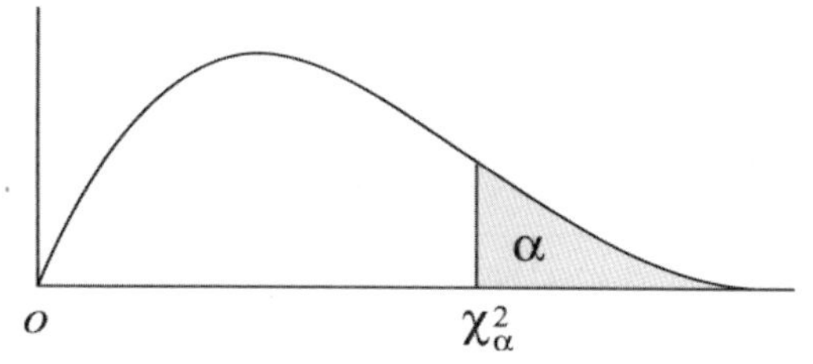

df(자유도)	$\chi^2_{0.100}$	$\chi^2_{0.050}$	$\chi^2_{0.025}$	$\chi^2_{0.010}$	$\chi^2_{0.005}$
1	2.7055	3.8415	5.0239	6.6349	7.8794
2	4.6052	5.9915	7.3778	9.2103	10.5966
3	6.2514	7.8147	9.3484	11.3449	12.8382
4	7.7794	9.4877	11.1433	13.2767	14.8603
5	9.2364	11.0705	12.8325	15.0863	16.7496
6	10.6446	12.5916	14.4494	16.8119	18.5476
7	12.0170	14.0671	16.0128	18.4753	20.2777
8	13.3616	15.5073	17.5345	20.0902	21.9550
9	14.6837	16.9190	19.0228	21.6660	23.5894
10	15.9872	18.3070	20.4832	23.2093	25.1882
11	17.2750	19.6751	21.9200	24.7250	26.7568
12	18.5493	21.0261	23.3367	26.2170	28.2995
13	19.8119	22.3620	24.7356	27.6882	29.8195
14	21.0641	23.6848	26.1189	29.1412	31.3193
15	22.3071	24.9958	27.4884	30.5779	32.8013
16	23.5418	26.2962	28.8454	31.9999	34.2672
17	24.7690	27.5871	30.1910	33.4087	35.7185
18	25.9894	28.8693	31.5264	34.8053	37.1565
19	27.2036	30.1435	32.8523	36.1909	38.5823
20	28.4120	31.4104	34.1696	37.5662	39.9968
21	29.6151	32.6706	35.4789	38.9322	41.4011
22	30.8133	33.9244	36.7807	40.2894	42.7957
23	32.0069	35.1725	38.0756	41.6384	44.1813
24	33.1962	36.4150	39.3641	42.9798	45.5585
25	34.3816	37.6525	40.6465	44.3141	46.9279
26	35.5632	38.8851	41.9232	45.6417	48.2899
27	36.7412	40.1133	43.1945	46.9629	49.6449
28	37.9159	41.3371	44.4608	48.2782	50.9934
29	39.0875	42.5570	45.7223	49.5879	52.3356
30	40.2560	43.7730	46.9792	50.8922	53.6720
40	51.8051	55.7585	59.3417	63.6907	66.7660
50	63.1671	67.5048	71.4202	76.1539	79.4900
60	74.3970	79.0819	83.2977	88.3794	91.9517
70	85.5270	90.5312	95.0232	100.425	104.215
80	96.5782	101.879	106.629	112.329	116.321
90	107.565	113.145	118.136	124.116	128.299
100	118.498	124.342	129.561	135.807	140.169

부표 6. F−분포

$P(F > F_\alpha) = \alpha$: F−분포의 우측 확률점

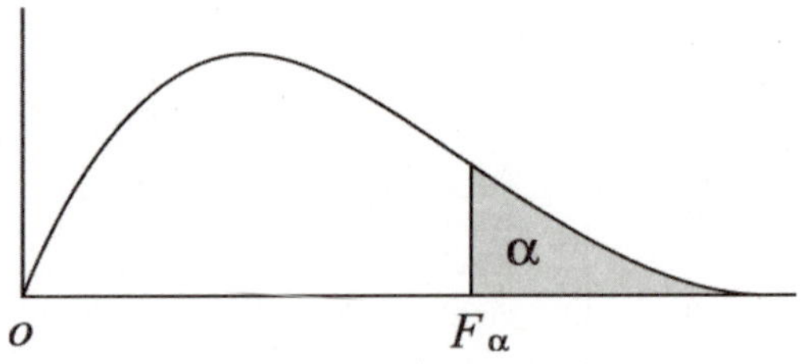

$(\alpha = 0.05)$

$v_2 \setminus v_1$	1	2	3	4	5	6	7	8	9
1	161.4	199.5	215.7	224.6	230.2	234.0	236.8	238.9	240.5
2	18.51	19.00	19.16	19.25	19.30	19.33	19.35	19.37	19.38
3	10.13	9.55	9.28	9.12	9.01	8.94	8.89	8.85	8.81
4	7.71	6.94	6.59	6.39	6.26	6.16	6.09	6.04	6.00
5	6.61	5.79	5.41	5.19	5.05	4.95	4.88	4.82	4.77
6	5.99	5.14	4.76	4.53	4.39	4.28	4.21	4.15	4.10
7	5.59	4.74	4.35	4.12	3.97	3.87	3.79	3.73	3.68
8	5.32	4.46	4.07	3.84	3.69	3.58	3.50	3.44	3.39
9	5.12	4.26	3.86	3.63	3.48	3.37	3.29	3.23	3.18
10	4.96	4.10	3.71	3.48	3.33	3.22	3.14	3.07	3.02
11	4.84	3.98	3.59	3.36	3.20	3.09	3.01	2.95	2.90
12	4.75	3.89	3.49	3.26	3.11	3.00	2.91	2.85	2.80
13	4.67	3.81	3.41	3.18	3.03	2.92	2.83	2.77	2.71
14	4.60	3.74	3.34	3.11	2.96	2.85	2.76	2.70	2.65
15	4.54	3.68	3.29	3.06	2.90	2.79	2.71	2.64	2.59
16	4.49	3.63	3.24	3.01	2.85	2.74	2.66	2.59	2.54
17	4.45	3.59	3.20	2.96	2.81	2.70	2.61	2.55	2.49
18	4.41	3.55	3.16	2.93	2.77	2.66	2.58	2.51	2.46
19	4.38	3.52	3.13	2.90	2.74	2.63	2.54	2.48	2.42
20	4.35	3.49	3.10	2.87	2.71	2.60	2.51	2.45	2.39
21	4.32	3.47	3.07	2.84	2.68	2.57	2.49	2.42	2.37
22	4.30	3.44	3.05	2.82	2.66	2.55	2.46	2.40	2.34
23	4.28	3.42	3.03	2.80	2.64	2.53	2.44	2.37	2.32
24	4.26	3.40	3.01	2.78	2.62	2.51	2.42	2.36	2.30
25	4.24	3.39	2.99	2.76	2.60	2.49	2.40	2.34	2.28
26	4.23	3.37	2.98	2.74	2.59	2.47	2.39	2.32	2.27
27	4.21	3.35	2.96	2.73	2.57	2.46	2.37	2.31	2.25
28	4.20	3.34	2.95	2.71	2.56	2.45	2.36	2.29	2.24
29	4.18	3.33	2.93	2.70	2.55	2.43	2.35	2.28	2.22
30	4.17	3.32	2.92	2.69	2.53	2.42	2.33	2.27	2.21
40	4.08	3.23	2.84	2.61	2.45	2.34	2.25	2.18	2.12
60	4.00	3.15	2.76	2.53	2.37	2.25	2.17	2.10	2.04
120	3.92	3.07	2.68	2.45	2.29	2.18	2.09	2.02	1.96
∞	3.84	3.00	2.60	2.37	2.21	2.10	2.01	1.94	1.88

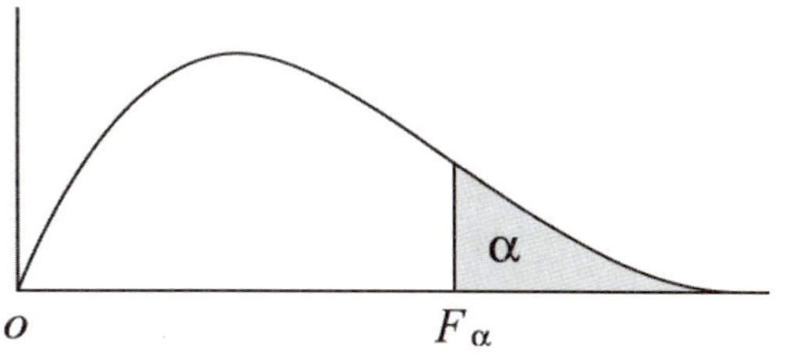

($\alpha = 0.05$)

$v_2 \setminus v_1$	10	12	15	20	24	30	40	60	120	∞
1	241.9	243.9	245.9	248.0	249.1	250.1	251.1	252.2	253.3	254.3
2	19.40	19.41	19.43	19.45	19.45	19.46	19.47	19.48	19.49	19.50
3	8.79	8.74	8.70	8.66	8.64	8.62	8.59	8.57	8.55	8.53
4	5.96	5.91	5.86	5.80	5.77	5.75	5.72	5.69	5.66	5.63
5	4.74	4.68	4.62	4.56	4.53	4.50	4.46	4.43	4.40	4.37
6	4.06	4.00	3.94	3.87	3.84	3.81	3.77	3.74	3.70	3.67
7	3.64	3.57	3.51	3.44	3.41	3.38	3.34	3.30	3.27	3.23
8	3.35	3.28	3.22	3.15	3.12	3.08	3.04	3.01	2.97	2.93
9	3.14	3.07	3.01	2.94	2.90	2.86	2.83	2.79	2.75	2.71
10	2.98	2.91	2.85	2.77	2.74	2.70	2.66	2.62	2.58	2.54
11	2.85	2.79	2.72	2.65	2.61	2.57	2.53	2.49	2.45	2.41
12	2.75	2.69	2.62	2.54	2.51	2.47	2.43	2.38	2.34	2.30
13	2.67	2.60	2.53	2.46	2.42	2.38	2.34	2.30	2.25	2.21
14	2.60	2.53	2.46	2.39	2.35	2.31	2.27	2.22	2.18	2.13
15	2.54	2.48	2.40	2.33	2.29	2.25	2.20	2.16	2.11	2.07
16	2.49	2.42	2.35	2.28	2.24	2.19	2.15	2.11	2.06	2.01
17	2.45	2.38	2.31	2.23	2.19	2.15	2.10	2.06	2.01	1.96
18	2.41	2.34	2.27	2.19	2.15	2.11	2.06	2.02	1.97	1.92
19	2.38	2.31	2.23	2.16	2.11	2.07	2.03	1.98	1.93	1.88
20	2.35	2.28	2.20	2.12	2.08	2.04	1.99	1.95	1.90	1.84
21	2.32	2.25	2.18	2.10	2.05	2.01	1.96	1.92	1.87	1.81
22	2.30	2.23	2.15	2.07	2.03	1.98	1.94	1.89	1.84	1.78
23	2.27	2.20	2.13	2.05	2.01	1.96	1.91	1.86	1.81	1.76
24	2.25	2.18	2.11	2.03	1.98	1.94	1.89	1.84	1.79	1.73
25	2.24	2.16	2.09	2.01	1.96	1.92	1.87	1.82	1.77	1.71
26	2.22	2.15	2.07	1.99	1.95	1.90	1.85	1.80	1.75	1.69
27	2.20	2.13	2.06	1.97	1.93	1.88	1.84	1.79	1.73	1.67
28	2.19	2.12	2.04	1.96	1.91	1.87	1.82	1.77	1.71	1.65
29	2.18	2.10	2.03	1.94	1.90	1.85	1.81	1.75	1.70	1.64
30	2.16	2.09	2.01	1.93	1.89	1.84	1.79	1.74	1.68	1.62
40	2.08	2.00	1.92	1.84	1.79	1.74	1.69	1.64	1.58	1.51
60	1.99	1.92	1.84	1.75	1.70	1.65	1.59	1.53	1.47	1.39
120	1.91	1.83	1.75	1.66	1.61	1.55	1.50	1.43	1.35	1.26
∞	1.83	1.75	1.67	1.57	1.52	1.46	1.40	1.32	1.22	1.03

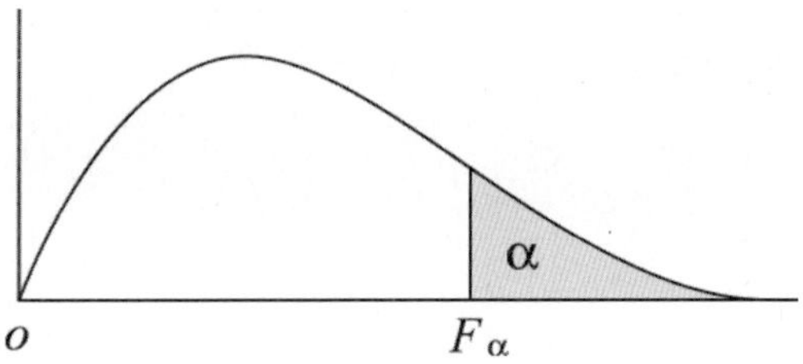

($\alpha = 0.01$)

$v_2 \setminus v_1$	1	2	3	4	5	6	7	8	9
1	4052	5000	5403	5625	5764	5859	5928	5981	6022
2	98.50	99.00	99.17	99.25	99.30	99.33	99.36	99.37	99.39
3	34.12	30.82	29.46	28.71	28.24	27.91	27.67	27.49	27.35
4	21.20	18.00	16.69	15.98	15.52	15.21	14.98	14.80	14.66
5	16.26	13.27	12.06	11.39	10.97	10.67	10.46	10.29	10.16
6	13.75	10.92	9.78	9.15	8.75	8.47	8.26	8.10	7.98
7	12.25	9.55	8.45	7.85	7.46	7.19	6.99	6.84	6.72
8	11.26	8.65	7.59	7.01	6.63	6.37	6.18	6.03	5.91
9	10.56	8.02	6.99	6.42	6.06	5.80	5.61	5.47	5.35
10	10.04	7.56	6.55	5.99	5.64	5.39	5.20	5.06	4.94
11	9.65	7.21	6.22	5.67	5.32	5.07	4.89	4.74	4.63
12	9.33	6.93	5.95	5.41	5.06	4.82	4.64	4.50	4.39
13	9.07	6.70	5.74	5.21	4.86	4.62	4.44	4.30	4.19
14	8.86	6.51	5.56	5.04	4.69	4.46	4.28	4.14	4.03
15	8.68	6.36	5.42	4.89	4.56	4.32	4.14	4.00	3.89
16	8.53	6.23	5.29	4.77	4.44	4.20	4.03	3.89	3.78
17	8.40	6.11	5.18	4.67	4.34	4.10	3.93	3.79	3.68
18	8.29	6.01	5.09	4.58	4.25	4.01	3.84	3.71	3.60
19	8.18	5.93	5.01	4.50	4.17	3.94	3.77	3.63	3.52
20	8.10	5.85	4.94	4.43	4.10	3.87	3.70	3.56	3.46
21	8.02	5.78	4.87	4.37	4.04	3.81	3.64	3.51	3.40
22	7.95	5.72	4.82	4.31	3.99	3.76	3.59	3.45	3.35
23	7.88	5.66	4.76	4.26	3.94	3.71	3.54	3.41	3.30
24	7.82	5.61	4.72	4.22	3.90	3.67	3.50	3.36	3.26
25	7.77	5.57	4.68	4.18	3.85	3.63	3.46	3.32	3.22
26	7.72	5.53	4.64	4.14	3.82	3.59	3.42	3.29	3.18
27	7.68	5.49	4.60	4.11	3.78	3.56	3.39	3.26	3.15
28	7.64	5.45	4.57	4.07	3.75	3.53	3.36	3.23	3.12
29	7.60	5.42	4.54	4.04	3.73	3.50	3.33	3.20	3.09
30	7.56	5.39	4.51	4.02	3.70	3.47	3.30	3.17	3.07
40	7.31	5.18	4.31	3.83	3.51	3.29	3.12	2.99	2.89
60	7.08	4.98	4.13	3.65	3.34	3.12	2.95	2.82	2.72
120	6.85	4.79	3.95	3.48	3.17	2.96	2.79	2.66	2.56
∞	6.64	4.61	3.78	3.32	3.02	2.80	2.64	2.51	2.41

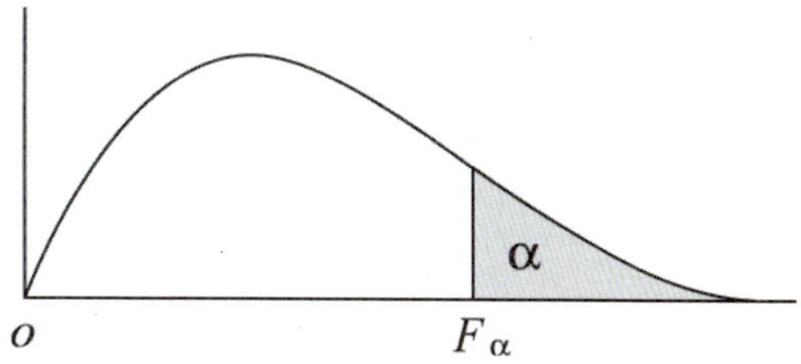

$(\alpha = 0.01)$

$v_2 \setminus v_1$	10	12	15	20	24	30	40	60	120	∞
1	6056	6106	6157	6209	6235	6261	6287	6313	6339	6366
2	99.40	99.42	99.43	99.45	99.46	99.47	99.47	99.48	99.49	99.50
3	27.23	27.05	26.87	26.69	26.60	26.50	26.41	26.32	26.22	26.13
4	14.55	14.37	14.20	14.02	13.93	13.84	13.75	13.65	13.56	13.46
5	10.05	9.89	9.72	9.55	9.47	9.38	9.29	9.20	9.11	9.02
6	7.87	7.72	7.56	7.40	7.31	7.23	7.14	7.06	6.97	6.88
7	6.62	6.47	6.31	6.16	6.07	5.99	5.91	5.82	5.74	5.65
8	5.81	5.67	5.52	5.36	5.28	5.20	5.12	5.03	4.95	4.86
9	5.26	5.11	4.96	4.81	4.73	4.65	4.57	4.48	4.40	4.31
10	4.85	4.71	4.56	4.41	4.33	4.25	4.17	4.08	4.00	3.91
11	4.54	4.40	4.25	4.10	4.02	3.94	3.86	3.78	3.69	3.60
12	4.30	4.16	4.01	3.86	3.78	3.70	3.62	3.54	3.45	3.36
13	4.10	3.96	3.82	3.66	3.59	3.51	3.43	3.34	3.25	3.17
14	3.94	3.80	3.66	3.51	3.43	3.35	3.27	3.18	3.09	3.01
15	3.80	3.67	3.52	3.37	3.29	3.21	3.13	3.05	2.96	2.87
16	3.69	3.55	3.41	3.26	3.18	3.10	3.02	2.93	2.84	2.75
17	3.59	3.46	3.31	3.16	3.08	3.00	2.92	2.83	2.75	2.65
18	3.51	3.37	3.23	3.08	3.00	2.92	2.84	2.75	2.66	2.57
19	3.43	3.30	3.15	3.00	2.92	2.84	2.76	2.67	2.58	2.49
20	3.37	3.23	3.09	2.94	2.86	2.78	2.69	2.61	2.52	2.42
21	3.31	3.17	3.03	2.88	2.80	2.72	2.64	2.55	2.46	2.36
22	3.26	3.12	2.98	2.83	2.75	2.67	2.58	2.50	2.40	2.31
23	3.21	3.07	2.93	2.78	2.70	2.62	2.54	2.45	2.35	2.26
24	3.17	3.03	2.89	2.74	2.66	2.58	2.49	2.40	2.31	2.21
25	3.13	2.99	2.85	2.70	2.62	2.54	2.45	2.36	2.27	2.17
26	3.09	2.96	2.81	2.66	2.58	2.50	2.42	2.33	2.23	2.13
27	3.06	2.93	2.78	2.63	2.55	2.47	2.38	2.29	2.20	2.10
28	3.03	2.90	2.75	2.60	2.52	2.44	2.35	2.26	2.17	2.07
29	3.00	2.87	2.73	2.57	2.49	2.41	2.33	2.23	2.14	2.04
30	2.98	2.84	2.70	2.55	2.47	2.39	2.30	2.21	2.11	2.01
40	2.80	2.66	2.52	2.37	2.29	2.20	2.11	2.02	1.92	1.81
60	2.63	2.50	2.35	2.20	2.12	2.03	1.94	1.84	1.73	1.60
120	2.47	2.34	2.19	2.03	1.95	1.86	1.76	1.66	1.53	1.38
∞	2.32	2.19	2.04	1.88	1.79	1.70	1.59	1.48	1.33	1.05

찾아보기

| 저자 소개 |

강현철
고려대학교 통계학과 졸업
고려대학교 대학원 통계학과 박사
현: 호서대학교 응용통계학과 교수
e-mail : hychkang@hoseo.edu

한상태
고려대학교 통계학과 졸업
고려대학교 대학원 통계학과 박사
현: 호서대학교 응용통계학과 교수
e-mail : sthan@hoseo.edu

연규필
서울대학교 통계학과 졸업
서울대학교 대학원 통계학과 박사
현: 호서대학교 응용통계학과 교수
e-mail : kpyeon1@hoseo.edu

김 혁
서울대학교 통계학과 졸업
뉴욕주립대학교 대학원 통계학과 박사
현: 호서대학교 응용통계학과 교수
e-mail : hkim@khoseo.edu

김성용
고려대학교 통계학과 졸업
고려대학교 대학원 통계학과 박사
현: 호서대학교 응용통계학과 교수
e-mail : yaba96@hoseo.edu

예제로 배우는
R 데이터 분석 입문

| 저 자 강현철 · 한상태 · 연규필 · 김 혁 · 김성용
| 발 행 인 주정희
| 발 행 처 자유아카데미
| 주 소 경기도 파주시 회동길 37-42
파주출판도시
| 전 화 031-955-1321
| 팩 스 031-955-1322
| 홈페이지 www.freeaca.com
| 전자우편 main@freeaca.com(대표)
editor@freeaca.com(편집)
crm@freeaca.com(영업)
| 등 록 제406-2003-017호, 1980. 7. 12
| 제1판1쇄 2017년 2월 28일 발행
| 정 가 25,000원

ISBN 979-11-5808-130-0 93310